降边嘉措 吴伟 著

十三世达赖喇嘛

1904年江孜保卫战

五洲传播出版社

十三世达赖喇嘛的塑像

金瓶掣签用于达赖、班禅及蒙古前后藏各大活佛转世灵童的认定

布达拉宫内十三世达赖喇嘛觐见清光绪皇帝及慈禧太后的唐卡壁画

布达拉宫

格桑颇章的“贡布拉康”神殿

大昭寺

罗布林卡

宗山城堡抗英遗址

珠穆朗玛峰

十三世达赖喇嘛的灵塔

降边嘉措 吴伟 著

十三世达赖喇嘛

1904年江孜保卫战

五洲传播出版社

再版前言

《十三世达赖喇嘛——1904年江孜保卫战》这部长篇历史小说从上个世纪80年代初，也就是改革开放之初开始写作，1985年由中国文联出版社出版；2001年由作家出版社再版，在读者当中产生了一定的影响。正因为这样，本书一版再版，依然供不应求。但是，也有一些读者反映，他们对中国近代史上西藏人民反对侵略、保家卫国的斗争历史不太熟悉，对小说反映的这段历史比较陌生，对这场斗争的过程、意义及深远影响，缺乏必要的了解，在阅读和理解这部历史小说方面，遇到一定的困难。他们表示希望，作者能介绍有关的历史背景，以便使他们能够更好地阅读这本书，了解这段历史，从中受到必要的启迪和教益。

最近，五洲传播出版社决定再版本书，我们想趁此机会，谈谈有关情况，希望对读者阅读和欣赏这部历史小说，有所裨益。

英勇悲壮，气吞山河

西藏是祖国神圣领土不可分割的一个组成部分；西藏民族是祖国大家庭的一个重要成员。西藏人民具有热爱祖国、反对帝国主义侵略的光荣传统。

19世纪末、20世纪初，号称“日不落国”的英国帝国主义，将他的侵略魔爪伸向我们祖国的神圣领土西藏，1888年和1904年，英帝国主义组织远征军，翻越喜马拉雅山，两次武装入侵西藏，疯狂屠杀西藏人民，妄图将我国的西藏从祖国大家庭中分裂出去，作为它们的殖民地。

可是，西藏人民并没有屈服，没有被征服，他们同侵略者做了英勇不屈的斗争。

1904年，英国远征军翻越喜马拉雅山，第二次入侵我国西藏，气势汹汹，大有要一口气吞下整个西藏之势。在这关系到民族生死存亡的关键时刻，年仅28岁的第十三世达赖喇嘛土登嘉措高举反帝爱国的大旗，在全国各族人民的声援和支持下，率领西藏僧俗人民，万众一心，同仇敌忾，英勇抗击英国侵略者。西藏人民在极其艰难困苦的条件下，为维护祖国统一、保卫祖国领土、维护民族尊严，与英国殖民主义者开展了一场持续达一年之久的反侵略战争，其中尤以江孜宗山保卫战，最为英勇悲壮，最为残酷惨烈，可歌可泣，在敌我力量非常悬殊的情况下，西藏人民以高度的爱国主义精神，发扬大无畏的英雄主义气概，前仆后继，不屈不挠，顽强战斗，他们用最原始的武器，同拥有当时世界上最先进的武器装备的英国侵略军，浴血奋战。他们坚定地表示：纵然男尽女绝，也要“杀尽洋妖，保卫国土”。在中华民族反对帝国主义侵略、保卫祖国神圣领土、维护国家主权和民族尊严的神圣斗争中，继林则徐领导的鸦片战争之后，谱写了一曲英勇悲壮，气吞山河的新篇章。

《十三世达赖喇嘛——1904年江孜保卫战》一书，就是以著名的江孜保卫战为重点，艺术地再现了这段英勇悲壮的历史，全景式地描述了藏族人民气壮山河、可歌可泣的斗争历程，热情讴歌了西藏人民反帝爱国的崇高品德和牺牲精神，塑造了十三世达赖喇嘛土登嘉措、拉丁代本、哲林代本、洛丹、克珠旺秋、格来、曲妮桑姆、仁赛等英雄群像，既有被尊为“雪域一神”的政教领袖，更有作为民族脊梁的普通的农牧民群众和僧俗百姓。这些人物形象个性鲜明，具有独特的性格和特色，在我国历史文学的创作领域，增添了新的艺术形象。

对于政教合一的政治制度及其僧侣贵族联合专政的政权机构的特点，它的运作方式，以及雪域高原壮丽的风光、独具特色的民族风情，都有细致入微的描写。

英国殖民主义者的北进战略

16世纪和17世纪，英国殖民主义者在完全占领印度、并将它作为英联邦的一个重要部分之后，便以他一手创建的所谓“东印度公司”为依托，实行北进战略，到18世纪末至19世纪初，几乎控制了包括尼泊尔、不

丹、哲孟雄（锡金）、拉达克等广大地区在内的喜马拉雅山南部地区。其中哲孟雄、拉达克和不丹等地，历来属于我国西藏地方的一个部分，我国历代政府对这些地方拥有完全的主权，我国的西藏地方政府对这些地区实行有效的行政管理。当地人民，也是藏族的一个组成部分，他们使用藏文藏语，信奉藏传佛教。

但是，英国殖民主义者并不以此为满足，他们的野心很大，在侵略和控制尼泊尔、不丹等地之后，便把罪恶的侵略魔爪伸向我国神圣领土西藏。英国是当时世界上最大、也最凶恶的殖民主义者，号称“日不落国”。就是说，凡是太阳照射到的地方，就有他们的殖民地。

1888年，英军向西藏发动了第一次武装进攻。我军民奋起抵抗，这便是西藏近代史上著名的隆吐保卫战，给侵略者以沉重打击，迫使侵略者退兵。阴险狡诈的英国殖民主义者，在不能入侵我西藏腹心地区后，转而进军哲孟雄（锡金），将其全部占领，并把它作为日后入侵西藏腹心地区的跳板。

1904年，英国殖民主义者发动了第二次侵藏战争。1903年11月，英印政府组织远征军，有正规军3000多人，这支部队拥有当时世界上最新式的来复枪2800多支，装备十分精良。此外还有担负运输的民夫7000余人。相对于当时的经济和军事力量来说，这是一支相当强大的队伍。现在的一些年轻读者往往会发出这样的疑问：3000多人不算多嘛！有什么了不起？要知道，在当时的条件下，有3000多人装备精良的军队，战斗力就很强了，当年英法联军从塘沽港登陆，一路烧杀抢掠，攻占北京，焚烧圆明园时，也只有3000多人，连清王朝中央政府的军队都抵挡不住。

1903年12月10日，远征军全部集中在纳塘，12日即偷越则利拉山口，侵入我国境内。对我国西藏发动了一场不宣而战的战争。

英国殖民主义者不但极其残暴、极其贪婪，而且极其虚伪、极其狡猾。远征军头目荣赫鹏带着当时世界上装备最精良的武装部队，侵略我神圣领土，疯狂地屠杀西藏人民，却又始终高举“谈判签约”的旗号，宣称侵略者到西藏是一次“和平友好”的行为，把他自己装扮成“和平使者”，把发生这场战争的责任强加在西藏人民身上。几十年后，荣赫鹏在他的《西藏与印度》这本回忆录中，为自己的侵略行径辩解时还说：

“余告彼等，藏人既曾逾越约中规定之疆界而占领嘉岗，则破坏条约

之事，藏人已为之，此其一；其次吾人应认定藏人为整个民族，每一藏人之行为，应由全体负责。”

这位外表文质彬彬、颇具“绅士风度”的远征军头目，奉行的是侵略者的强权政治，赤裸裸的强盗逻辑。

不灭的星魂

1904年1月4日，荣赫鹏率侵略军占领堆拉山口。这时，藏军有三个代本（一个代本相当于一个小团）约2000多人，在前线总指挥拉丁代本率领下，在堆拉山口附近的嘎吾一带，严阵以待，阻击敌人。即便在这种严峻的形势下，藏族军民仍然表现出极大的耐心和诚意，1月12日，拉丁代本率领朗色林代本和吉普代本，与三大寺的代表一起，与荣赫鹏会谈，强烈抗议英军的侵略行径，并提出英军必须退回亚东，再开谈判。表达了通过和平手段，解决争端的态度。荣赫鹏拒绝了这一合理要求。2月7日，藏族代表又与英军谈判，仍无结果。

当时，跟随荣赫鹏到堆拉山口的英军只有500多士兵，400多支来复枪、两门山炮、两挺机枪。荣赫鹏以“和谈”作借口，拖延时日，暗地里却在调动部队，积极备战。

3月21日，由麦克唐纳将军带领的九个大队，包括英籍士兵和印度锡克族士兵和廓尔喀雇佣军，来到堆拉。他们带有最现代化的山炮、轻重机关枪，以及充足的弹药，还配有擅长山地作战的廓尔喀骑兵。

这时，荣赫鹏通知藏方，他们愿意谈判，同时提出了几个条件：第一、英国方面，荣赫鹏和麦克唐纳将军都将参加会谈，拉丁赛等三位代本及三大寺代表亦应全部参加；

第二、地点应在曲米仙廓草原。双方代表应在帐篷里举行会谈，由英军负责搭设帐篷。理由是英军带来的帐篷比藏式帐篷宽敞，能容纳全部代表。

第三、为了避免冲突，双方部队都应集中到曲米仙廓草原；为表示英军的诚意，他们决定将子弹退出枪膛，也要求藏军熄灭火捻，以免发生不幸的意外事件。

对于前两条，藏军和三大寺的代表没有太多的争议，唯有第三条，藏军官兵、民兵和参战喇嘛们都认为洋人有阴谋，绝对不能接受。

为了这事，拉丁代本等人同噶厦政府派来的多吉孜本和驻藏大臣派来的何光燮知府发生了激烈争论。最后，孜本和知府抬出大清皇帝和达赖喇嘛来压他，拉丁代本才不得不同意前往谈判。他想，如果我执意不去，别人会以为我不敢同洋妖打交道。但他明确表示，其他条件一概不能接受，藏军无论如何不能到坝子里去，更不能熄火。

拉丁赛也知道，谈判议和，以阻止英军入藏，这确实不是多吉孜本和何知府个人的意思，而是朝廷的一贯主张。在噶厦政府内部，持这种主张的也占上风。噶厦还说这是“神”的旨意，乃琼大喇嘛在降神时曾说：“应该谈判议和，不要轻动刀枪。”

2月初，噶厦即西藏地方政府派哲林代本率一个代本增援，加上民兵和农牧民，共有6000多人。

几经交涉，荣赫鹏始终不肯让步。反诬藏军没有“谈判诚意”。拉丁赛和三大寺的代表遵照朝廷和达赖喇嘛的指示，希望谈判能取得成功，防止洋人到圣地拉萨，经反复考虑，终于答应了荣赫鹏提出的三个条件。拉丁赛在说服众人时说：英国是一个大国，他们与朝廷订有条约，我想他们应该言而有信，遵守承诺。何况朝廷和驻藏大臣一再要求我们与英军谈判。

话虽这么说，拉丁赛对洋人也很不放心，在决定自己去谈判的同时，又指示哲林代本坚守阵地。并对他说：“万一洋人背信弃义，我遭不测，你就代替我指挥全部抗英军民，把部队带到江孜，在那里组织抵抗，绝不能让洋人到圣地拉萨。”

藏历阳木龙年正月十四日、公元1904年3月21日，在曲米仙廓发生了一件震惊全藏的事件。事情是在这一天的下午开始的。

拉丁赛等人和三大寺的代表如约于中午12时来到英军大帐篷，参加谈判。使他们感到意外的是，整个帐篷里空无一人。他们感到疑惑，正准备问个究竟，门口被持枪的廓尔喀士兵堵住，将寒光闪闪的刺刀对着拉丁赛等人，不让他们出去。

下午4点多钟，荣赫鹏等人才慢悠悠地来到帐篷，与拉丁赛等人“谈判”，提出许多藏族军民根本无法接受的条件。双方发生激烈争论。正当他们在争论时，荣赫鹏突然宣布“谈判破裂”，站起身，扬长而去。几位喇嘛和吉普代本等人冲上前，抓住荣赫鹏，要质问他，却被剽悍的廓尔喀士兵挡住。

荣赫鹏刚出帐篷，外面枪声大作。背信弃义的侵略者，对藏族军民开枪开炮，实行野蛮的大屠杀。

藏军使用的大部分是最原始的火枪，火捻都已熄灭，当敌人开始进攻时，再去点火捻，根本来不及，只有少数士兵有步枪，紧急之中，开枪射击，稍作反击。我军全部暴露在英军的射程之内，只能任其屠杀。我军在坝子里，与英军又有一定的距离，要与敌人肉搏，也不能够。我军伤亡惨重，尸横遍野，血染草原。

正当荣赫鹏得意之时，在哲林代本的指挥下，两队人马分两路，一路出其不意地从背后冲向英军营地，一阵猛烈冲杀，打乱了英军阵脚，荣赫鹏也差一点成了藏族军民的俘虏。吓得他出了一身冷汗，在廓尔喀骑兵护卫下，逃跑了。在坝子里的藏军趁机突围。

一支马队冲进帐篷，来营救拉丁赛等人。马队冲进帐篷，砍死守卫的廓尔喀士兵，带着代表们往外突围。英军轻重机枪一起向他们扫射，同时向他们开炮。藏族军民和代表，连人带马，纷纷倒下。拉丁赛也身负重伤。

据拉丁赛的卫士后来说：代本命令他们带领三大寺的喇嘛赶快突围，不要管他。拉丁赛痛心地说："洋人太狡猾，我们太老实，太老实！"

拉丁赛将自己心爱的手枪交给卫士，说："把它交给哲林代本，告诉乡亲们，杀退洋妖，保我疆土！"

说完，拉丁赛的身子抽搐一下，不动了。

卫士清楚地感到，代本的血流尽了，身子变凉了，但是，他的两只眼睛依然睁得大大的，仿佛还在关注着激战中的军民。

这时，枪声更加密集。炮弹不断地在他们身旁爆炸。时间紧迫，卫士和藏族军民把拉丁赛的遗体扶上马，护卫着三大寺的喇嘛们，突围出去了。

在曲米仙廓战斗中，藏军阵亡将士达1600多人，只有300多人突围出来。拉丁代本和朗色林代本亦为国捐躯。其余4000多军民在哲林代本率领下，迅速转移。

据说，这一天的晚上，曲米仙廓的夜空异常晴朗，激烈的战争结束之后，一切归于寂静，只见满天星斗，闪闪发光。抗英战士和当地的农牧民群众突然发现东北方向出现了一颗新星，特别大，特别亮。藏族同胞生活在世界上海拔最高、离太阳最近的地方，他们对星星非常熟悉，有很多关于星星的动人故事，可从来没有见过这颗星。他们感到疑惑，感到惊奇。

后来他们终于明白：这是拉丁代本和死难的同胞兄弟的英灵升了天，变成了明亮的、永不熄灭的星星。这颗星星在不停地闪动，分明是英烈们死得冤，他们死不瞑目。

这星星那么明亮，仿佛在为活着的人们指引方向，鼓舞他们继续战斗。他们的耳畔响起了拉丁赛最后的嘱托：杀退洋妖，保我疆土！

为了纪念拉丁赛和抗击侵略者的英雄们，当地群众就把这颗新星称作“拉丁星”。整整100年的时间过去了，据说，那颗星星还是那么明亮，那么闪烁，仿佛是在继续鼓舞西藏人民为反对帝国主义侵略、保卫祖国神圣领土而英勇奋斗！

2004年，是江孜保卫战100周年，西藏各族人民以各种形式纪念这个伟大的日子，缅怀先烈们的英雄业绩。我们再次到江孜访问，上宗山古堡凭吊，到乃尼寺寻访，到曲米仙廓考察。见物思情，真是感慨无限。

更使我们高兴、也使我们感动的是：在拉萨我们拜访了拉丁代本佣人的儿子，是一位喇嘛，那一年整整90岁。也就是说，江孜保卫战10年后，他才出生，是抗英战士的后代。他的父亲当年就是跟随拉丁代本到曲米仙廓与英国侵略者谈判，后来遭到荣赫鹏的暗算，哲林代本带人来接应时，一起突围出来的。

那位喇嘛满怀深情地说：我阿爸生前多次对我讲，拉丁代本和藏族军民死得冤，也死得悲壮。你们不懂，实际上，拉丁代本没有死，代本和英雄的军民都是不会死的，他们的英灵升天了，成为永不熄灭的星星！

巍巍宗山

藏族军民在曲米仙廓失利后，退到江孜宗，以宗山为中心，重新集结部队。

英国侵略者卑鄙的阴谋和血腥的大屠杀，并没有吓倒西藏人民，反而激起了更加高涨的抗英浪潮。噶厦政府发布征兵动员令，实行“十六——六十”战时征兵制，即动员16岁以上、60岁以下的男子，参军入伍。十三世达赖喇嘛亲自发布文告，号召全藏僧俗民众动员起来，参加抗击洋妖、保卫疆土的神圣战争。达赖喇嘛还在拉萨大昭寺门前的广场上，为抗英军民念经祈祷，举行摸顶仪式，发放鲜红的护身结，祝愿他们取得胜利。以

三大寺为首的僧侣大众，也组织“抗英僧兵”参加战斗。很多军民在接受达赖喇嘛的灌顶和祝福后，从大昭寺前的广场，直接走向战场。

抗英军民坚定地表示：手臂被砍断，就用肩膀撞击敌人；男人战死了，女人冲上前。[①]纵然男尽女绝，也要抗击洋妖，绝不后退一步。“杀退洋妖，保我疆土！”拉丁赛最后的遗言，成为僧俗民众共同的战斗口号和坚强决心。

在这场保卫宗山的战斗中，西藏军民万众一心，同仇敌忾，英勇顽强，誓死如归，表现了高度的爱国主义情操和大无畏的英雄主义气概。

荣赫鹏在曲米仙廓施展阴谋，取得胜利后，带着他的远征军，一路烧杀抢掠，焚烧寺院，抢劫文物，侮辱僧尼，残杀百姓，无恶不作，对藏族人民犯下滔天罪行，真是令人发指，罄竹难书。

4月10日，侵略军攻占绍岗，11日占领江孜市区。只有宗山和江孜白居寺在我军民手中，成为一个孤岛。

4月12日，荣赫鹏依仗他优势的武器装备，向宗山发起猛烈进攻，企图乘胜一口气拿下宗山。藏族军民奋起抵抗。由此开始了英勇悲壮的宗山保卫战。

这时，在宗山的抗英部队，包括藏军、僧兵、民兵和自愿参战的农牧民群众，大约有10000多人。而荣赫鹏和麦克唐纳带领的侵略军，加上负责运送军需物品的民工，大约也有近10000人。人数上差别不大，但是，英国侵略者拥有当时世界上最先进的武器装备和通讯设备。而藏族军民只有少量的快枪，大部分使用的是自己带来的、最原始的火枪，很多人连火枪也没有，用的是更为原始的长矛、大刀和弓箭，还有放羊娃使用的藏语叫“乌朵”的抛石器。

侵略军用日光发报机调动部队，指挥作战。而藏族军民则用牛角号和宗山神庙里的法鼓指挥战斗，鼓舞士气。

就是在这样极其艰难困苦的条件下，藏族军民英勇奋战，给侵略者以沉重打击，顽强地坚持了86天。这是英勇顽强的86天，是可歌可泣的86天，是感天动地的86天，是气吞山河的86天，是高扬爱国主义精神的86天，是展现中华民族宁死不屈、宁折不弯的伟大民族精神的86天。终因敌我力量悬殊，弹尽粮绝，运水的暗道又被英军大炮轰毁，宗山上的军民几

① 这是一句藏族谚语，表现了英勇不屈、视死如归的坚强决心。

天喝不上一口水。情况十分危急。

7月5日，侵略军在得到从后方运来的充足的弹药之后，向宗山发起总攻。在内无弹药、粮食，又没有水喝，外无援兵的情况下，藏族军民依然英勇无畏，不屈不挠，宁死不屈。当侵略者冲上宗山时，他们用石头砸，用木棍砍，用牙齿咬。最后，抱着穷凶极恶的侵略者，从几百米高的悬崖上跳下去，同归于尽。受伤的战士，拖着滴血的身躯，爬向敌军，用尽最后一口气，与残暴的侵略者作最后的拼搏。有的士兵、喇嘛和农牧民高呼口号，跳下悬崖。

7月6日傍晚，战斗结束。在如血的残阳照射下，荣赫鹏在众多的侍卫簇拥下，迈着潇洒的步伐，以胜利者的姿态登上宗山的最高处。当荣赫鹏看到尸横遍地、血染岩石、藏族军民与侵略者撕咬在一起的惨烈状况，这个穷凶极恶的侵略军头目简直被吓呆了。麦克唐纳向他报告：战斗已经胜利结束，正在清理战场。没有一个藏人投降，也没有一个俘虏。除少数军民于6日凌晨突围外，守卫宗山的藏人全部被消灭。

荣赫鹏喃喃地重复着："没有一个藏人投降，也没有一个俘虏。"荣赫鹏是受过高等教育的人，自认为熟悉帝国的历史。更为英国的发展史和殖民史而感到骄傲和自豪。但是，在大英帝国二百多年开疆拓土的历史上，还从来没有一次战争的结局像这次战争一样惨烈，如此悲壮一万多藏族军民，"没有一个人投降，也没有一个俘虏。"荣赫鹏暗自思忖，用麦克唐纳将军的话说，我们消灭了所有的敌人。如果站在我们对手的立场上看，就是全部壮烈殉国。

荣赫鹏毕竟不是只会砍杀的一介武夫，是个有政治头脑的殖民主义者，因此，他对这样的结局并不感到高兴。恰恰相反，有一种不寒而栗的感觉，有一种发自内心的恐怖。他叹口气，沮丧地说："我们能够依仗最新式的武器打败这个民族，但是我们永远也征服不了这个民族。"

不应忘记的历史

江孜是一座有悠久历史和独特文化传统的历史名城；又是一座具有爱国主义光荣传统的英雄城。继鸦片战争之后，在20世纪初以江孜保卫战为主战场的抗英斗争，在中华民族反对帝国主义侵略、保卫祖国神圣领土的

伟大斗争中，用血与火，用鲜血与生命，书写了光辉的新篇章，表现了中华民族高尚的爱国主义情操、英勇不屈的牺牲精神和誓死保卫祖国神圣疆土的坚强决心。

一谈到虎门销烟、林则徐抗击英国殖民主义的壮烈事迹，就国内广大读者来说，不知道的人恐怕不多；但是，一说到江孜保卫战、十三世达赖喇嘛率领西藏人民英勇抗击英国侵略者的英雄业绩，知道的人恐怕就很少很少。这是一件很令人遗憾的事。

历史是一面镜子，我们认为，这段历史，不应该忘记。《十三世达赖喇嘛——1904年江孜保卫战》是一部历史小说，是第一部全景式反映这场气壮山河的英勇斗争的作品。我们希望各兄弟民族的广大读者通过这部小说，对藏族人民抗击侵略者的这场英勇悲壮、气吞山河的伟大斗争的历史，有更多的理解和了解。在当前的形势下，重温这段历史，更具有重要的现实意义，对于促进各民族之间的相互了解，加强各民族之间的团结和友谊，增强爱国主义情怀，增进祖国大家庭的凝聚力、向心力和亲和力，进一步维护祖国统一、加强民族团结，都具有十分重要的意义。

我们愿借再版之机，向中国文联出版社、作家出版社、五洲传播出版社以及所有关心、帮助本书写作和出版的同志们和朋友们，表示真诚的谢意！

降边嘉措　吴伟

2008年6月8日

目录

主要人物

土登嘉措 十三世达赖喇嘛，二十八岁。

拉 丁 赛 藏军代本，前线总指挥，三十六岁。

哲　　林 藏军代本，后继任前线总指挥，三十一二岁。

阿旺喜饶 大仲译，二十六七岁。

宇　　妥 代理噶伦，三十一二岁。

洛　　丹 老抗英战士，沃措部落牧民，六十多岁。

克珠旺秋 青年喇嘛，洛丹之子，二十六七岁。

格　　来 牧民，曲妮桑姆的未婚夫，二十五六岁。

曲妮桑姆 牧民，洛丹之女，二十一岁。

仁　　赛 沃措部落牧民，外号“小猴子”，十五六岁。

阿达巴魁 工布地区前来参加抗英战争的志愿者。

洛桑饶登 拉丁代本的秘书，后任哲林代本秘书。

独臂大叔 说唱《格萨尔》的民间艺人，后为哲林代本部下的藏军。

朗　　杰 小喇嘛，十五六岁。

土登朗杰 乃尼寺喇嘛。

更　　登 山间小寺的老喇嘛。

次　　彭　老牧民。

刘 长 寿　驻守江孜的汉兵。

托　　麦　拉萨色拉寺堪布。

洛桑坚赞　噶丹寺法台，五十多岁。

桑　　丹　达赖的司茶喇嘛。

来　　协　大牧主，藏、英双方谈判时任联络员。

曲　　央　来协的夫人。

诺　　布　来协的佣人，十七八岁。

德 尔 智　布里亚特蒙古喇嘛，任达赖喇嘛的侍读。

有　　泰　驻藏大臣。

荣 赫 鹏　英国远征军上校。

威　　廉　英军上尉，翻译官。

玛　　丽　英军报务员，荣赫鹏的秘书。

格　　林　荣赫鹏的侍卫。

克 拉 克　廓尔喀骑兵大尉。

第一章

雪域一神

天上有太阳和月亮，
人间有达赖和班禅。
——藏族谚语

一个青年伫立窗前，良久地凝视着窗外，眉头微微蹙起，檀香木佛珠在两手间急速地搓动。

这个青年，就是被人们誉为“雪域一神”、执掌着西藏政教大权的十三世达赖喇嘛土登嘉措。

布达拉宫高达十三层，由红宫和白宫两部分组成。红宫用来存放历代达赖喇嘛的灵塔，白宫则是历代执政的达赖喇嘛举行宗教仪式，办理公务以及平时居住的地方。白宫的最高处有两套寝宫，东面的叫东日光殿，西面的叫西日光殿，终日阳光灿烂，土登嘉措的寝宫在西日光殿。

站在布达拉宫的楼顶，拉萨城的全部景色尽收眼底；站在日光殿内看拉萨，视野虽然没有在楼顶那么开阔，却也能够清楚地看到这座古城的全貌。

伫立窗前的土登嘉措似乎无心观赏日光城清晨的景色，他显得疲倦、烦躁，还有几分紧张。眼睛一直朝西南方向眺望，他似乎在盼望着什么，等待着什么。但是，通往曲水宗的大道上是静悄悄的，既无行人，也没有马匹，他失望地叹了口气，慢慢转过身。把佛珠拿在手里，不停地搓动，嘴里喃喃地念着

经，不时地把头探出窗外，朝曲水宗方向瞭望。

拉萨河和雅鲁藏布江在曲水宗汇合。从边境到拉萨，一定要经过这个渡口。大路上仍是静悄悄的。他再次捋下佛珠，想念一会儿经，好使烦躁不安的心平静下来，可仍然念不下去，索性把佛珠扔在床边的矮脚桌上，盘腿坐在床上。

拉萨正在举行一年一度的传昭大会。传昭大会是黄教的创始人宗喀巴于藏历土牛年（明永乐七年，公元1409年）发起的一个祈祷法会。每年举行祈祷法会时，全国各地信奉佛教的藏族和蒙族喇嘛都要来参加，是西藏最盛大的宗教活动。

达赖和班禅是宗喀巴的两个弟子。按照惯例，传昭大会要由达赖喇嘛亲自主持，若达赖不在或年幼尚未亲政，则由噶丹寺法台① ——噶丹池巴主持。

达赖喇嘛土登嘉措正在主持今年的传昭大会。从他亲政那一年起，每年都由他亲自主持，已经是第八次了。

按照藏传佛教的说法，大清皇帝是文殊菩萨的化身，达赖喇嘛是观世音菩萨的化身，班禅额尔德尼是无量佛的化身。他们来到人间，是为了弘扬佛法，拯救众生出苦海。

十三世达赖喇嘛土登嘉措已经在人间度过了二十八个春秋。二十八年来，风风雨雨，沟沟坎坎，土登嘉措几乎没有过过几天无忧无虑、无牵无挂的安静日子。特别是亲政以来，政教事务繁重，使得年仅二十八岁的达赖喇嘛，看上去要比他的实际年龄大得多。

土登嘉措确实感到很累，从藏历正月初一开始，他主持了一系列的庆祝活动和祈祷法会，接受来自全藏区数万名僧俗百姓的朝拜。拉萨地区流传着这样一种说法：大年初一是佛爷的年，初二是王公贵族的年，初三是护法神的年。实际上也确是这样。按照惯例，正月初一清晨，由达赖喇嘛亲自主持，在布达拉宫举行了隆重的祈祷仪式，藏语叫“泽多”。祈祷仪式结束后，所有的官员和僧俗百姓都去各大寺院朝佛，拜见大活佛、大喇嘛。初一这天，不能互访拜年。

初二，西藏地方政府的僧俗官员们涌向布达拉宫，向达赖喇嘛祝贺新年。在达赖喇嘛接受一批又一批僧俗官员们的朝拜之后，噶厦政府举行盛大的庆祝

① 噶丹池巴即噶丹寺里宗喀巴的法位继承者，是噶丹寺的大法台，在宗教上的地位比达赖、班禅还高。有资格担任达赖喇嘛的经师，并任摄政王。

会，也要达赖参加。就在庆祝会结束，僧俗百姓到大贵族和僧俗官员们的府邸献哈达、贺新年之际，达赖才有机会稍事休息。就是这点空闲，也让他身边的僧官们，接连不断地贺年、请求摸顶给占了，使他忙碌异常。

初三，由达赖喇嘛亲自主持，把乃琼护法神请到布达拉宫，举行祭祀仪式。各寺院也要祭祀自己的护法神。

初四至二十五日，要在大昭寺举行规模宏大的祈祷法会，由达赖讲经，主持辩经大会，考核争取做拉让巴格西[①] 的喇嘛。

作为西藏政教领袖的达赖喇嘛，按理来说，这是他一年之中最重要的政教活动。在这期间，他接受僧俗官员的祝贺，沉浸在成千上万名虔诚而狂热的信仰者的膜拜中，他感到自己主宰着一切，是至高无上的活佛。

今年的这些庆祝活动虽然热烈隆重，但缺少往日的欢快气氛，没完没了的礼仪，使达赖感到厌烦，他巴不得快快结束。一阵焦躁涌上心头，他感到困乏无力，想尽快回到布达拉宫去。

昨天，——藏历正月十五，达赖主持了一场最重要的考核拉让巴格西候选人的辩经大会，晚上，正当数万名僧俗百姓在八角街参加盛大的灯节时，在大仲译阿旺喜饶等少数几个亲信随从的陪同下，达赖喇嘛秘密回到了布达拉宫，推说自己要准备讲经，他请噶丹池巴洛桑坚赞主持这几天的辩经大会。

布达拉宫远离拉萨城，高踞于红山之上，达赖在这里，想使自己烦躁的心情平静下来，但他愈想安静下来诵经，愈是无法克制。此时，儿时的往事一幕幕在他的脑海里浮现。

有一次，他问经师：

“师父，念经时怎样才能一心不乱？”师父并没有马上回答，过了好一会儿，含义深长地说：“当你念经念到一心不乱时，我问你：是佛在念，还是你在念？念经不是一边念一边打消妄想，而是念到心与佛契，根境双泯，与道合一，才能往生净土。……”师父顿了一下：“成佛不是一天半天的事，要下功夫，要肯下苦功夫才行。”

师父的话，在当时，很让土登嘉措费解，却给他留下了深刻的印象。慢慢地，他不但理解了师父的意思，而且也真的产生过神我不分、心与佛契的感觉。每当念经念得心念归一时，眼前泥塑、木雕的神像如同活了一样，有一种特殊的力量贯摄心中。刹那间，他的注意力便集中到一点，变得异常敏锐，时

① 拉让巴格西是藏传佛教中最高的学位。

间和空间的界限也顿然消失。此时此刻，经文的每一字，每一偈，便都深深地印在心里，真正到达一种无我而至净的境地。

而今天，不要说到达无我而至净的境地，就连心神安宁这佛教中最一般的要求也做不到，他只觉得浑身一阵阵发热，心绪烦乱，焦虑不堪。

心焦自然口渴。土登嘉措端起矮桌上的细瓷碗，吹开浮在上面的酥油花，喝了一小口就放下了。他觉得茶有些凉，不由得又皱了一下眉头，朝外屋轻轻拍了两下巴掌（这是叫人的信号），土登嘉措是个十分严肃而又富于幽默感的人，时常爱开个小玩笑，亦庄亦诙，让身边的人感到既畏惧，又可亲。从十八九岁开始，他呼唤侍从喇嘛时，从不呼唤他们的名字，而用某种信号。比如，拍一次巴掌，是叫某一个侍从喇嘛，拍两下、三下，这是叫别的侍从，或者以摇银铃为信号。如果某一个侍从听错记号，贸然走进来，他是不会搭理的。

掌声刚落，司茶喇嘛桑丹蹑手蹑脚地端着一个金黄色的彩陶茶壶，将碗里的茶添满，然后恭恭敬敬地捧到达赖面前。桑丹有十五六岁，长得眉清目秀，圆圆的小脸上有一对小酒窝，十分惹人喜爱。

达赖喝了一口，接着将一碗茶一饮而尽。他有个喝热茶的习惯，觉得热一些，喝下去才舒服。

桑丹立即又倒满了茶。按照藏族的习惯，茶碗不能空着，佛爷的茶碗就更不能空着，见佛爷不再喝了，桑丹悄悄地退了出去。

喝了一碗热茶，达赖觉得舒服一些，他随便翻了几页矮脚桌上的经书，这是拉萨印经院木刻印刷的《菩提道次第广论》，是黄教始祖宗喀巴撰写的一部重要著作，是学习黄教教义的必读之书。达赖在传昭大会上讲经，也要以该书作为主要内容。

从十几岁开始，达赖就在经师的指导下学习《菩提道次第广论》，有些章节，他背得滚瓜烂熟。可是今天怎么也读不下去。眼睛看着经书，心里老想着边境上的事。

前几天，达赖接到多吉孜本[①] 和拉丁代本[②] 的报告，说我军民在曲米仙廓地方阻击英军，给洋妖以沉重打击。正值他在大昭寺主持祈祷法会，感到十分兴奋，他认为这全靠佛祖保佑。在引导数万僧众诵经祈祷，他虔诚地祈求佛祖保佑，打退洋妖，保卫佛土圣地。这消息使他感到高兴的另一个原因：是拉丁

① 孜本是西藏政府内负责财政的官员，受噶厦的委派，有权代表政府处理一些重大事件。

② 按藏军编制，一个代本等于一个小团，约五百人；团长亦称代本。

代本没有辜负他的信任和重托，刚一受命，就给洋妖一个有力的打击。

洋妖入侵西藏之后，根据噶厦会议的决议，任命一个堪布为前线总指挥。那位堪布为人忠厚，是一位虔诚的佛教徒，虽然抗击洋妖坚决，但从未带兵打过仗，指挥不得力，实际上是由拉丁代本在指挥作战。当洋妖偷袭亚东，占领帕里，并向江孜宗进犯时，达赖便不顾驻藏大臣和噶厦的反对，毅然撤换了那位堪布，任命拉丁代本为前线总指挥。曲米阻击战的胜利，证明自己的决断是正确的。

得到拉丁代本的报告。达赖立即在大昭寺东门三楼他的寝宫里召集紧急会议，打算增派援军，一鼓作气，把洋妖赶到边境上去，然后再同他们谈判。但驻藏大臣有泰和以夏扎·边觉多吉噶伦为首的噶厦政府① 不赞成。有泰明确提出要继续谈判议和，噶厦也是这个意思，只是说目前正值祈祷法会期间，不应使法会受到影响，待小昭会结束，举行“晒佛”仪式之后，再作商议。

“晒佛”仪式，要在藏历二月三十日举行，还有一个多月。战事紧急，瞬息万变，英国人能让我们等那么长时间吗？！这几天达赖心神不定，有一种不祥的预感。他认为传昭法会固然重要，但不能因此而使抗妖的大事受到影响，更不能因噶厦和驻藏大臣掣肘而贻误大局，便决定立即返回布达拉宫，采取有效办法，支援前线。

恰在这时，阿旺喜饶低头弯腰，迈着碎步走了进来。没等他站定，达赖便急切地问：“怎么样了？”

达赖这句没头没脑的话，只有跟他多年的阿旺喜饶听得懂，他明白佛爷问的是边境上的事。

“还没有消息！”

“唉！”达赖深深地叹了口气。

“佛爷，请不要着急，从拉萨到边塞，山高路远，官员们在圣地享受惯了，吃不得苦，路上不免要耽搁些日子。”阿旺喜饶慢声细语地解释着，尽力为佛爷排解内心的不安。

“这几天我总有个不祥的预感，担心前线会出什么事。”

“请佛爷放心，有拉丁代本在，前线不会出什么事。”话虽这么说，阿旺喜饶自己的心，这几天也老是悬在半空中。

“拉丁代本忠厚可靠，精明干练，对他我是放心的。”达赖接着说：“我

① 噶厦即原西藏地方政府。噶伦是噶厦政府中的最高官员，常设三僧一俗四个噶伦。

担心的是多吉孜本，他不仅贪图享受，而且懦弱无能，遇事毫无主见。我真怕他贻误大事。”

阿旺喜饶知道，佛爷本不想派多吉孜本作谈判代表。而对洋妖入侵，噶厦政府内部意见分歧，明显地分为主战和主和两大派。以夏扎为首的四个噶伦一致主张淡判解决，反对武装抵抗。噶厦的主张又遭到许多僧俗官员，尤其是三大寺① 的坚决反对。双方争执不下，连达赖也难以作出决断，于是夏扎噶伦主张请乃琼大喇嘛降神。乃琼大喇嘛说：“应该谈判议和，而不要轻动刀枪。”这使达赖感到十分意外，难道神会反对我们抗击洋妖？刚刚到任的驻藏大臣有泰更是极力主张议和。就这样，主和派占了上风。噶厦政府决定派遣代表，到边界上同英国人谈判。

派什么人作代表，噶厦政府和三大寺又发生分歧。噶厦认为应该派一名噶伦，至少派一名扎萨和台吉② 作首席代表。三大寺则认为英国人只派了一名上校作全权代表，我们也只能派一名四品孜本，否则太抬举了洋妖。达赖支持了三大寺的意见。

噶厦政府有四个孜本，在他们当中，究竟派谁去，还是不能取得一致意见，噶厦要派多吉，三大寺提出让宇妥孜本去。达赖知道多吉孜本同夏扎噶伦沾点亲，看法比较一致。于是批回呈文，让噶厦重议。噶厦无法，只好依照惯例，请乃琼大喇嘛降神占卜。将四个孜本的名字分别写在一小张藏纸上，用糌粑团包好，捏成小圆球，放进宝瓶中。在念经祈祷、举行隆重的请神仪式后，乃琼大喇嘛当众摇动宝瓶，从里面蹦出一个小糌粑团，打开一看，写着多吉的名字。这样，多吉孜本作为首席代表，被派去谈判。虽说神意如此，但许多人一直很不放心。

“佛爷，是不是需要增派一位官员？”阿旺喜饶试探地问。达赖直视着阿旺喜饶，好像在问：你说派谁去？

阿旺喜饶向前走了半步，身子前倾，说：

“基巧堪布。”

达赖的睫毛迅速动了一下，这正是他想到的合适人选。基巧堪布今年四十多岁，精明练达，在僧俗官员中威望较高。他一向不满夏扎等人对洋妖妥协退

① 三大寺即色拉寺、哲蚌寺和噶丹寺，是黄教最大的寺院，均在拉萨。旧西藏实行政教合一的政治制度，三大寺的代表有权参加达赖喇嘛和噶厦政府召集的重要会议，参与重大问题的决策。

② 扎萨和台吉都是官职名，领三品衔。

让，是个坚定的主战派。

“多吉是俗官，委派一名僧官，一僧一俗，也符合惯例。”

阿旺喜饶见势继续说。

“他现在在大昭寺？”

“是。”

“赶紧派人去请。”

阿旺喜饶站起身急匆匆往外走。

“告诉他，”达赖又把阿旺喜饶叫住了，“今天就出发，立即到曲米去。你和宇妥孜本负责组织僧兵和民兵，迅速增援前线。”

“是！”阿旺喜饶双手合十，连连点头。

阿旺喜饶走了以后，达赖把头倚在靠背上，微闭双眼，他感到从未有过的疲倦，昨晚一夜几乎没有入睡。要在平时，这么盘腿坐在床上，身子轻轻地倚在獐子毛装芯、黄缎裹面的靠背上，会很快入睡。今天却一反常态，他觉得怎么也不舒服，更不能静心养神。坐得久了，腿有些麻，就干脆站起来，缓步从卧室走到经堂。经堂陈设十分简朴：紧靠着西墙，放着一个獐子毛装芯、黄缎子裹面的厚垫，上面铺着一床北京出产的地毯，是七世达赖格桑嘉措留下的。还有一个四方形的靠背，丝棉装芯、红绸裹面，中间镶着一块黄缎子，上面绣有法轮，象征着法轮常转，佛业昌盛。据说这靠背是五世达赖进京朝见大清的开国皇帝顺治时，皇上赐给他的。历代达赖喇嘛都十分珍惜它，虽已破旧，还完好保存。靠背旁边，放着一件绛红色披风式的大氅，藏语叫“达岗”，是藏历土兔年① 为他这位新认选的十三世达赖举行坐床大典时，著名的氆氇产地山南吉德雪村的百姓敬献的。每天早晚，达赖就在这禅床上学习经典，颂经祈祷。

四周的墙壁上，都绘有壁画。西面墙上绘的是护法神吉祥天女，只见她怀抱琵琶，用慈祥的目光，俯视人间。

北面一个精致的木柜上，放着一个大玻璃罩，里面有三尊佛像。中间较大的是黄教的创始人宗喀巴，两边较小的是他的两个高徒，通称“尊贵的师徒三人”，所有黄教寺院都供奉这三尊佛像。这两个徒弟就是第一世达赖喇嘛根敦朱巴和第一世班禅克珠杰。以后实行活佛转世制度，到现在已是第十三世达赖喇嘛了。

① 即公元1878年，清光绪五年。

土登嘉措站在玻璃罩前，凝视着宗喀巴的塑像，思绪如潮。

从第五世达赖罗桑嘉措① 开始，清朝皇帝就将西藏的政教大权交给历代达赖喇嘛掌管，正式册封为“西天大善自在佛所领天下释教普通瓦赤喇怛喇达赖喇嘛”，从此，达赖喇嘛在西藏享有至高无上的地位，被尊为“雪域一神”。的确，老百姓是把达赖和班禅当成全知全能的神来信仰和崇拜的。藏族有句谚语：“天上有太阳和月亮，人间有达赖和班禅。”

达赖喇嘛知道，能够坐在这个禅床上，主宰一切，可不是一件容易的事。在西藏历史上，只有八个人，享受过这样崇高的荣誉，而他，则是第九个。他认真地阅读过五世达赖阿旺罗桑嘉措所著的《西藏王臣记》等著作。了解到藏王松赞干布迁都拉萨后，在红山上修建了辉煌壮丽的宫殿，松赞干布同文成公主、尼泊尔公主一起居住在这里。可惜松赞干布时代修建的宫殿没有能保存下来。先是在赤松德赞时遭受雷击，引起火灾，接着在吐蕃王朝末期毁于兵燹，只剩下一座小小的观音堂。

吐蕃王朝崩溃之后，西藏历史上先后建立过萨迦王朝、帕主王朝和噶玛王朝，但这几代王朝的中心都不在拉萨，所以布达拉宫一直得不到修复。五世达赖阿旺罗桑嘉措建立噶丹颇章王朝后，西藏的首府又重新设在拉萨。五世达赖执政不久，即令藏王索朗饶登重建布达拉宫。

在索朗饶登主持下，以原有的观音堂为中心，在东面修建了白宫，并将西藏政教的统治中心从哲蚌寺迁至白宫。从此便正式确定了黄教在西藏的统治地位。阿旺罗桑嘉措也成了第一位坐在这禅床上的达赖喇嘛。

五世达赖圆寂后，由藏王第司·桑吉嘉措主持，修建红宫，存放五世达赖的灵塔。

达赖知道，老百姓尊敬他，信仰他，相信他能主宰众生的命运。但是，他们怎么能想到，他自己的命运却掌握在别人手里。纵观历代达赖的经历和遭遇，真是触目惊心。从第一世达赖根敦朱巴到四世达赖云丹嘉措，只是宗教领袖，并没有掌握政权。从五世到十二世，只有两个达赖，即五世达赖罗桑嘉措和七世达赖格桑嘉措真正掌握了政教大权，公认是最有才华、最有作为的政教领袖。他俩著述甚多，政绩显赫，受到僧俗百姓的爱戴和崇敬。在布达拉宫的灵塔里，他俩的灵塔也最高，最大，最为辉煌壮丽。

① 五世达赖阿旺罗桑嘉措，生于公元1617年（明万历四十五年、藏历第十个甲子的火蛇年），1682年（清康熙二十一年）去世，享年六十六岁。噶玛王朝崩溃之后，由黄教掌权，达赖喇嘛遂成为西藏政教的最高统治者。

五世达赖阿旺罗桑嘉措的卓越才能，使达赖喇嘛这个称号和达赖在西藏政治上的地位得以正式确定。他功绩显赫，在西藏各地建立了十三座黄教大寺，被称为“黄教十三林”，并规定全藏所有的黄教寺庙常年居住的喇嘛人数，如噶丹寺为三千三百，色拉寺为五千五百，哲蚌寺为七千七百，扎什伦布寺为三千八百……。为黄教大小寺庙制定了严格的制度，如组织机构，僧官任免，喇嘛的学经程序，寺内纪律仪式，这些规定一直相沿至今。土登嘉措知道，五世达赖在晚年专心著述，他的著作共有三十余卷，影响最大的是《相性新释》、《西藏王臣记》、《百川映月》等书。这些著作他都认真研读过，收益很大。

同五世达赖相比，土登嘉措认为七世达赖格桑嘉措有自己的特点，以他的谦逊简朴而为后人称颂。格桑嘉措能够位极帝师而无丝毫骄慢，教证功德内已圆满，仍从他人听闻经论，曾无暂舍。修证已到高深境界，然而举止动静、取水脱鞋皆依戒律而行。富有全藏，受用无量，所穿服装简朴到每年只换一套。

土登嘉措发现，六世达赖喇嘛仓央嘉措是一个颇受非议的人物，他在政教方面毫无建树，但却是一位很有才气的诗人。他有博学多才、精明能干的第司·桑结嘉措的辅佐，本来可以安稳地坐在这禅床上。但他不守戒律，向往世俗生活，向往过一个活生生的人的生活。他写了大量的情诗，抒发自己对人间美好生活的追求。土登嘉措偷偷地阅读过仓央嘉措的这些诗，同他平时诵读的经文迥然不同，每当土登嘉措默读那些炽热的诗句，总会感到脸热心跳，仿佛进入了另一个世界。

不幸的是，仓央嘉措却因此遇到横祸，藏王第司·桑结嘉措被拉藏汗杀害之后，他也被康熙皇帝废黜，“执献京师”。到了风雪弥漫的青海湖畔，这位“神”却突然不见了，那时他才二十四岁。

八世达赖喇嘛绛边嘉措虽然长寿，却没有什么值得后人称颂的业绩。

从九世到十二世，这四位达赖喇嘛，实际并未真正执掌大权。他们刚刚成年，或正要接管政务，就突然暴亡，由摄政王掌权。九世达赖隆扎嘉措只活了十一岁；十世达赖楚臣嘉措活了二十二岁，十一世达赖凯珠嘉措活了十八岁；十二世达赖赤烈嘉措活了二十岁。他们的突然去世，引起人们种种议论和猜测。僧俗百姓都怀疑这几位达赖是被人谋害的，一致要求调查清楚，严惩胆敢谋害佛爷的元凶罪魁。

朝廷也认为达赖死得可疑，每逢达赖暴亡，驻藏大臣总要下令不准挪动达赖的遗体，不准乱动达赖寝宫的一切东西，把达赖的侍从官员锁拿问罪，由驻藏

大臣亲自检验遗体，追查责任。但结果总是不了了之，只好认选新的灵童了事。

土登嘉措一直把五世达赖的政绩，六世达赖的才华，七世达赖的品德，作为自己效法的楷模。他要成为西藏历史上最杰出最有作为的达赖喇嘛，要成为造福于西藏僧俗百姓的雪域一神，永被百姓称颂。

由历代达赖喇嘛，土登嘉措联想到自己。

位于拉萨东南部的塔布山区，有一个风景秀丽的地方，群山环绕，林木葱茏，气候宜人，资源丰富。在群山环抱之中，有一座宛如大象鼻子的山梁，村庄在山梁前面，人们就把它称作朗敦，意为象鼻山前的村庄。

藏历第十五个甲子的火鼠年（公元1876年）五月五日，一轮红日喷薄而出，朗敦村沐浴在金辉中，此时一个婴儿呱呱坠地。这是个男孩，一落地就睁开了亮晶晶的双眼，他脸上泛着红光，接生的人一看到就惊叫起来，这孩子真是一个奇人，有祥瑞之兆。

经过乃琼大喇嘛降神占卜，又到曲科嘉地方的圣湖中观看显影，证明这个男孩就是十二世达赖喇嘛赤烈嘉措的转世灵童。而且其他地区未发现有同样的灵童。这样，由八世班禅，摄政王通善呼图克图，三大寺和扎什伦布寺的全体僧俗官员联名向当时的驻藏大臣松淮上了公禀，请求驻藏大臣转奏清朝皇帝，由于灵童只有一名，且经各方公认，请免予金瓶掣签。光绪皇帝在奏折后面批道："贡噶仁青之子罗桑塔开嘉措，灵异显著。准免予金瓶掣签，着即继任十三世达赖喇嘛。钦此。"

什么叫"金瓶掣签"？当自己被认选为达赖的灵童之后，为了免予金瓶掣签，为什么要惊动那么多人联名上书，还要当今皇上亲自恩准？土登嘉措一直不明白，他怀着好奇的心理，悄悄地问经师。经师告诉他：八世达赖喇嘛当政期间，清政府在击退廓尔喀入侵之后，对西藏事务作了一次全面整顿。乾隆五十八年（1793年）清政府公布了著名的《钦定西藏章程》，对西藏的各种制度作了详细规定。其中第一条规定，大清皇帝为使佛教得到兴隆，特赐一金瓶。以后凡遇到寻认灵童时，应将灵童名字及出生年月，用满、汉、藏三种文字写于牙签上，放进瓶内，选派真正有学问的活佛，祈祷七日，然后由各呼图克图和驻藏大臣在大昭寺释迦牟尼佛像前正式认选。若灵童只有一名，亦须将一个有灵童名字的牙签和一个空牙签一起放入瓶内。若抽出没有名字的牙签，就不能认定已寻得的儿童，而要另外寻找。

噶厦和三大寺为了防止发生意外情况，决定不实行金瓶掣签，而认定自己

所选的就是新的灵童。

次年十一月，噶厦政府用最隆重的仪式，将一岁多的“灵童”迎至拉萨。驻藏大臣在他面前捧读了光绪皇帝批准灵童继任十三世达赖喇嘛的圣旨。然后由一位喇嘛抱着，让灵童面朝东方，向大清皇帝行三跪九叩礼。八世班禅给他剪发，并取法名为“吉尊阿旺罗桑土登嘉措鸠差旺觉曲勒朗巴杰娃白桑布”，简称土登嘉措。不久，举行了坐床大典。这样，他由一个普普通通的差民的孩子，一夜之间从社会的最底层而跃到至尊之位，成为西藏的最高统治者。噶厦政府赐给他父母庄园和农奴，他家也一跃成了西藏最大的贵族农奴主之一。这些事都是他后来听别人告诉的。他虽然被人尊为“神”，说他能通晓过去，预卜未来，可是他却连自已是怎么从偏僻的山乡，来到这至高无上的宝座上也说不清楚。

土登嘉措中等身材，额头宽广，有一双聪慧的大眼，小时候得过天花，脸上有几个小麻点。只有他最亲近的人才知道这一缺陷，一般人很难见到他，所以都不知道。即使有人知道，也怕冒犯神灵，不敢随便乱讲。直到他圆寂之后，人们才知道佛爷曾经得过天花，而且留下了一点小小的痕迹。

他天资聪慧，从小刻苦好学，熟读经书，熟悉西藏的历史、文化，各教派及各政治势力之间的矛盾的斗争，以及历代达赖喇嘛在西藏历史上的地位和作用。他常常长时间地站在宗喀巴和他的两位弟子面前沉思默想，既然上苍把我从偏僻的农村，从一个普通的农民家庭带到白宫，被僧俗百姓当作神来崇拜和敬仰，那么我就要像一个真正的达赖喇嘛那样，主宰一切，而不能受制于人，被人玩弄和利用。他希望自己能成为五世和七世达赖那样的佛爷，有所作为，在历史上留下美名，绝不能像前几世达赖那样，任人摆布，遭人谋害。因此，从他懂事的时候起，大至政教事务，小到饮食起居，他都采取特别谨慎的态度，始终保持着高度的警惕。纵观历史，他深深懂得一切斗争的关键是权力。在关系到权力的问题时，他采取了特别谨慎也特别果断的态度。

按照惯例，当达赖到了十八岁，摄政王必须交出权力，由达赖亲政。在他十八岁时，光绪皇帝下令要达赖亲自执掌政权，但他考虑到当时摄政王第穆呼图克图① 正处在权力的高峰，上上下下都有他的人，连自己身边的人，也几乎都是他派来的。达赖自己的亲属虽然得到了贵族的封号，但刚从农村到拉萨，

① 呼图克图是清朝中央政府授予藏族和蒙古族地区大活佛的封号，凡属这一级的活佛，每代必经中央政府的承认和加封。西藏地区的呼图克图，有被选为摄政王的资格。

在上层社会没有根底，还受一些人的歧视，在政教事务上帮不了他的忙。他自己也缺少必要的经验和威望，勉强亲政，只能做个傀儡，甚至有被人谋害的危险。以往活生生、血淋淋的历史教训，使他深深懂得“位尊身危、名高忌起”的道理。因此，他采取了以退为进的策略，说自己正在学经，恐亲政之后，政教两误，坚决不肯亲政，只是将历代达赖的三颗印玺接受过来，交给噶厦政府掌管。一方面显得他笃信佛法，对权力没有欲望，赢得了僧俗百姓广泛的信赖和敬仰，一时传为美谈；另一方面，削弱了摄政王的权力，加深了摄政王同噶厦政府之间的矛盾。

过了两年，英国人先后侵占了邻近各国，并把侵略的魔爪伸向我国的西藏。西藏内部的政局也发生了剧烈动荡。这时，三大寺和僧俗官员借口“神意”，逼迫摄政王第穆呼图克图辞职，要求达赖亲政，达赖这才顺应潮流，接受摄政王的辞呈，亲自出来掌政。不久，他又借故将第穆呼图克图杀掉，没收其庄园和财产，并下令把第穆呼图克图的名号予以革除，禁止以后转世。从此，达赖喇嘛独运威权，牢牢掌握了西藏政教大权，那时他年仅二十四岁。

土登嘉措清楚地知道，三大寺的喇嘛、贵族官员和僧俗百姓为什么拥戴自己亲政。长期以来，清朝廷采取对外妥协退让，对内加紧控制的办法，历任驻藏大臣，除文硕、裕刚等少数几个以外，都变本加厉地推行朝廷的这一方针，对洋妖卑躬屈膝，对藏民横加镇压，不但不支持藏民的抗英斗争，有时还从背后踢一脚，即所谓“以夷制番”。在这种形势下，广大僧俗百姓。尤其是三大寺的喇嘛，出于爱国家，爱家乡之心，拥戴他上台，一方面与驻藏大臣相抗衡，另一方面用“雪域一神”作旗帜，号召百姓，共同抗击洋妖。

现在，洋妖异教徒大举入侵，佛法被毁，西藏民族处于生死存亡的严重关头，他这个“神”却一筹莫展，这使他非常焦虑，甚至痛苦。顾不了自己的菩萨，怎能拯救凡人？我连自己的百姓和土地都不能保护，怎么能普度众生？我连这场战争的结局都不能预料，又怎么能通晓过去，预卜未来？他站起身，在经堂里来回走，最后停在一尊佛像前站住，凝视良久。宗喀巴盘腿而坐，神色庄重，凝目远望，好像在给众多的信徒传经布道。身边的两位弟子侧着身子，虔诚地望着师父，专心致志地听他讲经。他抬头看护法神，希望在这严重时刻，她能大显神威，降妖伏魔，赶走洋人，保我疆土。但是，吉祥天女却显出安祥、欢快的神态，轻轻拨弄琵琶，似欲弹奏美妙的乐曲。

达赖喇嘛从来也没有像现在这样感到孤独和忧虑。他被僧俗百姓当作“活

菩萨”供奉在这里，但在这些金铸、木雕、泥塑、缎绣、彩绘的菩萨群里，却没有个能出来帮助他，支持他，甚至没有一个“神”了解他，听他诉说心中的苦闷和烦恼，为他排难解忧。他感到怅惘，懊丧，深深地吐了口气，又坐在禅床上。他恍恍惚惚，似睡非睡，还不时地发出轻轻的鼾声。侍从们知道佛爷这些天来太劳累，有意让他多休息一会儿，没有惊动他。过了一会儿，轻微的鼾声停止了。贴身的侍从们知道达赖已经醒了。

桑丹便轻轻走过去，换了碗热茶，等达赖喝了一口茶，桑丹小声禀报：

“佛爷，参宁堪布[①] 德尔智师父求见。”

达赖轻轻点了点头，桑丹明白了，便悄悄地退了出去。

德尔智是蒙古喇嘛，今年五十一岁，在达赖身边多年，担任他的侍读。他刚一迈进门坎，就把披在肩头的袈裟取下来，搭在手腕上，双膝弯曲，弓着腰，把头深深地埋下去，几乎碰着膝盖。他迈着碎步走近法床，向达赖致意。每次拜见达赖时，总是像第一次朝拜佛爷那样，毕恭毕敬。

达赖面带笑容，微微点头，示意他坐下。桑丹立即给他端来一个茶碗，倒上酥油茶，恭敬地放在他面前。

德尔智首先向达赖问安，又询问了传昭大会的情况。往常他作为达赖喇嘛的侍读，要参加传昭大会，这次达赖委派他去完成一项重要任务，所以没有参加。达赖问：

“抬枪造得还顺利吗？”

“托佛爷的恩惠，还算顺利。”

“什么时候能造出第一批？”

“报告佛爷，十天之内就能造出来。”德尔智欠了欠身，眉宇间流露出得意的神色。

达赖却轻轻摇了摇头说：

“能不能再快一点？”

德尔智面带难色，偷眼望了一下达赖，小心地说：“在这么短的时间能造出西藏历史上第一批快枪，真是不易。机器不好，没有好磨床，材料不足，没有会造枪的工人，只能从蒙古和内地请工匠，请的人还没到……”

“不能等他们了。”这些困难，达赖都知道。去年洋妖入侵岗巴宗之后，达赖就意识到，要打败洋妖，光靠藏族军民的刀、矛、弓箭和火枪是不行的，

① 陪同、辅导达赖学习佛教经典的侍读喇嘛。

一面派人到四川、青海等地去购买武器，一方面决定自己制造快枪，委派德尔智负责，在拉萨河南岸的哲布地方，建立了西藏第一座兵工厂。因为兵工厂在哲布地方，就把制造的抬枪叫哲布抬枪。达赖用急切的目光看着德尔智，继续问：

“三天之内，能不能造出一批来？”

“这……恐怕很……”德尔智犹豫了半天，还是把“困难”两字咽了回去。

“您现在就去，务必在三天之内造出一批来，哪怕少一点也行。”达赖打断了他的话，显得十分紧迫，达赖见德尔智双手合十，低头不语，把口气放缓和了些说：

“前线战事紧急，必须立即增派援军。”

“是，请佛爷放心，我一定尽力去办。”德尔智承诺之后，并没有起身离去，好像还有话要说。

“俄国方面有消息吗？”达赖压低声音，身子也朝德尔智倾了倾。

德尔智摇了摇头。见达赖露出失望的神色，德尔智略微挺直腰，屁股擦着地毯，朝达赖挪动了一点，低声而又庄重地说：

“俄国大皇帝金口玉言，绝不会失信，一定会帮助我们的。”

“佛爷，……”阿旺喜饶猛地推开虚掩着的门，闯了进来。他脸色煞白，声音也变了样：

“多吉孜本送来报告，我军在曲米……”

“怎么样？”达赖不觉一惊，额头上渗出细密的汗珠。

“拉丁代本他……”阿旺喜饶说不下去，一下子捂住了脸，泪水，顺着他的指缝往下流……

第二章

阴影笼罩下的帐篷

猫头鹰在散布凶兆时，
总是先亲近发笑。

藏历阳木龙年正月十四日，公元1904年3月21日，在曲米仙廓发生了一件震惊全藏的重大事件。事情是从这一天的下午开始的。

在一座宽敞然而略显幽暗的英国远征军帐篷里，没有一个英国人，却有五个装束不同、神情各异的藏族人。

帐篷中间摆着一张长方形的藏式矮脚桌，桌上放着一些西式点心和几杯红茶。杯子里的茶已变得冰凉。

一个身披袈裟的中年喇嘛，坐在矮脚桌旁，双手搓动佛珠，嘴里似乎在念诵着什么，却只见嘴唇翕动而没有声音发出。他是三大寺代表、拉萨色拉寺的堪布[①] 土登晋美。

在他旁边，坐着一个穿狐皮袍子的官员，这是帕里宗宗本[②] 阿旺隆珠。帕里是个重要的县城，英国人一直要求中国政府把帕里辟作商埠。因此，噶厦政府指定要他参加谈判。

另一个身材不高却很健壮的中年喇嘛，身上披着十分考究的绛红色袈裟。这领袈裟是西藏著名的氆氇产地山南吉德雪的产品。达赖喇嘛穿的袈裟，就是

① 堪布，是寺院里掌管行政事务的最高负责人。

② 宗，相当于县，宗本即县官。

用这种氆氇制作的。能穿上这样的袈裟，当然不是一般的人物。他是三大寺的另一位代表，西藏最大的寺院——哲蚌寺的托麦堪布。托麦不像土登晋美和阿旺宗本那样能够克制自己的感情。他怒睁双眼，不停地在帐篷中来回踱步。脚步时急时缓，时大时小，军用帐篷在他的脚步声中似乎变得非常狭窄了。与那不停的双脚相呼应，他的两只大手时而紧握在一起，时而互相搓着、捏着，骨节发出嘎巴嘎巴的响声。托麦的一切动作都表明他内心的焦灼，似乎再也不能忍耐。

在桌子的另一头，一位军官穿着金黄色的缎子藏袍，袍子上绣着苍龙。按照清朝皇帝对西藏地方政府颁布的规定，四品以上的俗官都可以穿黄袍。黄袍又分三种颜色：金黄、橘黄和米黄色。噶厦政府的噶伦和藏军代本，才能穿金黄色、绣有苍龙的缎子藏袍。

这位身穿金黄色缎子藏袍的军官，就是藏军前线总指挥拉丁代本。拉丁代本是拉丁家族中最小的儿子，所以人们称他为拉丁赛① 。拉丁赛同托麦堪布一样健壮，却比托麦高出半个头。

站在拉丁代本后边的是他的秘书洛桑饶登。洛桑饶登长得清秀、文静，略显白皙的脸上不知是因为躁热还是焦急而泛着红晕。

等待，对于以消磨时间为常事的人来说，是无所谓的；而对于在危急时刻身负重任的人来说，则是无比烦恼的事。现在，吉凶未卜、祸福难测的事情摆在面前，大家等待着，等待着，一种令人焦躁不安的不祥的阴影，笼罩在这座帐篷里。

藏、英双方已经举行过多次谈判。从去年起，英国人打着谈判的旗号，从边境到岗巴宗，从岗巴宗到亚东，步步逼进，现在已到了曲米仙廓。

曲米仙廓是后藏地区② 一个偏僻的小村庄，只有十几户人家。在普通的地图上根本找不到它的位置。它没有什么值得称道的物产或名胜古迹，外界的人也很少知道它。惟一能给过往的商旅和香客们留下印象的是这里有一眼泉水。泉水虽不大，但又清又甜。赶路的人走过这里，捧上一掬泉水来喝，会感到异常清凉甘美，周身舒适。这眼清泉为这个村庄赢得了名声。曲米，藏语是“泉水”的意思；曲米仙廓，就是泉水之乡。

这个小小的山村，最近却成了全藏瞩目的重要地方。

---

① “赛”是尊称，少爷的意思。

② 西藏分前藏和后藏地区。前藏以拉萨为中心，包括附近各个宗；后藏以日喀则为中心，包括江孜、亚东等地区。

英军侵入西藏边境后，噶厦政府曾于去年藏历五月十三日发布征兵动员令。但是，由于部队分散，兵力不集中，加之噶厦政府武装抗击洋妖的决心并不坚定，因此不能有效地阻止英军的进攻。眼见得英军步步深入，噶厦政府又急忙从日喀则、江孜和拉萨等地抽调了几个代本增援，与此同时，各地百姓也纷纷赶来参战。于是各路抗英部队在曲米仙廓汇集了。就在这时，达赖喇嘛亲自委任拉丁代本为前线总指挥，授权他统率所有抗英军民。

拉丁代本及其所部虽然一直站在抗英斗争的最前线，是整个抗英部队的中坚，但终因兵微将寡，武器不足，使拉丁代本求战、求胜的愿望难以实现。这回好了，六个代本的藏军，加上众多的百姓，一起集结在他的麾下，虽然武器仍然是大刀、长矛、土枪和弓箭，但在人数上，却远远超过了入侵的英军。这使拉丁代本感到振奋，他那与洋妖大战一场的愿望得以实现了。拉丁代本立即整顿部队，构筑工事，重新安排作战部署，给黄毛鬼子以迎头痛击。

英国远征军在曲米仙廓遭到了入侵西藏以来最强有力的阻击，不仅士兵死伤严重，甚至连素称最勇敢、最能冒险的英国《每日邮报》的通讯记者也被砍断右臂，使得他再也不能写出远征军“所向披靡、胜利进军”的报道。英军少校当洛甫的胸部挨了一刀，心脏受伤，血流不止，眼看着就要一命呜呼了。这使英军上校荣赫鹏大伤脑筋。

正是由于遭到藏族军民前所未有的顽强抵抗，才使英军不得不要求举行谈判。时间定在今日中午十二点。

拉丁代本再一次掏出怀表看了看，更深地皱起了眉头。现在已经是下午三点半了，英国人非但没有出来谈判，而且把藏军方面的联络员来协叫去，至今也未见回来。拉丁赛暗自思忖着这到底是为什么，又把眼睛转向窗外。

英军营地位于曲米河谷。帐篷前面不远处地势较低，是一块空旷的坝子，一部分英军早已集结在那里，周围还插着一些英军军旗。

看着队列整齐，但人数并不太多的英军，拉丁代本又想起英军头目荣赫鹏提出的所谓谈判条件。在协商有关谈判事宜时，荣赫鹏提出了一系列先决条件，其中最主要的有两点：一，指名要拉丁代本担任首席代表；二，为了保证在谈判期间不发生其他意外事件，双方部队必须集结到坝子里来。荣赫鹏还说，为了表示帝国军队的谈判诚意，他们决定将子弹退出枪膛，同时要藏军熄灭火绳。拉丁代本、哲林代本、然巴代本和其他藏军官兵，以及广大僧俗百姓，都不愿在这个时候，这样的情况下停火谈判，更不愿接受那些先决条件。

藏族军民用的多是火枪，要靠火绳来点燃发火。如果熄灭，火枪就失去了它的威力，藏军也就失去了战斗力。

为了这事，拉丁代本等人同噶厦政府派来的多吉孜本和驻藏大臣派来的何光燮知府[①] 发生了激烈争论。最后，孜本和知府抬出大清皇帝和达赖喇嘛来压他，拉丁代本才不得不同意前往谈判。他想，如果我执意不去，别人会以为我不敢同洋妖打交道。但他明确表示，其他条件一概不能接受，藏军无论如何不能到坝子里去，更不能熄火。

拉丁赛也知道，谈判议和，以阻止英军入藏，这确实不是多吉孜本和何知府个人的意思，而是朝廷的一贯主张。在噶厦政府内部，持这种主张的也占上风。噶厦还说这是神的旨意，乃琼大喇嘛在降神时曾说："应该谈判议和，不要轻动刀枪。"拉丁赛想，如果真能不动刀枪，通过谈判劝说英国人撤离西藏，那当然是最好不过的。但是，这可能吗？

托麦依旧在踱着步，步子变得更加焦灼不安。他们到达英军营地这么长时间了，英军头目荣赫鹏等人连面也没有露一下，只是由威廉上尉和玛丽小姐接待。威廉上尉能说一口流利的藏语，为他们担任翻译。他长期在中印边境地区活动，对西藏的情况非常熟悉，在远征军里，算得上是一个"西藏通"。玛丽小姐是英军的报务员，兼作荣赫鹏的秘书。威廉上尉把拉丁代本等人请进帐篷里，却把他们的卫队带到很远的地方去休息，有意将他们隔离开。

"代本，您看！"站在拉丁代本旁边的洛桑饶登突然向窗外一指。

拉丁赛已经看见了，不少藏军正陆续从山上走下来，坐在离英兵不远处的坝子上，这使拉丁赛大为吃惊。

"怎么回事？"

"这是怎么回事？"

托麦、土登晋美和阿旺隆珠也走到了窗前，他们的惊讶程度绝不亚于拉丁赛。阿旺宗本的脸绷得更紧了，土登晋美则大张着嘴巴，托麦把两只拳头捏得咯巴咯巴直响。他们相互询问着，却没有人能回答。

拉丁赛顾不上再多说什么，猛地拉开门，想要出去，站在门口的两个英兵却挡住了去路。他用力推开门岗往外冲，恰在这时。担任联络员的来协急急忙忙跑了进来。

"你到哪里去了？"拉丁赛一把将来协拉过来。

① 知府是驻藏大臣衙门的高级官员。

“我，回……回指挥部去了。”来协喘息未定，一见拉丁赛怒容满面，心里更加害怕，舌头也转不利落了。

“谁让你去的？”

“荣……荣赫鹏先生……”

“去干什么？”

“让，让我去通知多吉孜本和何知府，一定要全部接受他们的条件，命令藏军到坝子里来，否则不但不举行谈判，还要……”来协吞吞吐吐，说不下去。

“还要什么？”

“还要扣留你们，炮击我们的阵地。”

“孜本怎么说？”托麦焦急地问。

“为了你们的安全，孜本和知府已经下令让藏军集中到坝子里来。”

“你这头蠢驴！”托麦狠狠地打了来协一记耳光。来协趔趄一下，倒退了两步。

“我，我这是为了你们……”来协捂着发烫的脸，哆哆嗦嗦地说。

“哲林代本怎么说？”拉丁赛拉住了还要打来协的托麦。

来协也感到事情有些不妙，可又不能不回答代本的问话：

“哲林代本说没有您的命令，他不下山，也不熄火。然巴代本也是这么说的。现在下山的，可能只有一、二、三代本。”

拉丁赛轻轻地舒了一口气，心里踏实了一些。然后又突然问：“你去荣赫鹏那里了吗？”

“没有，我是想先把这些情况禀告你们，谈判时……”来协尽量想表白自己，把情况说得清楚些，可越急越说不清楚。

拉丁赛打断他的话：“你的马在哪里？”

“在帐篷外面。”

拉丁赛转身对洛桑饶登说：“快去通知哲林代本，命令他代替我指挥全军，不管孜本和知府怎么说，绝不能让藏军到坝子里来；还要设法通知已经下山的官兵，命令他们赶快撤出坝子。在这里多呆一分钟，就多一分危险。”

洛桑饶登看着代本，犹豫不定。他已经感到情况危急，不愿在这个时候离开自己的主人。

“代本拉[①]，我……我不能离开您。”

① 按照藏族习惯，在名字或职务后面加一个“拉”字，是表示尊敬。

“代本拉，我们一起走吧！”阿旺宗本试探地说。他本来就不愿意和英国人打交道，这下就更觉得如入虎口，危不可测，恨不得马上离去。

拉丁代本已经感觉到他们处在十分危险的境地，他估计此时是无论如何走不出去的，便平静地对大家说：“我们再看看。”然后转过脸对洛桑饶登说：

“快！晚了连你也出不去。”拉丁代本说着，顺手把来协的博士帽摘下来戴在洛桑头上，推了他一把：“快走！”

望着洛桑饶登的背影，拉丁代本的心情感到沉甸甸的。是呀，数千名抗英大军不能没有统帅，不能没有人指挥。我这个经佛爷亲自委任的前线总指挥，在这最危急的关头，却离开了自己的部队，离开了自己的百姓，而且怕是很难安全地回去了。现在，谁能代替我指挥抗英大军呢？委派哲林代本代替自己指挥的决定对吗？对的，这个决定是对的，只有他能担起这个重任，拉丁代本对自己说。他又想起了今天上午的事。

在决定派拉丁代本等人去谈判之后，多吉孜本通知所有藏军军官和僧俗官员们来为拉丁代本等人送行，献哈达，敬青稞酒，并焚香祈祷，祝愿谈判圆满成功。惟独哲林代本一个人没有来，坚守在阵地上。他只派了一名如本[①] 作他的代表，为总指挥送行。多吉孜本大为不满，严厉训斥那个如本，问他哲林代本为什么不来送行。如本回答道：

“哲林代本说，我们把阵地坚守得越牢固，总指挥他们谈判就越有力量，越能取得成功，他们的安全也越有保证。”

多吉孜本不以为然，命令那个如本回去请哲林代本来，却被拉丁代本制止了。他认为哲林代本做得对，他还让所有的藏军军官立即返回各自的阵地，没有他的命令，不许再离开。

但是现在，三个代本已经离开了阵地，其他三个代本和僧俗百姓们能够坚守阵地吗？

拉丁代本感到忐忑不安。

夕阳从窗口斜射进来，下午四点半钟，荣赫鹏上校在几个军官和侍卫的簇拥下，走进帐篷。他笑容可掬地对拉丁代本等藏方代表说：“非常抱歉，让你们久等了。”转身又朝外喊道：“格林，上茶！”

见荣赫鹏这么友好、和善、坦然，完全不像胸藏毒计的人，来协悬着的一颗心放下了。他想，荣赫鹏的友好态度，表示了英方的诚意，大英帝国的军官

① 如本，相当于一个营，营长也称如本。

说话还是算数的。他摸了摸脸颊，看了托麦一眼，感到有一肚子的委屈。

那张藏式矮脚桌的两侧，坐着藏、英双方的谈判代表。右边，以拉丁代本为首，依次坐着托麦堪布、土登晋美堪布和阿旺宗本。左边为首的是荣赫鹏，还有威廉上尉、吉布森中尉和玛丽小姐。来协以联络员身份，首先介绍了双方的人员。然后自己拿个小凳子，坐在后面。

拉丁代本仔细打量着对面这个英军头目。听来协讲，他已年过四十，但看上去却像个三十多岁的人。一头淡黄的头发卷曲着，络腮胡子像蔓延的青苔爬满了他的大半边脸，两只深蓝色的眼睛，像两泊湖水，令人觉得深不可测。此时，荣赫鹏正叼着雪茄，一口一口地喷着烟圈。他的脸在浓淡相间的烟雾中时隐时现，拉丁赛心耳中的荣赫鹏也像这烟雾中的人一样，一会儿清晰，一会儿模糊。拉丁赛感到这个对手绝非一般人物，在他和蔼、平静的外表下，掩藏着阴谋和杀机。拉丁赛想知道，这个洋妖头目究竟要装什么神，念什么咒？

侍卫格林端着一只硕大的托盘走了进来。荣赫鹏忙起身让茶："各位，今天请你们喝印度红茶。同你们的酥油茶相比它另有一种味道。噢，还有这水，是你们曲米的泉水，那味道自然与众不同。"说到这里，荣赫鹏笑了笑："这茶还有一点象征意义，就是要英、藏友好嘛！是不是这样，代本先生？"

托麦心里着急，既没有心思品茶，更没有兴趣听洋大人饶舌，他硬邦邦地甩出一句话：

"上校先生，我们已经等了很久，快谈正经事吧。"

"啊，堪布先生，我已经说过了，很抱歉，让你们久等了。"荣赫鹏微微一笑："但是，这并不是我们的过错呀！"

托麦立即驳斥："双方商定在中午十二时举行谈判，请您看看，现在是什么时候了？我们等了整整半天，难道是我们的过错？"

荣赫鹏又看了托麦一眼："堪布先生，请不要忘了还有别的条件呢，双方的部队都必须集结到坝子里来。我们帝国的军队是最讲信用的，按照协议，早已到坝子上来了，子弹也退出了枪膛。可是，"荣赫鹏故意加重语气："你们的部队到现在还没有完全下山，这能说你们对谈判抱有诚意吗？"

来协生怕因惹恼英国人而使谈判破裂，赶紧解释说："孜本已经下了命令，他们很快就会下来。"

托麦瞪了来协一眼。来协不由得吐了吐舌头，又悄悄地坐下了。

"我们快谈正经事吧！"托麦已经很不耐烦了。

“啊，堪布先生，不要着急嘛，既然请你们来，当然不只是为了喝杯红茶。”荣赫鹏不紧不慢地说着，却把目光转向了拉丁代本。

拉丁代本今年三十六岁，他的年龄和长相相称。面庞黧黑，前额宽广，嘴唇微厚，嘴角向上翘着，按照藏族的说法，是一个富贵相。特别是那双眼睛，敏锐、聪慧，流露出自信、坚定和毫不妥协的神情。荣赫鹏觉得，无论从哪方面讲，拉丁赛也是一个真正的藏族人。就是这个人，作为藏军的高级军官，从去年到现在，从边境到曲米仙廓，一直跟英军作战。是他，坚决主张抗英，反对谈判议和；是他，组织藏族军民夜袭英军营地，骚扰运输线；还是他，在这里设下防线，狠狠阻击英军，使英军不能顺利进兵江孜。几个月来，一提起拉丁赛的名字，荣赫鹏就感到畏惧、愤恨和恼怒，可又毫无办法。

但是现在情况不同了。荣赫鹏的嘴角现出一丝不易察觉的得意之色。他想到，拉丁赛这个在噶厦政府中最难对付的人，今天终于坐在我的帐篷里，掌握在我的手中了。这固然是由于我的机智，也是多吉孜本和何知府那两个愚蠢如猪、胆小如鼠的家伙帮助的结果。

忽然间，荣赫鹏的目光与拉丁代本那锐利的目光相撞了，荣赫鹏心头一颤，不由自主地避开了那灼热的目光。

“上校先生，你们什么时候撤军？”拉丁赛直视荣赫鹏，声音不大却透着威严。

“啊，这个问题，我正想问各位。”

荣赫鹏避开拉丁赛威严的目光，故意装出轻松的样子，悠闲地弹了弹烟灰，细声慢语地说：“各位，谈判，不是谈我们撤军的问题，而是请贵军撤离前面的山口，让我的部队顺利地开到江孜去。”

荣赫鹏以温和的口气表现出的蛮横态度，激怒了藏方代表，连来协也感到惊讶。来协的嘴巴张得老大，半天也没有闭上。他万万没有想到英国人竟是如此谈判撤军问题。

“到江孜？你们到江孜去干什么？”托麦强压怒火，大声责问。

“谈判呀，跟你们政府的高级官员谈判边界纠纷、通商和游牧事宜。”荣赫鹏对玛丽点了一下头，玛丽会意地取出一份文件递给荣赫鹏。荣赫鹏右手拿着文件，朝藏方谈判代表扬了扬，用一种极为傲慢的口气说，“这是1890年英中、两国政府签订的《中英会议藏印条约》，你们难道忘记了吗？这样吧，威廉！”荣赫鹏把文件递给威廉：“你再读给他们听听！”

威廉清了清嗓子，为了表示庄重，他站了起来。

拉丁代本一挥手，严厉地说："不用念啦！"

威廉吓了一跳，立即顿住，神情木然，呆呆地望着荣赫鹏。

拉丁赛的目光像两把利剑，直刺荣赫鹏，正气凛然地说：

"这个条约，完全是你们英国人一手炮制的。我们噶厦政府和广大的僧俗百姓从来没有承认。边界纠纷，请问你们的国土在哪里？英国和中国远隔万里，哪里来的边界纠纷？中、英通商，也要商量着办，用枪炮逼着，那叫友好通商吗？再说放牧吧，"拉丁赛感到憋气，拉了拉挂护身符的带子，接着说："哲孟雄自古以来就是西藏的一个天然牧场，我们的牧民，祖祖辈辈都在那里放牧牛羊，连《中英会议藏印条约续约》里，也充分肯定了这一点。"

托麦堪布气愤地说："仅我们哲蚌寺，在那里就有四个牧场，现在全被你们侵占了。"

"你们以武力相威胁，蛮横地剥夺了藏民到哲孟雄放牧的权利，制造边界纠纷，并为武装入侵西藏寻找借口。"一想起《中英会议藏印条约》和《中英会议藏印条约续约》① 这两个出卖西藏利益的条约，拉丁代本就非常气愤。

荣赫鹏似乎对藏方代表的激动情绪和愤怒并不在意，依然不紧不慢地抽着伦敦雪茄，嘴角挂着令人难以捉摸的狡黠的微笑，蓝眼睛逐一地打量着拉丁赛等藏方代表，如同一个猎人在欣赏自己手中的猎物。见藏方代表正怒气冲冲地盯着自己，荣赫鹏慢悠悠地开了口：

"诸位，我们不谈历史吧，把历史留给历史学家们去研究。政治家们关心的是现实。"荣赫鹏顿了一下，等待着威廉的翻译。待威廉的话音一落，他又加重了语气："现在，哲孟雄是我大英属地，这是中英双方缔约承认的。但是，你们藏方不但不履行条款，反而砸毁了界碑，屡次三番地侵入我哲孟雄领地，挑起种种事端。这怎么能说没有边界纠纷呢？至于通商问题嘛，1890年中英缔约以后，你们只开放了亚东为商埠，这是很不够的嘛，条约明确提出通商

① 1888年，英国发动侵藏战争，占领隆土山、纳汤等地。正当西藏军民积极准备反攻，请求朝廷派兵增援时，昏庸懦弱的清政府竟将支持西藏人民抗敌的驻藏大臣文硕免职，令主和的升泰赴前方议和，并派税务司英人赫政为升泰的助手。英国便通过赫政，完全操纵了升泰。1890年缔结了《中英会议藏印条约八款》。其主要内容是划定藏哲边界，英国由此强占了西藏的热纳、隆吐山、则利一带地方。清政府承认哲孟雄归英国保护，中国开放亚东为商埠。条约还规定，通商、游牧等项，以后再议。

经三年之久的交涉，1893年清廷和英国又订立了《中英会议藏印条约续约九款》。这一条约，取消了藏民到哲孟雄放牧的权利，哲孟雄和西藏的悠久历史联系全被断绝。

英国侵略者通过武装入侵，侵占了我国的大片领土，攫取了种种特权，全国各族人民一致反对这两个条约，指责升泰是"失信藏番，见好英夷"。

问题以后再议。所以，我们是依约前来商议的。还有游牧问题……”

说到这里，荣赫鹏突然停住了，大概是想起了游牧问题在《中英会议藏印条约续约》中早已得到了明确的解决。他端起茶杯，呷了一小口，湿润了一下因高山反应而略显干裂的嘴唇，然后话锋一转：

“我们要到江孜去，无非是要把问题解决得彻底些，以维护英中两国永恒的友谊。可是……”

“不要再讲漂亮话了。”托麦堪布终于按捺不住，打断了他的话：“你们贪得无厌，得寸进尺，是喝了酥油茶，连茶桶都要抢走的人。你们现在到江孜，恐怕将来还想到拉萨去吧……”托麦又气又恨，话说得又快又急。

托麦堪布的话，就是不通过翻译，荣赫鹏也懂了一部分，确切地说不是听懂了，而是看懂了，猜着了。威廉那速度较之过慢的翻译证实了他的判断。他心里冷笑道，到江孜当然不是目的，我们必须到拉萨去。除了神秘的日光城的吸引，更重要的是要与达赖喇嘛直接会谈，与达赖直接缔约。多年以来，西藏第一次被一个达赖喇嘛统治着，这位达赖既不是孩子，也不是傀儡，而是一个年近三十岁的真正的领袖。他成功地从童年的生活沉浮中脱离出来，比任何前辈都掌握着更大的个人权柄。在现代历史上，西藏第一次有了一个不能不与之打交道的统治者。因此，要想在西藏取得实际的利益，必须同达赖直接谈判。只有同达赖缔约，才能在西藏产生真正的效力。荣赫鹏微微一笑：

“嗯，拉萨——圣地，多么美丽的名字，多么神秘的地方啊！堪布先生，您知道吗？你们神圣而美丽的日光城，金碧辉煌的布达拉宫，还有三大寺，对我们西方人士来说，是有很大诱惑力的。”

拉丁赛比托麦更愤怒，更着急。身为总指挥，不能在战场上施展他的神威，却要坐在这能闷死人的帐篷里听鬼话。从荣赫鹏开口说第一句话时，拉丁赛就意识到上当了。现在，他更加明白了，英国人为什么拒绝同多吉孜本和何知府谈判，而一定要和他这个总指挥谈判，这是调虎离山之计呀！这时的拉丁赛，真好比一头猛虎被关进了牢笼。按照拉丁赛平时的性情，他早就会暴跳如雷。但今天，面对着如此危急的情况，拉丁赛异常冷静。他知道，吼叫，暴跳，丝毫也起不了作用。他暗示托麦堪布也不要焦躁。

拉丁赛死死地盯着荣赫鹏那张毛茸茸的脸，那双深不见底的蓝眼睛，听着通过威廉的嘴吐出来的荣赫鹏的话。他还想透过荣赫鹏那笔挺的黄呢子军装，看看荣赫鹏的心，看看这个洋妖头子的心里在想些什么，他们究竟要干什么。

拉丁代本发觉荣赫鹏在拖时间。他自己也需要时间，使洛桑饶登有时间去传达他的命令，使哲林代本有时间去执行他的命令。更为重要的是，要让已经到了坝子里坐在英军枪口底下的几千名藏军，迅速撤回去。拉丁赛态度严峻地说：

“不错，拉萨，这座雪山环绕的古城，作为佛教圣地，是美丽的，神圣的，对外界来说，她可能是神秘的、具有诱惑力的。拉萨的僧俗百姓也是好客的，他们会用洁白的哈达，香甜的美酒来迎接客人。但是，谁如果想损害她，践踏她，那拉萨将是一片火海，迎接他们的，将是烈火和利剑。上校先生，我想提醒你一句，谁逆风撒灰，灰一定会落入自己眼中。那些想损害别人、毁灭别人的人，自己终将被毁灭。”

听完威廉的翻译，荣赫鹏连连点头：

“好，讲得好！听说你们西藏有很多哲理诗，什么《萨迦格言》啊，《水木格言》啊，《格登格言》啊，代本先生的话里就充满了哲理，以后可以成为一位哲理诗人。等战事结束，我倒想专门研究这些哲理诗，到时候免不了要向阁下求教啰！”说着，荣赫鹏理了理那头黄色鬈发，朗声大笑。这种故作姿态的大笑，像一个蹩脚的演员，笑得那么刺耳，那么勉强，让人听来很不舒服，连坐在旁边的玛丽也不由自主地皱了皱眉。

“是的，我们藏族有悠久的历史，有光辉灿烂的文化传统，有丰富的典籍宝藏，其中自然包括很多优美的哲理诗。任何一个外国人，只要他不怀恶意，想要研究这些学问，我们都是欢迎的，愿意提供必要的帮助和支持。但是，你们现在带着大批枪、炮，难道是来研究藏族文化的吗？”

一听拉丁赛说到英军的暴行，土登晋美堪布的火就抑制不住地往上冒：“你们所到之处，捣毁寺院，焚烧经典，杀害无辜百姓，你们，你们简直是一群明火执仗的强盗，还有什么资格来谈论我们藏族的文化！”

阿旺宗本说：“你们以游历、探险为名，到亚东，帕里、日喀则等地来，盗走了我们大批珍贵的文物。”

来协生怕这些话激怒荣赫鹏，他极力劝解着：“各位代表，请不要生气，一生气，话就失去分寸，伤了和气，双方的距离会越来越大。大家都请坐，慢慢谈，慢慢谈。”

来协的话，帮了荣赫鹏的忙，他来了个顺水推舟：

“诸位先生，请你们不要把话扯得太远了，咱们还是谈谈最迫切的事吧！”

托麦逼视着荣赫鹏："你说，你们到底撤不撤军？这是当前最迫切的事。"

荣赫鹏呷了一口茶，慢条斯理地说："这话，倒应该由我来问才对。"

拉丁赛按住又要暴跳的托麦，努力克制着自己的满腔怒火：

"上校先生，我们希望你们遵守诺言，把部队撤到边境上去，然后我们再举行正式谈判，商谈有关事宜。"

荣赫鹏摊开双手，耸耸肩头："你们不愿意在拉萨谈，我们又不愿意在边境上谈。在这里谈，又解决不了问题，这事情就难办了。"

托麦一拍桌子："解决不了问题，还有什么谈的，代本拉，我们走！"说着就站了起来。

"走！"土登晋美和阿旺隆珠也站了起来。

荣赫鹏听着外面越来越大的吵闹声，他看了看表，那张突然变得冷酷的面孔上，露出了杀机。他神秘地看了看拉丁赛，又盯了托麦一眼，顺着来协的话，不阴不阳地说：

"既然来了，就不要走啦！大家还是坐下来慢慢谈吧。"说完，他自己却急匆匆地走出了帐篷。

威廉和玛丽等人也跟着走了出去。

帐篷里只剩下藏方的几位代表和联络员来协。拉丁代本感到情况有变，忙问来协："洋人到哪里去了？"

来协摇摇头，露出一种茫然不知所措的神情。

托麦一拉代本的衣袖："走，洋人在玩弄阴谋，我们也得准备打仗。"

拉丁赛摇摇头，镇静地说："我们可能回不去了。"

"请等一等，我去看看。"来协又慌忙劝阻。

来协出去不久，外面枪声大作。几个人同时问："怎么回事？"

拉丁赛快步向门口走去，一拉门，门被反锁着。他再用力一拉，帆布门被扯开了。他刚要迈出门去，两把雪亮的刺刀交叉在胸前，堵住了他的去路。拉丁赛怒不可遏，掏出手枪，"叭！叭！"两枪，一个挡路的英兵倒下了。他刚要往外冲，几个高鼻梁、黄头发的大汉冲上来，把他捆住。另外一群英兵冲进帐篷，把托麦等人也捆住了。几位代表，尤其是托麦堪布，大喊大叫，骂个不停。英国兵也听不懂，就用袈裟和藏袍袖子把他们的嘴给堵住了。

指挥这些士兵的是威廉上尉和吉布森中尉一个高个子英兵向威廉请示："报告上尉，怎么办？把他们干掉？"

威廉擦了一把汗："先把他们关在这里，上校说，留着他们还有用。"

拉丁赛的手脚被捆得死死的，嘴里塞着袖子，使得他既不能动弹，也不能说话。此时此刻，拉丁赛真是思绪万千。他满腔愤怒，但更多的是后悔和担心。他后悔没有始终如一地坚持自己的主张，没有听乡亲们的话，以至酿成今日这样的大祸。自己遭受危难是小事，在坝子里的藏军，山上的军民将处于十分危险的境地，整个抗英斗争也将因此而遭受严重挫折。自己辜负了佛爷的重托，也辜负了僧俗百姓的信任和期望。

外面的枪声越来越密，拉丁代本的心情也越来越沉重。不知道阵地上的情况现在怎么样了？那些同自己生死与共、浴血奋战的军民们怎么样了？

第三章

这里升起一颗新星

豺狼笑了，
羔羊就要流血。

洛丹独自一个人，长久地站在村庄西面的一块大石头上，这里是他们沃措部落的防守阵地。老阿爸的身体并不十分健壮，却有一股内在的力量。他那木刻般的脸，布满了又深又粗的皱纹，记载着他一生坎坷的经历。眼角虽已有些下垂，眼神却不失光彩。

前来参战的农牧民和喇嘛，有些是根据噶厦政府的征兵动员令征调来的，但大多数都是自己背着糌粑，带着最原始的火枪、长矛、大刀以至抛石器[①] 来参加这场保卫家乡、保卫国土的战斗的。噶厦政府把他们按连编了队，发了火枪或长矛，委派一些贵族子弟和管家、头人当甲本。[②] 这些人就称之为民兵。后来人多了，管不过来，更没有武器和给养可发，一个部落、一个庄园就自成一摊。有的合不到一块，一个部落、一个庄园的人，又分为两三摊；也有两三个庄园和部落合在一起的。一伙少则几个人，多到几十个人，也没有固定的首领，有事大家一起商量，谁的年龄大，办法多，打仗勇敢，威望高，谁就自然地成了头头。噶厦政府把他们称之为“参战百姓”，连民兵都够不上。洛丹他们就属于这一类人。

① 抛石器，藏语叫“沃朵”，用羊毛编织而成，能把石子抛得很远，很准，是放牧人用的工具。

② 甲本相当于连长。

经过昨天的激战，藏族军民的弹药消耗得差不多了。刚好前几天从日喀则和江孜运来了一批弹药，去谈判之前，拉丁代本不顾多吉孜本和何知府的反对，命令藏军立即把多余的弹药全部发给参战民兵和百姓。克珠旺秋带着几个年轻人领火枪、火药去了。洛丹独自一人先回到了阵地。

洛丹站在这块巨大的岩石上，向左右瞭望：以岩石为中心，一条长长的石墙，依着山势向东西两边延伸。这石墙有一人多高，二三尺厚，其坚固程度和气势，丝毫不亚于日喀则的“小布达拉宫”[①]。这是在拉丁代本指挥下，抗英军民日夜奋战的结果。各山口上还修筑了许多碉堡，居高临下，挡住了英国人前进的道路。

放眼望去，起伏的山岗，像大海的波涛，一浪接着一浪，一直延伸到遥远的地方。山岗上的野草，经受了一冬的雪压冰封，向阳背风的地方现在已经吐露出鹅黄色的嫩芽。山岗的两边，都是水草丰美的大牧场。望着那起伏的山岗，洛丹想起了沃措部落的乡亲们，想起了自己的女儿曲妮桑姆。也许她正在草原上放牧羊群吧！这次她要跟大家一起来打洋妖，他没有答应，女儿还一肚子的不高兴，临走时连一句吉祥的话也没有说。

顺着山岗再往下看，山脚下的小河已经解冻，清澈的河水淙淙流淌。这河水，往下流到年楚河，然后经过一个回转，汇聚到雅鲁藏布江。此时此刻，洛丹的思绪可不像小河那样平静。小河怎么会知道，洋妖已经打到它的身旁。如果它的主人不坚决阻击，这伙黄毛鬼今天会占领这小小的河谷；明天会占领年楚河地区；后天，后天就会侵占整个雅鲁藏布江地区。西藏的土地，就像一只肥羊，会被洋妖一刀一刀地切割掉。

洛丹紧紧握住缠着银丝的刀把，慢慢抬起头，向更远的方向望去。山势迤逦，显得更加雄伟、壮阔，遥望远方，雪山巍巍，在金灿灿的阳光照耀下，像仙女披上了一件粉红色的轻纱。那是世界上最高的山——喜马拉雅山。多少年来，这雄伟的山，像一座坚固的屏障，挡住了外族的入侵，保卫了可爱的家乡。现在，黄毛鬼用他们的洋枪洋炮，打开了喜马拉雅山这座坚固的大门，像豺狼一样，闯进了我们的家园。不把这些豺狼赶出去，雄伟的喜马拉雅山就会被洋妖侵占，我们的国家就像被强盗砍断了一条臂膀。若是这样，我们怎能对得起祖先？怎能对得起各族兄弟，怎能称得上是英雄格萨尔的后代？！

由远及近，洛丹的目光又落在藏军阵地上。南边，一面面鲜艳的红旗在

① 在日喀则扎什伦布寺的后山上，有一座仿照拉萨布达拉宫修筑的建筑群，被称为“小布达拉宫”。

阳光映照下，迎风飘扬。那是一、二、三代本[①] 的防地。红旗上用黄缎子绣着龙、虎和狮子[②] 的图案。北边，是四、五、六代本的阵地，在他们的旗帜上，绣着日、月、星辰的图案。中间这一段，是民兵和百姓的防地，这里的旗帜各色各样，是各庄园和寺院自己制作的，虽没有藏军的旗帜那么整齐，但插在碉堡和城墙上，也相当威武、壮观，足以壮军威，鼓士气。看到这些，洛丹的心情平静了一些。他轻轻地吐了一口气，顺着南面的石墙慢慢向前走着。

这时，旺秋等人带着刚领到的枪枝弹药回到阵地上来了。

"阿爸！代本他们怎么还不回来？您说，谈判，能谈出什么结果？"说这话的叫仁赛，也是沃措部落的人，仁赛，在藏语里是"聪明伶俐"的意思，倒也名符其实，这孩子瘦得像猴子，精得也像猴子。遇上什么事还能突然想出个连大人都想不到的好主意来。所以人们给他取了个外号叫"小猴子"。

"小猴子"的话刚一出口，其他人也把目光转向老阿爸。

洛丹从大家的目光中看到了关心和焦虑。他沉吟片刻，用深沉的语气说：

"不用猎枪，赶不走豺狼。我看要劝说洋妖退出西藏是不可能的，他们早晚会用枪炮和我们说话，我们要作好打豺狼的准备。"

洛丹带着大伙加固工事。有的搬石头，有的运土，干得热火朝天。不一会儿，工事加高了许多。

"轰！轰！"一阵阵震撼山谷的炮声，打破了令人焦灼的寂静。洛丹预感到将要发生的事情被这隆隆的炮声证实了。黄毛鬼果然背信弃义，向集结在坝子里毫无戒备的藏军开火了。

旺秋气得直跺脚："这些洋妖真可恶，我们上当了。阿爸，我们快冲下去，接他们上来吧。"

洛丹痛心地摇摇头："你们看，洋妖从三面包围了他们，下山的路，已被机枪大炮封死。"

枪炮声越来越激烈。人们远远看见一颗颗炮弹在藏军中爆炸，龙虎旗一面面倒下了。有的藏军想往外撤，在山脚下的民兵和藏军也自动地去接应。但英军借"谈判"之机，早已偷偷占领了路口两边的山头。机枪猛烈地扫射着，山

---

① 藏军各代本的番号是按照三十个藏文字母的顺序排列的。第一代本是达赖喇嘛的警卫团，驻守在罗布林卡内，叫"噶当"代本，并未参加曲米之战。当时在曲米一线参加抗英斗争的，共有藏军六个代本，约三千人。为指挥方便，曾按一、二、三……的顺序编号。

② 雪山上并没有狮子，但在藏族的传说故事中说有狮子。"雪山狮子"，象征着威武和吉祥，反映了藏族先民的图腾崇拜。

上山下的藏军，进不能进，退不能退，路口上、坝子里，到处都是横七竖八的尸体，鲜血染红了坝子。

见此情景，旺秋气得眼珠子都快凸出来了，他举起来福枪，朝山下英军的机枪阵地放了一枪，其他人也跟着放起来。听到这边山头枪响，其他阵地上的民兵也跟着“乒乒乓乓”地打了起来。北面山头上的藏军也开了火，仅有的两挺机关枪，向英军的机枪阵地喷吐着仇恨的火焰。

洛丹一把抓住旺秋的胳膊：“不要打了。”

“为什么？”旺秋不满地看着阿爸。

“你看看，多远的距离，根本打不着，白白糟踏子弹。”洛丹又大声招呼：“乡亲们，不要乱打枪，要爱惜子弹。”

眼看着英军向草坪上的藏军兄弟扫射，却无能为力，他们的心比在油锅里煎熬还要难受。格来和几个牧民跑上来，问：“阿爸，我们冲下去吧？”

“你看，藏军又冲下去一支马队，已经是第三次了。肯定是哲林代本派去接应坝子里的藏军的。”

旺秋顺着阿爸的手往北看，果然见一支藏军马队像猛虎下山，迅猛地冲进敌营，他们挥舞长剑，左劈右砍，杀开了一条血路，和黄毛鬼拼搏、厮杀。正面的民兵也有许多人冲了下去。只有南面的阵地是空的，寂静无声，那里的藏军早已到坝子里去了。

洛丹当机立断：“旺秋，你马上带一支马队，从后山绕过去，冲进英军营地，把拉丁代本他们接回来。”对这里的地形，牧民比藏军要熟悉得多。

旺秋咬咬牙，一挥手：“走！”

格来和仁赛等人早已迫不及待：“走，快走！”这些年轻人都要跟旺秋去救拉丁代本。

洛丹喊住格来：“你和小仁赛去联络别的部落的人，带着旗帜和经幡，插在南边山头。然后想法和哲林代本派去的人，一齐往里冲。”

旺秋等人分头走了，洛丹领着剩下的人，守在山口，注视着山下的动向。

荣赫鹏见对面山头上的藏族军民，从南、北、中三个方向往坝子里冲，来势凶猛，感到十分意外，迅即抽调兵力，进行阻击。

河谷里，枪声、炮声和呐喊声，响成了一片，……

旺秋带着一支五十多名骑手组成的马队。趁着英军集中全部火力，对付从正面冲下山的藏军的机会，出其不意地从后山绕过去，砍死了卫兵，冲进了那

座大帐篷。旺秋迅速割断拉丁赛身上的绳子，把他抱上了自己的马。其他人也把另外三位代表扶上了马。

他们正准备从原路返回，却被英军发现，机枪掉转了枪口朝他们猛烈扫射。来路已被封锁，很多马中弹倒地。有些马是刚从牧区带来的，一听到激烈的枪炮声，就惊恐地嘶叫起来，乱踢乱跑。在这万分紧急的时刻，又有两颗炮弹在马群中爆炸。藏民连人带马伤亡惨重。此时旺秋的马也中弹倒下了。把他和拉丁代本一起摔在地上。

草坪上剩下的最后一批藏军，约有五六百人，看到自己人来了，受到很大的鼓舞。有的人已点燃火绳，有的人来不及点火绳，挥舞着钢刀，少数人还有土制的来福枪，趁西边的英军掉转枪口对付马队的机会，冲到机枪阵地跟前，展开了白刃战。英国人的机枪和两门大炮顿时成了哑巴。藏军早已把生死置之度外，一心想的是杀尽洋妖，为死难的兄弟们报仇。前面的一排倒下了，后面的一排又呐喊着冲了上去。

荣赫鹏正在机枪阵地上指挥，他的注意力在两方面：一个是坝子里的藏军，一个是北面山上的藏军。在他看来，坝子里的藏军已经失去战斗力，成了瓮中之鳖。倒是不断从北山上冲下来的一股股藏军使他不能掉以轻心，荣赫鹏的注意力几乎全都转向了北面。他从来也没见过这么不怕死的人，更没有想到会从背后杀来一支马队。他原以为自己考虑得万无一失，藏军完全中了圈套。这支马队的到来，给坝子里的藏军带来了生机，这些受了骗的藏军更加奋不顾身地向机枪阵地猛扑过去，荣赫鹏被藏军的这种气势所吓倒，担心会从背后杀出更多的马队，急忙带着几名卫士，跨上马，向西山阵地转移。剩下的二三十个英国兵，全被藏军砍死。两门大炮和几挺马克沁机枪也被藏军缴获。可惜藏军不会使用这些新式武器，机枪大炮到了他们手中，不但发挥不了作用，反而成了累赘，要带带不走，要丢又舍不得。

藏军的伤亡不断增加，刚才还剩五六百人，现在只有三百多人了。但这意外的胜利，使他们精神振奋，强烈的复仇欲望也使他们失去了理智。他们忘记了自己险恶的处境，没有抓紧有利的时机尽早撤退，愤怒地呐喊着，挥动着刀枪，去追击英军，想杀死荣赫鹏。

旺秋等人护卫着拉丁赛等几位代表，没有去追击。他想到阿爸对自己的嘱咐，想到阵地上的几千军民等待着拉丁代本去指挥，就大声喊：“弟兄们，大家赶紧往后山撤！”

藏军已经杀红了眼，他们只有一个念头：追上英军头目荣赫鹏，旺秋的声音被愤怒的呐喊声所淹没。

旺秋见大家并不理睬他，急得要命，只好架着拉丁代本往后撤。但拉丁代本也被洋妖背信弃义的强盗行为所激怒，望着荣赫鹏和他的马队向西逃去的背景，他从旺秋的胳膊中挣脱出来，拔出手枪，高声呼喊：“弟兄们，冲上去，活捉洋妖头子！”

这一喊，果然起了作用，阵地上的不少藏军纷纷跟着拉丁赛冲锋。他的身边很快聚集一百多名藏军，他们边跑边向荣赫鹏的马队开枪。克珠旺秋紧跟着拉丁代本，眼见得和马队越离越远，旺秋大声喊着：

“代本拉，不要追了，我们追不上了。”

没等拉丁赛作出反应，一队廓尔喀骑兵已经从侧面横插过来，截住了他们。

第一排枪响，几十人倒下了，拉丁赛也中弹倒地。旺秋赶紧跑上两步，抱住代本，要把他扶起来。第二排枪响了，又有不少人倒下了。旺秋一抬头，见廓尔喀骑兵离他们只有几十步远。冲在最前面的几个骑兵已经抽出马刀，向藏军砍杀。旺秋意识到，现在只要自己站起身，就会成为廓尔喀骑兵的活靶子，他立即将拉丁代本摁倒在地，用自己的身子护着，又将同伴身上的血迹抹在自己身上、脸上。

这队廓尔喀骑兵枪打刀劈，仅仅用了几分钟的时间，就把剩下的最后一百多藏军全部杀害了，而他们自己却没什么伤亡。这些凶残的廓尔喀骑兵在兴高采烈的同时，感到杀得还不过瘾，一个个挎上枪，挥动马刀，在藏军尸体上纵马奔驰，乱刺乱砍。突然，旺秋的小腿上挨了一刀，疼得他差点叫起来。他强忍着，只要他一张嘴，就会招来第二刀、第三刀……旺秋咬着牙，竭力控制着自己，额角上渗出了一颗颗汗珠，把抹在脸上的血都冲淡了。

跑了几趟之后，指挥这队骑兵的英军大尉克拉克勒住马，对士兵们大喊：“勇士们，领赏钱的时候到了，快跟我冲，去攻占前面的山头。”

荣赫鹏已从刚才的惊慌中镇静下来，在西山脚下的炮兵阵地上建立了临时指挥所。坝子里的藏军被全部消灭以后，荣赫鹏命令炮兵向山头开炮，决定在太阳落山之前攻占山头，打开通往江孜的道路。

见敌人走远了，旺秋悄悄地爬起来，轻轻抱着拉丁代本的头，低声呼唤：

“代本拉，代本拉！”

拉丁赛双目紧闭，没有作声。

旺秋一阵心焦，摸了摸代本的胸口，没什么感觉，他又把头贴在代本的胸前，只听见拉丁赛的心脏还微弱地跳动着，胸前一片黏湿，旺秋慌忙从自己的衬衣上撕下一块布，垫在拉丁赛的衣服下，想要堵住那还在流血的伤口。

“代本拉，代本拉！”

不知是听到了旺秋的呼唤，还是被旺秋惊动，拉丁赛从昏迷中醒了过来。他慢慢地睁开眼睛，费力地辨认着周围。终于看清了眼前的旺秋，模糊中记起了来英军营地前见到旺秋的情景。这个青年喇嘛和一个不知名的牧民跪在自己的马前，诚心诚意地要随卫队护卫自己。此刻，拉丁赛的神智有些模糊，但是，他怎么也不会忘记那感人至深的情景。旺秋，还有他的阿爸和其他僧俗百姓的赤诚，给他的印象太深、太深了。拉丁代本的心情是很复杂的。作为总指挥，他感到十分痛心和悔恨的是，由于中了洋妖的奸计而使我军民遭到重大伤亡。他恨洋妖太狡诈、太残忍。他觉得对不起死难的弟兄们。拉丁赛痛苦地想到，现在晚了，一切都晚了，只有在来世多为他们念经祈祷，祝愿他们的灵魂早日升天。

在这弥留之际，一种对生活的眷恋之情，更强烈地占据着他的心。他想起了至高无上的达赖喇嘛，想起了佛爷对自己的信任和重托，想起了他的家乡，他的庄园，他的牧场，还有他那年事已高的父母亲和年纪尚幼的儿女，贤慧而又不大懂得料理家务的妻子。甚至还想到了他的农奴，那些过去被他视作牛马的农奴们，这次和英国人打仗，他庄园里的农奴来了不少，他们表现得非常勇敢。

此时此刻，拉丁赛多么想再看看故乡的天，故乡的地！他感到口渴，嘴里发苦，很想再喝一口曲米清甜的泉水。周围是如此的宁静，天空已经变得昏暗。他挣扎着想抬起头，但是，头重重的，抬不起来。

旺秋似乎明白了代本的意思，他把拉丁赛的头稍微抬高了一些，代本的眼睛突然睁大了，他痛切地说：

“洋人太狡猾，我们太老实，太老实了！”

拉丁赛喘息着，把头靠在旺秋的胳膊上，闭了闭眼睛。当他再次睁开眼睛时，一种奇异的光彩从他的眼睛中射了出来，他竭尽全力地抽出装在怀里的手枪，重重地放在旺秋的手上：

“把它交给哲林代本。告……告诉乡亲们，杀退洋妖，保我疆土！”

说完，拉丁赛的身子抽搐了一下，不动了。

“代本拉，代本拉！”旺秋大声呼喊。

但是，拉丁代本再也不能回答他了。

旺秋紧紧抱着拉丁代本那还温热的躯体，看着代本那双不曾合上的眼睛，想着代本的遗言。血，顺着紧咬着的嘴唇流了下来，滴在拉丁赛的胸口上。

天，渐渐地黑了，河谷里平静下来。枪炮声止息了，呐喊声没有了，只听见河水的流淌和山风的呼啸。这风，这水，似乎也在悲泣，在为死难的藏军弟兄们哀悼。旺秋抱着代本，一动不动地坐着，坐着……

天，更黑了，河谷里像死一样寂静。克珠旺秋呆呆地坐在草坪上，心里暗暗想着下午发生的事。被孜本和知府命令下山的藏军三个代本和民兵共有两三千人，拉丁代本的卫队加上自己带来的五十多个弟兄，还有从山上下来接应的军民，难道只剩下我一个人？弟兄们死得冤、死得惨。黄头发的洋妖啊，你们太狠毒，太凶残！代本说得对，我们太老实，太老实了！

旺秋向四下里环顾，黑乎乎的一片。借着星光，他轻轻地把拉丁代本的遗体平放在草坪上，从他脖子上摘下护身符。这护身符是金子做的，十分精致。旺秋把护身符和代本的手枪一起揣进怀里，又把压在尸体下的来福枪找出来，往后退了几步，恭恭敬敬地向拉丁代本的遗体磕了三个头。又朝着河谷，向所有殉难的弟兄们磕了三个头。然后，忍着腿上刀伤的疼痛，步履艰难地朝山上走去。

旺秋登上东山山口时，发现石墙有许多缺口，有的碉堡已经塌陷。石墙两边，横七竖八地有许多民兵的尸体，可以看出，乡亲们曾经同洋妖进行过激烈的拼杀。他在他们守卫的那个碉堡周围，反反复复看了所有的尸体，有的他认得出来，大多数认不出来。但始终没有发现阿爸，也没有格来和小仁赛。当他最后一次翻看尸体，确信阿爸没有死，格来和小仁赛也没有死时，略微感到一些宽慰。他爬到碉堡顶上，向四面看，四周黑沉沉一片，仿佛万里高原的山山水水，都披上了黑纱，在为死难的弟兄们哀悼。

旺秋抬起头，仰望长空，天菩萨啊，您看见了洋妖的暴行吧，他们伤天害理，比狐狸狡猾，比豺狼残忍，比魔鬼凶恶。天菩萨，您眼睁睁看着我们藏族同胞死在洋妖的枪炮下，为什么不用天雷轰击那些魔鬼，那些异教徒！旺秋悲愤的声音在呼喊：“为什么，究竟是为什么？！”

菩萨沉默着，没有回话。只有满天星斗，在闪闪发光。

突然，旺秋的眼睛睁大了，他发现东北方向出现了一颗新星，特别大，特

别亮。过去他常常和妹妹在一起，坐在辽阔的草原上，听阿爸讲星星的故事，他对星星非常熟悉，可从来没有见过这颗星。旺秋心里一动，难道是拉丁代本和死难弟兄们的英灵升了天，变成了星星？对了，一定是这样。

旺秋看到，这星星在不停地闪动着，分明是英烈们死得冤，他们死不瞑目。

这星星那么明亮，它在为我们活着的人指引方向，要我们继续战斗，消灭洋妖，报仇雪恨。

旺秋像在寺院的大殿里那样，显得非常虔诚而庄严。他把拉丁代本的护身符端端正正地挂在胸前，然后拔出钢刀，双手举过头顶，左腿弯曲，右膝跪在石板上，对天祈祷：

“求佛祖保佑，杀退洋妖，保我疆土。”

第四章

曲妮打卦

敌人若敢临近门户，
弱女也会佩挂弓箭。

曲妮桑姆倚在帐房门口，极力向远方眺望。眼前一片空荡荡，心里也像失落了什么似的空荡荡。

一条半大的花狗，围着曲妮绕来绕去，不大声叫唤，只是从鼻子里不时发出“呼噜，呼噜”的声音。

她今年刚二十一，是方圆几十里有名的俊姑娘，有一双像宝石一样仿佛会说话的大眼睛，弯弯的眉毛像两片柳叶，皮肤黑而光洁，泛着红光，显得格外健壮。她天资聪颖，心地善良。脸上整日挂着笑容，似乎从来不知道什么叫忧虑，更不懂得寂寞、孤独是什么味道。

这也难怪，曲妮桑姆有一个虽不富裕、但充满温暖的家。阿妈在曲妮很小的时候去世了，但是她有一个慈祥得像阿妈的阿爸。老阿爸对女儿的钟爱使曲妮没有感觉到失去阿妈的痛苦。哥哥旺秋虽然不常回家，但对她非常关心和体贴。而且，曲妮还有一个朋友格来哥哥。

此刻，曲妮桑姆被一种从未有过的孤独和寂寞所缠绕，心里总是空荡荡的。她在想念他的阿爸、哥哥一起去打洋妖的乡亲们，尤其是那个调皮的“小猴子”。

也许是站得太久了吧，曲妮活动了一下腰腿，慢慢蹲下身去，小花狗像是理解主人的心情似的，立刻凑到她身边。曲妮一只胳膊搂着小花狗的脖子，另一只手轻轻地给小花狗捋着毛，轻轻哼起了一支随意想出来的歌：

亲人们走了，
带着大刀和火枪；
曲妮留下了，
守着帐房和牛羊。

亲人们走了，
把黄毛洋妖抵挡；
曲妮留下了，
盼着亲人打胜仗。

亲人们走了，
上前方去杀恶狼；
曲妮留下了，
心儿却上了前方。

小花狗在曲妮的抚爱下，低声“呼噜”着，紧靠着曲妮。似乎想用自己的存在来帮助主人驱散孤独和寂寞。

阿爸洛丹他们已经走了很久，至今一点音讯也没有，把曲妮桑姆急得心像火烧，一双美丽的大眼失去了往日的光彩，布满了愁云。连歌声也变得低沉、忧郁了。曲妮桑姆站起身来，仍然倚着门，向远方眺望……

本来，曲妮桑姆要跟阿爸一起去打洋妖，平时对曲妮桑姆百依百顺的阿爸，却断然拒绝了，无奈，她只好留下来看家。当时的情景依然浮现在她眼前。

“阿爸，让我跟你们一起去吧！”

“不行！”阿爸的口气很坚决。

曲妮看了看哥哥旺秋，希望他能为自己求求情，谁知哥哥却劝起自己来了：

“曲妮，你是女孩儿，听阿爸的话，留在家里吧，打仗，不比放牛羊，是

要流血的。”

“旺秋！”阿爸不让哥哥继续往下说，对于打仗的残酷，阿爸比哥哥要知道得多，正因为这样。阿爸才不愿让她跟着去。

“阿爸，您，您就让我去吧。”曲妮继续央求着。

“不行，孩子，你好好看家。”阿爸的脸上出现了少有的严肃。曲妮桑姆委屈地不再说话了，眼睛里满含着泪水，她极力忍着，转身跑出了帐房。

后来，后来是格来追出门，一向不爱多说话的格来劝说她，说阿爸和旺秋哥哥的话是对的，打完洋妖他们很快就会回来。让她好好看家，等他们胜利回来……边说边从怀里摸出一只银镯子，给曲妮戴在手腕上。这时，格来沉默不语了，脸胀得通红，像做了一件错事似的。曲妮伸手轻轻拉住他，迅速从怀里拿出一副丝织的靴子带，亲手给格来系好之后，告诉格来，曲妮在家等你们。放心吧，我会戴着你送的镯子欢迎你们打胜仗回来。

格来使劲地点点头。曲妮明白，这是比千言万语还要有力的回答。

阿爸和旺秋哥哥走了，格来也走了，只留下曲妮一个人。这些天来，曲妮桑姆加倍地忙，她不停地干活。只有在不停地干活中，她心里才好受些。因为沃措部落的青壮年男子都去打仗了，剩下的老人和妇孺都牵挂着去前方打仗的亲人，不时有人到曲妮桑姆家来打听音讯。他们认为沃措部落的人是跟阿爸洛丹去的，如果有什么消息，曲妮桑姆肯定会先知道。于是就有不少人来问，但曲妮也和大家一样，什么都不知道，只好倚门远眺。

曲妮桑姆忽然想起，该到旺杰家去看看，旺杰的妻子达噶生了个儿子，今天是第三天，按照习惯要做“旁色”① 。

这种规矩是从什么时候兴起的，曲妮不知道：为什么要这样做，曲妮也不明白。她只是听老人们说，因为小孩出了娘胎，带来许多污浊和晦气，举行这种仪式，是为了给孩子清除污秽，祝愿幸福长寿。

曲妮桑姆还从来没有参加过这样的活动。但是，今天她决定去，一是旺杰也跟阿爸去前方了，二是产后的母子都需要照料。她决定选择人少的时候去。因为自己还是个未出嫁的姑娘。

曲妮拍打了一下身上的土，进帐房拿了一小羊皮口袋糌粑和一块新鲜酥油。

---

① “旁色”是为新生的婴儿举行的一种喜庆活动，男孩在第三天，女孩在第四天。“旁”意为“污浊”。“色”意为“清除”。所谓“旁色”，就是清除污浊晦气的活动。

走出房门，向左拐了一个小弯，顺着一条小路朝旺杰家走去。

没出去多远，曲妮远远望见一群人，个个低着头弯着腰，敛声屏气地在听着什么，曲妮快步朝前跑了几步，来到人群中，这才看清不少人围着一位喇嘛在打卦。

附近没有寺院，但常有喇嘛到牧区来念经，或乞求布施。只要有喇嘛来，就会有人去请他们占卜打卦，问吉凶。时间长了，喇嘛来的次数多了，对沃措部落的人也熟悉起来。越是熟悉，他们打的卦越准，越有说道；他们越是说得准确，人们就越请他们打卦。

可今天这位喇嘛，很陌生，不是常来沃措部落的那几位。曲妮轻轻地拉了一下身边一位老阿妈的衣袖，悄悄地问这位喇嘛是哪儿来的？老阿妈正在全神贯注地听讲，没有理睬她，曲妮又拉拉她，央求说："老阿妈，他是哪儿来的，快告诉我。"

老阿妈看到曲妮如此焦急地想知道，只好神秘地说：

"听说是从拉萨来的！已经有好几个人问过了。曲妮姑娘，你不打一卦吗？"

"卦打得怎么样？" 曲妮问。

"可准了。刚才有几个人打过了，你也打一卦吧！"

"不！"曲妮摇摇头。

老阿妈嗔怪地说："为什么？你不为阿爸、阿哥和格来打一卦吗？"

一句话，说得曲妮动了心。她往前凑了凑，想请这位从圣地拉萨来的喇嘛打一卦，问问阿爸、阿哥和格来的情况，问问前方的战事。可一转念，曲妮桑姆又退了回来，万一这位喇嘛说出点不吉祥的话怎么办？俗话说，喇嘛一言，胜过百姓祈祷百天。要是这个喇嘛真的说出不吉利的话，那怎么办？

老阿妈见曲妮桑姆往出走，喊住她问：

"怎么没问就走了？"

"我，我还是不问的好。"

"为什么？"

"阿妈，我不想问了，我还要到旺杰家去看看。"曲妮桑姆说着，退出人群，就要走。

老阿妈一把拉住曲妮：

"好孩子，你听我说，要不是洋妖入侵，圣地拉萨的喇嘛能到我们这偏僻

的牧场来吗？你要是不打一卦，错过了这机会，会后悔一辈子的。”

曲妮觉得老阿妈说得有理，又挤了进去。

一位老阿妈正在打卦，问她侄儿的情况。曲妮站在那里仔细听。喇嘛说：

“你侄儿前世发了愿，要降妖伏魔，弘扬佛法。现在魔鬼闯进了我们圣洁的佛土。您的侄儿去前方打洋妖，正是去还这个愿。杀洋妖，保佛土，是积大功大德的大善事。您侄儿福大命大，现世在前方奋力杀敌，来世定能到天堂去。”

老阿妈十分高兴，连连称谢，又从怀里拿出一张雪白的羔羊皮，恭恭敬敬地献给喇嘛。然后弯腰，吐舌，倒退着往外走出。

正当曲妮为要不要打卦犹豫着，又一位老阿妈走进喇嘛，小心地问着他儿子的情况。

喇嘛点燃一炷香，双目微闭，嘴唇翕动，喃喃诵经，双手将宝瓶轻轻摇动，一会儿，摇出了三支签，仔细地看了好一阵。人们正等着喇嘛讲解卦词，他却把签放进宝瓶，把宝瓶放回香案上，拿出佛珠，一颗子一颗子地捋着，好像在算计什么。

见喇嘛老不讲解卦词，老阿妈怕有什么凶兆，心情十分紧张。

曲妮的手心里也沁出了汗水。她看看喇嘛，又看老阿妈。她为老阿妈担心，为老阿妈的儿子担心，更为自己的阿爸、哥哥和格来担心，为小仁赛，为乡亲们担心……

过了一会儿，喇嘛用低沉的声音说：“贤者造命，命由我立，福自己求，福祸无门，惟人自招。善恶之报，如影随行。您的儿子前世是个喇嘛。有一次在大殿里，不慎将佛像前的三盏酥油灯打翻，造下罪孽。他在佛像前许下愿，来世要造三座佛塔，念三万遍嘛呢经①，看来他至今没有实现自己在佛像前许下的诺言。”说到这里，喇嘛有意停下来，看着老阿妈，又看看乡亲们，好像在问：我讲的对吗？

老阿妈把头深深地低下去，双手合十，心里充满了恐惧，乡亲们的心也悬了起来。

喇嘛突然提高声音，说话的速度也变快了：

“不过不要紧。杀死一个恶魔，胜造三座佛塔，念三万遍嘛呢经。老阿妈，您放心好了，您儿子也算有福分。这次和乡亲们去打洋妖，不仅能赎清前

① 即六字真经。

世的罪孽，还能为来世积功积德。”

老阿妈低垂的头突然抬起，人们这才看见，老阿妈已经泪流满面，她感激地望着打卦喇嘛，双手颤抖着，从怀里取出一条哈达，一个浸满油渍的小布包，里面是她积存多年的一点钱，全部献给了喇嘛。

曲妮想接着上去打卦。但一想，又站住了。别人都是问一个人的情况，卦词都很圆满吉祥，我可不能只问一个人的情况，我要先问阿爸是不是吉祥平安。要问阿哥是不是平安无事？问了阿爸和阿哥，我能不问格来吗？但怎么问？当着这么多乡亲的面，怎么开口？不问，又怎么能放得下心？问过他们的情况，我还要为小仁赛打一卦。小仁赛没有父母，没有兄弟姐妹，从小和我们一起长大，他就像我的亲兄弟。我这个当姐姐的，能不关心他吗？

既然要为这么多人打卦，会不会个个吉祥圆满？万一卦词不吉祥，哪怕一个人有什么不幸……不！还是不打卦的好，我也会打卦，等看完达噶姐姐，回家我自己打一卦。主意一定，曲妮悄悄地走了出去。

曲妮来到旺杰家的帐房，门口堆着一小堆白垩小石子，这表示生的是男孩。石堆旁边烧着柏树枝。曲妮在石堆和柏树枝上撒了点糌粑面，祈祷祝福，然后走进帐房。

达噶正躺在地铺上，身边就是那个刚刚生下三天的孩子。曲妮向达噶问好祝福，把酥油和糌粑口袋放在草坯砌成的灶台旁边，那里已经摆着不少酥油、糌粑和干牛奶，还有盐巴、茶叶和人参果等东西。

灶台另一角，阿妈曲央正在费力地打着酥油茶，满头的白头发乱蓬蓬的，随着手臂的起落，轻轻颤动着。曲妮立即上前，要帮助打。老阿妈笑了：

“看曲妮姑娘多勤快，哪有一进帐房就干活的，先喝碗青稞酒吧！”

曲央一边替达噶向曲妮敬了一小碗酒，一边又忙着倒茶，一边还在不停地唠叨着：

“生了男孩，是部落里的一件大喜事，本来应该好好庆贺庆贺，可现在该死的黄毛鬼闯进了家园，男人们都打仗去了，大家惦记着他们，也没有心思唱歌跳舞，热闹热闹。”

“等打完仗，旺杰大哥他们回来，我们全部落的人都来庆贺，痛痛快快地跳它个三天三夜。”曲妮尽量把话说得轻松一些，安慰老阿妈和达噶。

曲妮用大姆指和食指从一个盛糌粑的木盒里捏了一点糌粑，放在婴儿的额头上，为新生的孩子祝福。曲妮这才注意到，婴儿的脸红红的，微闭着眼睛，

小鼻子长得很直很正，特别是那头发，出奇的多而且黑。

"多漂亮的儿子，阿姐，你好福气呀！"曲妮桑姆由衷地赞叹着。

"乡亲们都说，咱们沃措部落又多了一只雄鹰。"阿妈曲央像自己抱了个小孙孙那样高兴。

达噶的脸上露出一丝疲乏的笑意，这一早晨，吉祥话，夸奖的话，她已经听了不少，可她总是不嫌多，总是带着疲乏的笑容静静地听着。儿子就是她的命，是她的幸福和希望所在。旺杰也非常希望自己有一个勇敢的儿子。为了这，他把自己多年来辛苦积攒的一点钱，全部献给寺院，请喇嘛念经。托菩萨保佑，达噶果然为他生了个男孩。可惜旺杰没有见着这个小东西，要是旺杰在家，不知道会高兴成什么样子呢！想到这，那一丝笑意从达噶的嘴角消失了，关切地问：

"曲妮，你阿爸他们可有消息？"

"有什么消息，你快讲讲！"阿妈曲央也急忙凑了过来。她的儿子也跟洛丹上前方了。她这一辈子，生了八个孩子，由于贫病交加，前面七个都死了，只剩下这最小的一个。孩子的阿爸也在小儿子两岁时去世了，曲央一直守着这个小儿子，生怕他有什么灾祸。整天念经拜佛，祈求佛祖保佑儿子吉祥平安，不要让他们家断了根。为了孩子的婚事，阿妈曲央不知操了多少心，费了多少周折，不久前才说成一门亲事，姑娘是附近一个部落的人，说好要在今年望果节① 结婚。所以曲央阿妈说什么也不让孩子到边境上去。她说，一定要去，也要等办了喜事再走。

阿爸洛丹也劝他在家好好侍奉老母。可孩子一定要跟着大伙儿一起去打洋妖。老阿妈拗不过，只好流着泪送他走。一再嘱咐，打完仗赶紧回来。

曲妮看着老阿妈那白雪一样的头发和布满皱纹的脸。老阿妈因为思子心切，本来已经衰老的身体显得更加虚弱。曲妮转过脸，又看了看躺在地铺上的母子二人，见达噶的眼睛里不再像刚才那样满怀喜悦，她正呆呆地望着自己，那目光中，有惆怅，有忧怨，更多的则是乞求。希望能从曲妮桑姆这里听到一点使她们宽慰的消息。

"还，还没有什么。"曲妮很艰难地说了这么一句，好像没有消息是她的过错。"不过，"曲妮见到阿妈和阿姐那失望的目光，忽然鼓起了勇气，决定

① "望果节"是藏族人民预祝农牧业丰收的节日。"望"，是田埂的意思；"果"，意为转圈。望果节是农村最热闹的一个节日。时间因各季节不同而略有差异，一般在藏历六月中旬到七月初。

说几句让她们宽心的话：

“我们的人都平安无事，他们还打了个大胜仗。”

“真的？”

“真的。”

老阿妈和达噶的眼睛里闪射出希望的光彩。她们相信曲妮桑姆是个诚实的孩子，她不会撒谎。不过阿妈很快发现姑娘是在用好听的话来宽慰自己，深深陷进去的眼睛里失去了刚刚闪现的希望的光彩，目光中重又出现焦虑和忧愁。

“我打卦了。”为了让老阿妈深信不疑，曲妮第一次说了谎。但话一出口，她的脸有些发烫。

“真的？”阿妈曲央的眼睛，又闪射出光彩。

见自己的话居然起了这么大的作用，曲妮暗自感到高兴。她立即又觉得自己犯了罪，不但欺骗了老阿妈，还欺骗了神灵。欺骗神灵是会受到惩罚的。但一看到老阿妈衰弱的身体，满脸的皱纹，她不愿给她增加痛苦和失望，狠了狠心，继续说：

“打了三卦，都是上上大吉大利的好运气。”

“什么数？”老阿妈关切地问。

“两个十三，一个十七。”① 曲妮的话变得流畅起来。曲妮的脸由于兴奋泛起一片红晕，她自己也希望这话是真的。

“愿菩萨保佑。”阿妈曲央双手合十，虔诚祈祷。

“阿姐，你好好休息吧，缺什么东西，我就送来。”曲妮不想再呆下去，她怕她们再问占卜之事，就起身告辞说：“我过几天再来看你们。”

“有了消息，快来告诉一声。”

“一定来，您好好保养身子吧。”曲妮答应者，急匆匆走了出去。

曲妮一边往家走，一边想着达噶，她生了个胖儿子，旺杰哥哥知道吗？他本不应该上前方去呀，可谁又该去呢？阿妈曲央的儿子该去吗？阿爸该去吗？旺秋哥哥和格来该去吗？并没有谁强迫他们去呀，他们都是自愿去的，顾不上年迈体衰的老母，等不得儿子的降生，他们什么都不顾，一心一意地上前方，打洋妖。曲妮并没有见过洋妖，可听阿爸讲过。他们的头发都不是黑的，乡亲们把他们叫作黄毛鬼。那些该死的黄毛鬼，是他们不让旺杰看着儿子出生，不

① 当地的打卦喇嘛占卜时用三个骰子，在祈祷后摇掷，如三骰上所记数目合计为十七、十五或十三，就可得上等运气。九、七、五便为中等运气，其余数目，皆为下等运气。

让阿妈曲央的儿子留在老母身边，不让曲妮一家人团聚。

曲妮桑姆的脚步变得沉重起来，她虽然为了安慰她们，对阿妈曲央和达噶讲了那许多话，但是，曲妮自己心里没有底，那种空荡荡的感觉总是摆脱不掉。

快走到自己家的帐房时，曲妮桑姆忽然产生了一种希望，或者说是一种想象。她想象着，当自己走进帐房时，阿爸正端坐在灶台旁边喝茶，格来正在烧火，哥哥呢，哥哥陪着阿爸喝茶也行，帮着格来烧火也行，反正，他们都回到了自己的帐房，等待着她，等待着曲妮桑姆的回来，就像她去放羊，偶然回来晚了一样。曲妮想着想着，闭上了眼睛。

忽然脚下一绊，曲妮睁开了眼睛，她把脚步放得更慢，期待着自己想象中的事真会出现。

小花狗一看到主人出现，在帐房门口大声叫着，像是欢迎自己的主人归来，曲妮桑姆突然加快了脚步，几乎是小跑，来到帐房门口，她猛地推门一看，帐房里依旧是空荡荡的。

有人说：不要希望得太多。希望得越多，失望也就会越多。没有希望，也就不会有失望。

是姑娘希望得太多吗？是姑娘的要求过分吗？姑娘不应该对生活抱有希望吗？

不！曲妮的要求太低了，曲妮的希望太少了。然而，为什么连这样的要求也得不到满足？为什么要让她失望，为什么要让她伤心呢？！

曲妮桑姆望着空空荡荡的帐房，看着草坯砌成的灶台上的茶壶，望着冷冷清清的灶膛，曲妮桑姆真想哭，想痛哭一场。但是，她忍住了，曲妮不是那种动不动就流泪的女孩子，她有着高原牧民的性格，在她那美丽、健壮的身躯里，藏着一颗善良而坚强的心。她想念阿爸和阿哥，想念格来，也想念小仁赛，她不能呆在帐房里掉眼泪，她也要上前方去，去找阿爸，找阿哥，找格来，找沃措部落的人们，告诉旺杰，阿姐已经给他生了个胖儿子，告诉阿妈曲央的儿子，老阿妈正在日夜思念着他，为他祈祷，为他祝福。曲妮还想跟着阿爸亲手杀几个万恶的黄毛鬼，为乡亲们报仇，为格来的阿爸报仇。

可是，上前方的路怎么走呢？而且，阿爸临走时一再嘱咐自己要好好看家，一旦阿爸他们回来，看不见自己，该有多么着急啊！

怎么办呢？曲妮一时竟没有了主意。

小花狗绕着曲妮桑姆叫了起来，曲妮这才想起来，从早晨到现在，它还一点东西没吃过呢，这小东西，一定是饿了，饿得直叫唤。

曲妮一边给小花狗喂吃的，一边蹲下身去，把小花狗轻轻抱在怀里自言自语地说：

“小花，我要去找阿爸，你说，你说我去好吗？”

小花狗叫了几声。

“你听明白了吗？曲妮要去找阿爸。这样吧，你要是说去，就叫一声；要是说不去，就叫两声。听明白了没有？”曲妮认真地问：

“小花，你说，我去还是不去？”

“汪！汪！汪！”小花狗连着叫了三声。

曲妮摇了摇头，无可奈何地放下小花狗，起身又给它拿了几块羊骨头，小花狗有了骨头啃，也就变得安静了。

曲妮还是拿不定主意，猛然间，她想起了占卜，对了，何不打一卦看看，曲妮想着，从自己的枕头底下摸出一只羊拐。

这只羊拐白而洁净，由于经常使用，已被磨得很光滑。曲妮桑姆常常用它来占卜打卦。她记得，每次用它打卦，都会有一个满意的结果。所以，曲妮相信它，胜过那些打卦喇嘛的骰子。

曲妮桑姆认真地洗净双手，跪在自家的小佛像前，双手合十，心中默默祈祷，口中念念有词。

曲妮的祝祷词绝不像寺院里喇嘛念经那样难懂，也不像打卦喇嘛那样玄妙，她只是按照自己的方式，用最朴实、最通俗的语言来表明自己的心愿。

羊拐有凸出的一面，按照打卦喇嘛的说法，它象征吉祥；凹下去的一面，则表示不吉利。曲妮默默地祈祷着，希望能够得到凸出的一面，这样，不仅可以表示阿爸洛丹他们都安然无恙，而且说明自己可以去找阿爸。

曲妮桑姆祈祷完毕，抓起羊拐，就要投下去了，她的心猛地跳了起来，莫非有什么不祥之兆？曲妮抓着羊拐的手颤抖了。

心，仿佛在指挥着手的颤抖；手，似乎连结着心的跳动。曲妮桑姆手里羊拐的分量骤然增加，姑娘把自己一家人的命运，乃至全部落的命运，都寄托在这只小小的羊拐上了，使她不敢轻易地投掷下去。

曲妮实在是太紧张了，抓着羊拐的手心直出汗，把只小羊拐捏得湿漉漉的。

曲妮姑娘何时这样紧张过？没有，从来没有。大慈大悲的观世音菩萨呀，请您保佑曲妮姑娘，就让羊拐出现凸的一面吧，让曲妮姑娘感到宽慰吧，哪怕是，哪怕是暂时也好。

曲妮的心情一时难以平静，她又跪了下去，点燃一炷香，再次祈求神灵。过了许久许久，当曲妮再起来时，心情平静了，手也不抖了，她异常虔诚地吹了一口气，猛地把羊拐掷了出去……

第五章

新来的驻藏大臣

不会捕鱼的人，只能把河水弄浑。
嫉妒大火的人，惯会釜底抽薪。

酥油灯一闪一闪地在条案上跳跃着，案前的人正在埋头写着什么，昏黄的灯影中，看不清此人的面孔，却将他的一双手照得清清楚楚。

这是一双保养得很好的手，手指又细又长。随着右手的移动，在又坚又韧的藏纸上留下了一行行蝇头小楷，字体娟秀、流利。

文章似乎做得不太顺手，写写停停，停停写写，忽而圈出，忽而勾去，使得那些秀丽的小字像蝌蚪一样在这些勾勾圈圈中游来游去，不知哪里是它们的安身之处。

他千头万绪，不知从何谈起。凝神默坐，笔头再一次停了下来，看起来，是很难再写下去，因为笔已经搁下了，两只手交叉着，放在条案上，头也抬了起来，他的面孔这才暴露在灯光下。五十开外，白净的脸上有细细的皱纹，虽然保养得很好，但已不年轻了。

他正是新任驻藏大臣有泰。有泰是蒙古人，出身于书香世家，祖父富俊曾做过内阁大学士，哥哥升泰曾任驻藏大臣，他自己于同治四年三月考取了额外蒙古协修官，五年八月签户部，光绪二十一年五月累升至江苏常州府知府，前年（光绪二十七年）二月刚刚补鸿胪寺少卿，去年十一月又被皇上亲赏副都统

衔，派为驻藏办事大臣。

驻藏大臣一职始设于雍正五年。初时，清政府非常重视，所派大臣均为朝廷要员。文官有内阁大学士，武官有都统，官阶、品位均不低于二品。到了后来，官员们逐渐体会到去西藏做官实在是一件苦差事，遂不愿再到西藏为官。这样一来，朝廷再派官员赴藏时，就带上了一层惩罚的色彩。被贬的官员常常被无条件地派往西藏。但是，由于西藏地处边疆，幅员辽阔，朝廷又格外地重视这个地方，尽管没有什么人愿意去，朝廷也还是派他们的嫡系来充当驻藏大臣。因此，历任驻藏大臣全是满人，从不委派汉官。有泰两兄弟则是一个例外。这例外有两点：第一，有泰是蒙古人；第二，有泰不是受贬，而是擢升。特别是在前任驻藏大臣裕刚屡告边界危急，无力办理边务的情况下，朝廷起用有泰，说明对他倚重之深。

对于朝廷的器重，有泰是三分得意，七分不满。得意的是自己的才具终为皇上所赏识，把别人认为棘手的事交给自己办；不满的是擢升的地方太苦了，因为他不止需要名，而且需要利，这是比名更实惠的东西。他喜欢实惠。

其实，有泰对朝廷的意图只理解对了一半。朝廷除了看中他的才具，还有另外一个重要原因，这就是他的哥哥升泰。

有泰正在起草一份奏折。但是，越写越觉得写不下去，他企图通过他的奏折让朝廷明白现在西藏的局势和他的处境，并提出自己的见解。可是怎么写，似乎都不足以表达他的意图。

被派到曲米与英人谈判的知府何光燮马不停蹄地赶回来向有泰禀报了曲米之战藏军大败的消息。有泰毫无表情地接受了这一事实，内心里却不像表面那样无动于衷。他的心情十二分的复杂，三分懊丧，三分惊惧，三分不安，似乎还有三分高兴。

本来多吉孜本和知府何光燮是噶厦政府和驻藏大臣派去同英国人谈判的正式代表，负有全权责任。但是，他们到边境已经两个多月，英国人嫌他们的官阶太低，始终不和他们接触，要噶厦派出更高一级的官员来。这分明是没有把他这个驻藏大臣放在眼里，这使他懊丧；曲米一战藏军藏民死了几千人，这洋枪洋炮以及洋人的蛮横和凶恶残忍使他惊惧；藏军损失这么大，朝廷知道了，会不会降罪于他？外务府的函件早已具有明显的诘责口气，责问他到边塞已经数月，为什么还不直接与英人谈判。这口气，已经使有泰感到不安，现在战事失利，边境告急，而自己又未曾亲赴边境，岂不犯了渎职之罪？这使他惶惶不

安；剩下的这三分高兴，是埋在心灵最底层的、隐隐约约的一种感觉，也是有泰不便说出来、也不敢说出来的感觉。在他看来，藏军大败，并非全是坏事，以此之战，让藏番尝尝洋枪、洋炮的滋味，未尝不是一件好事。

书香门第出身的有泰，有着很严格的生活习惯。每日晚饭后，是他批阅文件，阅读诗书和写日记的时间。这是有泰长期以来形成的一种习惯，特别是他的日记，无论发生什么紧急事件，也从未间断过。久而久之，日记，便成了他的朋友，高兴时，他在日记中抒情；郁闷时，他在日记中泄愤；碰上奇怪的事，他在日记中画问号；当他需要回忆往事的时候，常常到日记中去寻找那已经过去了的岁月。在做常州知府前的三十年，有泰的日记记在皇历的空隙之中。自从做了常州知府，有泰的日记也正规起来，线装本册，蝇头小楷。到了西藏，他的日记又增添了新的内容，西藏的地理环境，藏族的奇风异俗，宗教活动，同僧俗官员的来往交游，乃至西藏的土特产品，都成了他记述的对象。

此刻，有泰望着案角上堆着的一摞似经卷又似书稿的文件，不用看他也知道，这又是藏人写的公禀文书，其内容无非是请求朝廷派兵抗击洋妖。最上面的一份则是外务府给他的诘责函件。有泰仰起头，眯缝着眼睛，把丝质绢帕拿在手中，干咳了几声，用绢帕捂了捂嘴，捋了捋那几缕有些发黄的胡须，把本来就眯起的眼睛闭上了。这是有泰的一个习惯，大凡碰到什么不如意或犹豫不决的事，他总是这样眯起眼睛，仰起头，似乎要从天上找出一个解决问题的办法；一经决定，他就把眼一闭，主意也就打定了。

今天晚上，他有很多事情要做，最要紧的是先得给外务府一个答复，至少是解释一下自己为什么没有赴边的原因。但是，他写不下去。现在，他又决定了，先不看那些令他头痛的奏章，也不写这没有想好的辩护词——他的奏折。他要读一些闲书，来驱散心中的郁闷，即使不能完全驱散，减轻一些也是好的。

他顺手从书案上捡起一本书，随意翻了起来。《公车上书》[①]，看到这几个字，有泰的心猛地动了一下，接着，纸面上的字仿佛也动了起来，慢慢地那一个个方块字忽然变成了一张张愤怒的脸，似乎在对他讲着：

“窃以为弃台民之事小，散天下民之事大，割地之事小，亡国之事大，社稷安危，在此一举。……何以谓弃台民即散天下也？天下以为吾戴朝廷，而朝廷可弃台民，即可弃我，一旦有事次第割弃，终难保为大清国之民矣。民心先

① 1895年（光绪二十一年）4月，清政府在日本胁迫下，派李鸿章赴日，签订《马关条约》，将我国台湾割让给日本，引起全国各族人民的强烈反对。康有为在北京联合各省来京会试的举人一千三百余人上书清帝，请求拒和、迁都、变法，这就是著名的公车上书。

离，将有土崩瓦解之患。　一诸夷以中国之易欺也，法人将向滇、桂，英人将向藏、粤，俄人将向新疆，德、奥、意、日、葡、荷皆狡焉思启。”

“甲午以前，吾内地无恙也，今东边及台湾一割，法窥滇、桂，英窥滇、粤及西藏，俄窥新疆及吉林、黑龙江，必接踵而来，岂肯迟迟以就让为国哉？况数十国之逐逐于后乎？……”

有泰觉得这些话很有道理，这篇秀才上书，他已经看过多次。但是今天读起来似乎与往日很有点不同的感觉，有泰若有所思地继续往下看：

“夫言战者，团结民心，力筹大局，可以图存；言和者，解散民体，鼓舞夷心，更速其亡。以皇上圣明，反复讲辩，孰利孰害，孰得孰失，必当独断圣衷，翻然变计者。不揣狂愚，统筹大计，近之为可战可和，而必不致割地弃民之策，远之为可富可强，有必无敌国外患之来。伏乞皇上下诏鼓天下之气，迁都是天下之本，练兵强天下之势，变法成天下之治而已。”

读到这里，有泰不以为然地摇了摇头，慢慢合上书卷，轻扶书案站了起来。秀才之见，虽然有理，然而毕竟是纸上谈兵，天朝江山之大势已去，欲兴利图强，谈何容易，谈何容易啊！并非皇上不想振兴清室，如今是内乱外患，接踵而至，着实是心有余而力不足啊。

忧郁中的有泰又想起了他的哥哥，那位第一个不是满人的驻藏大臣。

这两个具有蒙族血统的清朝官员，虽说是亲兄弟，但脾气秉性却迥然不同。如果说升泰还不够机敏的话，那么有泰则是过分的聪明，近似于狡诈了。

他和哥哥的进藏，使命是那样的相似，境遇又是那样的相同，这难道能说是巧合吗？

升泰进藏，是在光绪十四年（1888年），正值英夷第一次侵犯西藏边界，朝廷罢免了主张抗英的前任驻藏大臣文硕的官职，升泰带着调解边界纠纷的使命风风火火地到了西藏。以强令藏军撤兵开始，到与英人签订《中英会议藏印条约》而结束进藏的使命。签订条约的结果是将原西藏属地哲孟雄划归英属，开放亚东为商埠。该条约留了个尾巴，申明其余问题“以后再议”。

这一条约的签订，大大损害了西藏人民的利益，激起了西藏社会自上而下的强烈反对，升泰自己也觉英夷欺人太甚，颇有丧权辱国之感，无颜以对国人。忧愤交加，遂逝于仁青岗。

对于升泰的死因，说法甚多，有人说是因为适应不了高原气候而病死。更多的则是说他悔愧交并，吞金自杀。

这次有泰进藏，又逢英夷第二次侵藏，边界告急，朝廷将前任驻藏大臣裕

刚着“交部议处”之时。他的使命又是同英夷谈判，所谈之事正是哥哥升泰尚未与英夷达成协议的条款。难道上苍也要他走哥哥走过的路？！一想到哥哥的死，有泰的心里一阵发冷，不禁打了个寒战。

有泰的书启师爷像是知道他的主人会在这个时候感到冷似的，不失时机地给有泰送来一件貂皮大氅，不声不响地为有泰披上了。

驻藏大臣进藏时，除了公差以外，总要带几个私仆，但绝非侍茶扫院之仆，那些干粗活、脏活的，照例应由噶厦政府支派。像师爷这样能活动于大臣左右的人，通常是从北京，或从四川招募来的汉人。此次有泰进藏，带了三个师爷，一个就是这位书启，专为有泰书写私人信件，或一般公文；一个是奏折师爷，专为有泰写奏折。奏折师爷的文墨一般比较好，地位也比其他师爷要高；还有一位是钱谷师爷，专管钱粮。奏折和钱谷二位师爷是从四川招募的。只有这位书启师爷是有泰从京城的家里带来的，他不仅要为有泰写一般的信札及文书，还要兼管有泰的日常生活。由于他的特殊地位，不用禀报即可随意出入有泰的房间。

“那些刁民走了吗？”有泰指的是前来上书和请愿的僧俗百姓。

“走了不少，听说到八角街去了。”

“走了好，这几天吵得我头都要爆炸了。真是一些不可理喻、顽梗不化的刁民。”

“是，那些藏番实在可恶。”师爷附和着。

“马喂了吗？”有泰忽然想到马。

“回三爷，喂了。”有泰在家里行三，师爷仍然沿用在京城的称谓而不叫大人。

“喂饱了？”有泰站了起来。

熟知有泰脾气的师爷并不回答三爷的话，他知道，有泰又要去看马了。

果然，有泰又说话了：

“师爷，你随我去马厩看看。”

“是！”师爷答应着，先出去了，有泰知道，他是去传掌灯的仆人。

“三爷，请吧！”师爷再度转回屋，请有泰去看马。

有泰不常骑马，骑术也不佳，这与他的出身和血统不大相符。但是他却非常喜欢养马，观马，还常常亲自喂马。就像一个不善书画的收藏家喜欢收藏书画一样，有泰也喜欢把一些良马牵到他的马厩里来喂养。马厩，是有泰每天必

到之处，每天少则一两次，多则三四趟。可是这几天，心情烦躁，无心看马，一次也没有来。

书启师爷跟在有泰后面，不言不语，有三爷讨厌家奴多嘴，特别是在他心情不好的时候。师爷已经从有泰的眉眼间觉察出三爷心里有事，而且肯定是大事，所以他更加小心，惟恐触怒三爷，招来祸患。

大红灯笼把有泰引到马厩，一百多匹高头大马排列整齐，其中一少半是四川总督的馈赠，一多半是噶厦政府拨来的，还有专门从蒙古和青海地区买的。有泰朝着五号厩照直奔去，五号厩并排拴着一大一小两匹马，这两匹马，毛色漆黑，像黑缎子一样，在灯笼的照射下，鬃毛泛着光亮。有泰摸了摸小马的耳朵，这是在噶厦拨给他的几十匹马中精选出的一匹儿马，目的是给这匹高大的黑马做伴。这匹大黑马是他入藏前特意从蒙古买来的。有泰非常喜欢它，还给它取了个名字——赛炭，并且给它选了个干儿子——小黑。有泰捋了捋赛炭的鬃毛。又挠了挠它的脖子，赛炭高兴得轻踏四蹄，不停地打着响鼻，以为主人又要带它出去，沿着拉萨河，在林卡里奔驰。一连几天，主人没有来看自己，赛炭感到寂寞和委屈。它哪里知道，连日来成千上万的僧俗百姓围着衙门，上书请愿，它的主人根本出不了大门。

“三爷，要马料？”师爷小心翼翼地问。有泰似乎没有注意师爷的话。

“三爷。”师爷稍稍提高了声音。

“啊？啊，什么事？”

“要马料吗？”

“嗯？马料？啊，不，不必了，看样子它吃得很饱了。”有泰漫不经心地说着。

见有泰一副心神不宁的样子，师爷知道，三爷的心思没有在马上，他心里在想什么，师爷不敢问，可熟知三爷脾气秉性的师爷却能从三爷那不断捋胡须的习惯动作中体会到，三爷现在心里想的，绝不是一两句话就能说清楚的事，他在捋那几缕并不散乱的胡须，也在理心中如同乱麻般的思绪。

师爷猜得不错，有泰的心里确实很乱，想得很多，由战事想到奏折，由噶厦想到朝廷，由哥哥想到自己，又由自己想到历任的驻藏大臣。

离京前，有泰把历任驻藏大臣的情况作了一个较为详尽的了解，从雍正五年开始设立驻藏大臣起，到如今已有百人之多，然而其中昏庸者居多，精明者甚少，有显赫政绩者则更少。

有泰不知道后人会把自已归入哪一类，从目前的情况看，他已经处在十分尴尬的境地。

关于和英国会谈之事，达赖喇嘛和噶厦政府的态度很明确，鉴于朝廷过去同洋人签订的有关西藏的一切条约，尤其是由他哥哥升泰一手经办签订的《中英会议藏印条约》，严重损害了藏民的利益，因此坚决反对朝廷直接同英夷谈判立约，坚持有关西藏的一切事务，必定要由噶厦派员参加，否则概不承认。

但是，达赖喇嘛又始终不同英国政府直接发生联系。他坚持认为，噶厦只是一个地方政府，一切涉外问题，均应由朝廷负责办理。英国人为了离间朝廷同达赖、噶厦之间的联系，一再对达赖本人表示亲善。不仅如此，印度总督寇松曾经给达赖喇嘛连续写过三封亲笔信。然而，达赖以一切涉外事务，须经朝廷办理为由，不予启封，将原信退回。有泰在京城时就听说，对于达赖的这一做法，朝廷颇为满意。

有泰清楚，英夷方面，既想同达赖直接立约，又要驻藏大臣参加，以便得到朝廷和噶厦两方面的认可，只有这样，条约方能产生实效。若干年来的纷争，使他们懂得，一切有关西藏的条约，若不得到达赖和噶厦的认可，便都是一纸空文。英夷还有更深的考虑，这样做，可以达到一箭双雕的目的：一方面，要朝廷派员参加藏、英会谈，通过朝廷施加压力，让藏方就范；另一方面，把西藏摆到一个特殊的位置，作为同英国政府谈判立约的一方，一俟时机成熟，让西藏脱离天朝的统治，作为英印政府属地，就像他们吞并邻近各国那样。

朝廷自然有朝廷的打算。西藏是天朝的版图，大清国不可分割的一个组成部分，边界冲突，自然要由朝廷出面解决。特别是近年来，洋夷不断入侵，边塞连续告急。蒙古和新疆地区，老是有被瓜分出去的危险。俄国人早已窥视着蒙古和新疆，还想染指西藏。西藏的情况又不同于内地，正是因为地理位置重要，朝廷更需要加强对西藏的控制。正是因为难于管理，朝廷给驻藏大臣的权限才不断增大。乾隆皇帝曾经谕旨，驻藏大臣有处理西藏一切事务的全权。而且，这种权力，随着清朝的繁荣，在八世达赖时代达到鼎盛时期。这一时期的明显标志是清朝颁发了《钦定藏内善后章程二十九条》。这是钦差大臣福康安等按照乾隆皇帝的旨意，会同达赖方面掌办商上事务的济咙呼图克图、班禅方面的扎萨喇嘛以及噶伦等共同议定的条例，送交朝廷审订。其中不仅将驻藏大臣原有的权限制度化、具体化了，更重要的是增加了许多原来没有的内容。授权驻藏大臣要总理西藏一切事务，章程规定，这一切事务包括：行政、人事、

军事、司法、外交、财政、金融等。上至大小文武官员，下至普通平民百姓。都隶属于驻藏大臣。就连达赖、班禅和各地呼图克图的转世，也一定要由驻藏大臣主持“金瓶掣签”，然后报请朝廷正式认可，方能生效。

然而，随着天朝的衰败，驻藏大臣对西藏的控制也日渐削弱。朝廷对西藏统治的鼎盛时期随着八世达赖喇嘛绛边嘉措的卒亡而告结束，驻藏大臣的权力再也不是至高无上的了，而现在可以说是到了最低点。

对于驻藏大臣地位的衰落和权势的下降，有泰早有耳闻，所以，他不愿进藏来，不愿来做这即费心，又费力且八方不讨好的苦差事。但是，当的是朝廷的官，拿的是朝廷的禄，有泰不能违旨不遵，尽管心里一千个不愿意，表面上还得装出受宠若惊、感激涕零的姿态来，然而有泰他灵活地执行了皇上的圣旨。“将在外，君命有所不受”，他先诚惶诚恐地上了谢恩的折子，恭恭敬敬地拜别了上司和同僚，出京后却不急于赴任。谁知进了藏能否活着回来，哥哥升泰不就死在那里了吗？因此，有泰也希望英国人能与藏人直接谈判。谈得好，归功于己；谈不好，过诿之于藏人，他来收拾残局，这是再好不过的了。

就在有泰自以为得计、阳奉阴违的时候，边界不断告急，皇上急得连连向军机大臣发了几道上谕：

“电寄有泰，藏事关系紧要，该大臣责无旁贷，着急迅速驰往。纵难兼程，切勿迟缓。”

“电寄锡良。[①] 藏事紧要，有泰现抵何处，着锡良催令迅速驰往。毋稍延缓。”

“电寄裕刚。据奏藏番执拗情形折，已悉。藏事紧要，有泰未能克期到任，仍著裕刚遂照外务部电传，迅即亲赴边界，先与英员妥为商议，并切实开导藏番，毋得执迷不悟，致启衅端。该大臣驻藏已久，务当力为其难。如事机妥顺，惟尔之功，否则不能辞此重咎也。懔之，勉之！”

一直到了光绪三十年（1904年2月），裕刚尚未赴边，也不见有泰到藏，皇上再谕军机大臣，这次口气更加严厉：

“电寄裕刚等。藏事紧要，叠经降旨。令裕刚亲赴边界，妥速商议。乃该大臣延宕支吾，迄未启程。兹复以候有泰到任等情，借词推诿，实属有意规避。裕刚着“交部议处”。有泰即将抵藏，接任后迅即开导藏番，毋开边衅。无论如何拦阻，赶紧设法前往，亲与英员妥商办理。想有泰受恩深重，必能不负委任也。”

---

① 锡良即当时的四川总督。

上谕一连用了几个“藏事紧要”，可见皇上真是心急如焚了。皇上着急，有泰可不着急；边境吃紧，有泰却不紧不慢。虽然“受恩深重”，也还要好好地盘算一下利弊得失，经过不断盘算，游够了，玩够了，粮、钱也都要够了，有泰才慢慢腾腾地到了拉萨。三个月的路程，他足足走了一年多。

他到了拉萨，摆出一副要立即赴边与英夷会商的姿态。一再催促噶厦支应乌拉差役，供应一切吃穿用度。这一手果然灵验，急坏了达赖和噶厦，以为有泰也会像他哥哥那样，为朝廷尽忠效力，立即赴边立约。因此极力加以反对和阻挠。“全知全能”的佛爷哪里知道，这正中有泰下怀，从此，他再不提此事。

达赖喇嘛对有泰的鄙夷，噶厦对他的冷漠，以及百姓对他的憎恶，使得有泰如入冰窟，感到日子很不好过。

“三爷，回屋吧。”见有泰直呆呆地在想心事，师爷忍不住提醒他。

有泰仿佛从梦中惊醒，问师爷：“你冷吗？”

“我，我还好，只是三爷站得太久，要受凉。”好像受了传染似的，师爷也打了个寒战。

“回，回屋。”

掌灯的仆人早就冻得缩成了一团，听到回屋的命令，精神立刻为之一振，提着灯笼快步向前走去。

“你，你跑什么。”有泰斥责着仆人。

“还不快照着点。”师爷惟恐有泰发怒，忙指点着这个小仆。

掌灯的小仆被有泰的申斥吓了一跳，脚底下一绊，跌倒了。灯笼一下子灭了，眼前变得一片黑暗。

“混账东西，连个灯笼都拿不好，养你何用？”

“真是无用的东西，快去换个灯来。”师爷一边帮腔，一边吩咐着。

冷，有泰这才觉得格外的冷。风是冷的，空气是冷的，大地是冷的，连拴马桩子也是冰冷冰冷的。

黑，有泰只觉得眼前漆黑一团，四周也是黑洞洞的，伸手不见五指。天上没有月亮，连星星也不多见。偏偏在这个时候打翻了灯笼。

越是在黑暗中，越是觉得冷；越是冷才越能感受到黑暗的可怕。有泰仿佛掉进了一个深不见底的冰洞，黑暗包围着他，寒冷侵袭着他。

有泰忽然可怜起自己来了。朝廷催，藏人挤，英夷逼，这日子可怎么过呢？有泰又想到了哥哥，想到了自己的前任驻藏大臣裕刚。

有泰知道，国人对于他哥哥的死，是毁、誉皆有，总起来看，毁之者多，誉之者少。但令家人宽慰的是，朝廷认为升泰死在任所，是忠于职守，为国尽忠，所以将他的生平事迹，记录在册，这不能不说是皇恩浩荡。但是，对哥哥的诋毁是令人难以接受的，特别是对哥哥的死，有泰过去也隐约听到过一些传闻，说他是吞金自杀，有泰不仅不信，而且觉得这是一种诬蔑，是对哥哥的诬蔑，也是对他们家的诬蔑。此刻，有泰对这种传闻似乎相信了，也理解了。对裕刚为什么宁愿受“交部议处”的处分，仍要竭力地开缺原因，也突然明白了。自己不是责怪过哥哥懦弱吗？不是讥讽过裕刚乏术吗？

错了，原来是自己错了。哥哥一死，万事皆休；裕刚一走，百事全了。

自己怎么办呢？

死吗？有泰不愿意；走吗？朝廷不答应。既不想死又不能走。有泰在苦苦地思索着他的第三条出路，他一定得找出这条出路，有了这条路，不仅可以回复朝廷，自己今后的日子也就好过了。

等掌灯小仆磕磕绊绊地取来灯笼，侍候着有泰回屋后，他已经是精疲力竭了。

一碗热气腾腾的奶茶喝下肚后，有泰觉得不那么冷了，可还是感到十分困乏，周身无力。

“三爷，您该睡了。”师爷轻声提醒，因为确实很晚了。

“睡？奏折怎么办？”有泰瞪了他一眼，好像奏折到现在还写不出来，是因为师爷给耽误的。

“明天请折奏师爷，要不，请驻藏章京写。”师爷小心地说。这是他今天说得最长的一句话。

“哼，他们！……”有泰没有说下去，他心里想：我自己写，尚且怕说不明白，他们怎么能说清楚？

“那？……”师爷期待着有泰的吩咐，下一步他该做些什么。

“烧烟！”有泰并无烟瘾，一路之上，他只偶尔抽一两次。他清楚地记得，早在几十年前，林文忠公①在禁烟奏折里，痛切陈词，力主禁烟。有这样几句话：“臣伏思鸦片流毒于中国，纹银潜耗于外洋，凡在臣工，谁不切齿。”林大人进而主张对抽烟者“施行大辟”。但是，抽鸦片之风，不仅未能禁绝，抽烟的人反而越来越多。使有泰感到惊奇的是，如今全国抽鸦片成风，

① 林文忠公，即林则徐。

到处都有烟馆。

惟独西藏严禁抽鸦片，偌大的西藏没有一个烟馆。有泰听说过去的摄政王第穆呼图克图也好，当今的达赖喇嘛土登嘉措也好，都极力主张禁烟。有泰一听，有些惊讶。惊讶之余，确也有些害怕，因此他学前任驻藏大臣的做法，只在衙门里抽，不敢让藏民知道，怕惹出乱子。

他一边抽烟一边问师爷：

“你说说看，西藏为什么要设驻藏大臣？嗯？”

“回三爷，小人不知。”师爷随便应付着，眼睛却死死地盯着烟枪，嘴角上直流涎水。

“怎么不知，我讲过的。”

“是，三爷讲的，小人没有用心。”

“没有用心？你用心什么呢？烟枪？”有泰狠狠地瞪了他一眼。

“小人不敢。”师爷见有泰生气了，吓得咽了口唾沫。

“不敢？哼！你以为我是瞎子，拿去吧，重新烧一个，你自己抽。”有泰终于让出了烟枪。

师爷喜出望外，接过烟枪，急不可待地猛吸两口，将残余吸净，就要烧新烟泡。

“慢，听我讲给你听。”有泰止住了要烧烟的师爷。

师爷心里急得直骂有泰：你这个东西，你过足了瘾，又来精神了，忘了刚才的那副蔫萝卜相。可心里着急，师爷嘴里还得紧着答应：

“是，三爷。”

“这回可要用心啊，下回问起来，再若不知，就别想吃烟了。”

师爷本无意听有泰啰嗦，可“再若不知，就别想吃烟了。”这句话发生了奇效，师爷为了吃烟过瘾，只得洗耳恭听。

鸦片，在有泰身上果然发挥了奇特的效用，他一解刚才的疲劳，不仅精神大振，兴致也大增，语调缓缓，声音平平：

“驻藏大臣之设置，始于本朝，其原因有二：一者安辑藏政；二者防御外侮。而防御外侮又分为防准（准噶尔）、防廓（廓尔喀）、防英（英国）三者。”

“是，三爷，小人明白了。”师爷急于抽烟。

“还有！”

“还有？”师爷颓然。

“关于防准，僧格、青保、苗寿等人初建功勋；纪山、索林等人稳定了局势；傅清、拉布等人安定了内部，直到颇罗鼐执政之时，准噶尔部再不敢南犯。至于防廓，保泰、巴忠懦弱误事，罪不可赦。但由于成法、额尔登保的武勇，鄂辉、和琳的公忠，遂大展天威，边防得到巩固。至于防英…… ”

说到防英，有泰的侃侃之词忽然顿住了。他遍阅档案文书，正野史籍，历任驻藏大臣，在抗击英夷方面，实在是毫无功绩可谈。就是力主抗英的文硕，也仅只“力主”而已，并未付诸行动。若说谈判立约，丧权辱国者，则莫甚于自己的哥哥。一想到这些，有泰只好打住：“好啦，好啦，太晚了，今天不说了，我还要写奏折，你自己吃烟去吧。”

师爷巴不得有泰快点结束这冗长、乏味又近乎于折磨人的谈话，听了有泰的吩咐，如同获得大赦一般，端着烟具，飞也似的冲出了房门。

“鸦片，这就是鸦片的威力，这就是洋人之所以能够在神州大地横行的一个原因。”望着师爷飞奔而去的背影，有泰颇为感慨。

有泰对师爷所说的一番话，无异于一篇演说词，给历任驻藏大臣品评功过是非。说到防准、防廓，在驻藏大臣中还不乏忠勇之人，具有显赫战功者，也不乏范例。但防英呢？半个多世纪以来，英夷一直觊觎着西藏，在边境搞了大量的活动，希望能在西藏得到他们不该得到的利益。可又有谁有效地防止了英夷的入侵呢？！没有，一个也没有。

哥哥升泰倒是和他们打了交道，结果是割地赔款不说，还留下一系列的问题。哥哥死了，条约签了，但是藏人却不予以承认。英夷当然不答应，他们不仅要藏人履行条约，还要得到条约以外的诸多利益。而哥哥以后的历任驻藏大臣，无一不在推脱，他们对付英国人的惟一办法就是拖，拖着不与英国人会谈，一直拖到现在。到了裕刚上任，英国人打了进来，实在拖不下去了，裕刚无力应付，朝廷才派了有泰来。然而，有泰能应付得了吗？能有效地履行防英的使命吗？

往事已去矣，来者不可追！天朝的盛世已去，今非昔比，防英，防俄，防日，防德……各个列强简直是防不胜防。天朝，犹如一头病牛，都想割一刀，咬一口。如果这群恶狼一齐扑来，那病牛就肯定会被撕成碎块，好在这群狼并不齐心，不能一起对付这头病牛，他们之间也还有很多明争暗斗。为了利用某一条狼，就要给他点好处，让这狼与其他狼去斗，甚至互相厮咬，病牛倒可能得到喘息之机。这就是朝廷采取“以夷制夷”的谋略的根本原因。然而藏蕃不

明事理，非要以卵击石。以弱羊之躯，去斗猛虎，那还有不败之理？！

想到这些，有泰不禁摇了摇头，深深地叹了口气。他意识到，天朝中兴，已是不可能的事，自己更无力挽狂澜于既倒。一个思考已久的问题，这时已经考虑成熟了。他将经过无数次涂改的纸一把抓起来，揉成一团，扔在纸篓里。又重新展纸，挥毫疾书：

“咸电敬悉，内称抵住已久，何以与英员尚未接洽等因。查此番边事，相持多年，泰到任数日，即晤商达赖，剀切开导，奈始终执迷，不肯支应夫马。察其言语，且处处疑忌汉官，未便力争，只好缓图办法。旋准英员荣赫鹏照会内称，定日开赴江孜，请携主权番官，面商一切，并请严饬不得妄动等因，当经照复该英员，请勿再进，倘能退回亚东地带，则此事易于转圜，否则恐其桀骜不训，出乎情理之外，将来通商立约，事事为难各等语。并据请译咨达赖，兼两次详缄，示以圣旨，晓以利害，嗣据其复文内称，已在曲米地方与英人交战而攻，伤毙番官四员，番兵数百名。与昔年隆吐之战，大致相同。今欲折服其心，非任其战争失败，终不能了局。譬之釜底抽薪，不能不从吾号令也，此系实情，祈为转奏。”

写毕，有泰把笔扔到书桌上，左手轻轻捶打腰背，右手抚摸下颌，欣赏着自已的得意之作。他认为这是自己从担任驻藏大臣以来，写得最好的一个奏折。“对这些顽梗不化的刁民，就是要采取釜底抽薪的办法，任其战事失败，才能使其就范，听我号令。”有泰暗自思忖，他那由于在高原强烈的日光照射而变黑的脸上，露出一丝狡黠的笑意。

第六章

袅袅青烟寄深情

活在民众心上的人，
他们会万古流芳。

克珠旺秋拖着疲惫的身子，两条腿像灌了铅一样沉重，每走一步，小腿上的刀伤就像针扎似的疼痛。他拖着这条伤腿，在离开曲米河谷之后，并没有直接回沃措部落，而是去找哲林代本。但是，沿途驻扎的英兵太多，还有很多游动哨，藏军已经不知去向，旺秋不但没有找到哲林代本，还险些被廓尔喀骑兵抓了去。找不到哲林代本，也见不到一个沃措部落的人。旺秋想，说不定阿爸他们已经回家了，于是就往家走。

翻过小山岗就是沃措草滩，他们部落的冬窝子[①] 就在北山脚下，那里零零星星有二十多顶帐房，算是一个居民点，藏语叫“如瓦”。刚迈上山岗，首先映入眼帘的是路口的那株老柏树。草原真是辽阔无边，你虽然已经看到了自己的家，但要真正走进帐房，还有一段相当的距离！但是，毕竟已经看见自己的部落了。一场恶战之后，使人们头脑中的时间概念发生了变化。仅仅一天多的功夫，旺秋却觉得已经过了很长很长时间，他急于见到阿爸，见到格来和仁赛，见到同战斗、共患难的乡亲们，还有分别已久的妹妹，不由得加快了脚步。

① 牧民过着逐水草而居的游牧生活，过冬的地方叫冬窝子，一般地势较低，较为暖和。

旺秋实在太累了，由于刚才这几步疾走，腿上的伤更痛了。往日这几步路，旺秋一抬腿就能走到，可今天，对于步履维艰的旺秋，脚下的路也变长了。旺秋坚持着走到路口，在那株老柏树下停住了脚。他要再歇歇，让自己的体力尽可能恢复一点，精神更好一些，当自己出现在家里的时候，应该给亲人们带来尽可能多的欢悦，而不要让亲人为自己担忧。

在一望无际的草原上，这株老柏树，显得特别珍贵，牧民们把它视为神物。每当牧民们从冬窝子搬到夏窝子，或从夏窝子搬回冬窝子时，都要到这里来烧香敬神。孩童时代，旺秋带着妹妹，同邻居的孩子一起经常到这里来玩。这棵树不知道是哪个年代种下的，树身之粗壮恐怕两个人也不能合抱。高原的春天来得晚，而且春季往往是缺雨少雪，老柏树的枝叶还不那么苍翠，干枯的枝条一阵阵被冷风吹得“沙沙”作响。天气阴沉沉的，太阳被浓重的阴云完全遮住了，整个天空显得灰蒙蒙的。栖息在树上的两只乌鸦，也许是因为天气不好吧，没有出去觅食，此刻，正冲着克珠旺秋“嘎嘎”地叫。旺秋一阵心烦，捡起一块石头朝乌鸦投去，乌鸦扑扇着翅膀，大叫着，飞了起来，在空中盘旋了一圈，又落到树上，仍然“嘎嘎”地叫个不停。旺秋又捡起一块石头，正要投去，忽然，从远处传来一阵阵哭声，一种不祥的预感袭上心头。旺秋把手上的石头狠命地攥了一下，用力朝乌鸦投去：“倒霉鬼，没到家，先撞见你们了。”说着，快步向前走去。乌鸦只扇动了一下翅膀，还是没有离开。这株树上有它们的窝嘛！

在离帐房不远的地方，有一块稍微低凹的草地，放着十几具尸体。尸体上面盖着毡片，背尸人就要把他们送往天葬场了，尸体旁边围着一些人，哭声正是从这里传出来的。在这十几个死者当中，有四个是沃措部落的人，其余都是外地的。

英军离开曲米河谷之后，附近庄园和牧场的老百姓立即到坝子里去清理遗体。凡有亲人认出来的，都由亲人运走。其余的，都由各部落和各庄园的人送去天葬。实在运不了的，就近水葬，没有让一具尸体遗弃在荒野。

刚生下孩子没几天的达噶抱着襁褓中的婴儿，跪在一具尸体旁边：“旺杰啊，你就这么走啦，我们的儿子还不会叫声阿爸呢，你，你不能走啊，你睁开眼睛看一眼儿子吧，你，你不能丢下我们，旺杰啊……”达噶一边哭一边喊，襁褓中的婴儿，这个还未曾见到父亲的小生命，被母亲的哭喊声惊醒，张开红嫩嫩的小嘴也哭叫起来，一只小手使劲从破氆氇片里挣出来，不停地舞动着。

站在旁边的人，不知道应该怎样劝解这位年轻的母亲。曲妮桑姆使劲咬着嘴唇，默默走过去，轻轻抱过孩子，亲了亲那冻得有些发紫的小脸，把孩子的小手又塞进了氆氇片中。又走过来一个姑娘，搀起了达噶。她怔怔地看着曲妮，见曲妮桑姆正抱着自己的儿子，她猛地从曲妮手里夺过婴儿，像是怕被人抢走似的紧紧地搂在怀里，亲着儿子的脸，近乎耳语般地对儿子说："孩子啊，你阿爸他丢下我们走了，你，你可再不要离开阿妈呀！"说罢，双膝跪倒，仰天呼喊："旺杰啊，你在天有灵，就保佑我们的儿子快快长大，为你报仇，为乡亲们报仇……"眼泪，又无声地流下来，滴在儿子的小脸上。婴儿已经不再啼哭，小脸变得更紫了。

曲妮桑姆把达噶轻轻地搀扶起来："阿姐达噶，回去吧，孩子会冻坏的。"

达噶点了点头，又望了望旺杰的遗体，把孩子搂得更紧，脸也更用力地贴在孩子脸上。

背尸人慢慢地蹲下身来，就要把这些僵硬的尸体背走[①]。突然，阿妈曲央拨开人群，踉踉跄跄地奔了过来，把背尸人拽住。只见她张着嘴在喊叫什么，但是人们并不能听到她的喊声。阿妈曲央的嗓子完全嘶哑了，她越是喊不出声，越是用力地呼喊，手也使劲地挥动着，做着各种手势。人们明白老阿妈的心。洛丹让背尸人放下尸体，阿妈曲央立刻扑了上去，人们仍然只能听到一些断断续续的呜咽声。虽然人们听不清她的哭诉，却知道她的苦情，八个孩子死了七个，丈夫也早早地离开了人世，只给她留下这惟一的儿子，这和她相依为命的儿子。为了儿子，她给菩萨烧了多少香，磕了多少头啊！本来要在夏天给儿子娶亲，眼看着儿媳就要过门，儿子却被洋妖杀害了，这怎能不使老人心碎！看着老阿妈伏在儿子尸体上抽搐的衰弱瘦小的身躯，再看看老阿妈满头的白发和枯瘦如柴的双手，人们的心被绞痛了。曲妮桑姆正要去扶老阿妈，只见阿妈曲央的身体猛地抽搐了一下，就再也不动了。曲妮一把将老阿妈抱在怀里，人们立刻围了上去。

"阿妈！阿妈！"围着的人也大声呼喊。

"阿妈！阿妈！"曲妮用力地叫着。阿妈曲央的双手已经攥紧，嘴张得大大的，像是要喊什么，眼睛也睁得大大的。但是，她再也看不到什么，再也喊不出什么了。她跟她的儿子一起去了，永远地去了。

灰蒙蒙的天空，变得阴沉沉的。稀薄的雪花，随风飘落。

① 按照藏族的习俗，死者的亲属一般不到天葬场去，而由亲戚朋友，或请司天葬者将遗体送往天葬场。

曲妮桑姆再也忍耐不住，一下子扑在阿妈曲央身上失声痛哭。其他人好像也受到感染，禁不住哭了起来。他们在为老阿妈哭泣，为死难的同胞哭泣。

曲妮的哭泣中，还多一层意思，那就是思念，思念哥哥，思念格来，还有那个又淘气又惹人喜爱的“小猴子”。他们还没有回来，他们究竟到哪里去了呢？是不是在别的庄园、牧场，别人也在为他们……曲妮简直不敢再往下想。……

看着乡亲们在悲伤，在痛哭，洛丹想说什么却一句话也说不出来；他想哭，也哭不出来。他兀自站在那里，像木雕泥塑般地一动也不动。

“阿爸！”眼前的这一切，旺秋都看见了，也都听到了，他再也看不下去。听不下去了，一下子扑到阿爸面前。

哭声，随着旺秋的一声喊叫，突然止住了，乡亲们见旺秋回来了，立刻围了上去，人们急切地想从旺秋嘴里知道一些新情况。曲妮桑姆则紧紧拉着旺秋的胳膊不放，生怕一松手，哥哥就会飞掉似的。

旺秋向周围看了看，急切地问：“格来和小仁赛呢？”

一句话，曲妮的眼泪又流了下来。原来不爱哭的姑娘今天却不停地流泪，然而同样是流泪，含义却大不相同，乡亲们哭亲人时，曲妮流的是悲愤的泪；见到哥哥流的是惊喜的泪，这回，流的却是伤心的泪。

“我们在战场上找了很久，没有找到他俩，也不见他们回来。你妹妹为你，为格来，伤心得……”洛丹的声音有些哽咽。

“阿爸，别、别说了……”曲妮仍然紧紧拉着哥哥的手，使劲咬着嘴唇，几乎要咬出血来。

旺秋心里一紧，看到曲妮那极度伤心的样子，立刻镇定下来：“曲妮，别哭，格来和仁赛他们会回来的。”

曲妮慢慢抬起头，她泪痕满面，凝视着哥哥，好像在问：“真的？”

旺秋肯定地点了点头。虽然他不知道格来他们现在在哪里，可阿爸说了，阵地上并没有找到他们。他自己也反复看过，也没有发现。可是，可是他们又到什么地方去了？

一天多没有看见旺秋，洛丹多么想和儿子好好叙叙这离别后的情形，因为，在这一天多的时间里，发生了也许有些人一辈子也碰不到的事情。他更关心的是儿子是不是见到了拉丁代本？代本是怎么死的？洛丹只听说拉丁代本的遗体已经被来协老爷抬走，他不许乡亲们看，也不许乡亲们问。但是，一看到

眼前的十几具尸体，看到背尸人焦急的神色，洛丹把要说的话忍住了，眼下最要紧的是把死难的乡亲们送往天葬场。

在洛丹的示意下，背尸人再一次背起尸体，每一具尸体上都盖着一块氆氇，只有刚刚气绝的阿妈曲央的遗体没有遮盖，曲妮飞快地跑回帐房，不大一会儿，拿着一床半旧的却很洁净的氆氇被，追上了没走出多远的送葬队伍，她轻轻地、像是怕惊醒老阿妈似的把氆氇被给老人家盖在身上。她这是把自己盖的氆氇被拿来了，曲妮姑娘不忍心让老阿妈就这样离开人世。

洛丹赞许地朝女儿点了点头。旺秋的腿也好像不那么疼了，他也和阿爸、妹妹一起，朝天葬场走去。

所谓天葬场，就是北山最高处的一块巨大的石头，到了这里，背尸人就把尸体并排放在巨石上。这块花岗岩和其他的大石头不同，由于经常在这里切割尸体，捣碎骨头，已变得乌黑光亮。

巨石下面，有一个平台，妇女们已经在这里架起三堆柏树枝。这柏树枝还是路口那株老柏树上的，每年秋天，乡亲们就折一些树枝，存放在帐房里，专门用来烧香敬神。按照当地的习俗，一般要由年纪较大、较有声望的男人来点火烧香。今天，乡亲们请阿爸洛丹点火，洛丹并不推辞。只见他双手合十，举过头顶，虔诚地祈祷，然后打着火石，点起了三堆火。

雪花变得更加稀薄，整个天空却是灰蒙蒙、湿漉漉的。按照藏族的说法，在送葬的时候下雨或者下雪，是一种吉祥的征兆，预示着死者能够升入天堂。受了潮的柏树枝燃烧得并不旺盛。三缕青烟，和着水雾，随着微风，慢慢地飘向天空。一群老雕从远处飞来，鸣叫着，扑打着翅膀，在人们头顶上盘旋。雪花与灰蒙蒙的天空合在一起，风声伴随着老雕的鸣叫声，更增加了人们的悲伤。

曲妮桑姆含着泪，双手捧着一个红木碗，恭恭敬敬地递到阿爸手里。一位中年妇女端着一把旧陶壶，满满地斟了一碗青稞酒。洛丹双手捧起酒碗，面向东方，把酒碗举过头顶，默默祈祷，然后转向遗体，连泼了三碗酒。这是对死难乡亲的祭奠。

微潮的柏树枝，嗞嗞啦啦地燃烧着，这缕缕升腾的青烟，把洛丹带回到十六年前。

十六年前，也是在这样一个天葬场，燃起的也是三个火堆，祭奠的也是被英国人杀害的同胞。眼前的这一切，与十六年前多么相似！就连十六年前，一位大喇嘛在祭奠英灵时念过的一首格言诗，洛丹也记得清清楚楚：

檀香树浓郁的香味，
风会把它带向四方；
活在民众心上的人，
他们会万古流芳。

是的，人们是不会忘记为保卫国土、保卫家乡而流血牺牲的同胞们，尽管他们失败了，朝廷被迫签订了条约，割让了土地。但是，由于藏族军民的拼死抵抗，才使洋妖不能侵占更多的土地，得到更大的利益。

然而，今天毕竟不是十六年前，洛丹的满头长发已变得花白，脸上的皱纹如同蜘蛛织网，渐渐地爬遍了整个面部，当年那双结实粗壮的大手，如今也变得干枯了。一切现象都表明，洛丹已经衰老了。只有洛丹的一颗心——抗击洋妖的决心，还像当年一样坚定不移。

望着悲痛的乡亲们，洛丹又往火堆里添了几把柏树枝："乡亲们，让我们大家一齐为拉丁代本和死去的同胞兄弟们祈祷吧，愿他们的灵魂随青烟升天，让他们的美名永远留在我们心上。"

旺秋紧握拳头，愤慨地说："让那些万恶的异教徒们到地狱里去。"

乡亲们一齐跪在地上，诵经祈祷。

随后，曲妮桑姆和那位中年妇女又请几位司天葬者喝酒，一来表示对他们的酬谢，二来也是为他们壮胆。每当切割尸体以前，总要喝几碗酒，浓烈的酒味可以减少尸体上的味道，还能防止病菌感染。

快切割尸体时，乡亲们都习惯地走到平台下面的一块空地上。一位老阿妈回转身子，在火堆上加了一些柏树枝，又从怀里掏出个糌粑口袋，每堆火上都撒了几把糌粑，然后双手合十，默默祈祷，嘴里还不停地念叨着什么。

随着司天葬者一声带有节奏的呼喊，早已在上空盘旋的一群老雕，伸长脖子鸣叫着，纷纷飞下来，落在巨石上，把司天葬者团团围住。后来的，好像没有它们的立足之地，更怕吃不到东西，拼命往里挤，互相拥挤着，扑打着翅膀争斗。在这种情况下，司天葬者总是它们最有权威的调解者，他几声吆喝，就使那群老雕逐渐安静下来。

看不见盘旋的老雕，听不到司天葬者的呼喊，在岩石下面的乡亲们，反而觉得更加凄楚悲凉。他们想到上面的天界，下面的地狱，更加怀念惨死的亲人

们。那位烧香的老阿妈，忍不住低声哭泣。这哭声触动了大家的伤心事，岩石下面又是一片悲恸的哭声。

克珠旺秋没有哭泣。但是，他的心在流血。他忍着伤痛，迈着沉重而又坚定的步子，独自一人走上大石包，分别在三堆火上添了几把柏树枝，又撒了几把糌粑。然后走近已经切割成碎块的尸体面前，跪在满是血污的石头上，双手合十，极其恭敬、极其虔诚地默诵经文。他真诚地为死难同胞们祈祷祝福，为拉丁代本祈祷祝福。同时，一股抑制不住的复仇烈火在他年轻的胸膛里燃烧。他默默地问自己：

洋妖杀害了我们这么多人，强占了我们这么多土地，难道我们就只能哭，不停地哭？不，我们要像英雄格萨尔大王那样，以刀对刀，以剑对剑，把那些杀人的恶魔送到地狱去，使藏族百姓过上太平安乐的日子。

回到帐房，旺秋再也支持不住，一下子瘫坐在灶台旁边。饥饿、疲劳，加上伤痛，旺秋的脸色变得蜡黄。

看到旺秋那个样子，把曲妮吓坏了，她紧紧抓住旺秋的胳膊，连声问："哥哥、哥哥，你怎么啦？"边说边向旺秋的周身打量着，忽然，她看见了旺秋腿上的血迹："血，哪里来的血？哥哥，你受伤啦？"

"啊！伤势重不重？"听曲妮变声变调的，洛丹也有些紧张。

"没有什么，就是腿上碰破了一点儿。"旺秋忍着伤痛，尽量装出若无其事的样子。

"我看看。"曲妮单腿跪在地上，撩开旺秋那已被撕成一条条的袍子。啊，小腿上的伤口还在流血，不知是在什么地方碰了一下，刚刚凝住血的伤口，又渗出了血珠。

父女俩赶紧在旺秋的伤口上涂了一点麝香粉，包扎好。旺秋又吃了两木碗糌粑，喝了几碗热茶，这才慢慢缓过气来。

见哥哥吃得那么香，曲妮知道他是饿坏了，心疼地说："再吃一点吧。"

旺秋抹了抹嘴："我又不是牦牛，哪能吃那么多？"

曲妮笑了起来，又给哥哥盛了一碗奶茶，然后仔细打量着哥哥。

旺秋微微一笑："你怎么这样看着我？几天不见，就不认识哥哥了？"

曲妮并没有回答，仍然细细地打量着哥哥，看了一会儿，像是发现了什么似的："阿爸，您看，哥哥的脸上这才有了点血色，刚才真把我吓坏了。"

洛丹见旺秋精神挺好，沉吟片刻，问道："见到拉丁代本了？"

“见到了。”旺秋正要和阿爸讲述下山以后的情况，忽听帐房外面有人喊叫：

“小仁赛回来啦！”

“还是‘猴子’精灵，自己走了回来。”

“…………”

曲妮赶紧跑出去，把小仁赛带进帐房。和他一起来的还有拉丁代本的秘书洛桑饶登。

“格来呢？格来怎么没有回来？”曲妮着急地问。

“怎么？格来哥哥没有回来？”小仁赛吃惊地反问。

曲妮难过地低下头，没有回答。

洛丹也一直惦记着旺秋、格来和仁赛，现在旺秋和仁赛都回来了，只有格来还没有回来，这孩子到哪里去了呢？但一看女儿的眼圈发红，洛丹不想再触动女儿的心事，转而问洛桑饶登：“大秘书，您怎么走到这里来了？”说着，又恭敬地给洛桑饶登添了碗奶茶，抱歉地说：“老百姓的日子过得艰难，贵客到家，也没有什么东西好款待。”

洛桑饶登既不是贵族，也不是官员，但代本秘书这个职务本身，就使他在一般农牧民眼中成为一个很有身份的人，已经属于另一个圈子的人了。若不是处在战争环境，他是很难、甚至根本不可能到洛丹的破帐房来小坐一会儿，更不用说同坐在一块破毡毯上喝茶了。牧民本来就好客，洛桑饶登又是拉丁代本的秘书，一道经历了曲米之战，所以对他怀有一种特殊的感情。因为家境贫寒，没有什么东西款待贵客，洛丹心中很是不安。

洛桑饶登喝了一口茶，摆了摆手：“现在正是青黄不接的时候，奶食少，肉类少，加上洋妖入侵，到处烧杀抢掠，商路断绝，盐巴茶叶奇缺，能喝上奶茶就很不容易。要是不把洋妖赶出去，往后的日子就会更加困难。”他喝了口茶，接着前面的话题：“代本要我去找哲林代本，我从英军营地冲出来到指挥所时，多吉孜本和那个汉官早就跑了，听说哲林代本在阵地上。我又赶快到阵地上去，把拉丁代本的处境和命令向哲林代本一讲，哲林代本当即派了传令兵下山。但是，左等右等不见传令兵回来，更不见坝子里的藏军上山，我又急着想知道拉丁代本他们的情况，就一个人下山了。可是，洋妖的大炮、机枪已经堵住了路口，根本过不去。后来的事情你们也清楚，英国人占了山头，我们的人被打散。等洋妖进到庄园，我又赶紧到坝子里去找代本，我想不管是死是

活，总要弄个明白。有很多人早在那里认尸收尸，大家哭成一片，那情形真让人难受。”

“我们也看见了。”洛丹说。

“我到处去找代本的遗体，怎么也找不着。又听说哲林代本带着部队撤走了，我就想去追赶他们。可是路上不安静，到处都有英国人，我想找个伴，刚好碰上小仁赛，他说先到部落里来找你们，一起商量商量。”

洛丹满意地看了看小仁赛，那样子好像在说：你这小猴子，想得还挺周到。

看到老阿爸用慈祥而赞许的眼光注视着自己，仁赛感到很高兴，他耸耸鼻子，做了个怪相。

旺秋忍着疼痛坐起来，靠在一具旧牛鞍上，将拉丁代本临终前的情况和他的嘱托讲了一遍，又把拉丁代本的金质护身符交给洛桑饶登，请他送给代本家。末了，悲愤地说：

“我们死了那么多人，难道他们的血就这么白流了？我们活着的人就不能为他们报仇？”

洛桑饶登放下手里的茶碗：“我正是为这事来找你们的。现在，我们先要想办法找到哲林代本，把拉丁代本的意思转告给他。”

“我找了，可没有找到，可能是撤到江孜去了。这支手枪，是拉丁代本让我交给哲林代本的，现在也给您吧。”旺秋把手枪郑重地交给洛桑饶登。

见物如见人，看着这把乌黑发亮的手枪，洛桑饶登又想起自己的主人拉丁赛。这把手枪，是代本的心爱之物，无论战时还是平时，总是枪不离身。可如今，枪在人亡，怎能不让人见物思人，洛桑饶登深深地点了点头，想说什么，但只觉得喉咙哽咽，鼻子发酸，便索性不说了。洛桑饶登很难过，也深感内疚，他不仅没有能保护代本，而且在代本临终之际没有能守候在身边。

洛丹当然很能理解洛桑饶登的心情。但是，当前最需要的，不是悲伤，不是眼泪，而是抗击洋妖的办法。

“洋妖把我们打散了，可是绝不能把我们消灭。只要火星在，就不怕燃不起大火，我看现在最重要的是要把我们的人重新召集在一起。俗话说，如果蚊子一齐冲锋，野牛也会被征服。我们僧俗百姓只要团结一心，就能够征服这头发疯的野牛。”

“阿爸，”旺秋说：“一路上我也碰到一些人，大家心里都憋着一股劲，我看我们的人被打散了，但心没有散，打狼，是需要有领头的人。没有领头

的，就不能把大家召集在一起。”

洛丹点点头，看着洛桑饶登：

“拉丁代本不在，现在就得靠哲林代本，他是个有勇有谋的人，过去当过钱粮官，和各方面人都很熟。只要他能挑这个头，事情就好办。”

“英国人正准备向康马宗进兵，我们要绕过康马宗到江孜去，赶在洋妖的前面。要是旺秋的身体……”洛桑饶登把悲痛深深地埋在心底，他清楚目前的局势，作为拉丁代本的秘书，他要拿出办法来，但是一看见旺秋的脸色仍然黄黄的，就没有往下说，而用试探的目光看着旺秋。

旺秋一听洛桑饶登说起他的身体，立刻说：“这点小伤，算不了什么，我和您一起去。”

“我也跟你们去。”小仁赛这个只有十五六岁的少年，过去从来没有打过仗，这次见洋妖设下圈套杀了那么多的同胞，感到非常气愤，他心中只有仇恨，没有恐惧。

洛桑饶登又说：“我看光靠我们这点人，这么破旧的武器，是挡不住洋妖的。我们还要到拉萨去，请求噶厦政府增派援军，请求朝廷派汉兵，一齐抗击洋妖。”

“那我们分两头，赶紧走吧！”克珠旺秋恨不得马上飞到哲林代本身边，去参加战斗。

“那格来哥哥怎么办？我们还得去找他呀！”小仁赛心里一直惦记着格来。

曲妮用恳求的目光看着阿爸。她是个懂得事理，深明大义的姑娘，去拉萨，去江孜，她都赞成，只是希望他们不要把格来丢下不管。

阿爸抚摸着曲妮的头：

“孩子，你放心吧，不管到哪里去，我们也不能把格来丢下。”

深夜，年轻人都睡了，洛丹却怎么也睡不着。他和克珠旺秋、曲妮桑姆睡在一床破毡毯上，各人盖着自己的袍子。洛桑饶登因为是贵客，受到特殊款待，一个人睡在帐房的另一头，为他铺了一床半新的毡毯，拣了两个比较干净的垫驮鞍的毡毯作枕头。

小仁赛早就困了，他像只小羊羔，蜷曲着身子，睡在灶台旁边。洛丹怕牛粪火烧着他，把他抱过来，让他睡在自己身边。洛丹用慈祥的目光看着他，用自己粗糙的大手，擦去他脸上的粪灰，又疼爱地抚摸他那乱蓬蓬的头发。仁赛睡得那样香甜，嘴角还挂着一丝顽皮的微笑，洛丹暗自感叹：“真是个好孩子啊！”

小仁赛从小没有阿爸，是他阿妈把他拉扯大的。他阿妈和洛丹家一样，也是牧主的奴隶。仁赛长到十一二岁时，阿妈忽然得了一场暴病死了，只留下他一个孤苦伶仃的孩子。部落里的人都同情他，总想办法关照他。洛丹更像慈父一样关心他，照顾他。记得有一次，仁赛出去放羊，因为丢了一只羊羔，管家的皮鞭举得高高的，就要落下来时，洛丹护住了他，替仁赛挨了一顿鞭子。从此之后，仁赛就把洛丹当作自己的亲阿爸，洛丹也把他当作自己的孩子。小仁赛从小没有得到过父爱，也没有享受过家庭的温暖和幸福，只有到了洛丹的帐房后，才得到补偿。

洛丹面对灶台，侧身躺得太久，右臂有些发麻，他轻轻地换了一个姿势，生怕把别人弄醒。其实老阿爸的担心是多余的，他们一个个睡得都很香，很死，不要说轻轻碰一下，就是在他们身边跳锅庄舞，也不会将他们吵醒。这些天来，他们也实在太累了。

从帐房的破洞，洛丹看到一颗颗星星在夜空中闪烁。往常，在夏天的夜晚，他喜欢躺在草地上，望着满天星斗，对旺秋、格来、曲妮桑姆、小仁赛及部落里的孩子们讲星星的故事、月亮的故事和神仙的故事，也讲土鼠年[①] 打洋妖的故事。他的故事那么多，那么有趣，不但孩子们喜欢听，连大人们也爱听，常常缠着他不放，讲了一个又一个，有时弄得他一夜都合不上眼。他的帐房很破旧，里面也没有肥美的牛羊肉，甜美的青稞酒，却像草原上熊熊燃烧的篝火，能吸引很多人。今天，洛丹可没有心思去欣赏夜景，更想不起什么星星的故事。脑子里转动的全是刚才他们谈论的事：他们决定分两路行动：一路是他和洛桑饶登去拉萨；一路是旺秋他们留在家里，召集被打散的乡亲们，然后去江孜找哲林代本。一想到要离开沃措部落，洛丹就想起了格来。部落里参战的乡亲除了死难者之外，都陆续回来了，可格来这孩子到什么地方去了？他又能到什么地方去呢，一定得找到他，洛丹默默地重复自己对曲妮讲过的话：无论走到哪里，也不能把格来丢下。

洛丹把双手交叉着，放在枕下，慢慢闭上眼睛。眼睛有些发涩。洛丹很想睡一会儿，可眼睛刚闭上，格来的身影就在他眼前晃动，慢慢地，格来的脸变成了他阿爸登巴饶杰的脸，而且越来越清晰，往事，十六年前的往事，就像发生在昨天：

藏历土鼠年二月初七，天上飘着雪花，正当藏军和民兵守卫在隆吐山，准

① 即公元1888年。

备同洋妖决一死战的时候，突然接到要他们撤退的命令。藏军不肯撤，洛丹和登巴饶杰他们也坚决不肯后撤。英军的大炮响了，藏军阵地上的石墙被炸塌了好大一段，藏族军民在敌人的炮火下一批批地倒下去，可是并没有人退却。在大炮和机枪的掩护下，几百名英军端着新式来福枪，向山口发起冲锋。藏族军民靠着不多的火枪，拼死抵抗，登巴饶杰用火枪打死了两个英军后，胸部中了弹。眼见藏族军民伤亡惨重，山口守不住了，代本才命令大家往后撤。

洛丹背着登巴饶杰，跟着剩下的弟兄们往下撤。开始，他还能感到登巴饶杰在大口大口地喘着粗气，热乎乎的血透过包伤的破布，渗进了他的衣服，湿漉漉、黏糊糊的。慢慢地，登巴饶杰的呼吸变得不那么粗重，而且越来越细，越来越弱：

"洛丹大哥……，放……放下我。"登巴饶杰那弱得不能再弱的声音从他背后传来。洛丹背着他，拐进了一个小山坳里。周围一点动静也没有，同来的藏族兄弟死的死，散的散，只剩下他们俩。洛丹轻轻地将登巴饶杰放在地上，让他靠在一块大石头上，登巴饶杰的头向一边歪着，张着嘴微微喘息着。洛丹跪在他旁边，抱着他的头，轻轻地说："登巴饶杰，登巴饶杰，我的好兄弟……"登巴饶杰两跟紧闭，脸上一阵痉挛。当时要是有点药，哪怕是一碗热茶，登巴饶杰也许还能活下来。可是，在空旷的山坳里，除了冰冷的石头和刺骨的寒风，什么都没有。突然，登巴饶杰睁开眼睛："洛……洛丹大哥……"他的声音是那样微弱。洛丹赶紧抱着他的头："好兄弟，洛丹在这里，你说吧，有什么话，你就说吧。"登巴饶杰又闭上了眼睛。过了好一阵，当他再一次睁开眼时，洛丹觉得他的眼睛比刚才亮得多。他猛地把头从洛丹的怀里抬起，用尽最后的力气说：

"好大哥，你……你们要杀退洋妖……你们要是打………打不赢，就让格来……旺秋……他们接着打…… 为我们报……报仇！……"

洛丹和乡亲们把登巴饶杰送去天葬时，从他胸部取出一块弹片。洛丹一直把它保存在身边，看见它就想起死去的登巴饶杰兄弟，想起英国人的暴行。

那时格来才七岁，他的阿妈是一身的病，哪能经得起这样的打击？没过几个月，忧愤交加，也离开了人世。从那以后，洛丹夫妇就把格来接到自己的帐房，老两口对格来比对旺秋和曲妮还要亲，他们三人一起生活，一起长大，一起给牧主放牧牛羊。在共同的生活中，他们有苦难，也有欢乐，格来和曲妮建立了真挚的感情。几年前旺秋的妈妈病故了，洛丹就同旺秋商量，要在今年望

果节给他俩办喜事。可没有等到这一天，万恶的洋妖又打到我们的家园来了。

想到这里，洛丹抑制不住心头的怒火，猛地坐起来，在毡毯上重重地砸了一拳："一定要把格来找回来，带着他去为登巴兄弟报仇。"

第七章

荣赫鹏的美梦

睡着时比醒着时要好。

篝火，一堆堆，劈劈啪啪地燃烧着，跳跃着，喷着火舌，把英军指挥部周围的一片草地照得通亮。

火堆旁的英兵们，一群群，手舞足蹈地狂叫着，狞笑着，蓝眼睛在火光的映照下，反射着幽光。黄头发变成了红色，仿佛也要燃烧起来。

荣赫鹏站在一个大石包上，神色庄重地向英国远征军的士兵们宣读总督的祝捷电和嘉奖令。他的声音一次次地被狂呼和口哨声所打断。英兵们欢呼着"英王陛下万岁！"把帽子抛向空中，露了一头头黄的、红的、褐色的乱发。一会儿，这些脑袋又毫无秩序地挤在一起，组成一幅幅奇形怪状的图案。

"大英帝国的士兵们，我们是英王的卫兵，是无往而不胜的勇士。总督命令我们，迅速向雪山王国的首府——日光城拉萨进军。"

威廉带着几分醉意，没有等荣赫鹏走下大石包，就跳了上去，一把将自己的帽子扔向天空，举起双手，大声喊叫：日光城！你们知道吗？那是个美丽而又神秘的古城。让我们在上校的率领下，赶快打到拉萨去，完成这历史性的伟大进军。"士兵们又发出一阵疯狂的欢呼。吉布森中尉等人冲上去，把威廉从石包上拉下来，像扔帽子一样，一次又一次地把他向空中抛去。威廉那一头红发随着一起一落，像团火苗，一会儿燃向空中，一会烧向大地。

荣赫鹏累极了，也渴极了，他不再看士兵们那种近乎疯狂的庆祝活动，一转身回到了指挥部。

这所房子昨天还是藏军的指挥部，今天已被荣赫鹏占领。这是一座碉堡似的楼房，原先是曲米庄园一个领主的住宅，完全由四方形的花岗石砌成，非常坚固。与拉萨、日喀则等城市里的贵族楼房不同的是，窗户很小，外面有层玻璃，里面还有一扇叫“嘉薪”的质地坚硬的木质窗户板，有一寸多厚，距离稍远些，子弹是穿不透的。房檐有一米多高，四周都有枪口。自从英军入侵西藏，占领甲岗① 之后，房子的主人就带着全家逃到了江孜，这座楼房便成了藏军的临时指挥所。

荣赫鹏慢慢地走进二楼的卧室，桌子上摆着几样酒菜。下午同军官们一起举行了庆功酒宴，他的侍卫另外给他准备了几样菜，作为他的夜餐。

想起宴会上的热烈气氛，想着这轻而易举得到的胜利——以几十名英军士兵的伤亡作代价，换取了几千名藏军和百姓的尸体，并打开了走向江孜的道路。至于《每日邮报》记者断掉的那只胳膊，少校当洛甫终于没能承受那一矛之伤而死在异乡，固然令人悲痛，但较之这辉煌的战果，也就算不得什么了。而且，这都是谈判之前发生的事，如果没有这次巧妙的谈判……想到谈判，荣赫鹏那疲惫不堪的脸上露出抑制不住的微笑，他踌躇满志，得意非凡，情不自禁地低声吟诵着莎士比亚的诗句：

“上帝呀，这是您的威力，
我们这一切不都归诸我们自己，
惟归之于您的威力而已。”

“亲爱的上校先生，刚打了一个小小的胜仗，您就这么高兴，将来我们占领了拉萨，占领了整个西藏，不知您要高兴成什么样子。”玛丽扭动着腰肢，跟了进来。听起来，像是提醒上校，不要高兴得太早，其实她内心的喜悦早就挂在眉梢了。她比荣赫鹏还要高兴。

“啊，玛丽，亲爱的，你哪里知道其中的奥妙啊。论数量，藏军比我们多得多，而且那么剽悍，有一股不怕死的蛮劲。可是，他们有勇无谋，像一群野牛，我略施小计，他们就上了圈套……”荣赫鹏一边说着，一边把玛丽揽在怀里。侍卫格林见状，知趣地退了出去。

玛丽并不推脱，反倒用两条细长的胳膊勾住了上校的脖子，眼睛一闭，等

① 甲岗地区在岗巴宗境内。

待着荣赫鹏的亲吻。玛丽没戴帽子，一头栗色的鬈发披在肩上，两条长长的眼睫毛被高高的鼻梁隔开来，两片薄薄的嘴唇涂得红红的。

“啊，玛丽，你真美。”

“你为什么这样看我？”玛丽慢慢地把眼睛睁开，见荣赫鹏正用一种异样的目光看着自己，这在以前还没有过。

玛丽刚二十出头，做秘书工作没有多久，就以她的精明能干而博得上司的欢心和信任。

此次远征西藏，在众多的女秘书里，荣赫鹏选中了玛丽，并不是因为她的相貌出众，而是由于她的才干。当然，她也有与众不同的娇媚。有人为玛丽担忧，出征打仗，这原本是男人们的事，况且还要翻越喜马拉雅山，远征西藏，一个神秘而又令人畏惧的地方，一个二十出头的姑娘，经受得住吗？

玛丽当然懂得征途的艰辛和战争的残酷。但是她毅然前往了。这就是她与众多的女子不同之处，她所需要的不仅仅是汽车洋房，花园剧场。她虽然也需要大量的高级化妆品和华贵的服饰，但是她绝不以一个摩登女郎出现在上流社会而感到满足。她希望与众不同，希望见到别人见不到的东西，希望听到别人听不到的新闻，她想干一番普通女人干不了的事业。所以，她乐于冒险，她认为，冒险并不总是坏事。极大的风险和伟大的成功往往是密切联系在一起的。可以说，风险和成功，是一对孪生兄弟。

此次进藏，玛丽可谓身兼数职——远征军的报务员，荣赫鹏的秘书兼情妇。荣赫鹏喜欢玛丽，因为他们有许多共同的东西。他也需要玛丽，除了女人的妩媚温柔，玛丽是他事业上的得力助手。以往，荣赫鹏见了玛丽，总是先忙不迭地拉着亲吻摸乳，可今天，却一反常态，嘴唇迟迟没有去碰玛丽略带雀斑的小脸，而是使劲地看着她。

“亲爱的，你这是怎么了？”玛丽被荣赫鹏那热辣辣的目光看得有些不自在。

“玛丽，你太美了。真的，等打完仗，我就娶你。”荣赫鹏见玛丽正要说话，一下把他的嘴唇按在那张红红的小嘴上，深深地，热烈地，近乎于疯狂地吻着，吻着……

玛丽被荣赫鹏吻得透不过气来，越是挣扎，荣赫鹏搂得越紧。半晌荣赫鹏才松开了手。玛丽长长地嘘了一口气，用手一点荣赫鹏的鼻子：“亲爱的，我可不希望打完仗。战争一结束，回到伦敦，见了漂亮的夫人，还会记得起我玛

丽吗？”

一句话，使荣赫鹏显得很不自然，玛丽说得对，他的妻子确实很漂亮，而且娘家有钱有势。但和妻子在一起的时候，荣赫鹏绝不会有这么热烈的吻，也没有这么自在。不知为什么，荣赫鹏有点怕他的妻子——那位门第显赫的小姐。

说荣赫鹏怕他的妻子，似乎不太妥当，也是荣赫鹏最不愿承认的。上校是无所畏惧的，怎么会怕一个女人？但是，就在刚才，与玛丽深吻的一瞬间，荣赫鹏突然明白地意识到了这一点，他的确是怕，怕他的妻子。更确切地说，他是怕妻子的冷漠，对他的冷漠，对他的事业的冷漠。在妻子眼里，荣赫鹏以及他所从事的事业，还不如她的波斯猫和法国狗，一猫一狗的饮食起居都要经过女主人的细心照料，而荣赫鹏的饮食起居只有他的侍卫和管家来关心。结婚，并没有给荣赫鹏带来什么快乐。但是，荣赫鹏也没有理由离开他的妻子，因为，门第显赫的小姐并没有什么不轨行为，也不妨碍他的事业，她不仅对荣赫鹏冷漠，似乎对一切，除了她的波斯猫和法国狗，都是那么冷冷的，淡淡的，表现出超然的、不屑一顾的神情。

因此，玛丽的热烈，温情，更重要的是玛丽对他的理解，对他事业的理解，以及玛丽乐于冒险的精神，无疑是对荣赫鹏精神上的一个支持。使得他感到离不开玛丽，或者说更需要玛丽。

“上校先生，我说对了吧，看看，刚刚提到她，还没见面，你就成这副样子，还想娶我哩！”玛丽见荣赫鹏痴呆发愣，心里突然升起一股酸溜溜的滋味。

荣赫鹏的思绪被玛丽打断了，他又恢复了常态，一见玛丽的小嘴撅得老高，更加按捺不住；“亲爱的，我的宝贝儿，我的天使，不说她了，她是个冷美人，你，你才是我的宝贝。玛丽，搂着我，亲我吧。你不是已经给政府发报了吗？等军事准备完成之后，我们就要直接向拉萨推进，这是解决问题最有效、最永久的方法，也是最便宜、最迅速的方法。如果我们到了拉萨，大英帝国的权威就可以达到登峰造极的地步。玛丽，”荣赫鹏把玛丽搂得更紧了：“等我们到了拉萨，说不定英王会让我当西藏的第一任总督，到那时，我们，就……”

看着荣赫鹏那由于极度兴奋而涨红了的脸，听着上校对前景充满信心的话，玛丽动情了。对于荣赫鹏，玛丽是又敬又爱，而且是敬多于爱。敬佩他的才华，他的果敢，他对事业执着的追求，不达目的绝不罢休的毅力和奋斗精神。她也爱他，爱他的仪表，他的学识，他的风度，更重要的，荣赫鹏身上有

一般内在的力量——一种男子汉特有的力量，在有力地吸引着玛丽，使她为之折服，为之倾心。

曲米一战，使玛丽更加相信大英帝国是战无不胜的，藏蛮子的愚昧，清朝政府的腐朽，毫无遮掩地暴露了出来。荣赫鹏怎么能不高兴呢？如果这样打下去，大英帝国的远征军用不了多久就能打到拉萨。大英帝国的旗帜一旦在布达拉宫上空飘扬，她玛丽不就是不虚此行了吗？如果荣赫鹏真的当上了第一任西藏总督，说不定上校就会娶她。到那时，她就不再是荣赫鹏的情妇，而是堂堂正正的总督夫人了。总督夫人啊！不！不能仅仅当夫人，玛丽要做自己的事，她有很多很多事情要做。第一件事，就是要为上校，为自己写一本书，叫什么呢？《在喜马拉雅山的冒险》，嗯，好，就是这个吧！荣赫鹏经常说，为大英帝国开疆拓土，要有一点献身精神和冒险精神。

玛丽静静地想着，嘴角上挂着一丝甜甜的笑。

"玛丽，快给我拿酒来！"

玛丽只顾凝神遐想，没听见荣赫鹏的话，只是把他搂得更紧。

见玛丽不动，荣赫鹏推开她，自己站了起来，他实在太渴了，来不及叫侍卫，也顾不上用酒杯，抓起酒瓶"咕嘟，咕嘟"一口气灌下小半瓶，血红色的酒浆顺着嘴角流到他那黄色的呢制军服上。变成大小不同的斑点。荣赫鹏用手抹了一下嘴唇。玛丽在背后笑了起来，随着笑声抛过一串戏谑：

"上校先生，您知道拿破仑是怎样制服那些不讲卫生、随便往袖子上乱抹的士兵的吗？就是给士兵的袖子上钉一排扣子。我看也该给您的袖子上钉一排扣子。怎么好随便乱抹，您的手绢呢？"玛丽站起来，想去找条毛巾，那娇小的身躯在灯下，影子被拽得老长老长，脸上挂着妩媚的微笑。

"玛丽，玛丽，我亲爱的，你，你就是我的手绢。"说着荣赫鹏一把将玛丽抱在怀里，嘴巴不停地在玛丽的嘴上，脸上乱蹭起来："我的小亲亲，小宝贝，给我擦擦，给我擦擦吧。"

玛丽左躲右闪，哪里躲得过去："上校，再往我脸上喷酒气，我就走了。"说着，撅起了嘴巴。

荣赫鹏一见玛丽那隆起的小嘴，越发觉得可爱："走？今天你哪里也不要去了，来吧，喝！"一边说，一边把剩下的半瓶酒往玛丽嘴里灌。

玛丽一点准备也没有，灌下的酒一下进了气管，玛丽用力推开荣赫鹏的手，大声地咳嗽起来，顿时，脸憋得通红。

荣赫鹏见状，哈哈大笑："玛丽，你，你不行，看我的。"说着，抓起酒瓶，一仰脖子，半瓶酒进了肚。"咣当"一声，酒瓶摔成碎片。

荣赫鹏出身贵族，曾在剑桥大学就读，后来又在皇家军事学院受过正规的训练。对文学和历史有着浓厚的兴趣，对莎士比亚的诗作和剧本尤为爱好。在上层社会的社交场合，在他的上司、部下和同僚面前，他非常注意自己的言谈举止、仪表风度。就是对衣着，也十分讲究。

在一些人眼里，特别是在知识界人士的心目中，军人几乎就是粗俗、浅陋、贪婪，甚至是野蛮和残暴的代名词。在他们看来，军人乃一介武夫，只会破坏，不会建设，只有学者，科学家，才是人类文明的真正创造者。

荣赫鹏深知人们的这种心理。攻城掠地，夺取政权，要依靠军人。特别是在这动乱的年代，他们是有权势的，令人畏惧的。但是，战争是不会持久的。科学在发展，自从亨利·柏塞默尔在英国学术协会上首次宣布他发明了廉价钢的生产法，世界就逐步以钢轨代替了铁轨。复式蒸汽机的发明和表面冷凝器的臻于完善，为海洋运输提供了极大的方便。在科学的影响下，地球的直径似乎缩短了，世界在日益变小。日渐完善的工业化增加了对原料的需求，而多数原料在大英帝国的国土上是得不到的。日益增多的工业品需要销售，销售就需要市场，而大英帝国的市场竟是如此之小。这就要向外扩展，到大英帝国的国土以外去寻找原料，开辟市场。大英帝国从来不做赔本的买卖，他要别国以低价原料换取高价的工业品。谁会心甘情愿地让你掠夺呢？你不情愿吗？那好，就让枪炮同你说话。这就用得上军队了。荣赫鹏的使命正在于此。他十分欣赏色西尔·罗兹① 提出的这样一个论断："帝国就是饭碗问题。要是你不希望发生内战，你就应当成为帝国主义者。"

荣赫鹏对于帝国赋予他的使命是忠实的，尽职的。但是，他绝不满足于仅仅以一个军人的身份出现在社会上，尤其是在英国这样一个号称文明的国家，和印度这样的东方古国，他要为自己开辟更为广阔的道路。战争一旦结束，脱去军装马上可以成为学者。所以，读书，成了荣赫鹏生活中的一件乐事。当然，他也和女人厮混，但绝不是他去招惹。常常在上流社会出入的荣赫鹏，以他潇洒的风度，俊美的仪表，彬彬有礼的谈吐和温文尔雅的举止，使得不少贵族小姐一见倾心。可是荣赫鹏并不认真对待女人的纠缠。爱情，在荣赫鹏看来，并不是不重要，也不是很重要。所以，他听凭父母为他娶妻，不冷不热地

① 色西尔·罗兹是英国一个极端的帝国主义分子。

与妻子相处，倒也不觉得有什么不好。

荣赫鹏真正倾心的是他的事业，他的前程。他深信，一个男人，只要有了堂而皇之的前程，金钱啊，利益啊，女人啊，都会主动来找你。所以，荣赫鹏为自己的前程作了周密的安排。此次来藏，就是荣赫鹏锦绣前程中的一个很可能是最高，也是最后的里程碑。

为了这次的军事行动，不仅英、印政府作了长期的、周密细致的准备，荣赫鹏自己也倾注全力，作了认真准备。十六年前，也就是英国第一次武装入侵西藏之时，他曾到过北京，在英国使馆工作，当时正是英法联军在额尔金的率领下，攻占北京城，中英双方签订《北京条约》后，八国联军进攻北京之前。荣赫鹏约了几个好友，曾专门到位于北京西郊的圆明园一游，对于额尔金的赫赫战功，感到无限崇敬。崇敬之余，产生了一种强烈的欲望：我也要像额尔金那样，为帝国建立功勋，在历史上留下美名。

在北京期间，荣赫鹏对中国各方面的情况，作了广泛的了解。清朝廷的腐败，给他留下了深刻的印象，他当时明确意识到，这个自称“天朝”的东方古国，已经成了千疮百孔的大厦，他的倒塌，只是时间问题。荣赫鹏认为，这正是他一展鸿图、为帝国建功立业的极好机会。那时，他不过二十多岁，是使馆里一个不为人注意的小秘书。

结束了使馆的工作，荣赫鹏经由满洲，遍游中亚地区，到了克什米尔。后来又沿着喜马拉雅山，在中印和中尼漫长的边境线上，活动了近十年，对西藏社会的各个方面，进行了深入的研究。在英国的军界和政界，他都被认为是一个真正的“西藏通”。这次任命他为远征军司令，绝非偶然。对此，荣赫鹏自然感到非常满意，对于完成这一使命，他是充满信心的。

英国自从1816年、1861年和1865年先后占领尼泊尔、哲孟雄和不丹之后，就把西藏作为下一步征服的对象，对西藏问题表示出越来越浓厚的兴趣。

荣赫鹏当然知道，对西藏感兴趣的并非英国一个国家，亦非自今日始。早在16世纪初，葡萄牙在占领中国的澳门和印度的果阿之后，就派出传教士和探险家，翻越喜马拉雅山，到西藏来探险和考察，并企图在西藏建立天主教堂。随后是荷兰人和意大利人来到西藏，在罗马教皇的亲自关怀下，他们居然在被称作“世界屋脊的屋脊”阿里地区，建立了教堂。由于遭到西藏僧俗百姓，尤其是喇嘛们的强烈反对，搞了十年，在当地接受洗礼的也只有十二名教徒。后来连这些信徒也先后放弃异教，皈依佛法。被人们誉为具有冒险精神的勇敢的

传教士们，大多数死在阿里，剩下的几个人也在西藏人的反对声中，被迫离开了。

荣赫鹏在有关的资料里看到，那些传教士们，被当地牧民像赶牛羊一样赶了出去，教堂也被牧民捣毁。在拉萨他们遭到了同样的命运。约在两百年前，1708年，天主教托钵僧团的僧侣开始进入西藏，十六年后，1724年，他们在拉萨获得修建教堂和住宅的一块地皮，惨淡经营了十几年，只有十一人参加他们的教会活动，而且都是在尼泊尔出生的藏族。不久，那座教堂也被封闭。所以，那些具有冒险精神的传教士们，再也不敢涉足这块神秘而又令人畏惧的土地。

继之而起的是英国，荣赫鹏知道，英国在控制印度之后，以东印度公司作为大本营，开始在喜马拉雅山周围的国家和地区进行大量的考察和研究，出版了许多著作。西藏自然是他们注意的一个重点。荣赫鹏自己也曾在东印度公司任职，在研究这些有关的资料时，荣赫鹏发现，他们研究的几乎全是关于中印边境西段的情况。九十年前，1814年在伦敦出版的《拉达克的自然、统计数字和历史，以及周围国家介绍》，半个世纪前在伦敦出版的《喜马拉雅山西段和西藏、印度北部山区旅行纪事》等等，都是很有影响的著作，他都曾仔细研读，获得不少教益。同时也发现，东段边境的情况，至今还是一个空白。荣赫鹏认为，关于这方面的权威性著作，理所当然地应该由他来撰写。那时，荣赫鹏就不仅是个军人，也将成为人们瞩目的、景仰的学者。

荣赫鹏陶醉了，被眼前的胜利，被灿烂的前景，被甘美的酒浆、被妩媚的女人陶醉了。他的酒量不大，今天一高兴，喝了这许多，不由得心热头晕，舌根发硬，脚下如同踩了棉花一般。

玛丽见荣赫鹏有些醉了，忙过来扶他躺在床上，起身刚要去给他拿点解酒的东西，冷不防被荣赫鹏抓住："玛丽，别，别走。我，我们，赢了，赢了，总督也，也嘉奖、嘉奖我们了。罗斯福说，啊，你，你也许还不知道吧，在剑桥，剑桥大学，我和罗斯福同过学，他在同，同学会讲演时……""哇啦"一声，荣赫鹏吐了一地。

臭气，一种食物发酵后的臭气夹杂着酒气，直冲玛丽的鼻腔。玛丽一皱眉，连忙用手绢捂住了鼻子：

"格林，格林，这些该死的，都到哪去了？"叫不来侍卫，玛丽只好捂着鼻子，收拾荣赫鹏的呕吐物。

这一吐，使荣赫鹏酒气大解，也舒服了许多。玛丽点起香来，驱赶着那股

令人难以忍受的恶臭。这香是从印度带来的，香气浓厚而纯正，连工业高度发达的英国也生产不出来，只有原料充足，而又笃信佛教的印度，才能制造这样好的香。办事精细的荣赫鹏，在组织远征军，准备入侵西藏的同时，对自己的生活也作了周密的安排，让玛丽和格林精心准备了不少生活用品，印度香就是其中之一。

荣赫鹏半躺半卧地斜靠在床上，闭着眼睛，又想起了刚才没有谈完的话题：

"玛丽，罗斯福在同学会发表演讲时说，在军队中不需要天才，只要具有寻常品格的人都可以当军官。我当时就不同意，现在看来，就更不能同意了。玛丽，你说，军人要不要有天才？"

玛丽端来一杯冷水，让荣赫鹏嗽口，娇嗔地说：

"您现在这个样子可不像一位天才。喝了一点点儿，就醉成这样，吐得满身满地都是，臭得要死，我都不想同您……"

"不想什么？不想亲我？……"荣赫鹏"霍"地坐起来，借着酒后的热劲，拉着玛丽狂吻。荣赫鹏的嘴里仍然散发着臭气，玛丽实在受不了这种气味，感到一阵恶心，差一点吐了出来。

玛丽好不容易从荣赫鹏那有力的臂膀中挣脱出来。给他冲了一杯白糖水解酒，又让他躺下。

荣赫鹏只觉得深身酸懒，一点劲儿也没有，但大脑神经却仍很兴奋："玛丽，读诗吧，读一段莎士比亚的诗，他是我们的骄傲。"

玛丽正要背诵，荣赫鹏一抬手，又制止了她："亲爱的，你知道，我是莎士比亚的崇拜者。但是，我不能赞成这样的观点，有人说，对英国来讲，宁可不要印度，也不能没有莎士比亚。我觉得这种看法太迂腐。我们的总督说过，没有印度，就没有大英帝国，依我看，既要莎士比亚，更要印度。在今天，我们更需要……"

"西藏。"

"亲爱的，你说得很对，西藏，西藏对我们来说，简直太重要了。"荣赫鹏的头脑也变得清醒了："世界列强都在争强争霸，这不仅需要威力，同时也需要智慧。俄国人一直在和我们争夺西藏，这关系到我们在世界上的形象、地位和利益。"看到玛丽听得很认真，荣赫鹏接着说："在波斯，我们争不过俄国人，他们占有地理上的优势，我们只得让步；在阿富汗，过去我们的势力远

远超过了俄国，现在却面临俄国佬的挑战。在阿富汗内部，要摆脱我们的控制，争取独立的呼声越来越高，这对我们极为不利。在埃及，尽管我们的力量雄厚，但俄国人老是不甘心，还是想伸手。”

“在西藏，我们却有着得天独厚的优越条件。”玛丽和荣赫鹏不同，对帝国政府的全球战略不太了解，也不大关心，但对有关西藏的情况，她还是很熟习的。

“是的，因为印度和西藏接壤，我们以印度作为基地，控制西藏，就比俄国人要方便得多，俄国人则显得鞭长莫及了。”荣赫鹏喝了一口水，接着说：“但是，我们至今没有能控制西藏，虽然我们和中国政府立过约，可西藏政府并不承认，更不履行条约规定的义务。他们只勉强地把亚东地方开作商埠，这当然是很不够的。但就在这么个小小的亚东，我们已经得到了不少好处，西藏的绵羊和山羊比印度便宜三分之二以上，皮革的价格仅有印度的十分之一。俄国人当然也知道这些好处，他们要我们英国在西藏作出让步，他们才能在埃及问题上不反对我们。所以，西藏实际上已经成了我们和俄国人交易的一张牌，一张重要的王牌。懂吗？我们只有真正控制了西藏，这张牌才能很好地打出去，用这张牌换取我们在埃及，在波斯乃至阿富汗的利益。”

“俄国人也并没有放弃西藏呀，他们一直在想办法对西藏进行渗透，派了许多考察队，以考察为名进行间谍活动。……”

“这些考察队不足虑，由于遭到西藏人的反对，他们无法深入西藏腹地。”荣赫鹏打断了玛丽的话，“值得注意的是俄国人的另一个手法，利用宗教，利用蒙古喇嘛。这方面俄国人占有绝对优势。蒙古人和西藏人一样，都信奉佛教，俄国政府就恰恰利用他们国家的蒙古人，把众多的蒙古喇嘛派往西藏，那个什么布里亚特蒙古喇嘛……”

“德尔智。”玛丽的记忆力和她的理解力同样好，她能很准确地记住某些人只讲过一次的话，这恐怕同她的秘书身份有关。

“对，德尔智，他已经在达赖身边活动了十几年，我们的特工系统向政府提供了可靠的情报，到目前为止，德尔智到西藏已经三十一年，在达赖身边当参宁堪布也已经十六年了。达赖喇嘛正是通过他与俄国皇帝取得了联系，他曾经三次赴俄，受到沙皇尼古拉二世的亲自接见，我们怀疑德尔智出使的目的，曾经照会俄国……”这时，荣赫鹏有点累了，见玛丽听得津津有味，这才想起，有些情况是不需要让她知道的。但是，话既已出口，而且，是在这边远的

西藏境内，玛丽也不是外人，很多事情还要得到她的帮助，所以，又接着讲下去：

“俄国政府矢口否认德尔智的俄国之行有什么政治目的，而纯属宗教活动，他们说德尔智觐见尼古拉二世，是要沙皇允许他在俄国为西藏修建寺庙化缘募捐。他们越是不承认，这其中的奥妙就越多，越令人怀疑。前两年，我们正忙着布尔战争，顾不上西藏，让俄国人钻了空子。现在，我们的盟国日本和俄国在中国的东北交战，日军已攻陷旅顺口。这个时机对我们来讲，真是太重要，太难得了，我们要乘此机会把西藏搞到手，搞到手。”荣赫鹏像是抓住了什么似的，把两只手握得很紧，拳头在空中晃动着，似乎在向什么人示威。荣赫鹏有些激动地说：“我们占领西藏，得到的将不只是西藏；如果我们失去西藏，失去的也不仅仅是西藏。同样，对俄国人来说，也是这样，这个道理您懂吗？亲爱的！”

“上校先生，您累了，喝点儿水吧。”玛丽一只手端起杯子，把一只手放在荣赫鹏的颈后，费力地抬起来，让他的嘴唇恰好碰在杯子边上，玛丽轻轻抬手，荣赫鹏非常顺利而又舒服地喝下了这杯甜滋滋的糖水。玛丽用手绢轻轻地为荣赫鹏擦了一下嘴，随即又把荣赫鹏放倒在床上，抽出那条被上校压得有些发疼的胳膊，就在这同时，飞快地，如同蜻蜓点水般地亲了荣赫鹏一下。

荣赫鹏一怔，闭着眼睛在搜寻着记忆的仓库。自从和玛丽相识以来，虽然玛丽从来不拒绝他的亲昵行为，但是，玛丽从来也没有，确实没有主动地亲过他一次。这也正是玛丽能够吸引他的一个原因。那么多的女人都迷恋他，甘心情愿地投入他的怀抱，但他从未真正动过心，也未认真地对待过，甚至连想都不愿意多想。惟独对玛丽，荣赫鹏是动了心，而且他也知道玛丽并不讨厌他，不仅不讨厌，甚至，荣赫鹏敢肯定，玛丽是爱他的。但是，这爱，来得多么不主动啊。荣赫鹏送给玛丽的不仅有甜言蜜语，也有贵重的礼品，今天，又送给了她一个许诺——娶她。这些，玛丽都接受了。但是，她并没有给荣赫鹏以特殊的回报，这会儿，她是怎么了？荣赫鹏睁开眼睛，审视着玛丽。

“上校先生，从即刻起，我是你的了。”玛丽说：“因为，直到现在，你才把我当成自己人，这比好听的话，比珍贵的礼物都重要得多。你能明白吗？”由于激动，玛丽的声音与往常有些不同，眼睛也有些湿润。

荣赫鹏郑重其事地点了点头。对玛丽的了解似乎更深了一层。

“玛丽，读诗吧，我们现在应该高兴。”

玛丽本来想借此机会向荣赫鹏诉说衷肠，但是，看来，上校并不愿意听，也好，来日方长，玛丽定了定神，清了一下喉咙，甜美的嗓音又响了起来：

那些被天上星辰祝福的人们，
尽可以凭借荣誉与高衔而自负，
我呢，本来命定没有这种幸运，
不料得到了我引为光荣的幸福。
帝王的宠臣把美丽的花瓣大张，
但是，正如太阳前面的向日葵，
人家一皱眉，他们的荣幸全灭亡，
他们的威风同本人全化作尘灰。
辛苦的将士，素以骁勇著称，
打了千百次胜仗，一旦败走，
就立刻被人逐出荣誉的记录簿，
使他过去的功劳尽付东流：
我就幸福了，爱你而为你所爱，
这样，我固定了，也没人能改。
…………

玛丽的声音是那样甜美，荣赫鹏又为这美丽的诗句陶醉了。他闭着眼睛，静静地躺着，玛丽以为他睡着了，轻轻地给他盖上条毛毯，悄悄地走了出去。

我的功劳不能尽付东流，我要把这功绩亲自载入史册。我固定了，没有人能敌。美啊，真美！啊，我们很快就要到江孜去，要快，快点打到拉萨。大英帝国的旗帜一定要在这雪山王国上空飘扬。这样，我们才是名符其实的日不落国。荣赫鹏默默地想着，想着。布达拉宫的金顶，印度的花环，英王颁发的最高勋章，联邦政府的奖励，英磅，洋楼，别墅，成千上万的狂热的崇拜者……一幅幅美景在荣赫鹏眼前不断地闪现，不停地跳动。……

大英帝国的旗帜在飘，飘……在雪山，在草原，在布达拉宫上空……

…………

忽然，英军营地上一片混乱，有人惊慌地喊叫，有人愤怒地叫骂，惊醒了荣赫鹏的美梦。他不知道出了什么事，赶紧坐起来，酒也全醒了，正想出去看看，威廉急急忙忙闯了进来：“报告，上校先生，抓住了一个牧民。”

“一个牧民，有什么大惊小怪的！”荣赫鹏松了一口气。

“一个刺客。”威廉的脸上仍有惊慌之色。他补充了一句：“一个非常大胆的人。”

“刺客？他要刺杀谁？”

威廉犹豫了一下，说：“要杀您。”

“杀我？”这倒让荣赫鹏感到吃惊。昨天杀了几千人，消灭了藏军的主力，到现在他们的血迹还没有干，今天竟然有人敢闯进大营来杀我，这个人的胆子确实也太大了，简直有点不可思议。

见荣赫鹏发呆的样子，威廉就问：

“是不是把他杀掉？”

荣赫鹏感到燥热，嗓子发烧，喝了一口白糖水，一挥手：

“把他带来。”

荣赫鹏走到隔壁一间宽敞的房子，过去是这家主人的客厅，不久前是藏军指挥部的议事厅，今天中午，荣赫鹏他们曾在这里聚餐。中间高低不平地并排摆着几张桌子，旁边摆了几个“卡垫”，上边没有藏毯。按照这家主人的条件，是应当有比较讲究的藏毯，可能在混乱之中成了英军的战利品。格林把两盏汽灯高悬在柱子上，耀眼的灯光把客厅照得亮如白昼。

荣赫鹏坐在“卡垫”上，仍然很不习惯。但也没有办法，这里既没有椅子，更没有沙发。威廉给他当翻译，玛丽记录。这已成了一种习惯。让玛丽记录，一则是一种例行公事，二则是为荣赫鹏将来的巨著准备资料。所以，玛丽记得很认真，也很详细。

另外有几个尉级军官，坐在荣赫鹏的左右，其中包括骑兵大尉克拉克和吉布森中尉。在所有的下级军官中，这两个人是颇得荣赫鹏宠爱的。他俩只要一有空，也喜欢跟在荣赫鹏的身边。门口还有一些看热闹的官兵。

荣赫鹏坐定之后，两个英军就把一个五花大绑的青年牧民带了进来。青年牧民穿着一件粗氆氇白袍，已被撕成碎片，上面满是血污，头发蓬乱，面色憔悴，可以看出是经历过曲米激战的人。他的两只发红的眼睛迸射出怒火，面对凶神恶煞的洋人和闪着寒光的刺刀，毫无惧色。

此时此刻，军人的威严与学者的潇洒又集于荣赫鹏一人之身，同刚才与玛丽小姐在一起厮混的荣赫鹏，判若两人。荣赫鹏态度从容，语调平和，听口气，不像是在审讯一个要杀自己的凶手，而是在同一个不相识的人聊天：

“叫什么名字？”

“巴卧扎堆[①]。”青年人冷冷地回答。

看来威廉的藏语知识毕竟有限，他没有能辨别是真名还是假名，更没有弄清这个名字的含义。

荣赫鹏接着问：

“什么地方人？”

“西藏。”

“我问你是哪个部落的？”

“西藏部落。”

荣赫鹏淡淡一笑，显得颇有耐心：

“谁派你来的？”

“拉丁代本和死难弟兄。”青年人显得有些激动。

“你为什么要杀我？”

“取你的脑袋来祭奠英灵。”

威廉犹豫了一下，才把这句话翻译出来。话音刚落，房子内外引起一阵小小的骚动。克拉克把铁锤一样大的拳头，重重地砸在小桌上，严厉地说：

“不许胡说，当心我把你的脑袋揪下来！”

荣赫鹏并没有动怒，微微一笑，倒好像是很欣赏这个青年人的胆略，作为一个军人，他曾一再表示自己喜欢勇敢的人，鄙视怯懦的人。他相信胜利是勇敢的儿子。荣赫鹏再度发问时，青年人却不回答了，好像在说明自己是要取荣赫鹏的脑袋来祭奠英灵之后，一切都已清楚了，无须多说一句。

荣赫鹏只好让人把诺布带来，诺布就是来协派来给荣赫鹏当向导的，他又瘦又小，小腿可能还没有骑兵大尉的胳膊粗，脸色黑里发青，头发像是用剪羊毛的刀剪过了，又短又硬，活像一个刺猬。来协说他已经十八了，看上去却只有十五六岁。

荣赫鹏问诺布认识不认识这个牧民，他摇了摇头，目光呆滞，神情木然，好像对周围的一切都毫无兴趣，漠不关心。他的脖子缩在破袍子里，死鱼一样的眼睛望着窗外，既没有看荣赫鹏一眼，更没有看青年牧民一眼。

荣赫鹏突然问：

“我们把他杀掉好不好？”

诺布的眼珠像鹞鹰寻找猎物一样迅速转动了一下。但仅仅是一下，很快恢

① 意为降服敌人的英雄。

复了原状，眼睛仍然像死鱼一样瞪着，神情还是那么麻木不仁。这次却没有摇头，刺猬一样的脑袋，轻轻地朝上下摆动了一下。

荣赫鹏感到惊讶：

“你愿意让我们杀掉他？他不是你的同胞吗？”

“我的同胞多得很。”这是诺布进屋以来说的第一句话，还是那么一种冷漠的神态。

“那我们马上把他杀了，你看好不好？”荣赫鹏的语气依然很和蔼，好像是同别人商量一件很平常的事，诸如饭后是抽烟？还是喝茶？抑或是去散步之类的小事，眼睛却迅速转动，仔细观察诺布和青年牧民的反应。

诺布使劲点了点头，好像是在明确表示自己的态度。停了一会，他又说：

“在西藏，反对你们的人很多，像我们老爷那样喜欢你们的人却很少。你们杀他一个很容易，但别人不知道，以后还会有很多人来找你们的麻烦。”

“那你看怎么好？”荣赫鹏好像对这个问题很感兴趣。

诺布的眼睛又迅速转动了一下，缩在袍子里的脖子似乎伸长了一点：“我们藏族有句俗话：宰杀山羊，绵羊打颤。只有当着老百姓的面杀他，才能使他们感到害怕，不敢再来捣乱。”

一听这话，青年牧民气得天灵盖都要崩裂，眼睛瞪得像牦牛眼睛那么大，狠狠地啐了他一口，咬牙切齿地骂道：“可耻！”

诺布的头又缩进了藏袍，根本没有理会青年牧民。

荣赫鹏看着这个猥琐不堪的小向导，高兴了：

“真是有其主，必有其奴，你们主仆二人都真心为我们效劳，那就照你的话办吧。”一挥手，让人把青年牧民带走。荣赫鹏当然不是听小向导的话，他有自己的打算，又对诺布说：

“你也可以走了。”

诺布转身就走，和进来时一样，仍然是一副痴呆的样子。出了门，荣赫鹏听见诺布在过道里轻轻地哼起了民歌。荣赫鹏知道，西藏人称印度是佛法之国；印度人则说西藏是歌舞之乡。在西藏，不论男的女的，老的少的，有钱的还是要饭的，都会唱几首民歌。所以，他也没有在意小向导唱的是什么。

审过格来，已经是后半夜了，荣赫鹏感到很困倦，带着玛丽睡觉去了。但院子内外还很热闹。庄园里的人都跑光了，他们的牛羊鸡猪狗等家禽家畜，成了英军的战利品。还有人到附近去打猎，弄了不少山鸡、野兔和黄羊之类的野

味。中午已经饱餐一顿，好像还没有解馋尽兴，现在他们又忙碌起来。三五人一群，七八个人一伙，大锅小盆统统用上了，烧、煮、炖、煎，英兵和廓尔喀兵各显其能。院子内外，到处是肉香酒味。

诺布住在楼下过去佣人住的房子里，威廉给了他一只羊腿，一小口袋糌粑。那个青年牧民被关在楼下的一个装杂物的小房子里，门上上着大锁，还有看守。诺布过去跟来协老爷常到这里来，对院子里的情况比较熟悉。他到处走，看英国兵吃饭、喝酒，有的人烂醉成泥，东倒西歪，还有的人在吵嘴打架。他好像对这些事都很有兴趣，饶有兴味地看着，就像牧民们观看从城里来的民间艺人在耍猴子。有的士兵扔给他一块骨头，他既不拒绝，也不表示感谢，拿在手上玩，走出门就扔掉，从不吃一口。诺布嘴里不停地哼着小曲，他唱的是什么，听不真切。但每当他走到楼下的小房子门口时，总是反复唱着这么一首歌：

鸟儿恋森林，
羊儿爱草场，
勇敢的神驹啊，
你该驰骋向远方。
…………

当诺布再次走过关押青年牧民的小屋旁边时，趁哨兵不注意，往窗口里扔了一把斧子。

被关在小屋里的刺客正是格来。黑夜包围着他，使他分辨不清周围的一切。他不知道这是什么地方，也不想知道。窗外扔进来的斧子把他吓了一跳，使那本来已经麻木的神经又活跃起来。他的大脑又活动了，但是，此刻的格来，早已把自己的生死抛在脑后，心里充满了一种情感，那就是恨。

他恨自己，恨自己不认识荣赫鹏，正因为不认识这个洋妖头目，才错杀了人，让另一个军官当了荣赫鹏的替死鬼。如果能再活一次，再闯敌营，格来绝不会认错人，荣赫鹏那张毛茸茸的脸已经深深地印在格来的脑海中。

他恨英国人，恨这些黄毛鬼，这些披着人皮的妖魔。是他们破坏了草原的宁静，给藏民带来了深重的灾难。

他恨来协，恨他替英国人办事。他也恨来协的佣人——那个给英国人当向

导的人。杀荣赫鹏不成，格来就应该痛痛快快地死去。格来不怕死，格来也不后悔。可是诺布却替荣赫鹏出主意，使得格来不能痛痛快快地死去。

在黑屋里，格来不时听到那个小向导哼着小调，一听到他的声音，格来的怒火就从脑门往外冒，心里狠狠地骂道，给洋妖当奴才还那么洋洋自得，真是可耻。

他也抱怨阿爸洛丹，去救拉丁代本，本来应该有他格来一个，可阿爸偏不让他去，而让他上南山，谁知，在冲向坝子去接应藏军时，被廓尔喀骑兵冲散，再也没有见到小仁赛，也没有见到阿爸洛丹，后来，他听说拉丁代本和谈判代表全部被洋妖杀害，又不见旺秋哥哥回来。谈判代表们已经惨遭杀害，旺秋哥哥又怎么样了呢？阿爸洛丹又在哪里呢？如果阿爸洛丹和旺秋哥哥都已不在人间，那我格来还活着干什么呢？他想，我一定要杀死洋妖头目，为他们报仇。

慢慢地，怨恨变成了思念，格来又想起了和阿爸洛丹、旺秋哥哥在一起的日日夜夜。想起自己从小失去阿爸和阿妈，是阿爸洛丹把自己抚养成人。阿爸待自己比对旺秋哥哥还要亲。有一团糌粑先要给自己吃，有一碗酥油茶先要给自己喝。一家人辛辛苦苦干了几年，好不容易换了块氆氇，曲妮妹妹又给自己缝了袍子。记得有一次，旺秋哥哥带着自己和曲妮妹妹一起去放羊，为了让自己吃饱，把牧主给的一块牛肉全部给了自己，他带着曲妮桑姆去采蘑菇吃。谁知肉是病牛肉，格来因为吃得太多而中了毒，又吐又泻，整夜发高烧，阿爸洛丹就把旺秋狠狠地打了一顿，责怪他没有照顾好格来。旺秋哥哥含着眼泪去为自己采草药解毒，阿爸整夜守护在自己身边，曲妮桑姆妹妹为自己煎汤熬药，又一口一口地喂到自己嘴里。

格来的手被反绑着，浑身一阵阵疼痛，他想靠一会儿，但被反绑着的手不能使他的头舒服地靠在墙上。格来低低地垂下了头，这样仍然很不舒服，他费力地把那有些麻木的腿半屈起来，把头轻轻地搁在腿上，格来觉得舒服了许多。猛然间，格来的脸贴在了小腿的靴子带上，丝线编织的靴子带凉丝丝，光滑滑的。格来的心猛烈地跳动起来，这不是普普通通的靴带，这是格来临出家门时曲妮妹妹亲自给他系在靴子上的，是曲妮悄悄给他买的。格来清楚地记得曲妮给他系靴带时的神情，那双乌黑的大眼睛，好像比平日更黑更亮，泪水在她的眼眶里滚动，但是，曲妮的脸上却带着装出来的笑容，她嘱咐自己要好好跟着阿爸，保护阿爸，可是现在呢？

阿爸，我的好阿爸，旺秋哥哥，我多么想念你们啊！格来在心里呼唤着，

曲妮桑姆妹妹，我的好妹妹，你在什么地方啊？你知道格来哥哥被关在这什么都看不见，什么都不知道的地方吗？

…………

格来慢慢地向窗口挪动着，他还不知道刚才扔进来的是什么东西，当他挪到斧子旁边时，反绑着的双手触到了那冰冷坚硬的金属。格来感到疑惑，这是谁干的？为什么扔进一把斧子？猛然间，他产生了一个念头，精神立刻为之一振。恰在这时，“轰”！的一声巨响，整座楼房都剧烈震动起来。

院子里火光冲天，西楼已经塌陷，楼上楼下乱成一团，荣赫鹏和玛丽被惊醒，火光中，他俩慌慌张张地跑到楼梯口，又以最快的速度向楼下跑去。

…………

第八章

恐惧与烦恼

上面是神灵，不能冒犯；
下边是妖魔，不敢得罪。

把拉丁代本的遗体送去天葬，并为他念经超度之后，来协自己也病倒了。他是又气又恨，又惊又怕。

这两天，来协躺在床上，昏昏沉沉的，一闭上眼睛，曲米血战的惨景就浮现在他眼前，一个个血淋淋的同胞的身影，连续不断地在来协眼前晃动着，使来协心颤神摇，常常在睡梦中惊醒。

那天，来协走出英军帐篷，想去找荣赫鹏论理，可早就不见了荣赫鹏的踪影。坝子里，英军的机枪开始向藏军射击，炮弹在藏军集结的地方开了花，可怜藏军士兵血肉横飞。来协哪里见过这种情景，吓得他慌忙往回跑，想去告诉拉丁代本和其他谈判代表。但是，帐篷门已被锁住，两把雪亮的刺刀挡住了来协的去路。正当来协不知所措的时候，威廉走过来，冷冷地说："谈判代表是回不去啦，如果来协老爷愿意的话，可以和谈判代表呆在一起。"

来协一听，头晃得像个拨浪鼓："不！不！不！我不能，不能，你们也不能，不能把他们关起来，荣赫鹏先生说，说过的 …… "来协哆哆嗦嗦，话不成句。

威廉哪有工夫听他啰嗦："这些事不用你管。看在你是联络员的份上，我

们保护你的安全。既然你不愿意呆在这里，可以先回庄园去。”

“你们，你们怎么可以……”来协还要跟威廉讲理，但威廉已经走远了。

来协愤怒、恐惧，却也没有办法。想去救拉丁赛他们吧，他没有这个胆量，也没有这个本事；想去找荣赫鹏辩辩理吧，他又不敢，怕招来不测之祸。来协是又悔又恨，悔不该当这个倒霉的联络员，恨洋人太狡猾。悔恨之中，来协还有点暗自庆幸，若不是当了个联络员，恐怕连命也保不住，威廉的话不是说得很明白吗？

来协正在踌躇之际，他家的佣人诺布牵着马来到了他面前：

“老爷，回庄园吧！”诺布低低的声音像蚊子。

来协根本没听见诺布的话，但他看见了马，也看见了自己的佣人。就是在这危急的时刻，来协也没有忘记自己贵族农奴主的身份，没有忘记自己和一般的平民之间有根本的区别，更不用说同农奴之间有着不可逾越的鸿沟。见诺布牵来的不是平时自己骑的马，也没有漂亮的马鞍马垫，立刻瞪着大眼，厉声责问：

“我的马呢？”

“洛桑拉骑走了。”

来协这才想起来，不仅自己的马让洛桑饶登骑走了，连博士帽也让他戴走了。

河谷里的枪炮声越来越激烈。来协心想，战场上的事情，瞬息万变，此时不走，一会儿说不定英国人一翻脸，连我也一起抓起来，想走也走不掉。到了这个时候，也没有那么多讲究了。来协想着，跨上马背，刚要驰去，威廉又气喘吁吁地跑来了：“正好，你还没走。请留步，上校有事找你。”

威廉的一席话，声音不大，可来协听来却似一声炸雷，这回可完了，荣赫鹏翻脸了，连我也走不脱了。

来协自己也不知道怎样被威廉带到荣赫鹏面前，荣赫鹏如何把诺布留下当向导，自己又怎样答应卖给英军一些粮食、牛羊和柴草，糊里糊涂地，回到了自己的庄园。

以后，以后又发生了些什么呢？来协恍恍惚惚，似在梦中。

猛地，他又仿佛看见了拉丁代本，拉丁代本那锐利的眼睛似乎在喷火，那张嘴一开一合，好像在愤怒地痛斥洋人背信弃义的卑劣行径。来协忽然觉得代本的眼睛在瞪他，在责骂他、抱怨他。

是啊，代本是不同意谈判的，可是不谈怎么办？我们的火枪、大刀，能打得过洋人的机枪大炮吗？而且，而且我们是遵照驻藏大臣和噶厦政府的命令行事，据说连乃琼大喇嘛在降神时也说应该同洋人议和，不要同洋人开战。可现在又谈出了什么结果呢？我们上了大当，死了那么多人，连自己庄园里的人也死了不少。这些黄毛鬼啊，诡计比牛毛还多，他们太狡猾，太凶残了。

…………

来协昏昏沉沉地躺着，脑子里想着令人心惊肉跳的往事。忽然，一阵轻轻的抽泣声打断了他的思绪。

来协慢慢睁开眼睛，见是他的夫人坐在旁边，正用袖子擦眼泪。来协见状，觉得很是不吉利，心里一阵不耐烦："哭什么，我还没死呢！"

来协的夫人央宗长得瘦瘦的，面庞微黑，看上去比来协要年轻许多，还称得上是个俏丽的半老佳人。此刻眼睛哭得通红，眼泡也有些肿胀起来，听见来协醒了，慌忙站起身来：

"老爷，起来吃点东西吧。"

来协浑身似乎不那么酸痛了。本来他也没什么大病，只是连惊带吓，又累又乏，觉得哪里都不舒服，静静地躺了两天，自然是歇过来许多，不过依然觉得疲乏无力，精神恍惚。

"来呀，给老爷端饭。"夫人朝门外吩咐道。

"不，不要饭。茶，上茶来！"来协挣扎着，被央宗扶着坐了起来。

女佣人端上一碗酥油茶，还冒着热气，后面跟着的另一个女佣人手里端着托盘，盘中有一碟风干的牛肉，一盒印度饼干。夫人一摆手，两个佣人弯腰低头，吐了吐舌头，迈着碎步，倒退着走了出去。

"老爷，您好些了吧，可把我吓坏了。"央宗见来协有了精神，脸上的愁云渐渐消去。可发愁的事还不止这一桩呢，夫人的眉头又皱了起来：

"老爷，临近庄园的老爷都逃走了，听说宗本也在收拾东西，准备走哩。这两天，您病得昏昏沉沉，叫我一个妇道人家怎么办呢？"央宗一边看着来协喝茶，一边诉说着她的苦衷。

这些事，央宗不说，来协心里也明白，洋人来了，烧杀抢掠，能跑的还有不跑的吗？来协翻了翻眼皮，问夫人："依你说，我们该怎么办？"

"我也不知道，这两天跟管家商量着，等老爷病稍好，我们也快点走吧。"说完，央宗又担心地看着来协。

“走？我的庄园，我的牧场，我的牛羊，我的奴隶，还有那么多家产，都能带走吗？再说，到哪里去呢？弄不好，怕是连拉萨都保不住呢！”来协看着夫人，忧心忡忡地说。

“拉萨？”夫人吃惊地问：“洋妖还敢打到圣地拉萨去？”

来协肯定地点点头：“看来，这次洋人是下决心要打到拉萨，占领整个西藏。”

“那，那可怎么办哪！”夫人一听这话，更加焦急。

“怎么办？现在还不要紧，我跟洋人有一点点关系。”来协不再相信洋人的什么诚意和信用，但凭着洋人向他买柴草、粮食和牛羊这件事，他觉得洋人还是需要他的。

“跟洋人有关系？老爷，听说洋人可不好惹，您跟他们打交道，那怎么得了？”央宗比刚才还要着急。

“洋人也是人，他们也得吃饭……”

“他们吃饭，和您有什么关系？”夫人睁大眼睛，看着来协。

“这你就不懂了。他们想买我的粮食和牛、羊。他们用得着我来协哩。”来协显然有几分得意。

“你，你卖粮食给他们？这怎么可以，这怎么可以呢？”央宗又急又怕，连脸色也变了。

“怎么不可以？”来协见央宗着急，反倒越发沉稳起来。

“和洋人做买卖，您，您会吃大亏的！”

“我能不知道这个？可又有什么办法？打，又打不过；谈判呢，洋人说话不算数；逃吧，又能逃到哪里去？我，这也是没有办法的办法。不卖给他们，他们就会来抢，抢了还不是白抢？与其让他们抢去，不如卖给他们，多少能赚回几个钱。”来协唠唠叨叨地说出他的一大套生意经。

央宗听了，似懂非懂，但她知道，吃亏的事，来协是从来不做的。

来协见夫人不说话，更感到得意，认为自己最善于审时度势，应付时局变化，作出的决定总是最稳妥、最可靠的。他的脸上露出一种很自负的神色，端起银碗，喝了一大口茶。

“不行，不行！”央宗突然连连摇手，神经质地喊叫起来。她显然是想起了什么可怕的往事。

来协吓了一大跳，酥油茶洒在身上，他两眼直视夫人，粗声粗气地

问："为什么？"

"我们千万不能和洋人打交道。您忘了生钦活佛的事？……"

生钦活佛的事来协怎么能忘记？生钦活佛是江孜宗一位著名的活佛。十几年前，一个自称是虔诚信佛的外国人来到寺院，拜他为师，说要学习西藏的佛经。这个外国人，原来是英国的间谍，他打着"学经"的幌子，利用在活佛身边的有利条件，暗中搜集有关西藏的政治、军事、交通、汉藏关系等方面的情报，甚至对藏族的宗教、文化、地理环境、自然资源、风土民情等方面的情况，也作了深入的调查了解，还绘制了从印度到拉萨的路线图，后来就突然潜回印度。这事让摄政王和噶厦政府知道了，当时达赖喇嘛年纪还小，尚未亲政，摄政王和噶厦政府将生钦活佛捉拿治罪，装在木笼里，在拉萨街头游街示众，最后将他流放到工布地区。不久又下令将生钦活佛捆在一块大石头上，沉入江底。摄政王怕下面的官员不敢对活佛下手，不仅亲派官员监督执行，还命令将其首级送到拉萨来验证。随后又通令全藏，取消生钦活佛转世的资格，没收其庄园和财产[①]。

消息传出，全藏震惊，在实行政教合一的政治制度，全民信奉佛教的西藏，老百姓把活佛当作活的菩萨来崇敬，他们享有极高的威望。在这种情况下，因里通外国罪，将一个著名的活佛处以死刑，并取消其转世的资格，这在西藏历史上是从来没有过的事情。它充分反映了西藏上上下下仇视洋人，仇视勾结洋人的民族败类的强烈情绪。

后来查明，生钦活佛本人也是受了蒙骗，并不知道那个洋人干的这些事情，以为他要真心学经拜佛。只因后果严重，才受到严厉惩罚。

当时，生钦活佛的一个亲信逃到印度，投靠英国人，当了他们的奴仆。这次英军入侵西藏，荣赫鹏又把他带回来，做向导和翻译。藏族军民得知这一消息后，十分气愤，扬言一定要杀死这个民族败类，祭战旗，吓得那个家伙龟缩在英军营房里，根本不敢露面。因此，在和西藏方面打交道时，都是由英国人自己担任翻译。

想到这些，来协的脊背上沁出了冷汗，他仿佛觉得有千万双愤怒的眼睛在注视着自己。但是，不给英国人卖点粮食和牛羊又怎么办？洋人逼得那么紧，

① 藏传佛教，俗称喇嘛教，实行活佛转世制度。被噶厦政府处死的是第四世生钦活佛。1904年英国侵略者入侵拉萨后，对驻藏大臣和噶厦政府施加压力，强迫噶厦政府撤销不准生钦活佛转世的决定。后来由清政府下令，准予寻找第五世生钦活佛的灵童，并退还没收的庄园和财产。

一连催了好几次，跑也跑不掉，躲也躲不了。来协用双手托着前额，叹息着：

“真叫我为难啊！”

来协感到为难了。是的，这个农奴主兼商人并不希望打仗，只希望和英国人通商。

论打仗，英强藏弱，而朝廷又不出兵，靠藏族的火枪土炮、大刀长矛，根本打不过英国人的洋枪洋炮，这是明摆着的事情。但是，如果真像英国人说的那样，能够友好通商，来协这个会做买卖的商人是大有好处可捞的。西藏的羊毛、皮货、药材、硼砂等贵重东西是无穷无尽的，有些在世界上都是很珍贵的。英国人需要这些原料，而来协呢，则需要诸如毛毯、哔叽、布匹和鼻烟一类的洋货。就连他那顶被洛桑饶登戴去的博士帽，也是东印度公司的产品。

来协和西藏的许多贵族一样，对洋钱、洋货、洋人的生活方式很感兴趣，可对洋人洋教却是打心眼里反对。所以老百姓说他们这类人是喜欢洋钱，不喜欢洋人。

来协到过印度和尼泊尔，不仅知道洋货的妙处，也知道洋人的厉害。他希望和英国人通商，却不愿意英国人占领西藏。和洋人通商，他尚能捞到很多好处，如果洋人像占印度一样占领整个西藏，他来协的买卖就做不成了。不是吗？偌大的东印度公司不是被英国人一手控制着吗？印度人要做买卖，只有依靠东印度公司，做一点小股生意，喝一点残汤剩水，别想赚大钱。这是来协在印度亲眼所见，亲耳所闻的。

眼下，因为英国人要和藏方打交道，还用得着他来协这个联络员，英国人一旦占领了西藏，就会像甩鼻涕一样把他甩掉。

由于这种种难以出口的原因，来协希望能和洋人不动刀枪，通过谈判解决边界纠纷和通商问题。所以他积极地奔走于藏英双方，促使谈判取得成功。

然而，难啊，事情并没有按照他的意愿进行，多吉孜本和何知府期待已久、他极力促成的藏、英谈判，得到了一个来协连作梦也没有想到的结果。

怎么办？怎么办呢？！

生钦身为活佛，尚且受此极刑，他来协不过是个小小的农奴主，和洋人来往过密，会得到怎样的下场？！

来协的眼睛闭上了。

央宗以为他累了，正要扶他躺下，管家走了进来。见来协坐在床上，忙躬身吐舌：

“老爷，好些了吗？”

来协并不睁眼睛，哼了一声，算是回答。他用两个大拇指使劲摁住太阳穴，好像不这样脑袋就会炸裂似的。

管家是个很知趣的人，他见老爷那个样子，知道一定有什么为难之处，就转向夫人：

“夫人，遵照您的吩咐，都收拾好了。”

“收拾好了什么？”来协睁开眼睛，随即又抬起头问：“给洋人的羊都送去了吗？”

“送去了，老爷。”管家讨好地说。

“等一等。”来协又使劲揉了揉太阳穴：“现在的事情真难办，既不能触犯神灵，又不敢得罪妖魔。”

管家献媚地一笑：“老爷向来聪明过人，办事有方，难道就不能想一个既让神灵高兴，又叫妖魔满意的办法？”

来协松开双手，看着管家，好像在问，你有什么好办法？

管家只不过是顺着主人的意思，随便说说，讲不出什么两全之策。他被看得不知所措，赶紧低下头，舌头伸得老长。

来协突然又问：“刚才你说收拾好了什么？”

“啊，老爷，是我让他收拾收拾贵重东西，现在人来人往，兵荒马乱的，我想还是得提防着点。”央宗怕老爷生气，小心地解释着。

“对！自古兵匪难分，那些洋人也是明火执仗地抢。”来协又挥了挥手，示意管家出去。

管家仍低着头，把眼珠朝上一翻，谦卑地看了看来协，没有出去。来协见状，问道：“还有什么事？”

“老爷，是这样，曲米一仗，我们庄园也死了不少奴隶，尸体运回来天葬了。……”

“这我知道。”来协很不耐烦，农奴的大量逃亡和死亡，使来协大伤脑筋。是来协的心地比其他农奴主善良吗？恰恰相反，来协对农奴的盘剥和奴役较之其他农奴主和牧主有过之而无不及。所不同的是，来协对农奴价值的认识要比他同阶层的人们要更深一层。这也是来协的精明所在。在来协看来，农奴不仅是会说话的牲畜，而且是他能够不断发家的工具，是他的财富，也是他未来的更多的财富的来源。正是靠了这些农奴，来协才能够使父辈留下来的产

业不断地变多变大。使他成为方圆几十里内有名的农奴主。所以来协不仅不准农奴逃跑，还大量收容从各地逃亡来的农奴。这些人是连极微薄的报酬都不需要的，每天只给两碗粗糌粑，就会给你拼命干活。因此，来协家的农奴日渐增多，庄园和牧场也日益变大，牛羊肥壮，水草丰美，连青稞长得也比别人家的好。除此之外，来协还经营商业，买进卖出，不仅来往于西藏各地，还经常到印度去。无论来协做什么，也离不开农奴——他的基本财富。

管家见主人不耐烦，理应赶快退出去，但是事情确实难办，只得硬着头皮继续说："这两天不少农奴要找英国人报仇，跑了不少。有些已被我们抓回来了，您看，这……"管家看着来协，不说了。

以往，农奴和家奴逃跑，一般不用禀报老爷，抓回逃奴，或打或罚，管家有权处置。可这次不同往常，跑的人多，又是去找洋人报仇的，管家不敢擅自做主。

在旁边的夫人不屑一顾地说："管家，你也是越来越没用了，这事还用问老爷吗？你又不是没有惩罚过逃奴。"

"不，这次和往常不一样，现在百姓们心里都燃着一团火，我是怕……"管家又偷眼看了一下来协。

"有什么不一样？你怕什么？"夫人生气了。在她看来，不管外面发生什么变化，什么人到西藏来，老爷掌握差民和佣人的命运，掌管生杀予夺的大权，这一条祖宗留下的规矩是不会变的，也是不能变的。

"是，照夫人吩咐去办。"管家躬身吐舌，就要退出去。

"等一等！"来协止住了管家的脚步。又问："人都抓来了吗？"

"抓来了。"

"这样吧，你去把他们都放了，告诉他们，打洋人，自有藏军，他们怎能打得过？他们有洋枪吗？有大炮吗？去了还不是白白送死，当洋枪、洋炮的活靶子，拉丁代本英雄不英雄？那样的英雄都被洋人杀害了，何况他们？"来协说着觉得有些疲乏，直一直腰，缓一口气，又接着说："今天，既不打他们，也不罚他们，只要往后好好干活就行了。"

夫人见来协累了，忙让管家照吩咐去办。管家出去后，央宗有些不高兴地说："老爷，您今天是怎么啦？"

"你懂什么？农奴们都逃走了，死光了，谁给我种地？谁给我放羊？谁给我驮运东西？谁给我背水做饭？再说，他们今天逃跑，不是私逃，是去打洋

人，打洋人，懂吗？”来协把“打洋人”三个字说得很重很重。他这是在发泄对洋人的不满。

央宗今天真是懵了，她怎么也弄不懂来协的心思，说他恨英国人吧，他又要和英国人做买卖；说他喜欢英国人吧，可内心里又讨厌他们。

央宗向来只管操持家务，外面的一切事情都由来协自己做主。现在，她也不能不关心外面的情况，她从来协一反常态的做法上，深深感到自己的丈夫处在十分为难的境地，神灵和妖魔他都要应付，都不敢得罪。这样做人，该有多难啊！她真为自己的丈夫担心。但是，根本的一条央宗是清楚的，来协做事是不会错的。

是的，不干没有好处的事，不做亏本的买卖，是来协的根本信条，这一点比六言真经记得还牢。卖给英国人粮食、牛羊、柴草，是为了不让他们来抢。不处罚打洋人的农奴，是怕遭到百姓们的反抗。来协也害怕，一旦洋人离开西藏——来协凭一种直觉，觉得洋人是不可能在西藏久留的——藏军有朝一日回到这里，就会把他当作藏奸处置。他的下场，会比生钦活佛更惨。他的庄园、牧场、农奴和家产统统会被没收，他的妻子儿女都会沦为奴隶，那将是怎样的一个情景啊！

来协怕英国人，也怕抗英的藏族军民，更怕极端仇视异教徒的喇嘛活佛。所以，他不能处罚去打洋人的人，哪怕是自己的农奴。但也绝不能允许他的农奴和家奴去和洋人打仗。他必须与英国人保持一种不远不近、不亲不疏的关系。只有这样，他才能在庄园里呆下去，他的庄园和牧场才能不被英国人抢掠。有了这些好处，来协也就心满意足了。在这动乱的年代，能保持家人平安，财产不受损失，岂不是天大的好事！再说，多少和洋人有关系怕什么？如今洋人势盛，连朝廷也得让他们几分。听说皇上、皇太后也在暗地里和洋人拉拉扯扯，只是这些事情普通老百姓不知道罢了。

来协感到很累，不再说什么，侧身躺下来。

不多一会儿，管家又来了。

“老爷，英国人来了。”管家声音不大，但可以看出，他很紧张。

“来了多少？”来协一骨碌爬起来，眼睛瞪得滚圆。

“一个翻译官，还有几个当兵的。”管家恭敬地回答。

“他们来干什么？”来协的心稍微安定了一些。

“不知道。”

央宗提醒他："老爷，您快出去见见吧，对洋人可不能怠慢。"

来协刚要下地，忽地眼珠一转："管家，你出去告诉他，说我病了，有什么事，你就答复他吧。"他觉得既然不是荣赫鹏来，我也不必亲自出面，在我的庄园里，我是主人，是老爷，不能没有一点架势。

"老爷，这……"管家有些为难。

"这什么，你去吧！"来协把眼睛一瞪。管家只好出去了。

央宗担心地说："您不去，洋人会不会见怪？"

"你不懂，对洋人，不能太亲近，也不能太疏远，而且……"

一阵急促的脚步声，又把管家带进了来协的卧室。

"老爷，洋人一定要见您。还是请老爷去看看吧。"管家显得更加紧张、害怕。

"这些洋人，究竟有什么事？"来协很不耐烦。

"他们要和老爷面谈！"

"好吧。啊，快给我换件衣服。"来协赶紧下了地，央宗已经去给他找衣服了。不大一会儿，夫人给来协拿了一件哔叽面的狐皮袍子，亲自给他穿上。来协这才随着管家走了出去。

来协家的客厅虽称不上富丽堂皇，倒也布置得很讲究，阿噶土的地面，被酥油擦得光亮照人，沿墙铺着绸缎作面、獐子毛装芯的"卡垫"，上面铺着江孜产的地毯。烫金的木柜，藏式矮桌，依墙而立，给室内增色不少。

来人正是英军上尉威廉。这位上尉已经三十多岁，个子不算太高，长着一头红发。为了进兵西藏，总督曾专门派他到哲孟雄学习藏语。威廉也着实下了点功夫，不仅藏语讲得流利，藏文也很好。对西藏的风土人情、政教历史也颇有研究。因此，他不仅是荣赫鹏的翻译，也是荣赫鹏的参谋。

此刻，威廉上尉正倒背着手，焦灼地在室内走来走去。心中暗想，这些藏蛮子，竟如此傲慢，想必是忘了曲米之战的教训！刚刚逃了命，就对我们如此怠慢起来。早知如此，当初就该对他不客气。

威廉兀自想着，管家陪着来协进来了。

几天没见，来协瘦了许多，脸色焦黄，眼角向下垂着，一副病态。威廉见状，才知来协并非怠慢，确是身染重病。这才使心中的火消了下去。

"老爷，看来您的身体确实不太好，要不要让我们的军医给您看看？"威廉脸上堆起笑来。

“不用，不用，养两天就会好的。”来协嘴里这么应着，心里却想：你们洋人心狠手毒，谁知道给我的是药，还是毒？我才不上你们的当哩！脸上却装出一副笑容，谦恭地说：“请坐，请坐。”他又转身对管家说：“快上茶！”

“有了，有了。”威廉指了指矮脚桌上还在冒热气的酥油茶。看样子，威廉还不曾喝过。

“管家，换茶！换红茶来！”说着又转向威廉：“大人对我们藏民的酥油茶还不习惯吧？”

“啊，不！不！都一样，都一样，慢慢会习惯的。”威廉又加重语气：“我们对西藏的一切，都会慢慢习惯的。”

听了洋人这不阴不阳的话，来协像吃了苍蝇一样，心里很不舒服。他皱了皱眉，轻轻地哼了一声，心想，慢慢会习惯，没那么容易吧，我们西藏不是那么容易使人习惯的地方。来协心里这样想着，可脸上还是堆着笑。

“大人，请喝茶。”管家带着女佣人端上了一只细瓷碗茶。

“请，请，大人吃点点心吧。”来协殷勤地让着，心里不断地揣测着，这洋人又给我找什么麻烦来了？

“啊，来协老爷，谢谢您对我们大英帝国远征军的友好合作和帮助，上校让我代他向您致意。”威廉继续他的客套。

“上校太客气了。”来协随便应付着，他注意威廉往下说什么。

“啊！我们上校希望和您发展友谊，希望您能提供更多的帮助！”威廉这才开始转入正题。

“更多的？还要多少？我为你们办的事已经够多的了。再多，我的日子也不好过。”来协这么想着，皱皱眉头：“翻译官先生，你们还需要些什么？”

“来协老爷，先不要谈还要什么吧！您上次答应卖给我们的羊，钱已经付过了，可到现在连根羊毛还没见到哩。”威廉不像刚才那样客气了。

“羊？啊，啊，我早已吩咐管家挑选最好的给你们送去了。”来协讨好地说。

“送去了？我们怎么没见到？”威廉对来协的话不太相信。

来协见威廉直摇头，忙问管家是怎么回事。

管家赶紧陪着笑脸说：

“老爷一回来，头一件事就吩咐我要选出最好的羊给贵军送去。恐怕大人还不知道我们牧区的情形：夏壮，秋肥，冬瘦，春死亡。现在正是青黄不接的

时候，牲畜大量死亡，要找一只肥羊，真比大白天在天上找颗星星还要难。我们跑遍了所有牧场，所以耽误了几天。”

“现在在什么地方？”威廉嫌他太啰嗦，粗暴地打断了他的话。

当管家说明今天早晨已派专人送去时，威廉才放心地点了点头。

“啊，我们还想再买点粮食和柴草。”威廉马上提出了新的要求。

“这个，上次不是已经送去了吗？”来协有些不耐烦。

“你们西藏真是个穷地方，连柴草都不好找。”威廉点燃一支雪茄，一副悠然自得的神态：“我们帝国远征军需要大量粮草，做好后勤供应，才能保证军事行动顺利进行。”

“军事行动顺利进行？”一听这话，来协的脑袋都有些发涨，他恐惧地闭上眼睛，曲米大战的惨景，一幕幕又浮现在眼前，血淋淋的尸体，晃动着，向他走来。还有拉丁代本那双含着怨恨和愤怒的眼睛。所有这一切，不都是军事行动顺利进行的结果？难道你们还嫌不够？还要准备新的军事行动？

威廉喷出一个烟圈，见来协并不答话，反倒把眼睛闭上了，他有点生气：“怎么？来协老爷，您需要休息？”

“啊，我是累一点！”来协顺口答道。

威廉更生气了：“那么，我只好告辞了！”说罢，站了起来。来协睁开眼睛，看见威廉一张可怕的、充满愤怒的脸。来协觉得这张脸，将化成一片火海，一条血河，他的庄园、牧场，倾刻间将会化作灰烬。来协的心猛地一紧，不由得打了个冷战。这太可怕了，这庄园，这牧场是祖宗传下来的，是我半生的心血，怎能让它们毁在我手里？来协马上意识到，洋人大老爷是得罪不得的哟！

“啊，大人，请坐，请坐，话没说完，怎么就要走呢？”来协也站了起来，脸上又堆起了皱纹。

威廉见来协奴颜婢膝的样子，顿时产生了一种战胜者的满足，仿佛自己成了这个庄园的领主，心里甚是高兴，可嘴上还在推辞：“来协老爷，您还是去休息休息吧！”

“啊，不累，不累。”来协惟恐威廉生气。洋人一走，灾祸可就来了。

“那好吧！”威廉又重新坐了下来，和来协谈妥了买粮食和柴草的事情。

来协真的累了。若不是威廉在这儿，他马上会躺下来睡觉。可看了看威廉，正一口一口地喷着烟圈，显得很悠闲，丝毫没有要走的意思，事情谈妥了，怎么还不走？来协感到十分厌烦。但是，他必须强打精神，极力控制自己

的倦意，支撑着那极为虚弱的身体。

“啊，大人，请喝茶！”来协很不情愿地应酬着。

“谢谢！”威廉喝了一口茶，看了看来协，知道来协真的有点支持不住了。但是，威廉的要求还不曾满足呢。

“来协老爷，听说你们这里獐子很多？”

来协点了点头，心里一动，洋人是不是想去打猎，以获取他们急需的肉食？

“听说你们这儿的麝香能治很多种病，是吗？”威廉漫不经心地问，似乎在聊天，不像是要去狩猎。

这就是威廉，小商人家庭出身的威廉，永远也摆脱不了这种小家子气。尽管他在竭力装扮自己，对小事情装作不在乎。但是，自私、贪婪、爱占便宜的毛病像影子一样，始终紧紧地伴随着他。所以，此次远征西藏，除荣赫鹏的收获最大外，其他军官的收获都无法和威廉相比。然而，行军打仗，太多的东西是不便携带的，荣赫鹏上校的东西已经被运输队运回了几十驮，他也趁机捎了一些回去。威廉早就听说西藏的麝香是很珍贵的东西，带回国去送人也是很体面的。只可惜没有机会得到，所以，当荣赫鹏派他来找来协办事时，威廉就打定主意向来协要两块。但是，他不便直接伸手，却假借聊天，转弯抹角地提出来，希望来协能听明白，主动奉送。

疲劳至极的来协怎么会有精神和他聊天呢？来协虽然身体虚弱，神经尚未麻木，他明白了，威廉之所以赖在这里不走，原来是另有所求呢！来协这个气呀，心里直骂：你想得怪不错，张口就是麝香，你知道麝香好，可哪里知道弄一个麝香多么不容易啊！再说，拿到国外去，可以卖好价钱，东印度公司早就在想方设法弄这些东西，我哪能随便给你？来协有心不给，可又怕得罪了洋大人；给呢，真有点舍不得。

威廉见来协不搭话，像是猜透了他的心思，蓝眼珠转了转，有意地说：“来协老爷家不会有这些东西吧！”

“有，有。大人要是喜欢，可以送给您。”来协见威廉的眼睛露出异样的光芒，顾不得吝惜麝香了，一扭头朝门外喊道：“管家，把那两块麝香拿来！”

不多会儿，管家用一只小银盘托着两块毛茸茸的东西来了。进了客厅，躬身吐舌，放下托盘，又退了出去。

“啊！真香！”一股特殊的香气扑鼻而来。威廉忙不迭地端起托盘，放在鼻子下深深地吸着气，闻个没完，半晌也没有抬起头来。

见威廉那副贪婪的样子，来协心里一阵冷笑：两块麝香就把你高兴成这样，我们西藏的好东西还多着哩！

威廉饱闻香味后，慢慢地舒了口气，一抬头，见来协正用鄙夷的眼神望着自己。威廉不由得为自己刚才那种有失身份的举动懊悔起来。为两块麝香失态，太有损于大英帝国军人的威严了。为了掩饰自己的失态，威廉又点上了一支雪茄："来协老爷，我们的事算是说定了！"

来协见威廉望着自己，马上又恢复了那种阿谀面孔："是啊，说定了。"

"那，我就告辞了。"威廉拿着两块麝香，"来协老爷，这个银盘雕得真漂亮啊，是当地的产品？"

"不，是江孜的。大人喜欢，一起拿去吧，作个纪念。"来协连忙应着，心里直骂：真是一个吃糌粑连糌粑口袋也要一起吞掉的饿鬼。

来协心想，你们靠掠夺，怎么能成为一个真正的富有者？来协承认自己爱财，想要发家，但他时时标榜自己，一不要不义之财：二不要非分之物，他认为他的财富是靠自己的勤劳和才智聚集的。看看面前的威廉，想起洋妖侵入西藏后的掠夺行动，来协感到愤怒，感到害怕，他忽然想起一首格言诗："靠罪恶和武力得来的财富，哪能称作真正的财富？！猫狗虽然吃饱了肚子，却尽是些无耻的经历。"你们是一些猫狗不如的人。诗里说得对，你们有的，只是一些无耻的经历，靠罪恶和武力得来的财富，哪能算真正的财富？这么一想，来协的心情平静了一些。

威廉满脸喜色，总算是没有白来一趟。他向来协告辞，带着廓尔喀骑兵走了。

望着威廉远去的背影，来协一跺脚："呸！什么东西，豺狼，简直是一群豺狼。不，不！是一群恶狗！"

一阵天旋地转，来协又晕倒了。

第九章

山脚下涌来一群羊

肥美的羊肉，不是任何人都能享用。

春风，又把草原吹绿了。高原的春天，虽然总是姗姗来迟，但她毕竟还是来了。而草原又是最先感受到春的来临。在刚刚发绿的嫩草中，有一些不知名的小花已经迫不及待地绽开了笑脸。在春风中，晃着头，仰着脸，美滋滋地接受着太阳那亲切、温暖的抚摸。

忽然，从远处的山岗上飘来一团白云，这白云好似来自天边，慢慢地、慢慢地向前游动着。顺着风，又飘来一阵歌声：

幸福山是宝贝山，
一百块粮田在山脚前。
这是粗壮麦秸的储存地，
这是出产白青稞的好地盘。

幸福山是宝贝山，
一百只绵羊在山腰间。
这是细软羊毛的储存地，
这是穷人堆放氆氇的好地盘。

幸福山是宝贝山，
一百头奶牛在山巅。
这是雪白牛奶的储存地，
这是堆放金黄酥油的好地盘。

自从洋人到山前，
宝贝山变成了灾难山。
宝贝山没有了储存地，
好地盘不再吉祥圆满。

白云飘近了，哪里是什么白云，原来是一群洁白如云的绵羊，这就是闻名全藏的藏北羊。

歌声也飘近了，似银铃回荡在山岗，给寂静的草原增添了一丝生气，唱歌的正是曲妮桑姆。曲妮手里拿着抛石器，不时地空甩一响，把一群羊紧紧地围拢在一起。

走在曲妮旁边的是一个头戴狐皮帽、身穿皮袍的管家模样的青年。他不时地打着唿哨，曲妮吆喝羊群，不肯让一只羊离群。

走在后面的是几个男女青年，都是来协家的佣人，他们这是遵照老爷的吩咐。给英军送羊的。他们还赶着十多匹马，马上驮着饲草。

后藏地区大都是半农半牧，这里的草场不像阿里和那曲地区的草原那样辽阔宽广，一望无际；也不像山南和工布地区的草场，分布在茂密的原始森林的空旷地带。这里的草场都分布在河流两岸、高山脚下，或绵延起伏的丘陵之间。草滩被山岗隔成一块一块的，牧羊人常常是一岗之隔而很难见面，可以闻其声而不能见其人。

…………
啊喏啰——
唱歌的姑娘莫忧伤，
宝贝山永远是好地方。
西藏就是宝贝的储存地，
好地盘永远吉祥。

姑娘莫忧伤，

听我问端详，
听不明白莫开口，
心里亮堂再搭腔。

曲妮的歌声刚落，一个粗犷、嘹亮的嗓音响了起来，这歌声来自左边的小山岗上，虽然看不见唱歌的人，可听声音，唱歌人离曲妮他们并不远。曲妮和那些送羊的男女青年都被这歌声所吸引，他们不由自主地转向左边，等待着唱歌人接着往下唱。惟有管家模样的青年仍然警惕地注视着四周，紧张地吆喝着羊群。

这时，从山岗上又传来一阵歌声：

在那宝贝山的山顶上，
有三种从来没有用斧头砍过的树，
请问姑娘，是哪三种？

在那宝贝山的山腰上，
有三种从来未用镰刀割过的草，
请问姑娘，是哪三种？

在那宝贝山的山脚下，
有三种从未用勺舀过的水，
请问姑娘，是哪三种？

曲妮一下子怔住了，这是格来喜欢唱的歌，不喜欢多说话的格来，唱起歌来却从不腼腆，而且，格来的歌声也是这样粗犷，嘹亮。莫非这唱歌的人……？曲妮被这歌声迷住了，与其说是被歌声迷住，不如说是被思念格来的心情所缠绕。

“曲妮，唱啊！”旁边的一个姑娘拉了一下曲妮的胳膊。

曲妮像是没听见，还在兀自想着心事，嘴里禁不住喃喃自语：“不，不会的，格来哥哥怎么会在这里？可这歌词，这声音怎么这么像啊。”

“曲妮，你怎么啦？你得大点声，要不，连我都听不见。”旁边的姑娘以为曲妮在念叨歌词。

曲妮被她提醒，是该自己唱了，在藏区，对歌不答是不礼貌的，答不好，也会被人耻笑。但对歌是难不住曲妮的。况且，这歌词连想也不用想，因为曲妮太熟悉这支歌了。

在那宝贝山的山顶上，
有三种未用斧头砍过的树，
是鹿角、羚角和野牛角。

在那宝贝山的山腰上，
有三种从未用镰刀割过的草，
是鹿毛、羚毛和野牛毛。

在那宝贝山的山脚下，
有三种从未用勺舀过的水，
是鹿血、羚血和野牛血。

曲妮嘴里唱着，心里却还在想着那个唱歌人是不是格来？如果是格来，就会听得出自己的声音，会立即跑过来。曲妮想着，唱得比平日更响，她多么希望从左边的山岗上跑出一个人——她的格来哥哥。

人倒是没有跑出来，歌声却飞了过来，像是比刚才近了许多：

为什么不砍树？
为什么不割草？
为什么不舀水？
因为没有斧、刀、勺。

斧子在挥舞，
鲜血染大刀，
就连舀水的勺子，
也被主人带去杀洋妖。

洋妖砍倒了曲米的树，
洋妖割断了曲米的草，
鲜血染红了曲米的河，

洋妖杀人用枪炮。

树砍倒了树根不死，
草割断了没有伤根，
藏民的血不能白流，
要报仇快去江孜找哲林。

“找哲林——”

“找哲林——”

远方的山谷中响起巨大的回声。

“哥哥，你听，你听。”曲妮连连叫着，拉着管家模样的青年。原来，这人正是换了装的克珠旺秋。

“曲妮，别嚷，你听！”旺秋当然听见了歌声，但是，他的注意力仍在四周。曲妮果然听到了一阵急促的马蹄声。这声音与歌声的方向恰好相反，是来自右面的山岗后边。

这马蹄声比歌声可快多了，曲妮还来不及对旺秋说什么，一支马队已经翻过山岗，向他们奔驰而来，一看就知道是英军的骑兵。

因为饲养困难，运输跟不上，最近英军经常派出小股部队，到附近庄园和牧场买东西。名曰买，实际上是买得到就买，买不到就抢，用威廉的话说就是“该用钱的时候用钱，该用枪的时候用枪。”今天，曲妮他们可不怕英国人来抢，他们带有来协老爷给荣赫鹏的亲笔信。这些绵羊是专门送给英国人的。

见英军朝他们走来，克珠旺秋对曲妮桑姆眨了眨眼：“曲妮，再唱支歌，声音放大一些。”

曲妮桑姆会意地点了点头，使劲甩了一下手中的抛石器发出清脆的响声。然后放开歌喉，唱了起来：

神山顶上有则托草，
则托草里有一百只羊，
放羊需要三个人——
三个人各有一件披毡，
三件披毡合起来不怕风雨。

神山腰间有那妹草，
那妹草里有一百头牛，
挤牛奶需要三个人——
三个人各有一只金桶，
三只金桶倒出的牛奶像瀑布。

神山脚下有绿松草①，
绿松草里有一百匹马，
牧马需要三个人——
三个人各有一支银枪②，
三支银枪合起来不怕虎狼。
…………

曲妮桑姆他们来到山脚下时，英军的马队也到了他们跟前。领头的是吉布森中尉，只见他用力勒住缰绳，座下的大灰马踏踏、踏踏地向后退了几步，很不情愿地停住了。后面的士兵也纷纷勒住了马。

曲妮桑姆见英军的马队挡住了他们的去路，心里一阵紧张，不由得回头看了看哥哥，当她看到哥哥那沉着坚毅的神色，心里稍稍踏实了一些。她装着若无其事的样子，挥动手中的抛石器，想绕过英军马队继续往前走。英军横在羊群前面，死死地盯着这群雪白如云的绵羊。曲妮顺着他们那贪婪的目光扫了一眼自己的羊群，心一下提到嗓子眼儿，心跳骤然加剧。见羊群里没有什么异样，才感到放心，轻轻地舒了口气。

猛一抬头，曲妮桑姆的目光正与吉布森那淫邪的目光相遇。曲妮不由得浑身一抖，打了个寒颤，不由自主地倒退了一步。

吉布森的三角眼眯成了一条缝，啊，真想不到，草原上还有这么漂亮的姑娘。看到曲妮桑姆那垂下的眼帘，吉布森脸上的肌肉一阵抽搐，一种异样的感觉像通了电似的使他全身麻酥酥的。他既没有管他的士兵，也顾不上注意对面的赶马人，更无心去抢羊群，立即翻身下马，径直朝曲妮桑姆走去。

曲妮见那个当官的从马上跳了下来，再看他那副淫邪的样子，一种厌恶和愤怒的感觉油然而生。见那军官一步一步向自己走近，曲妮一阵惊慌，一步一

① 则托草、那妹草、绿松草都是野草的名字。

② 银枪，指白银装饰的火枪。

步朝后退。

“啊，亲爱的，美丽的小公主，不，美丽的雪莲花，不要怕，不要怕。”见曲妮面带惊慌之色，吉布森更加得意，只顾叽叽咕咕地说着，也不管曲妮听得懂听不懂。

曲妮桑姆一步一步地退着，退进了羊群。

吉布森一步一步地追着，追进了羊群。

“美人儿，可爱的雪莲花，让我亲亲，让我……”吉布森伸开双臂，扑向曲妮。

“叭！”吉布森话音未落，曲妮桑姆挥动抛石器，朝他脸上狠狠地抽了一鞭。顿时，吉布森的左脸上现出一道深深的血印。吉布森赶紧用手去捂，“叭！”右脸上又是一鞭。不容吉布森叫声疼，克珠旺秋已经扑了上去，将他压在地上，死死地掐住了脖子。

曲妮桑姆的鞭声，就像一声号令，羊群里一下子站起十几个青年人，“唰”地一下扔掉身上的羊皮，一齐向英兵扑去，赶牲口的农奴们也拔出腰刀冲了上去。还没有等英兵明白过来，一把把明晃晃的尖刀已经插进了他们的胸膛。

就在这个时候，山口处又转过来两个英兵，可能是掉了队的，一见同伴出了事，吓得他俩掉转马头就跑。旺秋赶紧举枪射击，但距离太远，哪里打得着！眼看着两个英军绕过山口跑了。旺秋惋惜地叹了口气，“这两个该死的洋妖，坏了我们的大事。”旺秋收起枪，用牛毛细绳将吉布森捆得牢牢的，然后一挥手，让大家赶紧把饲草扔掉，他自己像抓小羊羔一样，将吉布森放在一匹小白马上，让妹妹骑上吉布森的那匹大灰马。又对大家说：

“快上马，赶紧走。”

“羊群怎么办？”赶了一天的羊，曲妮好像还有点舍不得丢掉。

“交给我好了。”

不知什么时候，一个陌生人出现在旺秋他们面前，身边还有三十几只又瘦又弱的绵羊。

“你？”旺秋打量着陌生人。立刻跳下马，其他人也跟着跳下马，这人约有四十开外年纪，脸色黑黝黝的，胡子又长又硬，一件藏青色袍子裹着矮墩墩的身躯。左手拿着个抛石器，右边的袖筒却是空荡荡的。

“他只有一只胳膊。”一个姑娘悄声对曲妮说。

“姑娘，你说对了。这只胳膊去年被洋妖打掉了。”陌生人的耳朵真好，连姑娘的耳语都听得清清楚楚。

“您是？”曲妮一听他的胳膊是被洋妖打掉的，不由得产生一种敬意。

“如果我猜得不错，你就是刚才唱歌的姑娘。”独臂人眯起了眼睛。

“如果我猜得不错，您也一定是刚才唱歌的人。”曲妮学着独臂人的口气说。心中暗想，这人唱歌真像格来，可长得一点也不像。

旺秋尊敬地说：“大叔，您叫什么名字？从哪里来？”

“叫我独臂大叔吧。我先问你，你们是从哪里来的？”

“独臂大叔，我们是沃措部落的。跟我们走吧，这里不是说话的地方。”旺秋有些着急。

“不要着急，洋妖不会来得那么快。”独臂大叔对旺秋说：“你是克珠旺秋？这姑娘是你的妹妹，曲妮桑姆？”

“独臂大叔，莫非你是打卦的喇嘛，不！不！比打卦喇嘛还神，可你知道我是谁吗？”小仁赛感到很惊讶，闪动着一双聪明的大眼睛，淘气地问。

“知道，你是小仁赛。外号叫小猴子。对不对？”独臂大叔笑着说：“这名字取得不错。你真有点像猴子，又聪明，又淘气。”

小仁赛叫起来：“您还知道什么？”

独臂大叔神秘地眨了眨眼：

“我知道的可多啦！你们部落还有个青年叫格来。他去打洋妖，现在还没有回来。是不是？”

小仁赛张着嘴，惊得说不出话来。他长这么大了，还是第一次遇见这么神的人。

“格来？您怎么认识他？”独臂大叔连没见面的格来都认识，这不能不叫人惊奇，曲妮桑姆的问话脱口而出。

独臂大叔见曲妮和在场的人都用惊奇的目光注视着自己，不禁哈哈大笑：

“你们恐怕真以为遇见神人了吧。我算什么神人？我也和你们一样，是放羊的牧民，去年和洋人打仗，丢了一只胳膊，后来就一直在哲林代本手下干活。最近哲林代本派了一些藏军到各地去传话，让僧俗百姓都知道，洋妖已经侵入我们西藏，他们杀害我们的同胞，抢夺我们的牛羊，盗窃我们的财宝，叫大家拿起刀枪，保卫家乡，保卫牛羊。我是个残废人，挥刀杀敌，不如人家，但做这件事，恐怕比别人还强一些。我跟哲林代本一说，代本马上答应了。”

“大叔，哲林代本知道我们部落的事？”小仁赛以为他们的情况是哲林代本告诉独臂大叔的。心想，哲林代本居然知道我？还知道我叫小猴子，几分得意之色立刻挂在脸上。

“代本哪里能知道那么多？”独臂大叔说：“菩萨保佑，也算我们有缘分，我碰见了阿爸洛丹。”

“是阿爸告诉您的？”曲妮和仁赛恍然大悟。

旺秋并不像仁赛和曲妮那样激动，他关心的是独臂大叔的去向，心中暗想，如果独臂大叔能和他们在一起就好了。

“大叔，您还要到哪里去？”

“我要去的地方很多。不过现在我要和你们在一起，想办法把格来救出来？”

“真的。”小仁赛高兴得跳起来。

独臂大叔一面把仁赛揽在怀里，一面对旺秋说：“洋妖的马队很快就会追来，你们得赶紧离开这里。”

“那您呢？您怎么办？”

“您把来协老爷的信给我，我去给洋妖送羊，再设法给格来捎个信。怎么救他，我们另想办法。”

“不，不行，这样太危险。”几个人同时摇头。

“不登陡峭的高山，很难到达辽阔的牧场；不冒一定的风险，不能取得巨大的成功。为了救格来这样的英雄，冒点风险也是值得的。”独臂大叔从旺秋那里要过来协的信，又催促他们快走。

时间紧迫，旺秋也来不及考虑太多，便果断地说：“大叔说得对，我们必须赶快离开这里。”又对独臂大叔说：“大叔，请您告诉格来，不要着急，我们一定要把他救出来。”

克珠旺秋带着大家一口气跑了十几里，绕过一个山口，钻进了一片灌木林。他招呼大家烧茶吃饭，让马匹也吃几口草，缓缓气。

旺秋他们同英军遭遇，没有费多大功夫，就消灭了一支到牧区来抢掠的马队，夺得七八支枪，又活捉了一个军官，自然非常高兴。但他们的主要目的没有达到，又感到十分懊丧和忧虑。尤其是曲妮桑姆，心情更加沉重，仁赛给她端来一木碗热气腾腾的清茶，她连看也没看一眼。

小仁赛给旺秋也端了一碗茶，然后坐在他旁边，见旺秋接过碗，并没有

喝，只是一个劲地看着躺在地上的吉布森出神，忍不住问：

“旺秋哥哥，我们怎么办？”

“怎么办？”旺秋也正在想这个问题。此刻，旺秋特别想念阿爸，如果阿爸在，一定会给大家出个好主意。

前天早上，阿爸洛丹和洛桑饶登已经绕小路到拉萨去了。旺秋等人留下来，一面养伤，一面寻找格来，然后去找哲林代本，转告拉丁代本的临终嘱托，并去守卫江孜。

洛丹和洛桑饶登刚走，来协家的一个佣人找到沃措部落，对旺秋他们说，格来一个人冲进英军营房，去杀洋妖头子，被英国人抓住了，现在正关在曲米庄园的楼房里，要他们赶快去救。那个佣人告诉旺秋，给英军辎重队赶牲口的脚伕里面，有不少人愿意帮助我们，只要外面有人去救，他们会从里面帮助。

来人还说，来协老爷要派人给英军送羊去。旺秋认为这是个好机会，可以趁机走进庄园，再想办法把格来救出来。旺秋把他的想法跟大家一说，很多人都表示愿意跟着去。这当中有些是格来的朋友，有的是在曲米被打散的民兵，并不认识格来。大家想，既然格来敢一个人冲进英军营地去杀洋妖头子，我们这么多人还怕什么？

曲妮桑姆听说格来已经落到洋妖手里，一定要跟哥哥去救格来。旺秋起初不肯答应，觉得太危险，可这回，曲妮说什么也要跟着哥哥。哥哥当然懂得妹妹的心，同时想到全是一些青壮年，容易引起敌人的怀疑，有几个女牧民，也可以迷惑英兵，就答应了。

可是，一共只有十多匹马，几百只羊，去这么多牧羊人和脚伕，会不会引起洋人的疑心？大家觉得这是个问题，人少了不行，多了确实容易引起敌人注意，得想个两全之策。

小仁赛的眼珠一转，跳了起来：

“我有个好主意，我们披上羊皮，混在羊群里，等走近洋人的营房，跳出来杀个痛快。”

曲妮桑姆高兴地点着仁赛的鼻子：

“怪不得人家叫你小猴子，确实是个机灵鬼。”

“为了救格来哥哥，我当然得格外卖力气。”仁赛故意冲曲妮挤了挤眼睛。见曲妮要来揪他的耳朵，一缩脖子跑了。

这样做虽然很危险，但也没有别的办法。旺秋他们很快追上了来协派去的

人，把老年牧民和不愿去的人都换了下来。听说常有英军的马队在附近活动，一路上他们非常谨慎，没有人时，混在羊群里的人站起来，活动活动腰腿，跟着赶牲口的人一起走；一有动静，立即披上羊皮，混在羊群中。曲妮桑姆等人是放牧的好手，她们有办法不让羊群走散，始终把披羊皮的小伙子们裹在羊群中间。谁知半路上遇到倒霉鬼吉布森。一下子打乱了他们的计划。

现在怎么办？旺秋一直盯着像死狗一样躺在地上的吉布森，没有说话。

仁赛见旺秋半天不说话，心里着急，又推了旺秋一把："你倒是说话呀！"

旺秋像是想好了什么似的，一直盯着吉布森的眼睛突然一亮，猛地喝了一大口茶，朝吉布森努了努嘴：

"现在只能在这个倒霉鬼身上打主意。"

"在他身上？"机灵鬼一下子也没明白旺秋的意思。他看了看这个脸色惨白、半死不活的洋人，又用疑惑不解的目光看着旺秋。

旺秋肯定地点点头："对，就在他身上。"

荣赫鹏遇到了难题。

首先是给养发生了问题，远征军从亚东出发时，辎重队带的物品，足够供应英军到江孜的需要。但由于他们在曲米遭到藏军的顽强抵抗，耽误了许多时间，给养也几乎消耗殆尽。远征军里的廓尔喀兵还比较能吃苦，给什么吃什么，只要能填饱肚皮就行。印度籍的士兵就不大能吃苦。英国籍的士兵最娇贵，差一点就叫苦连天。糌粑连尝都不肯尝一口，就是当地出产的白面，他们也嫌太黏，有人说咽不下去，有人说吃了烧心，都不肯吃。他们的食品全部要从印度运来，运输线那么长，道路那么难走，途中还要翻越喜马拉雅山口。

运输困难，这是早已估计到的。远征军负责后勤供应的是麦克唐纳将军，他的军阶比荣赫鹏还高，足见英国政府对这一工作的高度重视。麦克唐纳完全意识到自己工作的重要性，曾明确表示，英军能否在西藏取胜，不在前线作战，而在后勤供应能否得到充分保证。所以他一直坐阵春丕，负责此项工作。按原定计划，英印政府将给养和弹药运到西藏边境，然后以春丕为基地，由麦克唐纳将军亲自指挥，远征军打到哪里，就运输到哪里。可是到了西藏之后，情况同他们原来估计的完全不同。贵族也好，商人也好，更不要说喇嘛寺院，凡有马帮的都不愿为他们运输，用武力强迫，根本行不通，只好高价雇用马帮。个别的贵族和商人见钱眼开，派了马帮。可是，赶牲口的脚伕没有几个愿

意好好给他们干，走一路，跑一路，单单自己跑了还好，最让荣赫鹏感到头痛的，是他们还经常捣乱，给远征军制造麻烦。在险要山口，他们连驮子带牲口一起推下悬崖，或者把牲口弄死，堵住路口，然后自己逃走。到了驻地也不安全，有人放火烧了粮食和弹药箱就跑。在一万多人的远征军里，荣赫鹏不得不抽出三分之一的兵力去保护辎重队。即使这样，还是不断出问题。

其次是马没有料。现在正是初春时节，草原刚刚发绿，草既嫩又细，骡马根本吃不饱。吃多了，还容易拉稀。骡马吃不饱，就拉不动大炮，驮不了机枪。没有大炮、机枪和来福枪，英军在军事上就失去了优势，根本不是藏族军民的对手。荣赫鹏通过来协，想弄一点饲料，但是在英军未到之前，老百姓就把干草、青稞秆、圆根叶子等凡是牲口能吃的都藏了起来，实在来不及藏的，就一把火烧掉了。来协又不肯尽心尽力，所以，草料明显不足。

第三是英军不适应高原气候。从英军原来的营地到曲米庄园，地势只增高了二百多米，他们就觉得很难适应，将近一半的人感到头痛、头晕、心跳、呕吐，浑身无力。连路都走不动，还怎么打仗？

荣赫鹏听人讲过，初到西藏的人，多吃一些牛、羊肉，多喝一些奶茶和酥油茶，可以增强体质，增加适应能力。他就派了一些人到附近的牧场和庄园去弄牛、羊肉。万万没想到，非但没有弄到牛、羊，一支骑兵队还被牧民歼灭，吉布森中尉也被他们抓走。牧民已经通过来协向他提出，要用吉布森换那个来刺杀他的青年。无疑，这又是一个难题。

现在，荣赫鹏正为这件事犯愁，是接受，还是拒绝牧民提出的条件？他反复考虑，下不了决心，真有点坐卧不安，一会儿躺在床上，一会儿站起来，在房子里转。

玛丽端着一杯咖啡，轻手轻脚地走了进来。她知道荣赫鹏这几天睡得不好。这绝不仅仅是因为高山反应。他之所以睡不好，是因为心里有事。玛丽是个知趣的人，她知道荣赫鹏正为一些事情所困扰，心绪不宁，所以，并不过多地打扰他，而是竭尽全力照顾他。

“上校，喝杯咖啡吧。”

荣赫鹏接过杯子，喝了一口。这两天，他见了什么人都不顺眼，经常训斥部下，只有同玛丽在一起时，心情才稍微松快一些。

“吉布森这个人也太大意，他这一弄，给我招来多大的麻烦啊！”荣赫鹏把杯子放在桌上，背着手，来回走了两步。

“就算那个藏蛮子命大，留他一条命，换回吉布森就完了呗。”玛丽并不觉得这件事有多复杂。

“这样太便宜了那个藏蛮子。他竟敢在大白天闯进我军营地，砍死一个大尉军官，要不是他认错了人，这一刀就会砍到我的头上。亲爱的，你想一想，这有多么可怕！我怎么能轻饶了他？”荣赫鹏一边说，一边摸他那长着鬈发的脑袋。

“那就把他处死。”在玛丽心中，荣赫鹏是一个聪明机智、办事果断的人。她不明白，为什么在这件事上表现得如此优柔寡断。

“处死他，吉布森怎么办？”荣赫鹏像是在问玛丽，又像在问自己。

“就说他阵亡了。”玛丽心里想，这么大的一场战争，死一个中尉算得了什么？

荣赫鹏走近玛丽，搂着他的腰，玛丽以为要亲她，妖媚地一笑，把嘴伸了过去。

可是荣赫鹏突然放开了她，来回走了两步，又回到玛丽身边，搂着她的肩头：

“亲爱的，你不知道，吉布森不是一个普通的军官，他是总督的亲戚。总督把他交给我时，亲口对我说：这次让他到西藏来，是为了让他开开眼界，并建立军功，以后要送他进皇家军事学院深造。总督在他身上花了不少心血，把他作为未来的将军来栽培。要是让藏蛮子将他杀死，我怎么向总督交代？”

玛丽这才明白荣赫鹏为什么在这件事上如此煞费苦心。自从入藏以来，荣赫鹏从来不让吉布森上前线，也不派他到有危险的地方去，平时总让吉布森在自己身边。这次要不是吉布森自己逞能，想带着骑兵到牧场上去逛逛，荣赫鹏也不会派他出去。

玛丽心里很不痛快，她在暗暗抱怨荣赫鹏，平时你左一个“亲爱的”，右一个“好宝贝”，可像这样重要的情况，为什么一点儿也不给我透露？这是一时疏忽，还是有意保密？早知道吉布森是总督的亲戚，我也应该主动和他亲近一些。玛丽的舅舅在总督府办事，是个很有心计，很想有所作为的人，只是得不到适当的机遇。要是能牵上吉布森这条线，会对舅舅的前程有好处，说不定由于一个偶然的机会，舅舅就能平步青云，一展雄才。不过说到吉布森本人，玛丽是一百个看不起，像他那样的庸才、蠢才都能当将军，我玛丽可以当女皇！

玛丽正想得出神，荣赫鹏说话了：

“怎么不说话？你在想什么？”

玛丽掩饰地说：“没……没有想什么。……啊，我…… 我在想，既然是总督的亲戚，就一定得把他救回来。”

“就这么放了那个藏蛮子，我实在不甘心。”荣赫鹏喝了一大口咖啡，好像要刺激一下他那有些麻木了的神经，以便找出摆脱困境的办法。

“您一向以精明强干、足智多谋著称，难道就想不出个办法，既能救出吉布森，又不放掉那个藏蛮子？”玛丽温存地说，又给他倒了一杯咖啡。

“这群藏蛮子狡猾得很，比噶厦政府和大清的蠢猪们还难对付得多。”荣赫鹏搔了一下头皮，面有难色。

正在这时，威廉进来报告：来协回来了。

“快带他进来。”

玛丽要跟着出去，荣赫鹏喊住她：“你也在这里听听，以后要将这件事的始末，详细整一份材料，报送总督。”

不一会儿，威廉把来协带来了。在短短两天里，来协已经在荣赫鹏和旺秋之间跑了好几趟。

不等来协坐定，荣赫鹏劈头就问：

“怎么耽误这么长时间？你不知道我在这里等着你回话？”

来协刚要坐下，又站起来，欠了欠身子，吐吐舌头：

“他们又换了一个地方，派了一个人来接我，在山里弯来绕去，好不容易才找到他们。”

“为什么老换地方？”

来协微微一笑：“怕您派兵去袭击他们。”来协笑得很勉强、很难看。

“真狡猾！”荣赫鹏恶狠狠地骂了一句。

“狡猾？”那还不是你教出来的！你不但比他们狡猾得多，而且更为凶残、狠毒，来协在心里暗自嘀咕着。克珠旺秋他们混进来协的羊群，杀死了一些英军，还抓住了个当官的，虽然给来协带来了不少麻烦，他却没有责怪他们。在交涉换人的过程中，来协还时常提防着荣赫鹏，随时给旺秋他们通消息，暗中帮助他们。他反复提醒自己：这次再不能上洋人的当了。

荣赫鹏又问：

“见着吉布森了？”

“没有。”

“为什么？”

“他们把他藏起来了。”来协又补充一句：“他们说，如果你们派兵去打他们，他们就先把吉布森杀掉。”来协的态度非常谦恭，甚至有些卑下，但话说得非常明白。连玛丽也意识到了，那些穿着破烂、蓬头垢面的贱民，并不蠢笨，要让他们上圈套，并非易事。

“交涉得怎么样了？”没有等威廉把来协的话翻译完，荣赫鹏就把话打断了。

来协双手握拳，放在膝上，吐了吐舌头：

“他们还是不同意双方在指定地点交换人，让我先把青年牧民领去交给他们，他们就把吉布森先生交给我带来。”

荣赫鹏一再坚持由来协当中间人，双方在一个指定地点交换人。他一厢情愿地想，只要把吉布森弄到手，他就可以派剽悍的廓尔喀骑兵将他们全部歼灭，斩尽杀绝，以解心头之恨。没有想到，他们竟不肯上他的圈套。来协头一次去，他们让他见了吉布森，还带回了吉布森给荣赫鹏的亲笔信，这个用意也很清楚：说明吉布森确实在他们手里，而且还活着。以后再也没有让来协和他见面。荣赫鹏心想，不久前驻藏大臣亲自给他写信，说番民“顽梗不化、刁滑难驯”，不能立即赴边谈判，他还以为是托辞，借故拖延，现在看来一点也不假。

荣赫鹏担心地说：

“我把人放走之后，万一他们把吉布森杀掉，或提出新的条件怎么办？”

来协肯定地说：

“上校先生，这事您不用担心，我们藏民笃信佛法，恪守誓言，说过的话，绝不会翻悔。”

听了这话，荣赫鹏感到很不舒服，瞪了来协一眼，来协赶紧转过脸，避开了他那逼人的目光。荣赫鹏站起来，背着手走了几步。这好像成了他的习惯动作，每当要决定一个重大问题时，总是这样。他觉得再拖延下去也不会有什么结果。上午已经接到麦克唐纳将军的电报，说运输队两天之内即可到达曲米，总督也来电命令他迅速向江孜进军。不能因为一个吉布森耽误全军的行动。荣赫鹏站起来，一指来协：

“这样吧，我把人交给你，你要把吉布森安全地给我带回来。”

“什么时候？”

“现在。”

第十章

护法神的琵琶响了

以烈火对烈火，
以利剑对利剑。

一连几天，英军不停地前进。自从吉布森出事之后，荣赫鹏也格外小心。一路上，虽然夜间不断有藏民前来袭击，加之给养困难，使他们不得不放慢进军速度，但没有受到什么大的抵抗，因此便放心大胆起来。这天，接近中午时分，前卫部队报告：距此五里多地，有座寺院，当地人叫它乃尼寺，是一座比较大的寺院。荣赫鹏一听，顿时高兴起来。一来他的部队可以在寺内稍事休整，补充给养；二来，他自己也可以借机大捞一把。入藏以来，荣赫鹏的行囊不断变大，件数增多，重量增加，已经让运输队运回了几箱。整个远征军运回去了二百多箱。其中除了藏区名贵的药材、皮货，以及金银手饰外，主要的还是寺院里的各种法器、经书和佛像。临行前，荣赫鹏曾受托于英国的有关当局，要搞一些藏族的历史文物，当然，酬金是不会少的。所以，一路之上，荣赫鹏十分注意收集这些东西。但由于所经之处，寺庙都很小，所得经书都不够齐全。佛像和法器也不够精致。特别是没有一尊佛像是金质的，这使得荣赫鹏颇感遗憾。他一听说乃尼寺是个较大的寺院，想弄到一尊金佛的念头又油然而生。他想，藏族是一个有悠久而又独特文化传统的民族，要把他们一切有特色的东西统统带回去，赠给大英博物馆，这将是他的另一个重大贡献，他自己也

会因此而成为百万富翁。

四十四年前，英法联军焚毁圆明园，掠夺了大量珍宝，联军统帅将这些珍宝运回国去，作为战利品，献给英国女王和法国皇帝。许多珍宝至今仍藏于两国的皇宫和国家博物馆之中。荣赫鹏没有能参加那次掠夺，感到十分遗憾。四十四年后的今天，他决心以英法联军的统帅额尔金为榜样，搜集具有特色的西藏珍宝，为皇宫和大英博物馆增添新的内容。

凡想干出一番事业的人，对金钱是不太看重的。一心想有所作为的荣赫鹏也绝不会为了金钱而误了前程。但是，有了锦绣前程，又能捞一笔钱财，这又何乐而不为呢？荣赫鹏正是精于此道的事业家。

荣赫鹏正在马上胡思乱想，乃尼寺已经进入他的视野，远远望去，果然是一座大寺，那闪闪发光的金顶，已经愈来愈清晰地映入荣赫鹏的眼帘。

英兵经过一个上午的跋涉，已经是又饥又渴。但一想到进了寺院后，他们多多少少都能捞到些好处，谁人不奋勇，哪个不争先？一条长蛇似的队伍开始骚动起来，在这种情况下，步兵比骑兵跑得还要快。荣赫鹏一心想着金佛，想着法器，竟也忘了制止他的士兵们的混乱。英兵一见荣赫鹏没有制止，索性放开胆子，蜂拥着朝乃尼寺跑去。

乃尼寺的紫红色大门紧闭着，悄然无声。英兵以为喇嘛们早已逃跑，便砸开大门，争先恐后地闯了进去。

突然，寺内响起一阵枪声，与此同时，“咯嘿嘿——”的呐喊声四起，大门关上了，英军被截为两股。

寺院内，从房顶，从大门，从过道里，一下子冲出几百个藏民。他们当中有农奴，有牧民，有藏军，更多的则是喇嘛，有的拿着钢刀，有的举着长矛，有的挥动着砍刀，一起向闯进寺院里的英军杀去。这几十个英军还没有从惊慌中醒悟过来，没有来得及放一枪，就成了刀下鬼。

守在院墙里的藏民，朝正在向寺内涌来的英军放了一排火枪，没有火枪的，就用抛石器扔石头，有的人从刚刚被打死的英军手里捡起洋枪，立即向洋妖射击。冲在最前面的一些英军中弹，倒在寺院前的广场上。有几匹战马也中了弹，发出一阵阵嘶鸣，倒下了，不少英军被抛石器打得鼻青脸肿。英军毫无准备，遭到这一突然袭击，队伍顿时大乱。骑兵踩着步兵，步兵挡住骑兵，互相叫骂，自相践踏。

荣赫鹏的思路被这枪声和呐喊声打断，他的坐骑也暴跳着嘶鸣起来，不管

荣赫鹏怎样紧勒马缰，战马也不听指挥，它高高地扬起脖子，向后扭着，要挣脱缰绳逃跑，乃尼寺院墙上和楼房上的枪眼里，仍然喷着火舌，不走，只能挨子弹，因为寺前是一片旷野，没有隐蔽的地方。要想冲进寺里，已经不可能了，他的士兵失去了战斗意识。跑吧，荣赫鹏一提马缰，腿肚子一夹，马飞快地向来路奔跑。

这一跑，亚赛潮水般，一口气跑出去两三里地。荣赫鹏发现身后并没有追兵，这才勉强止住了仓皇溃逃的英兵。

历来所向无敌的大英帝国的远征军，竟然败给荣赫鹏一向看不起、被他称为乌合之众的一伙喇嘛和藏民，这使荣赫鹏大为恼火，这一仗打得太糟糕，实在使他太难堪，太丢人了。

尽管如此，素以有教养自翊的荣赫鹏并没有怒形于色，他知道乃尼寺里的藏兵不会很多。根据可靠的情报，藏军的主力已经撤到江孜去了。面前这伙喇嘛不会对他有很大的威胁。可是一想到这些喇嘛兵和藏民们那股不怕死的劲头，荣赫鹏就感到不寒而栗，如何对付他们是个十分令人头痛的事。英军本来就是又饥又渴，这一吓，更显得狼狈不堪。荣赫鹏知道不可能立即组织进攻，只好下令原地休息，同时传令军官们前来开会，商量作战方案。

威廉上尉最先来到荣赫鹏面前，可能是刚才跑得太急，他歪戴着帽子，汗水顺着鬓角流向下巴，形成一道小沟，呢质军上衣第一个扣子敞开着。就这样，威廉还一个劲地喊热，索性把帽子一摘，一团热气立刻从他那团红头发里冒出。

“威廉，把帽子戴上，小心感冒。”荣赫鹏关心地说。

“没关系，我又不是泥捏的。”威廉满不在乎地说着，还是把帽子扣在了头上。

军官们到齐后，荣赫鹏立即说：“你们都看到了，刚才这一仗，我们吃了大亏，这是我们入藏以来第一次打败仗，这哪里叫打仗，简直是丢脸，丢尽了我们大英帝国的脸。”荣赫鹏的声音不高，但态度很严厉。

“我们太大意了，要不寺院里那几个喇嘛算得了什么？”一个长着鹰钩鼻子的军官说。

“你可不要小看喇嘛，打起仗来不要命，比藏军还厉害。”说这话的是吉布森，他因为有了教训，处处谨慎小心，刚才也没有敢跑到前面去，尽管他并不知道有伏兵。

威廉点点头，表示同意吉布森的说法："是啊，那些喇嘛们有一股蛮劲，个个都像着了魔似的，大概是相信有护法神保佑，他们真的能刀枪不入，所向无敌。炮弹不在他们头上开花，他们就拼着命往前冲，连隐蔽一下都不会。"

"一群野蛮人，缺少基本的军事常识。"鹰钩鼻子用轻蔑的口吻说。

"可不能小看这些蛮子，刚才先冲进寺院里的人，不是一个也没能出来吗？"吉布森到现在还有些后怕。

"我看你们是让那些藏蛮子打怕了，忘记了我们大炮的威力。"鹰钩鼻子斜眼看了一下吉布森，显然是对他的下属不满。

军官们立即静了下来，瞪大双眼，目光一齐转向荣赫鹏，不知这位指挥官会讲出什么绝妙的计策，来结束这场争吵。

"据我分析，乃尼寺里的敌军并不是很多，否则他们不会不出来追击。就我们的兵力和火力来讲，从正面打进去，是完全可以的。但这毕竟会使我们付出许多代价，而且会耽误很长时间。人力、物力、时间，这三者对我们来说都非常宝贵，绝不能轻易耗费。在向拉萨进军的路上，我们还会遇到很多意想不到的麻烦和困难，乃尼寺不过是一个小小的障碍……"尽管军情紧急，但荣赫鹏显得沉着镇定，他不紧不慢地说着，似乎要把道理讲得明白一些，透彻一些。可听讲的军官们都有些不以为然，特别是那个鹰钩鼻子，更显得不耐烦，但也只好耐着性子听下去。

"叫向导来。"荣赫鹏故意把话打住。表面上显得成竹在胸，不要下面的人多嘴多舌，实际上他对自己的作战方案尚无十分把握，需要一个斟酌的时间。

诺布每天跟英兵在一起，从不乱跑，也不多说一句话，有时爱哼个小曲。英军宿营的时候，他就找个最不惹眼的地方一蹲，裹着那件羊皮袄，打起盹来。起初，荣赫鹏见他老是睡眼朦胧，迷迷糊糊，实在怕他误了大事，一直想把他退回去。

可奇怪的是，从开始到现在，小伙子带的路没出过一次差错，总是找那些尽可能宽阔一些，好走一些的路。使荣赫鹏感到不满的是速度太慢，一天走不了多少路。荣赫鹏对小伙子提出了新的要求，要找近路。向导点了点头，表示明白。但是，走近路的第一天整个部队就陷入了困境，诺布把远征军带到了一条又狭窄又陡峭的山路。到处是乱石和荆棘，徒步行走尚且十分困难，骑兵和炮兵几乎无法行进。

远征军终于在小路面前止了步。荣赫鹏又把诺布叫了去，让他仍然往大路

上带，荣赫鹏还给了他两张五英磅的票子。诺布接过钱，神情木然，一句话也没说。荣赫鹏心中暗自冷笑，心想，真是一个愚昧无知的人，得了赏钱，既不知道高兴，也不懂得道声谢，怪不得这里的庄园主们把自己的佣人看作是会说话的牲口。真的和牲口一样蠢笨。

这天中午休息时，诺布脱下两只牛皮做的、有很多补丁的长筒藏靴，抖了抖里面的沙土，然后从怀里取出两张票子，垫在靴子里。纸币又软又光滑，诺布踩了踩，觉得很舒服，从不发笑的向导，脸上露出一丝笑意。这事正好让威廉看见了，他耸了耸鼻头，轻蔑中带有愤怒地骂道：

“不知道货币为何物，愚昧，极端愚昧无知的人。”

从那天以后，诺布仍然带着英军走那些宽广而平坦的大路。为了赶路，荣赫鹏不断地催促士兵们加快进度。高原缺氧，初来西藏的人，走路都感到吃力，要快速行军，困难就更大了。

不大一会儿，诺布来了。

“哈喽，小伙子！”荣赫鹏拍拍向导的肩膀，他并不知道向导的姓名，也许来协跟他讲过，但是荣赫鹏哪能记得住这些。不过，向导叫什么名字，对荣赫鹏来说并不重要，只要能带路，管他叫什么呢！姓名不过是人的代号，叫A叫B都一样。

诺布愣愣地看着荣赫鹏，大概又是从梦中被人叫醒，此刻仍睡眼惺忪，好像不知道刚刚发生了一场激烈的战斗。

“小伙子，有没有小路，绕过乃尼寺去？”荣赫鹏满脸堆笑，威廉立即把他的话翻译给向导。

小伙子愣了一下，肯定地点了点头，没有说话，但荣赫鹏懂了，他高兴地又拍了拍向导的肩膀：“你说说看，怎么走？”

“左边有条小路，可以绕到后山去，再上大道。”诺布说得很清楚，也很简短。

“太好了，太好了。”荣赫鹏高兴地连连点头。

“乃尼寺后面有门吗？”

“有，寺院都有后门，您问这个干什么？”诺布第一次发问，眼睛里闪射出警觉的目光。但还没有等英国人觉察，就恢复原样了，呆滞、迟钝、还有几分傻气。

“不干什么，好了，没你的事了，休息去吧。”荣赫鹏把小向导打发走了。

“上校，您的意思是让我们绕到后山去打？……”鹰钩鼻子因为自己充分理解了上司的意图而自鸣得意。

“你说对了。”荣赫鹏点了点头，说：“可是，你要留在前面，懂吗？”荣赫鹏的眼里又流露出那种让人捉摸不定的狡黠目光。见鹰钩鼻子有些发懵，荣赫鹏又说：“你在前面佯攻，吸引敌人的注意力；我们到后面进攻，两面夹击。”他举起双手，做了个包围的姿式，蓝眼睛里射出一道凶光，说：“要把那些喇嘛全部消灭掉。”看那样子，荣赫鹏恨不得把寺院里的人全部吞下肚去。

军官们这才明白上司的意图。威廉心想，你刚才装得那么神秘，我还真以为你有什么绝妙的计策，原来不过如此，让我指挥，我也会这么打。

鹰钩鼻子因为得到上司的信任而感到特别高兴，得意洋洋地召集他的士兵去了。

在乃尼寺的藏族军民，正处于紧张与兴奋之中。他们一时一刻也没有离开院墙，午饭是轮换着到大殿和“扎夏”① 去吃的，“哎呀，原来我以为这洋妖有多厉害，他们也太不禁打了，我刚打了三枪，就跑得没影了。”一个手持火枪的喇嘛说。

“你那火枪当然打不了几枪，我可打了十多枪。”仁赛抱着他的来福枪，得意地说。这支枪，是他们打吉布森时得来的。

“你刚拿上几天洋枪，就这么神气？”那个喇嘛嘟囔着。

“刚才您为什么不拣一支？”

“慢了一步，让别人拣走了。”那个喇嘛叹惜着。

“没关系，等一下您再夺一支。”听那口气，小仁赛简直像个老战士。“格来，你打死了几个洋妖？”他又把头转向格来。

“三个。你呢？”格来问。

“两个，他们跑得太快。”仁赛不无惋惜地说。

“这么说来，还是旺秋哥哥打得最多。”

“几个？”

“五个。要没有这点本事，怎么当首领。”

他们正说着，克珠旺秋从巷道里走了过来。

“啊，我们的首领来了。”仁赛躬身吐舌，极其恭敬，惹得众人哈哈大笑。

① 扎夏，藏语音译，意为僧舍，是喇嘛居住的地方。

乃尼寺原有喇嘛四五百人。自从洋妖入侵之后，有的上了前线，有的回了家，现在剩下的不到二百人，加上最近从各地自愿前来参战的藏族军民，总共有三百多人，克珠旺秋被推举为他们的首领。

所谓首领，并不能指挥所有的人。这三百多人，从各地聚集在这里，大家有一个共同的目标和坚强的决心：坚决抗击洋妖，为死难同胞报仇。但究竟怎么打仗，谁也没有一个完整的想法，更不要说什么作战方案之类的东西。他们只有一个简单的想法，活着就同洋妖拼，绝不让洋妖异教徒践踏神圣的佛教圣地；死了，佛爷会超度他们的灵魂升天。因此打起仗来非常勇敢，敌人的炮弹在他们身旁爆炸，机枪喷吐着火舌，子弹像雨点一样射来，他们连眼睛都不眨一下。高喊着："咯嘿嘿——"挥动着砍刀和大刀往前冲。这种不怕死的精神，常常使英军心惊肉颤，惊慌失措，使初战失利。但当英军醒悟过来，冷静下来之后，他们就会成为现代化武器的活靶子，遭受惨重牺牲。

克珠旺秋被大家推举为首领，有着很大的偶然性。他们到乃尼寺的时候，有一些藏军和民兵也陆续来到这里，大家是从曲米仙廓溃散下来的。寺院里的活佛、堪布和大管家等掌权者都跑到日喀则和江孜去了。剩下一百多喇嘛，他们不愿离开寺院，决心与寺院共存亡。到这里的藏军、民兵和一些农牧民，见喇嘛们决心很大，表示愿意同他们一起保卫乃尼寺。正在这时，得知英军大队人马正向乃尼寺进发，于是就准备抵抗。

有人提出，既要打仗，就要有人指挥，应该推举个首领。按道理，乃尼寺的喇嘛是这里的主人，应该由他们负责指挥。但他们当中没有人打过仗。从外地来的人，大家又互不认识。不好推举。这时，小仁赛站了出来，他说，旺秋哥哥能当首领，接着讲了他的理由。别看他平时挺淘气，但在关键时刻，能像大人那样，讲出一套道理来。他把旺秋怎样带领他们部落的人抗击洋妖的经过，详详细细地说了一遍，还捎带着把阿爸洛丹的情况介绍了一番。大家觉得他讲的有道理，但仁赛毕竟是个小孩，而且不管他装出多么严肃，多么正经的样子，终究掩盖不住"小猴子"的顽皮劲儿，所以又不太放心，没有人反对，可赞同的也不多。

格来对旺秋哥哥是非常信任的。他认为旺秋能够担当起指挥大家的责任。他指着大殿里的佛像发誓，说仁赛讲的都是真的。人们对神的崇拜，远远超过对人的信任。既然有人对着佛像庄严起誓，还能有什么可怀疑的？于是，克珠旺秋就成了他们的首领。

刚才克珠旺秋指挥大家打了个漂亮的伏击，一下子打死打伤几十名英军，缴获了几十支洋枪，这使所有的人都为之振奋，也更加信服克珠旺秋的指挥能力。

一位老牧民向克珠旺秋招了招手，旺秋赶紧走过去，坐在他身边。

这位老牧民叫次彭，他关心地问：

"您阿爸有消息吗？"

旺秋摇了摇头：

"没有。"

次彭又担心地问：

"他们能见到佛爷，见到噶厦的官员吗？"

这也正是克珠旺秋最担心的事，像他们这样普普通通的贫苦牧民和喇嘛，要在平时，见一位活佛或大牧主，都非常困难。旺秋长这么大了，还没有见过他们宗的宗本。这次洋妖入侵，许多官员都到边境上来，他才见到什么孜本、代本、知府这样的大官。要想求见至高无上的佛爷，这该是一件多么困难，甚至不敢想象的事啊！但是，旺秋不愿让老人失望："洛桑饶登认识的人多，见过大世面，有他在，总会有办法。"

次彭觉得有道理，点了点头。他又小声问："你看这乃尼寺守得住吗？"

次彭虽然尽量压低了声音，但在场的很多人都听见了，他们立即把目光投向旺秋，看他如何回答——这也是大家所关心的问题。

旺秋虽然没有去看大家，但他明显地感到大家炽热的、关切的目光。旺秋知道敌我力量悬殊，洋妖人多，武器好，尤其是他们的大炮太厉害，要想挡住敌人的进攻，不是一件容易的事。他既不能欺骗自己的同胞，又不愿让他们失去信心，因此没有正面回答老人的问话，只是讲了自己的想法：

"刚才我到各处看了看，大家的决心很大，都说一定要守住这座古老的寺庙，绝不能让洋妖异教徒来糟踏。寺内的粮食、火药很多，吃水也不困难，只要大家齐心协力，守住三五天，我想附近的藏军和老百姓都会来帮助我们。

仁赛满有把握地说："像今天这样打法，我看不要说三五天，三五个月也守得住。"

一位藏军士兵说："洋妖要是用大炮轰开院墙怎么办？"他显然是参加过曲米之战的人，知道大炮的厉害。

一个中年喇嘛庄重地说：

"大家不用担心，我看乃尼寺一定守得住。"他的话说得很肯定，很有把

握，大家停止了议论，一齐把目光投向他。他叫土登朗杰，是乃尼寺的喇嘛。个子高，体格健壮，好像浑身有使不完的劲。

土登朗杰似乎不善言谈，人们看着他，等待他把原因讲出来，他却愣在那里，说不出话来。“你说说道理呀！”

其实土登朗杰并非不善言谈，也不是故弄玄虚，他是在想，怎样把自己想说的话讲清楚，他神情庄重，颇为神秘地问大家：

“你们说，今天我们为什么能杀死那么多洋妖？”

次彭说：“那还不清楚，靠大家心齐，不怕死。”

小仁赛提高了声音：“还有旺秋哥哥指挥得好。”他因为自己向大家推荐了这么个好首领而感到十分得意。

克珠旺秋拉了一下仁赛的袖子，瞪了他一眼。旺秋最怕别人夸自己，尤其在人多的场合。何况今天打败英军，是靠大家的努力，怎么能算作我个人的功劳？

土登朗杰显然对他们的话不以为然，轻轻摇了摇头，又问大家：

“昨天夜里你们听到什么声音没有？”

“您听到什么声音了，快说嘛！”仁赛见他老是反问，不痛痛快快地说出来，有些着急。

“昨晚我睡在大殿里，忽然听见护法神弹琵琶的声音。”他说这话时，始终是那么庄重、认真、神秘、虔诚，而又有几分得意。

“弹琵琶？谁弹琵琶？”仁赛有些不相信。

“反正不是我，也不是你，你们没有听见，凡人是弹不出那么美妙的声音的！”

“那是谁呢？”人们见土登朗杰微闭双眼，像是在回味那美妙动听的乐声，更急于知道是什么人弹奏的，这琵琶声和打胜仗又有什么关系？

“是护法神吉祥天女在弹奏琵琶。”土登朗杰好像泄露了天机，长长地呼了一口气。

“真的？”仁赛感到惊讶。其他人的神情各不相同，有的惊喜，有的好奇，有的人半信半疑。

土登朗杰态度非常认真：“当然是真的。这是护法神在保佑我们，要不然，我们今天怎么能打胜仗？”

“那声音一定是从天上传来的。”格来对土登朗杰的话深信不疑。

“当然啦，菩萨都在天上。”

小仁赛不无惋惜地说：“昨晚我在守院墙，要不也能听到菩萨弹琵琶的声音。”

“那可不一定。”土登朗杰睁开眼睛，神情庄重：“经书上说，菩萨所行之，及以诸大愿，大方内外难尽见。有佛分的人，才能听到菩萨奏乐、讲经的真音。”

仁赛不懂了：“什么人才有佛分？”遇到什么新鲜事，他总要刨根问底，不掏尽泥沙见清泉，是不甘心的。

次彭用教训的口吻说：“你连这个也不懂？前世要积德行善，求神拜佛，才能有佛分。我活这么大岁数了，还从来没有听到过佛的真音，说明我的佛分浅，唵麻尼叭咪吽。”老牧民边说边拿出佛珠，轻轻念诵六字真经。

小仁赛怀着崇敬和羡慕的心情看着土登朗杰。这位普普通通的喇嘛，在他的心目中突然变成一位不同寻常的人物，希望自己也能成为一个有佛分、能够听到菩萨真音的人。他忍不住又问：

“怎样做才能积德行善？”

土登朗杰想了想：“当今西藏，洋妖闯入，烧、杀、盗、淫，使我佛土，灾难日深，我们只有多杀洋妖，保国保家，才能积德行善。”他的话明确有力，丝毫没有刚才那种神秘而不可捉摸的味道。

“对，对！多杀洋妖，保我佛土，正是大功大德。”在场的喇嘛和农牧民都表示赞同。

正说着，曲妮桑姆一手提着壶，一手拿着碗来了。

“喝茶吧，大家辛苦了，喝碗酥油茶。”曲妮一边说着一边倒茶。

“看她先给哪一个。”仁赛望着曲妮手里的木碗，调皮地对旁边的一个喇嘛说。

“反正不会给你。”那个喇嘛说。

“那当然啦，一个是哥哥，一个是情人，我算什么呀！”仁赛故意大声嚷着。

听到仁赛的话，曲妮那本来已挪向克珠旺秋的脚步停下了，端着碗径自向仁赛走来：“小猴子，说这些话不怕烂舌根？给你吧，你先喝。你可别高兴，不是怕你说，是因为你杀洋妖有功，才让你先喝的。”曲妮边说边笑，把那只盛满酥油茶的木碗递给了仁赛。

仁赛受宠若惊，慌忙接过碗，又是躬身又是吐舌。

等大家喝过茶，旺秋对格来说：

“你带几十个人去守后门，一定要把后院守住。”

“后院不是有人把守吗？”格来估计英国人很快会再次发起进攻，少不了又是一场恶战。在这严重关头，他不愿意离开旺秋哥哥，不愿意离开曲妮，也不愿意离开淘气的小仁赛和乡亲们。

旺秋很能理解格来的心情，他耐心地解释着：“刚才我去看过，那里人太少。万一洋妖从后山绕过来，我们就会吃大亏。”

格来觉得旺秋说得有道理，忙带着几十个牧民去守后门。

“格来，你们把后院守好，大门由我们把守，有护法神保佑，我们一定能够守住乃尼寺。”土登朗杰充满了信心。

第十一章

乃尼寺遭劫难

种下罪孽种子，
难得圆满功德。

当天下午两三点钟，英军开始向乃尼寺打炮，一发发炮弹在房顶上、院落里炸开了，不少人被炸得血肉横飞，碎石、土块、木头四处飞扬。一发炮弹从窗户打进去，有座楼房起火了。

见到一发发炮弹在自己身边爆炸，一批批兄弟被炸死，却不见敌人上来，大家即愤恨又着慌，不知道该怎么打。乃尼寺的喇嘛，还从来没有见过大炮，更不知道该怎么对付，有人主张打开大门，冲进去和英国人拼杀。

克珠旺秋同英军打过几仗，知道打炮的时候，敌人不会进攻，就招呼大家赶紧往后撤。他知道，寺院的房子都是石头砌的，非常坚固，只要藏到后面去，大炮就打不着。可是一些喇嘛不听他的指挥，端着火枪，挥着大刀往外冲，土登朗杰深信有护法神保佑，洋妖的枪炮伤害不了自己，挥动着一把大刀冲在最前面。这时敌人打来一阵排炮，又有一批人倒下了。院子里，巷道里，到处是一片红；绛红色的袈裟，火红色的护身结，殷红的血，还有燃烧着的火焰。喇嘛们这才听从旺秋的指挥往后撤，可还是有一些人愤怒地呐喊着，拼命朝前冲。

土登朗杰气得牙齿都快咬碎了，如同虎豹般的胆量，牦牛一样的力气，在

洋妖的大炮面前却施展不开，他恨不能飞到敌营，痛痛快快地和洋妖拼杀一场。他高声呐喊，挥舞着大刀，不顾一切地往前冲。旺秋派去两个人，硬把他拉了回来。

寺院的大门被大炮轰开，院墙打开了几个缺口，这时，英军停止了炮击，旺秋知道敌人快进攻了，赶紧叫大家分别到院墙后面和挨着院墙的一排楼房上去，并让大家把火绳点着。

不久，在机枪的掩护下，英军发起了进攻。等敌人靠近后，克珠旺秋大喊一声："打！"上百支火枪和几十支来福枪一齐向英军开火，没有枪的就用抛石器打。冲在最前面的英军倒下了，可是后面的敌人又冲了上来，藏族军民的来福枪是刚刚缴获英军的，只有几发子弹，一打就光。火枪打了一发，装填弹药，最快也要两三分钟，就是用抛石器打，也要一两分钟的时间装石头，敌人趁这个空隙冲到了跟前，有的人着急了，扔掉火枪，抽出大刀，从院墙上跳下去同敌人拼搏，可是他们还没有冲进敌阵，大部分已经倒在英军的枪口下了。

旺秋赶紧招呼大家守住楼房和院墙，不要往外冲。

听到前面打得激烈，守后院的很多人自动跑来助战。

突然，后山响起了一阵密集的枪声，接着有人惊呼：

"洋妖从后山冲下来了！"

英军经过周密的部署，来势凶猛，后门很快就被攻破。

英军一冲进后院，藏族军民的阵脚就全乱了，大家也不听格来的指挥，自己想怎么打就怎么打，有的人冲了出去，有的人退到大殿，有的人从门楼上跳下去，抱着英军展开肉搏。有个喇嘛跳下去，死死掐住一个英军的脖子，几个英军同时向他开枪，他身中数弹，仍不松手，快倒下时，还狠狠咬住英军的耳朵，直到把英军掐死，两个人才一齐倒下去。

格来见后院守不住了，只得带着身边的人往前院撤，他觉得只要和旺秋在一起，心里就踏实一些，就会有办法。

守后门的人边打边撤，退到前院。在前院的人刚得知后门失守，还没来得及作出反应，一排子弹打了过来，随着枪声，一群英军已经冲进了大殿和东西两厢的僧舍，子弹正是从僧舍的二楼上打过来的。

此刻，寺院里的喇嘛和藏民完全暴露在英军的火力之下，英军已经抢先占领了寺里的制高点，子弹连续不断地从大殿和僧舍的窗户里射出，形成一张喷吐烈焰的火力网。旺秋知道，阻击从后山冲上来的敌人，已经是不可能的了。

他发现前面的敌人并不多，立即大声说：

“寺院守不住了，赶快拉马，快，快离开这里！”老牧民次彭带着几个人牵马去了。

旺秋又对格来说：“快去告诉香楼[①] 上的人，赶快冲出去！”

“旺秋，当心！”只听仁赛尖叫了一声，一个箭步蹿到旺秋前面，一颗子弹打进了仁赛的左肩胛，仁赛晃了一下，又端起了来福枪。

旺秋知道，这子弹是来要自己的命的，被仁赛用身体挡住了。他来不及去救扶仁赛，立即举枪射击。子弹带着愤怒和仇恨。从旺秋的枪口里喷出，一个刚从大殿伸出脑袋的英兵再也没有机会把脑袋缩回去，带着血污的身子重重地摔在大殿前的青石板上。旺秋带着一些人阻击敌人，掩护其他人撤退。

殷红的血顺着仁赛的手臂，流到手掌上，染红了枪托。他的头上冒着汗珠，端着枪的手颤抖着。但是，他仍挣扎着向敌人射击。

喇嘛和农牧民的拼死抵抗，使英军还不能接近他们，趁着一个短暂的间歇，旺秋一把抱住仁赛：“好兄弟，快，快走！”

次彭拉来两匹马，站在两排僧舍之间的巷道中，招呼旺秋快上马，旺秋赶紧说：

“阿爸，快，快带仁赛走！”

“不，旺秋哥哥，你们走，我留在这里。”仁赛执拗地想从旺秋的臂弯里挣脱出来。

“别耽误，快！”旺秋一使劲，把仁赛从墙角上托出去，次彭在下面接住，抱上了马背。旺秋一扭脸，看见曲妮手里拿着一支火枪，正在装火药，脸上是一块一块的锅烟，辫子散开了，袖子也绽开了一个大口。旺秋心里着急：“曲妮，快走。阿爸，你快带他们冲出去。”他连拉带推，把曲妮也弄到巷道中。由于两边的楼房遮挡，子弹打不到这里。

这时，格来带着楼上的人，正要往外冲，寺前的英兵却潮水般涌进了大门，指挥他们的正是长着鹰钩鼻子的英军上尉。顿时，在大门内外，英军同藏民混成一团，展开了激烈的肉搏。大殿里和僧舍上的英军怕打着自己人，停止了射击，也向大门冲去。

几个藏民被英军团团围住，格来的枪膛已空，再装子弹已经来不及。他一反手，抓住枪管，只觉得枪筒滚烫，也顾不得许多，使劲握着枪筒，抡起枪托

① 烧香的角楼，一般都在房顶上。

向英兵的头上砸去，劈哩啪啦，几个围着他的英兵都挨上了几枪托，吓得他们直往后退。

“藏蛮子真厉害呀！”一伙廓尔喀兵哇哇叫着往上冲，格来看准了最先上来的一个廓尔喀兵，两只胳膊向上一抬，又一落，只听“喀嚓”一声，廓尔喀兵的脑浆迸裂，格来的枪也断为两截，手里只剩下一截铁管。他刚把枪筒扔掉，腰里的刀还没有抽出来，只听得脑后有人拉枪栓，格来猛一低头，子弹呼啸着从他的头上飞过，正好打在格来前面的一个廓尔喀兵的耳朵上，血一下子染红了半边脸。格来顺手抢起腰刀，第三个廓尔喀兵也见了阎王。

见后门已破，英军占了大殿，鹰钩鼻子心想，我们在前面进攻，死了那么多人，你们倒毫不费力就攻了进去，我要是进不了寺院，不仅一点好处捞不着，连战功也没有了。于是指挥他的部下拼命往前冲。

眼看英兵越来越多，喇嘛和农牧民在大门内外横七竖八地倒了一片，绛红色的坎肩、裙袍和老羊皮的藏袍，特别显眼。克珠旺秋心急如火，见又有几个牧民从巷道牵出了几匹马，旺秋赶紧让身边的喇嘛们骑着马冲出去。他心想，多冲出去一个人，就多一份力量。

旺秋稍微镇定了一下情绪，见院里所剩的喇嘛和农牧民已经不多，想带领大家冲杀出去。恰在这时，一个廓尔喀兵挥动着马刀向他扑过来，旺秋一抬脚，踢飞了他手里的刀，一反手，又用左手接住了。旺秋一挥右手，砍翻了廓尔喀兵。两把刀左右开弓，杀开一条血路，直向大门口冲去。

格来正杀得性起，手中的腰刀已经卷刃。血，顺着刀往下淌，格来的帽子早已不知去向，头上冒着一团团热气，长发在脑后甩来甩去，身上的衣服撕成一条一条的，一丝丝血迹不断从那露出的胳膊上渗出。

英兵吸取教训，不敢开枪，生怕再伤着自己人，只是把格来团团围住，怪叫着，大概是让他投降，但谁也不敢上前。就在这时，旺秋到了：“格来，换把刀！”旺秋把左手的刀从英兵头上扔过去。格来一见是旺秋来了，顿时精神振奋，接过刀，正要扔掉自己那把卷刃的腰刀，忽然想起了什么，猛地，腰刀带着风声从格来手里飞出，一声惨叫，站在对面的一个英兵倒了下去。

“格来，抢匹马，快往外冲。”旺秋一边挥舞着手里的腰刀，一边对格来说。

格来和旺秋背靠着背，这样，两个人的心里都踏实多了。周围的兄弟们有的已经冲了出去，有的倒下了，大门口只剩下他们两个。他俩靠着石墙，躲避

着敌人的枪弹，并寻找机会，想夺匹马冲出去。寺院里的马很多，刚才次彭他们把所有的棚圈打开，把马全部放了出来。有的已被骑走，有的被流弹打死，还有不少骡马受了惊，嘶鸣着，惊恐地在广场上和巷道里乱奔乱窜，这给英军的进攻造成了障碍，帮了藏族军民的忙。

旺秋和格来还没有能夺马突围，一些英军和廓尔喀兵又冲上来，把他俩围住。有的英军狞笑着，像猎狗戏弄自己的猎物，不肯一枪打死他们。有人高声叫喊："抓活的！""抓活的！拉到大殿里去开膛！"

旺秋和格来听不懂洋人在嚷些什么。他俩感到要冲出重围已经是不可能的了。旺秋心想，为了保卫神圣的疆土，为了保卫庄严的寺院，我们宁愿流尽最后一滴血，这寺院门口，可能就是我俩的灵魂升天的地方。旺秋这个学过一些藏密气功的噶举教派的喇嘛，定了定神，运足了气，准备同洋妖异教徒决一死战。

有几个高大的廓尔喀兵冲了上来，想去抓旺秋和格来。他俩奋臂挥舞着大刀，同廓尔喀兵搏斗。

"咯嘿嘿——"突然传来一阵令洋妖心惊肉跳的呐喊声，十几个喇嘛从一个巷道里冲杀出来，为首的正是土登朗杰。他们早已扔掉了袈裟，只穿着坎肩，裸露着健壮的双臂，挥动着大刀，如同天上掉下来，地底冒出来似的，突然出现在大门口。英国人还没来得及回过头，已有七八个人死在他们的刀下，寺院门前的大青石板上，成了一片血污。

见英军已从后门打了进来，土登朗杰立即带着寺院里的喇嘛，冲向寺内，想去保卫大殿，在僧舍之间的巷道内，他们同最先冲进寺院的英军进行了一场激烈的肉搏。但因大刀敌不住洋枪，火枪更无法使用，使他们遭到很大伤亡。后来英军又用机枪封锁了通往大殿的路口，使他们无法前进，只得再折回大门口。

土登朗杰他们的到来，使旺秋和格来受到鼓舞，顿时勇气倍增，举刀猛砍，砍倒了在最前面的两个廓尔喀兵。他俩冲上前，同土登朗杰等人汇合一处。旺秋高声喊：

"土登，快！从右边冲出去！"

土登朗杰哪里听得清旺秋的话！仇恨的烈火在他胸中燃烧。他看见鹰钩鼻子站在远处，穿着与别人不一样，像个头目，正在指挥英军往上冲。心想，正是这个洋妖头目，指挥洋妖杀死了我们那么多同胞兄弟。他大吼一声，跳跃着，猛扑过去，其他一些喇嘛也呐喊着冲了上去。鹰钩鼻子吓了一跳。立即举枪射击。土登朗杰的胸口中了两枪，殷红的血顺着坎肩流出来。英国人一起朝

他们开枪，喇嘛们纷纷倒下了。

土登朗杰趔趄一下，差点儿倒下，但他紧咬着牙，忍着剧烈的疼痛，慢慢举起刀，运了运气，使尽最后的力气，猛扑过去，用力朝鹰钩鼻子砍了一刀，只听见鹰钩鼻子发出一声惨叫，左臂被砍断了。

土登朗杰也终因流血过多，支持不住，他那魁梧健壮的身躯，沉重地倒了下去。那双眼睛却没有闭上，仍然喷射着怒火，瞪着洋妖，恨不能把他们一个个都咬死。此时，他既听不到呐喊声，也听不见枪炮声，在他的耳际，仿佛仍然回响着护法神弹奏的悠扬悦耳的仙乐。这声音来自很远很远的地方，好像来自天界。他相信，他自己和所有为保卫佛土而死的兄弟们的灵魂都能升天，到那庄严神圣而又无限美好的天界。……

旺秋、格来和剩下的最后几个喇嘛，仍在同英军拼搏。

“叭！”一声枪响，打中了鹰钩鼻子身边的一个英兵，接着又是几枪，几个英兵应声倒地。大门外的英军立即骚动起来。只见一匹大青马驮着一个藏族小伙子从外面冲了过来，还赶着几匹马。他手举来福枪，一边射击，一边大声呼喊：

“旺秋，格来！快，快走！”

“向导，我们的向导！”鹰钩鼻子一回头，发现骑在大青马上的人正是他们的小向导。他像是见到救星一样，急忙招手，被砍断的左臂上还滴着鲜血，他想叫向导把马给自己，话还没有出口，诺布的枪响了，随着枪声，鹰钩鼻子摇晃着一只胳膊倒在血泊中。

趁英军惊愕之际，诺布已经到了大门口，喊了声：“快上马！”

旺秋和几个喇嘛翻身上马。格来看到是诺布，忽然愣住了。旺秋急忙催促他：“快，快上马！”他才醒悟过来，迅速跨上了马。英军还没有弄清是怎么回事，他们已经冲出去好远。过了一阵儿，他们才觉得“嗖嗖”的子弹声，雨点似的从他们的耳畔飞过。

守卫在寺院里的三百多藏族军民，大部分被打死，只有少数人冲了出去。大门前，院墙内，巷道里，大殿前面，到处都是横七竖八、血肉模糊的尸体，有的藏民死死地抱着英军，啃着他们的大鼻子，或咬住耳朵。

一场战斗结束后，照例应该清理战场，清点人数，登记阵亡的士兵，抢救受伤人员。但是，今天的情况有点反常，疲劳，饥渴和贪婪的欲望紧紧缠绕着这些来自异域的官兵，使他们迫不及待地想冲进寺内去掠夺佛财异宝。然而，

掠夺也要按等级进行，大殿门口已经站着上校的四个卫兵，气势汹汹地盯着这些欲闯大殿的兵士们。英兵们气馁了，上校拿完之后，还有威廉、克拉克等许多军官，别看冲锋陷阵的是他们这些士兵，流血拼命的也是他们，但是，有好处的时候可轮不到他们！这些士兵们等不及，忙跑到大殿两旁的小经堂和僧舍里去了。

大殿里，荣赫鹏正眯着眼睛四处张望。殿正中是一尊巨大的释迦牟尼像，有两层楼那么高，上面已经落下很多尘土。像前的案桌上，摆着几盏银质酥油灯，有的已经倒了，酥油洒得到处都是；有几盏酥油灯还在燃烧，一跳一跳地冒着橘黄色的火焰。荣赫鹏听人说过，神案前的酥油灯是常年不灭的。大殿中央，十二根柱子用彩缎包着，彩缎在油灯下反射着光，更显得绚丽夺目。左右两边的条案上，放着一卷卷经书，已经落上了一层薄薄的尘埃，看来是很长时间没人动它了。

荣赫鹏被殿堂里的华丽装饰惊呆了，他不禁暗自思忖：这么个普通的寺院，就如此富丽堂皇，有这么多奇珍异宝，日喀则的扎什伦布寺，江孜的白居寺，还有拉萨的三大寺，大昭寺、小昭寺和布达拉宫……该有多么宏伟壮丽，有多少无价之宝啊！一种贪婪的欲望一个劲地往上涌，快点吧，快点打到拉萨去，西藏这神秘的宝地，令人羡慕的东西实在太多了。

荣赫鹏轻轻地眨了一下眼睛，盘算着该拿些什么东西，因为他毕竟不能把这些东西全部搬回英国去，真是心有余而力不足啊。荣赫鹏睁开眼睛时，他已经决定了还是拿些铜佛、银佛和经书。便走到条案前，左挑右选，终于选中了十几卷用金粉写的经书，几卷贝叶经和一些精致的小佛像。然后让格林交给玛丽，要她妥善保存。以往的财宝都是这样，让玛丽代他保存。格林顺手从柱子上扯下一块彩缎，细心地将它们包好。

这时，荣赫鹏又在四下搜寻着。啊，他是在寻找金佛。

经过一阵仔细得不能再仔细的搜寻后，荣赫鹏确信殿堂里肯定没有金佛，感到十分懊丧，便幽灵似的钻出了大殿，朝僧舍走去。从那座建筑物的装饰上已经肯定东边的二层楼是大喇嘛的住处，荣赫鹏当然要在这个地方休息啰。

侍卫早就守住了门口，荣赫鹏慢步走进了大喇嘛的住处。哎呀，室内的布置真讲究，荣赫鹏没有想到，那些教导人们要超凡脱俗的喇嘛，竟过着如此豪华的世俗生活！

大喇嘛卧室的四壁都是佛像，黄缎子帷幔，黄缎子被褥，黄色丝质窗帘，

真可谓金光耀眼。天色将晚，室内已经有些灰暗，荣赫鹏的目光停住了。啊，他看见了什么？屋子北面靠墙的神龛里，一尊不大的佛像在昏暗的室内闪着光。荣赫鹏使劲揉了揉眼睛，把眼睛瞪大，再瞪大，停了停，把眼睛闭上，又突然睁开，当他确信自己的眼睛没有看错时，猛地扑了过去，一把将一个有半尺多高、闪着金光的小佛像抱在怀里。好沉啊！“金的，是纯金的。”荣赫鹏确信无疑。他抱着佛像，两只眼睛使劲盯着金佛，心头一阵狂喜，朝思暮想的金佛，梦寐以求的金佛，终于到手了。荣赫鹏一屁股坐到大喇嘛的床上。床软软的，荣赫鹏的骨头都酥了。他又紧张，又疲劳，再加上找到金佛的兴奋，荣赫鹏一下子躺倒了，抱着那尊金佛躺倒了。

隐隐约约传来一阵吵闹声，荣赫鹏对此已经习惯了。每到一处，他的士兵总要为争夺财物而吵闹，荣赫鹏也曾为此处罚过几个，但是因分赃不均而吵闹的事情仍然不断发生，他索性睁一只眼，闭一只眼，装作听不到，看不见，不去管他们了。荣赫鹏闭着眼睛，暗自盘算着怎么把金佛带回去。交给运输队吧，他有些不放心；自己带着呢，又太不方便。再说，战事多变，谁能保证不出问题？他又想，干脆把它也交给玛丽吧，叫她装在放发报机的铁箱里。她总是在最安全的地方，不会出什么问题……

荣赫鹏正在为保存金佛而煞费苦心，外面的吵闹声却越来越大，隐约可闻拨动枪栓的声音。

“这是我先拿着的，你凭什么抢？”

“凭什么，是我先看见的，我就得要！”

“你先看见管什么用？是我拿着的，就得归我。”

“你给不给我？”

“不给！”

“不给？！”

“你要怎样？”

“我要你的命！”

“哎呀，算啦，算啦，为块石头也值得这么动刀动枪？”

“石头！你说得轻巧，那是颗夜明珠！是无价之宝，拿回去少说也值几千英磅。”

“值几万英磅也不给你。”

“哗啦”一声，子弹推上了膛。

荣赫鹏急忙走出卧室，一边走，一边回头看他的金佛，生怕他一离开，金佛就会升天似的。走了两步，实在放心不下，又回来，把金佛往缎子被里一塞，这才走出了卧室。

他来到走廊上，见两个英兵像公鸡一样对峙着，脖子和脸都憋成了猪肝色，本来是向里凹着的眼睛，此时都凸出来，成了金鱼眼，太阳穴上的青筋一鼓一鼓的，看起来真是要拼命了。旁边围了一群英兵和廓尔喀兵。再看这些围观者，简直把荣赫鹏的鼻子都气歪了。看来他们都颇有收获，一个廓尔喀兵歪戴着帽子，帽檐儿已经转了一百八十度，手里拿着一团彩缎，胳肢窝下还夹着一只银灯。站在他身边的一个英兵手里抱着一只羊腿，大口大口地撕掳着，咀嚼着，油水和着涎水顺下巴滴滴嗒嗒地落在那本来就很脏的军衣上，但他一点也没有觉察，照旧使劲啃着，嚼着。怎么，还有个喇嘛？当这个“喇嘛”一扭头，荣赫鹏才看清是一个英兵，他裹着一身袈裟。英兵看见荣赫鹏在怒视着自己，吓得他一扭头，跑进了西边的僧舍。

“你们要干什么？”

人们根本没有听见上校的声音，仍在激烈地争吵着，扳动着枪栓。

“你们要干什么？！”荣赫鹏的态度更加严厉，“简直不像话！”

人们这才发现自己的上司居高临下地对着他们，吵闹声立即停止了。

“你们看看，看看自己还像个兵吗？”荣赫鹏带着满脸怒气训斥着，声音都有些嘶哑。士兵们这才静下来互相打量着，抱着羊腿的英兵忍不住“扑哧”一声笑了出来，又赶快捂住了嘴。

“你还笑，就你最能出丑！”荣赫鹏真的生气了。

士兵们再不敢笑了。

“你们，你们简直是丢我的脸，丢大英帝国的脸！怎么回事，你们刚才吵什么？”

士兵们你看看我，我看看你，没有一个人敢说话。那个拿着夜明珠的兵，用双手紧紧攥着，生怕被别人抢走。

“怎么不说话？刚才那种高声大嗓的勇气都到哪里去了？你，”荣赫鹏用眼角扫了一下手拿夜明珠的兵，却故意责问那个拿枪的兵：“说，怎么回事？”

“是！”英军一个立正。“那个夜明珠是我先看见的，可是他却抢走了。”

“你就要开枪打死他，是吗？”

士兵没有回答。

"什么夜明珠？我看看。"荣赫鹏用不屑一顾的口吻说。

格林从士兵手里抢过夜明珠，走上楼递给荣赫鹏。

荣赫鹏接过夜明珠，碧绿透明，甚是好看，难怪他们要争吵不休。

"哪儿来的？"

"大佛像头上的。"

"大佛像头上的？我怎么没看见？"荣赫鹏暗暗地想。是啊，光顾着找金佛了，没有仔细看那泥塑佛像身上的东西。这是个教训，以后到了江孜，到了日喀则，到了拉萨，一定要注意这一点。他早听别人说过，拉萨某个大寺院里，珍藏着一颗世界闻名的夜明珠，那可真是价值连城的宝贝，若能把它弄到手，肯定又是一笔巨额收入。……

荣赫鹏这么想着，身不由己地一步一步走下石砌的阶梯，狠狠地瞪了一眼那群丑态百出的士兵，又走进了大殿。

刚才还是富丽堂皇的大殿，转眼间被糟踏得不成样子。高大的释迦牟尼像变成了一块块土疙瘩，覆盖在柱子上的彩缎连根丝线也找不到了，柱子赤裸裸地竖在那里。香案被打翻在地，四条腿只剩下三条，地上到处都是酥油，银质的酥油灯早已不见踪影，铜质和陶质的酥油灯打翻在地，扔得到处都是。

荣赫鹏见状，不由得有些惋惜，这么好的大殿，要是在我们大英帝国，一定比教堂还受重视。但是，谁让它是中国的，谁让它挡住了我进军拉萨的路呢！想到这些，荣赫鹏不再看了，大步走出大殿，见那群部下仍在殿外等着他，大眼瞪小眼，都想看看上校会把这颗夜明珠判给谁。有两个廓尔喀兵已经打了赌，一个说上校会判给那个拿枪的士兵，因为是他先看见的；另一个则说会判给那个红头发的士兵。两个人争个不休，最后商定输者要献上一条哈达。当然，这哈达也是抢来的。

见荣赫鹏走出大殿，士兵们都屏住呼吸。荣赫鹏把手一挥："夜明珠充公。这次就饶了你们，以后再发生这种情况，定要重重处罚！"说罢，昂然回到大喇嘛的卧室，欣赏他的金佛去了。

"呸！什么他妈的充公，还不是充进了他的腰包！一路上他抢了多少好东西，当别人都是瞎子！"拿枪的兵使劲啐了一口。

"你他妈的要不和我抢，能到他手里？"红头发士兵眼看着到了手的宝贝被荣赫鹏拿去"充了公"，一肚子的怒气。

"抢？是你抢，还是我抢？"

“哎呀，算啦，算啦，一会儿上校要是再听见吵闹声，你们还得遭殃。”抱着羊腿的士兵一边嚼着已经凉了的肉，一边含混不清地劝说着：“快到厨房去吧，放着鲜嫩的羊腿不吃，非要争个什么夜明珠，那玩艺能吃还是能喝？带回国去？想得倒挺美！嘿嘿，天知道我们还能不能回得去哟。得吃且吃，得乐且乐吧。”说罢，一边啃着羊腿，一边又向厨房走去。

两个打赌的廓尔喀兵互相望着，他们谁也没有料到荣赫鹏会来这一手。赌了半天，谁也没有赢。既没有赢家，当然也就无所谓输家，两个廓尔喀乐哈哈大笑，互相换了条哈达，算是没有白赌这一场。

两个士兵吵了半天，动刀动枪的，结果一无所得。有什么办法呢？谁让人家是当官的？更何况在西藏，荣赫鹏就是他们的总督，他们的帝王，他说的话就是圣旨。两个人虽然有一肚子气，可谁敢发泄？只得嘟嘟囔囔地向厨房走去。

第十二章

八角街头

山间流淌的溪水
可以穿透岩石。

阿爸洛丹和洛桑饶登在驻藏大臣衙门前徘徊，踟躇。衙门周围的僧俗百姓时聚时散，时多时少，走一批又来一拨，来一群又走一伙，但他俩始终坚持在那里，想找机会闯进衙门，向安班[①] 大人陈述前线军民的愿望和要求。

洛丹和洛桑饶登在这里等候了两天两夜，这是多么漫长，多么难熬，多么令人焦急和烦躁的两天两夜啊！

洛丹靠在衙门口的一尊大石狮子上，路途的艰辛，到拉萨后所遭受的种种冷遇，一桩桩，一件件，又涌上心头。

离开沃措部落，一路上，洛丹和洛桑饶登几乎是马不停蹄，日夜兼程地赶路，他们只有一个愿望：快快到拉萨，请求佛爷和噶厦尽快增派援军，把洋妖赶出西藏去。他们不断地对自己说，快点，再快点，他们的马终于在临近拉萨的曲水宗倒下了。他俩顾不上看一眼躺倒在地的心爱的马，也顾不上嚼一口糌粑团子，急急忙忙找了位船工，坐上小小的牛皮船，渡过雅鲁藏布江，又匆匆赶路，来到拉萨。

洛桑饶登知道，噶厦在布达拉宫下面，他俩便直奔那里。

① 即钦差。

布达拉宫起基于拉萨红山南边的山坡，依山势蜿蜒修筑到山顶。远远望去，金顶红墙，巍峨壮丽，红宫和白宫连成一气，红白相间，对比鲜明，雄伟庄重，统一和谐。

第一次到拉萨的洛丹，被眼前这辉煌的建筑惊住了。多少次，洛丹曾匍匐在帐房里的神龛前，遥向布达拉宫叩拜，乞求佛爷赐福给自己，给自己的儿女，给沃措部落。现在，终于来到了这红山脚下，来到了佛爷居住的地方。神圣的布达拉宫就在自己眼前。眼前的布达拉宫，比心中的神殿不知要雄伟多少倍。但洛丹眼下还顾不上好好朝拜这心中的圣物。他们要找噶厦，要见噶伦，有最最紧要的事情向他们禀报。

噶厦办理公务的地方共有三处：一处在大昭寺，一处是罗布林卡，另一处就在布达拉宫前的城廓内，那地方藏语叫“雪”，意为宫殿下面。四周有高大的石砌城垣和碉堡。“雪”有噶厦政府的办事机构，叫“雪勒空”，去年英军入侵西藏后的第一号征兵动员令，就是由“雪勒空”发出的。

正南有一座三层石砌碉楼，洛桑饶登告诉洛丹，这就是布达拉宫的正门，到噶厦，或进布达拉宫，都必须经过这座门。碉楼门口无人看守，可以随便出入。

他俩一进大门，看见门内有一石砌影壁，三尺多厚，通道呈凹形。门内有两座琉璃瓦歇山顶碑亭。洛桑饶登告诉洛丹，这碑亭是照内地的样式建造的，叫龟驮御制石碑。一个是藏历铁牛年，清康熙六十年所立“平定西藏碑文”，另一个是藏历水鼠年，清乾隆五十七年所立“十全记”碑。碑文分别用汉、藏、满、蒙四种文字刻于正反两面。可惜洛丹一样也看不懂。进了城廓，他们找到噶厦办公的大楼，可是他们被卫兵粗暴地挡住了。不但不让他们进，甚至不让他们在门口停留。他俩压着满腔的怒火，向卫兵解释，有重要事情当面向夏扎噶伦禀报。不解释还好，一说要见夏扎噶伦，卫兵先是一惊，张大了嘴巴，然后看着洛丹褴楼的袍子，显出不屑一顾的样子，好像在说：你是什么人，竟然想见赫赫有名的首席噶伦！

洛桑饶登耐着性子向卫兵解释，说他们是从前线来的，有重要军情禀报；大概是他们诚恳真挚的态度感动了卫兵，洛丹觉得洛桑饶登的衣着和派头也发生了作用，卫兵这才告诉他们，噶伦们根本不在这里，平常也很少来，大楼里只有几个不管事的小秘书，找着他们也没有用。

其他来找噶厦的许多僧俗百姓，也被卫兵们打发走了。

见不着噶伦，洛丹一狠心，拉着洛桑饶登直接去见达赖喇嘛。他俩登上布达拉宫前面长长的石阶，来到大门口。即使在白天，宫门也紧闭着。这里寂静无声，除了高高的、厚厚的城墙，见不到一个人影。他俩在大门外面整整等了一天一夜。既没有人理睬，也没有人赶他们走。第二天傍晚，一位老喇嘛开了一条门缝，走了出来。洛丹他俩忙上前问安，又向老喇嘛讲了他俩如何从曲米仙廓赶到拉萨，如何去找噶伦遭到拒绝，如何在这宫门口等候的经过，老喇嘛听了深表同情，但又深深地叹了口气，告诉他俩，噶厦政府有令，除非得到噶厦和基巧堪布的批准，任何人不得入内，老喇嘛说，就是让他们进了大门，也见不到佛爷，里面还有好几道关。

老喇嘛给洛丹他俩出了个主意，让他们去找驻藏大臣。说最近新来了一位安班大人，可能会支持我们藏民的抗妖斗争。

“怎么办？”洛桑饶登神情沮丧，显然是失去了信心。

“有路总比没有路强，我们去试试看。”洛丹虽然也没有什么把握，但他不能表现出来，这样会使洛桑饶登更加缺乏信心。

“那，也好。”洛桑饶登勉强同意了。

洛丹和洛桑饶登无可奈何，却又抱着一线希望来到驻藏大臣衙门。

他们的担心并不是多余的。驻藏大臣衙门戒备森严。在噶厦门口还能和卫兵搭上话，而这里，连这个机会也没有。衙门口有川军守卫，附近还有游动的卫兵巡逻。不但言语不通，那些卫兵，一个个横眉怒目，凶神恶煞一般，远远地就把前来请愿、上书的僧俗百姓挡住了。

可怕的不是没有希望，而是希望的破灭。见到这情景，洛桑饶登只觉得浑身无力，一下瘫坐在地上，泪水从心底里涌了出来。

人啊，就是这样。当你一心一意地从事某件事，或者要实现某种愿望时，你会加倍地努力，不会觉得劳累。倘若结果是成功的，你是不会在乎这点劳累的，或许会更有信心地从事另一件事。如果与原来希望的相反，那情形就完全不同了，劳累、疲乏会加倍地向你袭来，沮丧、懊恼、委屈、颓废的情绪也会接踵而至。

“洛桑，洛桑拉，你……你怎么啦？”

其实洛丹何必问呢？他应该理解洛桑饶登的心情。

“我，我……”

洛桑饶登又何必回答呢？他的满脸泪痕，已经展示了他内心的一切！

"阿爸洛丹，您说，您说我们现在该怎么办？还有希望吗？"洛桑饶登抹去泪水，语气中含着忧愤。

"牛毛搓成的绳子，可以锯断粗壮的树干；山间流淌的溪水，可以穿透巨大的岩石。只要我们坚持下去，希望总是会有的。"洛丹这些话，既是在回答洛桑饶登，又在激励自己，虽然他也感到忧虑，却并不灰心；尽管说不上希望在哪里，却有着坚定的信念。

新的一天又来到了。洛丹和洛桑饶登在日光城迎来了第五个早晨。太阳，从东方冉冉升起。朝霞，首先照耀在布达拉宫，霞光照着金顶，金顶映着霞光，金顶与霞光像是在相互交流着感情。慢慢地，阳光顺着金顶铺洒下来，依次照射到布达拉宫前面的广场和广场不远处的琉璃桥。现在，日光已经移过琉璃桥，照到了驻藏大臣的衙门，照到衙门口的石狮子上，也照到了等候在衙门口的洛丹和洛桑饶登身上。

驻藏大臣衙门设在大昭寺西面，布达拉宫前面。与当地贵族农奴主的官邸不同的是，门口除了有卫兵守卫外，还有一对精心雕刻的石狮子，威严地蹲在衙门口两侧，给安班衙门增色不少。

这安班衙门是噶厦政府按照理藩院的指示，为驻藏大臣修建的。衙门修好以后，安班大人感到很满意。但是从内地来的安班大人，看惯了家门口、衙门口的石狮子，认为美中不足的是缺少两尊守门的石狮子。他特意从内地请来了工匠，藏汉族工匠共十人，整整雕凿了一百天。安班大人终于在石狮子的欢迎下，从北郊搬进了新衙门。

这对石狮子，造型美观，神态逼真。右边那一尊，四肢卧地，昂头前视，像是时时准备跃出石墩，扑向前方。左边的那座石狮子前面，有一个小狮子，前爪稍稍弯曲，搂着小狮子，一对警惕的目光，直视前方，保护着自己心爱的孩子。狮子头上的纹路细如游丝，弯曲而潇洒，可以想见当年那十位汉藏工匠在石头上雕凿时运腕的流畅自如。几缕鬃毛，好像是随手凿上去的，但这简单的几下，充分显示了汉藏工匠的功力和才华，绝非轻易可得。当地百姓还给驻藏大臣衙门起了个非常别致的雅号——石狮子衙门。

辛亥革命后，国民政府的驻藏办事处代替了清朝的驻藏大臣衙门，而把这衙门也改作藏军第四代本的营房。这对石狮子，则被搬到达赖喇嘛的夏宫罗布林卡，直到现在，还在罗布林卡东门。这是后话。

洛丹轻轻抚摸着左边的一尊狮子。心中暗自感叹，人们常说，狮子是兽中

之王。传说雪山之上也有狮子。我们藏族把雪山狮子作为威武雄壮和吉祥如意的象征。祖祖辈辈，都喜欢把雪山狮子作为自己民族的标志。传说中的古代英雄格萨尔，也被称作雄狮大王。如今，洋妖闯进了我们家园，藏族人民到了生死存亡的严重关头。我们有这样辽阔的国土，这样众多的百姓，各族兄弟为什么不能像雄狮一样扑向洋妖？！洛丹轻轻拍打着石狮子的头部：雄狮啊，你空张着嘴巴，为什么不怒吼？！你高昂着头，为什么不勇猛地扑向洋妖？！为什么老是这样沉默不语，麻木不仁？！

洛丹又亲昵地抚摸那个小狮子，不胜感慨：禽兽尚且会保护自己的孩子，朝廷怎么就不能保护自己的臣民？！

藏历二月，天气还比较冷，石狮子周身冰冷。洛丹想到，石头冰冷倒没有什么奇怪，也不可怕。令人不解，让人寒心的是，衙门里官员们的心，为什么比石头还冷？自从洋妖入侵西藏，尤其在曲米之战以后，整个拉萨，整个西藏都在燃烧，都在沸腾，来自各地的僧俗百姓没日没夜地等候在衙门外面，请求接见，呈交公禀文书，为什么衙门里的人就安稳不动，无动于衷？！难道他们身上流动的不是鲜红的热血？难道他们是糌粑做的，泥巴捏的，木头刻的，石头雕的，连这座狮子都不如？！这座石狮子还能使衙门显得威严，身为朝廷重臣，安班大人为什么像雪猪子那样，老是缩在窝里？！

想到这里，洛丹不禁打了个寒战。他确实感到冷，身子冷，心里更冷。由于高原气候的特殊变化，太阳刚升起时，是一天当中最冷的时刻，藏族有句谚语：太阳初升之时，连雄狮也会发抖。整整一夜，洛丹没有喝一口茶，吃一团糌粑。饥饿、寒冷、劳累、困倦，一齐袭了上来。洛丹毕竟是上了年纪的人，他感到从未有过的疲乏，浑身的骨头如同散了架一样，又酸又疼。心口像是被什么东西堵住了似的，一阵阵发慌、发闷。洛丹抬头看看天，朵朵白云在飘动，洛丹自己也觉得在飘，脚下，如同踩了羊毛一样，地怎么变得这样柔软？他低头看了看脚下，大地像是在晃，晃得他站不稳，老阿爸感到支持不住，就要倒下去了……

“阿爸！阿爸！”

洛桑饶登的呼唤使洛丹从瞬间的昏迷中清醒了，他揉了揉发花的眼睛，定了定神，终于支撑不住，身子重重地靠在了石墩子上。

“阿爸，您脸色不好，是不是病了？”洛桑饶登关切地说。

“没有。”洛丹摇摇头，强打精神说：“到底是年岁大了，不比你们年轻

人，有点累。”

“阿爸，我们先到城里去喝碗茶吧！”洛桑饶登知道阿爸洛丹是位刚强的老人，他不愿别人说他人老，累了，病了。

“不用，说不定今天衙门里会有人出来。”洛丹镇静下来，他活动了一下僵硬、酸疼的腰腿，又揉了揉胸口，长长地呼出一口气。他真希望今天能从衙门里出来一位官员，听听百姓们的呼声，听听前线军民的呼声。

“听说衙门里的官都爱睡懒觉，说不定现在还没有起来哩！阿爸，我们还是先到八角街去喝碗热茶吧。”见洛丹那一脸掩饰不住的倦意，洛桑饶登真怕老人支持不住。

“再等一等。”洛丹擦了擦鼻尖上的冷汗，靠着石墩盘腿坐下了。

突然，从东边传来一阵喊声：

“快到八角街去看啊！噶厦政府要开大会，质问夏扎噶伦。”

“三大寺要追究曲米战败的责任啦！”

随着这喊声，衙门口的人一下子活跃起来，纷纷向大昭寺涌去。

“阿爸，您听见了吧，噶厦要开大会了，追究曲米战败的责任，我们快去吧，这下可有说话的地方了。”洛桑饶登有些激动，拽着洛丹就走，老阿爸叹了口气，跟在洛桑饶登后面，他边走边回头，安班衙门仍然紧闭着。门口那对石狮子，依然站立两旁，神情漠然地看着老阿爸和僧俗百姓向东走去。

大昭寺位于拉萨城中心。它庄严雄伟，是拉萨发展变化的历史见证。这座宏伟的建筑物，全部是土木结构。主殿分为三层，金顶白墙，在阳光下，闪闪发光，甚是辉煌。文成公主从长安带来的释迦牟尼佛像就供奉在这里。

自那以后，千百年来，每天都有成百上千的信徒在这里烧香祈祷，顶礼膜拜，每逢藏历年则有数万僧众，到殿堂里烧香点灯，室内的梁柱、墙壁、佛像和壁画，全被香烟熏黑。由于信徒们一代接一代，一年又一年，持续不断地磕长头，门外的大青石板上，磨出了深深的槽印。

洛丹早就想到大昭寺来朝拜释迦牟尼像，烧炷香，磕个头，给酥油灯添一点油，这是他多年来梦寐以求的愿望。可是一直没有这个机会。到了拉萨，也急于禀报战况，没有能来朝佛。听说噶厦的会议还没有开始，他顾不得告诉洛桑饶登一声，急匆匆走到大昭寺门前，放下挽在头上的辫子，一连磕了十几个长头，然后长时间匍匐在地，默默祈祷。

洛桑饶登一转眼不见了洛丹，以为在人群中挤丢了，他东挤西闯，急得满

头大汗，最后在磕长头的人群中找到了他。

“您也不说一声，真把我急坏了。”洛桑饶登用长袖擦汗，语气中有埋怨的味道。

洛丹又连着磕了三个头，这才慢慢站起身，表示歉意：

“到了神殿面前，把什么都忘了。”

“今天人多，您又不熟悉路，我真怕把您给挤丢了，挤出毛病来。”洛桑饶登关切地说。

“还没有开始吧？”

“没有。”

“那我们去转转八角街好吗？”

“好。”

从磕长头的人群中挤出来，他俩来到“公主柳”旁边。

“阿爸洛丹，您看，这就是著名的公主柳。”

洛丹顺着洛桑饶登的手指看去，广场上，孤零零的有一株柳树，树干粗壮，树杈很多，树梢上已经长出了鹅黄色的嫩芽，柳树用碎石围着，柳树旁边还有几座石碑，其中一座又高又大，矗立在正中央。

洛丹用他那和树皮差不多一样粗糙的手，抚摸着树干，怀着敬仰的心情问：

“它真是公主的头发变成的？”民间传说这垂柳是文成公主的长发变的。

“这是一种传说。还有人说这树是公主亲手栽的，所以叫公主柳。”洛桑饶登解释说：“藏王松赞干布从内地迎娶文成公主，促进了唐番友好。据说公主笃信佛法，她不但从内地带来了释迦牟尼的佛像，还带来了许多经典文书和能工巧匠，把汉族的工艺、医学和历算传到了藏区，为藏族人民做了许多有益的事。千百年来，民间流传着很多有关她的传说，不一定都是真的，只是表现了藏族人民对她的尊敬和怀念。”

洛丹点点头说：“凡是为百姓做过好事的，老百姓都会尊重和怀念他们。”

洛桑饶登指着一座石碑说：“阿爸，您看，这个碑，叫唐蕃会盟碑，也叫甥舅会盟碑。”

这是一块扁柱形、上有顶盖的石碑，有一丈多高，二尺多宽，约一尺厚。碑的四面都刻有汉、藏两种文字，可惜他都看不懂。

“阿爸，时间不早了，我们快去转八角街吧！”洛桑饶登搀起了洛丹。

"好，好！到了拉萨，不转八角街，可是一件让人终生后悔的事。"

按照藏族习俗，除了在佛像前烧香，磕头，点酥油灯，还要围着佛像、佛塔、经堂或寺院转圈，据说是寻求超度之路。转得越多，越勤，积的功德越多。来世就越容易得到好报，甚至到极乐世界，而不会走入迷途。

文成公主从长安带来的释迦牟尼佛像，供奉在大昭寺，它成了藏传佛教的象征和中心，全国各地的藏族、蒙族同胞前来朝佛，就是朝拜这尊佛像。信徒们认为围绕着它转，比在别的地方转经，积的功德要大得多。

在大昭寺内，围绕释迦牟尼佛像有个回廊，围着它转，藏语叫"朗廓"，即内转，但普通人进不去。围着大昭寺转，叫"八廓"，即中转，在大昭寺周围形成一条街道，就叫作八角街① 。沿拉萨河，围着整个拉萨城转经，叫"琪廓"，意为外转。

如果把拉萨比作西藏的心脏，那么，八角街应该是这心脏的主动脉。这是拉萨最繁华、最热闹的街道。街道两旁有许多店铺，经营商品的不仅有西藏的特产氆氇、皮毛、药材等，也有内地来的丝绸、锦缎和茶叶，还有印度、尼泊尔进口的呢子和洋布。小商品、小食品就更多了。

近些天来，街上的人明显地增多了，从衣着和说话的口音看，什么地方的人都有。他们中大多数人还背着火枪、弓箭一类的武器，看得出来，这是些从西藏各地前来参战的百姓。这些人的到来，给拉萨城增加了很浓重的战斗气氛，连空气都充满了火药味。本来就不很宽阔的八角街，显得更狭窄了。

洛丹和洛桑饶登转着，看着，不时地和一些陌生人打招呼，不管过去是否相识，共同抗击洋妖的心愿把他们紧紧地连在一起了。

洛桑饶登被这种气氛所鼓舞：

"阿爸，您看，您看，我们有这么多人，大家都想上前线，只要佛爷一句话，我们就……"

"一起扑向洋妖！"洛丹的身子像是轻松了许多，心头也是热乎乎的。

"公主柳"在大昭寺西门，噶厦开会的地方在南门。按照佛教的规矩，转经要从左至右转，不能逆转，只有苯教和异教徒才从右至左反着转。洛桑饶登领着洛丹围着大昭寺整整转了一圈，来到南门口。这里挤满了人，会议已经开始。

洛桑饶登拉着洛丹的手，连挤带央求，说明自己是从前线来的，有重要事

① "八角"，是藏语译音，不是汉语。有人望文生义，说"八角街"是四面、八方，有八个角的意思。这种解释是错误的。正确的译音，"八角"应写"八廓"，四川人把"角"读作gūo，当年川军入藏时，将八廓街叫作八角街，约定俗成，以后都叫八角街。拉萨的朗廓、八廓、琪廓，相当于现代城市的一环、二环、三环路。

情向噶厦禀报，终于挤到了南大门附近。但是门口有藏军守卫，把所有人都挡在外面了。

人们怀着关切、焦急的心情，从早上一直等到下午，可是噶厦政府没有一个官员出来说明会议进行的情况，更没有人倾听僧俗百姓的要求和愿望。人们感到不耐烦，甚至有些不满和愤怒。尤其是三大寺的喇嘛和外地来的百姓，情绪更加激动。广场上的人群开始骚动，吵吵嚷嚷，要夏扎出来，向僧俗百姓说明情况。在他们看来，曲米战败，夏扎噶伦有着不可推卸的责任。喇嘛们拍着巴掌，像颂经一样有节奏地呼喊：

“夏扎出来，夏扎出来！”

“胆小鬼夏扎出来！”

“卖国贼，夏扎出来！”

…………

尽管外面闹翻了天，里面的人始终不予理睬，人们被激怒了。有人喊叫，要冲进会场，把夏扎拉出来。由一批外地来的青年喇嘛带头，往大门里冲，守卫的藏军挡不住，人们冲进了大院，洛丹和洛桑饶登也被人流挤到了楼下，他们眼看着就要冲进噶厦开会的楼房。这时，在楼房的平台上，出现了一个身穿黄袍的官员。这人约有三十来岁，中等身材，面目清秀，显得机敏干练，他拿着一条洁白的长哈达，向着人群挥动，让大家安静。

激愤的人们慢慢平静下来，吵闹声也逐渐止息了。

平台上的官员大声说：

“僧俗百姓们！从各地来的同胞们！请大家耐心一点，噶厦正在开会，夏扎噶伦在说明情况。请大家不要着急，佛爷讲啦，僧俗百姓的要求一定要得到满足，我们一定要把洋妖赶出西藏去！”

“好啊！好啊！”

“求佛爷保佑！”

…………

人群又沸腾起来！

洛桑饶登一见那位官员，觉得面熟，仔细一看，忽然想起来了，一拍洛丹的肩头，指着平台上的官员，高兴地说：

“有办法了，找他去。”

“他是谁？”

“宇妥孜本。”

“孜本？”一听说是孜本，洛丹立即想到多吉孜本，不觉皱起眉头。

“宇妥孜本和多吉孜本不一样，和夏扎噶伦也不一样，他一定能帮我们的忙。”洛桑饶登很有把握地说。他已经有了新的主意，通过宇妥孜本直接拜见达赖喇嘛。

第十三章

在寂静的罗布林卡

湖面上雪压冰封，
湖底下翻波涌浪。

自从英国远征军入侵之后，整个西藏就像一口沸腾的大油锅，没有一时一刻能安静下来。作为西藏首府的拉萨，更成为沸腾的中心。

曲米一战，藏军遭到重大损失的消息传出后，全藏震惊，犹如在这沸腾的油锅里，又浇上一大盆滚烫的酥油汤，沸沸扬扬，奔涌不止。连日来，拉萨市的居民，三大寺的喇嘛，还有从各地来的农牧民，纷纷涌到布达拉宫下面的噶厦政府、大昭寺等和驻藏大臣衙门，要求噶厦政府发布征兵动员令。组织全藏僧俗百姓，同洋妖决一死战。同时要求朝廷派兵，支援全藏僧俗百姓的抗英斗争。

这时，只有石墙环护，绿树掩映的罗布林卡，依然保持着往日的安宁、清静和肃穆，因为至高无上的达赖喇嘛已经从他的冬宫布达拉宫移居此地，没有人敢来打扰他。噶厦政府也不准人们接近罗布林卡。名义上是怕打扰佛爷，实际上是想对达赖喇嘛封锁消息。

但是，外面的人哪里知道，此时此刻，达赖喇嘛的心情并不像这林卡一样的安宁，他的心里也有一口油锅在翻滚，在沸腾。

自从五世达赖罗桑嘉措执掌西藏政教以来所形成、历代达赖喇嘛必须遵

循、刻板单调、一成不变的生活规律被打破了，他说有重要军政大事要商议，向经师[①] 请了假。早晚也无心念经祈祷。刚才侍读喇嘛来要同他一起学经，他也推说有事，让他回去了。

罗布林卡意为宝贝林园，位于大昭寺西面的拉萨河畔，始建于七世达赖格桑嘉措时期。它的旧地，原是一片野羊出没、杂草丛生的荒芜之地。荒地中有一眼珍贵的泉水，因此而得名。每年夏天，七世达赖格桑嘉措常来此处沐浴，治疗疾病。当时的驻藏大臣为了显示皇恩，给他修了一座凉亭宫，命名为乌尧颇章。名曰宫，实际上是个规模不大的休息室。过了几天，七世达赖又在乌尧颇章旁边修了一座名符其实的宫殿，并用自己的名字命名为格桑颇章。格桑颇章高三层，全部由花岗石砌成。宫内不仅有佛堂、卧室，还有护法神殿、集会殿等。此后格桑颇章便成了历代达赖执政前的驻锡之地。在他们执政后，这里便成为夏宫，每年藏历三月中旬到十月初，达赖喇嘛要在这里居住达半年之久。

今年，达赖喇嘛提前下山了。在接到多吉孜本关于藏军在曲米失利、拉丁代本阵亡的报告的当天晚上，他便作出决定，秘密移居罗布林卡，以便更及时地掌握和了解前线的情况。

第二天一早，达赖喇嘛就在罗布林卡召集紧急会议，指示噶厦任命一名新的前线总指挥，组织全藏僧俗百姓支援前线，誓死保卫江孜宗，绝不让洋妖前进一步。

几天过去了，噶厦借故拖延，这两件事一样也没有办，这使达赖非常生气。尤其让他生气，甚至愤怒的是，夏扎等人竟向他隐瞒了曲米失利的真情，扣压了哲林代本给他和噶厦的报告，译仓有人偷偷地向他告发了这件事。曲米失利之后，噶厦同时接到两份从前线来的报告，一份是多吉孜本写的，他在报告中说，英国人的炮火如何凶猛，英军如何厉害，藏军装备极差，又缺乏训练，根本抵挡不住英军进攻，我军几乎全军覆灭，拉丁代本和托麦堪布等不幸阵亡。

哲林代本的报告，详细叙述了曲米之战的真相，他强调说明我军不是被打败的，而是败在洋妖的阴谋。我们本不应该接受洋妖提出的谈判条件，更不应按照洋妖的要求，派前线总指挥拉丁代本去谈判。哲林代本还说，本来拉丁代本是不赞成谈判的，但多吉孜本以佛爷、安班大人和噶厦三方面的名义，强迫

① 给达赖喇嘛教授佛经典籍的老师。

拉丁代本作首席代表前去谈判，结果中了洋妖的奸计。

大前天深夜，达赖得到译仓的报告，前天一早，他就召见四个噶伦，强钦噶伦是僧官，已经起来，正在念晨经，夏扎、雪康和霍康三个噶伦还在睡梦中，是从被窝里拉到罗布林卡的，达赖喇嘛严厉训斥了他们，噶伦们也十分害怕，跪在地上，唯唯诺诺，连称有罪。

达赖心想，那天在大昭寺召开噶厦大会时，三大寺的代表和僧俗百姓还不知这些情况，否则会把他们四个人撕成碎片。

前天达赖再次催促噶厦任命新的总指挥，并迅速派兵支援前线，保卫江孜。两天多的时间过去了，事情不知办得怎么样了。噶厦一直没有回复。今天一早，他派阿旺喜饶去了解，现在也该回来了。他烦躁地在经堂里踱着步子，又回到禅床上。拿起佛珠，念了几句经，但无心念下去，索性把佛珠放在桌子上，朝外面重重地拍了两下，司茶喇嘛桑丹端着茶壶，弯着腰、迈着碎步走了进来。

“阿旺拉回来没有？”没有等桑丹添茶，达赖就急促地问。

“刚回来。”

“快请他来。”

桑丹吐着舌头，点了点头，他并没有立即出去，朝前走了两步，想给佛爷添茶。

达赖一挥手，显出不耐烦的样子，桑丹又吐了一下舌头，迅即退了出去。

不一会儿，阿旺喜饶悄无声息地走了进来，没有等他问安致意，达赖劈头就问：

“怎么样了？”

“报告佛爷……他们……情况……”

阿旺喜饶面带难色。平时口齿伶俐的大仲译，今天却支支吾吾，话不成句。

“他们怎么样了，你把话说清楚点。”达赖心里着急，语气也加重了。

阿旺喜饶遇到了难题，他不好如实禀报，更不能隐瞒真情，怕贻误大事，佛爷怪罪下来，自己担当不起，他字斟句酌地考虑措词，向佛爷案报：

“夏扎噶伦说任命总指挥一事，他们正与安班大人商谈。”

“和他商谈什么？”

“他们说，按照朝廷旧制，噶伦和藏军代本以上的官员，都要通过安班大人，奏请皇上恩准，才能正式委任。夏扎说，任命总指挥是件大事，噶厦没有这个权力。连佛爷……”阿旺喜饶没有往下说，他低着头，眼珠朝上翻动，仔细观察佛爷的神色。

“佛爷怎么样？”

“他们说，连佛爷也没有这个权力。”阿旺喜饶吐了吐舌头，倒吸了一口气。

“我任命拉丁赛为总指挥时，他们也有这个意思，只是没有明说。”

阿旺喜饶怕佛爷生气，没有往下说。

“往江孜增添援军没有？”达赖又问。

“没有。”

“为什么？”

“他们说，按照《钦定西藏章程》规定，藏军总额不得超过四个代本、三千人。现在我们的军队，已经远远超过这个数目。若要再扩军，须得皇上恩准。夏扎噶伦说，朝廷本来就多疑，对我们极不放心，有人已放出风，说我们以抗击英夷为借口，图谋不轨。因此，一定要十分谨慎。若擅自扩军，恐怕会造成误会。”

“什么话，擅自扩军，图谋不轨？朝廷规定藏军不得超过三千，是什么时候的事，他们知道不知道，现在到我们西藏的洋妖，有一万多人，比当年打进京城，焚烧皇家林园的军队还多得多。我们不扩充军队行吗？”

“基巧堪布也是这么说的，可是噶厦不听。”

“他们打算怎么办？”

“夏扎噶伦他们说，佛爷讲的非常对，但只有奏请皇上恩准，才能施行，否则会因小失大，招来祸患。”

“抗击洋妖，保我佛土，成了小事；在内部互相猜疑，彼此防范，倒成了大事。招来什么祸患，无非说我擅自扩军，图谋不轨，下一道圣旨将我废黜。”达赖愤然站起，急促地来回踱步，以此来排泄心中的愤懑。

“我们对噶厦和安班大人讲，佛爷的心如圣湖一样宽阔明净，终日所考虑的都是为国为民，为佛业昌盛。皇上圣聪，事后知道，也不会怪罪下来。可安班大人坚持一定要照章办事。还说什么要先奏后斩，不能先斩后奏，否则就乱了朝纲。”阿旺喜饶知道佛爷性情急躁，容易冲动，来拜见达赖时，一再提醒自己，不要把所有的情况都向佛爷禀报，但一激动，还是忍不住讲了出来。

达赖气愤地说：

“从拉萨到北京，最快也得三个月，来回就是半年。安班大人的奏折从这里送到北京，到了京城，要经过多少道手，才能送到理藩院，再从理藩院送往军机处。到了军机处，天晓得要压多长时间，才能送到皇上御案前。当今皇上不过是个花瓶，是做样子的。什么事情都是太后说了算。等到太后降下圣旨，不知要到哪年哪月。救兵如救火，洋妖能让我们等那么长的时间吗？”

“他们这样说，不过是个托辞。”

“噶厦究竟打算怎么办？”

“夏扎噶伦去过印度，同英夷打过很多交道，他的态度很明朗。”

“什么态度？”半年多来，达赖对夏扎等人的态度，基本上是了解的，但他仍想听听阿旺喜饶他们的看法。

“他认为英夷是当今世界上最强大的国家，朝廷倾全国之力，尚且连连吃了许多败仗，广州、厦门、福州、天津、北京等先后都被英夷攻破，现在单靠我们西藏地方的一点力量，无论如何也抵挡不住。”

“那我们只好举着哈达投降啰！”

“倒也不是这个意思。”阿旺喜饶尽量把口气放缓和，“夏扎噶伦认为现在英夷势盛，我们只能暂避锋芒，继续与洋妖谈判。他说只要佛爷许可，他愿意亲自到江孜去。”

“在曲米不是谈过了吗？谈得还嫌不够？”

阿旺喜饶低着头，没有回话。

“在洋枪洋炮的逼迫之下，能谈出什么结果？”

“夏扎噶伦说，与其打败了再谈，不如打之前就谈，这样虽也吃亏，但损失毕竟要小一些，如果打败了再谈，再苛刻的条件，也只能接受，没有谈判的余地，那时强迫立约，割地赔款，损失就更大了。而且……”说到这里，阿旺喜饶停了一下，偷眼看佛爷的脸色。

达赖那双聪颖的大眼睛盯着他，催促他快往下讲。

阿旺喜饶接着说：

“朝廷也会怪罪下来，把战败的责任全部推到我们头上，自己去同洋妖媾和。那时，我们将处在十分困难的境地。”

达赖不觉一怔，这些话对他有所触动，他认为不能说没有一点道理。

阿旺喜饶又说：“夏扎噶伦到过外国，同朝廷的官员也打过许多交道，知道好些事情。那天在噶厦大会上，他也举了许多例子，为他主张议和的行为辩

护。”

“对他的辩护，大家怎么看？”达赖很想知道三大寺和僧俗官员们对这一问题的态度。

“多数人反对，三大寺的态度尤其坚决，也有少数官员和贵族觉得夏扎噶伦的话有道理，他们担心我们打不过洋妖，主张谈判议和，乃琼护法神不也是这么说的？”

“难道只有谈判议和这条路可走？”达赖喇嘛两道浓黑的眉毛，几乎碰到一起了。

“不，主张议和的只是少数。”阿旺喜饶坚定地说：“多数官员和僧俗百姓，还是主张坚决抗击洋妖，把他们赶出西藏去。”

“前线有什么消息？”达赖又问。

“没有。”

“哲林代本还在江孜？”

“在江孜。”

“江孜守得住吗？”达赖担心地问。

“若不迅速派兵增援，很难守住。”

“江孜一定要守住，否则拉萨也危险了。你直接到译仓去看看前方有什么消息。”

阿旺喜饶刚走，达赖喇嘛就觉得，其实派他去译仓是没有必要的。若有什么情报，他们会立即来禀报。

达赖对噶厦是越来越不满意，噶厦的见解总是和自己不一致。他觉得噶伦们有意无意地在同自己作对。无视他的权威，依仗他们位高权重，出身贵族，在政界有广泛的基础，对佛爷不十分尊重，对他的旨意，阳奉阴违。按照达赖喇嘛的性格，他早就想采取断然措施，他之所以犹豫不决，是因为他还在权衡，在估计自己的力量。

达赖喇嘛坐在禅床上，手拿佛珠，双目微闭。不了解情况的人，会以为佛爷正在坐禅入定，实际上他在思忖如何处理一系列棘手的重大问题。

这时，一个小喇嘛双手举着铜壶，迈着碎步，轻轻地走了进来。达赖不用看，凭感觉就知道来人是谁。他是达赖喇嘛派进城里打探消息的小喇嘛，这个小喇嘛长得很俊秀，也很机灵，昨天刚刚剃过头，小脑袋亮得发光。

达赖顾不得让他给佛像前的铜碗里倒“净水”，就急切地问：

"城里有什么新消息？"

小喇嘛把手里的铜壶放在身旁的香案上，吐了一下舌头，低声说：

"驻守在江孜的汉兵都撤回拉萨来了。"

"为什么？"达赖感到非常惊讶。

"听说是来守卫安班衙门。"

"什么时候到的？"

"昨天太阳落山之后，他们悄悄地进了衙门大院。"

"有多少人？"

"一百零九人。听说他们原来有一百一十五人，有六个汉兵不愿回来保卫安班大人，留在江孜，宁可受罚，也要和藏族军民一起抗击洋妖。"

"啊！"达赖闪动了一下聪慧的眼睛，感叹道："还有这样的汉兵？"他又问：

"衙门周围的人多吗？"

"很多，可是衙门门口，院墙周围，都有汉兵守卫，根本不让老百姓进去。"

"还有什么情况？"

小喇嘛把这两天在拉萨城里发生的事，尽可能详细地作了禀报。

达赖轻轻抚摸了一下小喇嘛的头，小喇嘛缩着脖子，怀着感激的心情，望着达赖，迈着碎步，倒退着往外走。

"等一等！"达赖把小喇嘛叫住。然后从柜子里取出一个精致的小木夹，用竹笔迅速写了几行字。这种木夹，藏语叫"桑查"，两面很光滑，上了黑漆。写字时先在木板上涂点油，再撒上一层白灰，然后用竹笔书写，写完后，将它擦掉，还可再写。一般用来练字或打草稿。但土登嘉措有时直接用木夹写信。一个木夹，有七八块木板。他写信时，连空木板一起送去，收信人也将回信写在木板上，连同达赖的信一起送回。他看完后，立即让侍从涂干净，有时甚至亲自把它擦掉，不留痕迹。

土登嘉措写完之后，又仔细读了一遍，看有无错漏。他觉得有句话写得不恰当，把整个一面涂掉，撒上白灰，重写了一遍。

土登嘉措能写一笔很漂亮的草楷，刚健有力，挥洒自如。文笔也很流畅、华美，而又简练。他十分讲究文章的修辞和用语的准确，尤其注意正确运用正字法。噶厦政府的俗官，基本上都是世袭，只要出身贵族，白痴也能当大官，在学问上下功夫的人不多。有的人写个短信，也是文理不通，错字连篇。藏文

是一种特殊形态的拼音文字，音同字不同的词很多，稍不注意就会写错。那些贵旅官员们闹过许多笑话，也误了不少大事。土登嘉措对这种情况非常不满，亲政之后。对噶厦和僧俗官员们起草的公文，在文字上提出了很严格的要求。若正字法和修辞上有毛病或字迹潦草，不论内容如何，一定要退回去重写。在达赖喇嘛的严格要求和亲自督促下，近几年来，僧俗官员们比较注意学习藏文，尤其注意练习书法，而且让自己的秘书拼命学习。在达赖喇嘛的倡导下，学藏文、练书法的风气，一时间在拉萨地区蔚然成风。不仅噶厦政府的公文函件的文字水平有明显提高，也促进了拉萨地区书法艺术的发展。自那以后，拉萨地区书法艺术的水平，在全国藏区，一直处于领先地位。

达赖喇嘛写完之后，亲手用一块黄缎把木夹包好，交给小喇嘛：

"今晚你就把它送给旺堆，问问我那只画眉怎么样了。"

旺堆家在拉萨八角街，小喇嘛去过多次。他知道佛爷有个爱好，喜欢画眉鸟和小狗。佛爷有二三十只画眉鸟，十几条小狗。但身边经常只留几只鸟，几条狗，大多数都寄放在别人家，请他们喂养。佛爷很关心它们，经常派人或写信询问。替佛爷喂养的人家，也常常主动写信，向佛爷禀报它们的情形。侍从喇嘛们看到佛爷在这几只小鸟、几条小狗身上花了许多精力，觉得很不值当，曾多次提出，不用寄放在别人家，由他们饲养，免得佛爷经常操心。但佛爷不答应。

小喇嘛收好木夹，迈着碎步，退了出去。

小喇嘛报告的消息，使达赖感到震惊，对新来的驻藏大臣有泰更加不满。他听说有泰是个胆小鬼，整天躲在衙门里，根本不露面，门口有很多汉兵守卫，连噶厦政府的高级官员去找他议事，都非常困难。他对于藏民的防范，远胜于对洋妖的防范。尽管这样，每天仍有数百名，甚至数千名僧俗百姓围着驻藏大臣衙门，闹得他不得安宁。因此，有泰一再致函噶厦政府，要他们派兵确保他的安全。

达赖喇嘛对这位新来的驻藏大臣毫无好感。藏军在曲米失利以后，他曾约见有泰，同他商议抗英之事，要求奏请皇上火速派兵来藏，有泰不但一口拒绝了他的要求，还当着他的面，公然诬蔑藏族军民"冥顽不化，不识大体，方才酿成今日之大祸。"对此，达赖喇嘛感到十分恼怒，他若不是朝廷命官，达赖一定会下令将他送到郎子辖[①] 的监狱里，严加治罪。打那以后，他再也不愿会

① 郎子辖在八角街，相当于拉萨市政府。

见驻藏大臣。他抱怨朝廷，在这关系到国家安危、民族存亡、佛业兴衰的严重时刻，怎么能委派这么一个懦弱无能的人来担此重任？

虎门禁烟的故事，他听过多次，每听一次都感到精神振奋，对林钦差的大智大勇无比敬佩。可是他听到别人讲，后来朝廷竟然把林则徐大人和另一位坚决抗英的官员邓廷桢革职，道光皇帝还亲自下令把他们“发往伊犁，效力赎罪”，而委派懦弱无能、卖国求荣的琦善任两广总督，接替林大人的职务。

达赖听人讲，琦善曾任直隶总督，那时候就怕洋人，后来被任命为钦差大臣、两广总督，派往广州。琦善到了广州，百般讨好英夷，打击陷害钦差林大人，下令拆毁林大人所建炮台，销毁大炮，并与洋妖头目订立《穿鼻草约》，答应割让香港，赔偿烟款六百万元，开放广州。尽管如此，仍然填不满洋妖的胃口，他们还是派兵攻打虎门炮台。琦善的卖国罪行，激起很多官员和各界人士的不满，纷纷上疏要求罢免琦善。重新起用林则徐和邓廷桢。虎门失陷后，道光皇帝在盛怒之下，下令将琦善革职锁拿，查抄家产。据说抄出他的家产仅“番银”一项即达一千万元。但朝廷对林则徐林大人等抗英官员，依然积怒不消，排斥不用。

战事刚刚过去，朝廷又重新起用琦善。道光二十三年十月，赏琦善三等侍卫，继孟保委派为驻藏大臣，来到拉萨。

琦善在任驻藏大臣期间，残酷镇压藏民，武力剿平瞻对[①]地方的民变，朝廷竟因此而谕交部“从优议叙”，加官晋爵。达赖听说琦善回到内地后，又被委派为钦差大臣，参与剿灭太平军的战事。琦善死了之后，朝廷还追赠他为太子太保，谥文勤。

想到这些，达赖感到愤愤不平，抗妖有罪，媚敌有功，真是阴阳易位，乾坤颠倒。达赖心想，为什么不把林大人这样一位有气魄、有胆略、有才干的官员派到西藏来？假若由他来统率各族军民，一定能把洋妖赶出西藏去。

达赖有时觉得，朝廷过去委派琦善、升泰，现在委派有泰这样一些昏庸懦弱之辈来当驻藏大臣，绝不是由于疏忽，而是有意为之。达赖知道，当今的皇上和朝廷的大官都是满族人，满人不相信汉人，更不相信藏人。朝廷认为“防民甚于防寇”。他听人说，西太后曾经讲过这样的话：外来的夷人，不过是皮肤之忧；发捻的反叛，才真正是大清的心腹之患。因此朝廷采取了“以夷制匪”的计谋。发捻之乱，究竟是怎么一回事，达赖不太清楚，当时他还没有

① 瞻对在川藏交界地方。

出世。但他听别人讲，前几年朝廷就曾利用洋人的力量，在内地平定了所谓的“拳匪之乱”。因此，在他看来，朝廷对内忧的防范，远甚于对外患的抵御，这是千真万确的事实。既然朝廷在内地采取“以夷制匪”的计谋，在边疆地区，对其他民族，采取“以夷制番”的谋略那也是很自然的。最近有人向达赖案报，驻藏大臣主张对藏民的抗妖斗争采取“釜底抽薪”的办法，让英、藏双方两败俱伤，以便朝廷更好地“钳制边民，使其就范。”看来这不是有泰个人的见解，而是朝廷的基本国策，他们历来是这么做的，只不过有泰说得更明确一些而已。

达赖喇嘛感到有些疲倦，他坐在禅床上，靠着顺治皇帝赐给的绣有法轮的靠背，双目微闭，双手轻轻搓动佛珠。他又想起了一件往事。

藏历土鼠年（1888年）英国第一次武装入侵西藏时，达赖喇嘛才十三岁，由摄政王执政。正当藏族军民奋勇抗击洋人，并请求朝廷派兵支援的关键时刻，朝廷竟将坚决主战、积极支持藏旗军民抵抗的驻藏大臣文硕免职，派了一个主张妥协退让的升泰来接任。后来由升泰一手操办，签订了《中英会议藏印条约》。

十六年后的今天，朝廷又故伎重演，派来一个胆小如鼠的有泰。堂堂天朝，泱泱大国，难道除了他们两兄弟，再无人可派？！

想到这里，达赖喇嘛不觉心头一颤，产生了一种被愚弄，被出卖的感觉，自尊心受到极大伤害，他觉得朝廷不可靠，只有靠藏族军民自己的力量，才能保卫这佛教圣地。

恰恰在这个问题上，达赖同噶厦发生了尖锐的分歧，以夏扎为首的噶厦政府认为单凭西藏军民的力量，无论如何抵挡不住洋人的入侵。他们把希望寄托在朝廷，通过驻藏大臣，一次再次上书皇上和皇太后，请求派兵来藏。

对于噶厦政府的优柔寡断和办事无能，达赖早已感到不耐烦。但是，达赖也知道，他们的考虑也不是完全没有道理的，英吉利是当今世界上最强盛的国家之一，从非洲到亚洲，世界上很多国家都被他侵占，百多年来，他把邻近各国一个个吞并了，西藏早已暴露在他的魔爪之下。侵占西藏是英国亚洲政策的一个重要组成部分。达赖知道，为了实现这一目的，他们从思想、文化、经济、军事等各方面作了长时间的充分准备。在这种情况下，单凭西藏军民的力量，能够抵抗得住吗？！

达赖感到压抑，沉闷，有一种透不过气来的感觉，慢慢站起来，想到花园

里去散散心。

这时，达赖才发现司茶喇嘛桑丹已经进屋了，他弯腰低头，双手放在膝盖上，显得既虔诚又恭敬。他的眼球朝上翻动，仔细观察达赖的神态。见达赖要出去，他侧身后退半步，用宫廷喇嘛们所固有的庄重声调低声问：

“佛爷用茶吗？”

达赖摇了摇头，又往外走了两步。

桑丹上前半步，小心地问：

“佛爷要出去？”

达赖站住了。转过身子问：

“你有事？”

桑丹双手合十，谦恭地说：

“有两个从曲米仙廓来的人，一定要见佛爷，说有重要的军情禀报，在大门外面已经等了三天三夜。”

达赖喇嘛那浓黑的眉毛微微一扬：

“曲米仙廓？为什么不早报告？”

桑丹微微抬起头，犹豫了一下，终于说了出来：

“噶厦政府有命令，不许任何人随便进入罗布林卡来打扰佛爷。”

达赖面带怒容：

“谁给他们的权力？！”

说完走出经堂，向另一间大房子走去。桑丹立即明白了，佛爷要在那里召见他们。

没过多久，桑丹就带着洛丹和洛桑饶登来到佛爷跟前。一到门口，还没有看清佛爷的脸，他俩立即放下挽在头上的辫子，匍匐在地，不停地磕头，默默祈祷，不敢正眼看一下佛爷，一连磕了二十个头。

达赖一直用慈祥的目光看着他俩，见他俩还不起来，便和蔼地说：“好了，坐下吧。”

洛丹和洛桑饶登听到日夜向往的、至高无上的佛爷的真音，周身的热血立即沸腾起来，有一种无限幸福的感觉。早就在眼眶里转动着的热泪，再也抑制不住，像断了线的念珠一样流了出来。他俩又连着磕了五六个头。然后伏下身子，几乎是贴着光滑的阿嘎地面走到佛爷跟前，向佛爷献了哈达，请佛爷摸顶。

达赖喇嘛伸开手掌，在他俩的头上轻轻摸了摸，然后一招手，一个侍从喇

嘛立即用双手递过两条用红绸子挽成的护身结，达赖喇嘛给每人脖子上搭了一条。他俩大喜过望，感激涕零。倒退回去几步，又匍匐在地，虔诚地磕头。

达赖喇嘛急于知道前线的情况，招了招手，示意他俩坐下，然后用急切的声音说：

“快说说前面的情形吧。”

洛丹和洛桑饶登带着僧俗百姓的重托，十多天来，历尽艰辛，想见佛爷一面而不可得。今天却来到佛爷身边，亲耳听到佛爷亲切的声音，这该是多么激动人心、让人终生难忘的事啊！要不是现在处于非常时期，像洛丹这样一个在社会最底层的普通牧奴，根本没有可能走进罗布林卡，更不要说走到跟前来拜见佛爷，请佛爷摸顶，还得到一条护身结。他的心情非常激动。他有多少话要对佛爷讲啊！但是，考虑到自己的身份，他还是让洛桑饶登先讲。

洛桑饶登从前跟着拉丁代本，见过一些大世面，也曾来过罗布林卡，见过达赖喇嘛，知道在这样的场合，应该怎样说话。他向佛爷呈交了僧俗百姓致达赖喇嘛和大清皇帝的公禀文书，详细诉说了曲米之战的经过，表达了广大藏军和僧俗百姓要求抗击洋妖、保卫国土的坚强决心和强烈要求。他还谈到被打散的抗英战士，正自动地组织起来，继续抗击洋妖。他还特意向佛爷禀报了洛丹和克珠旺秋这两代抗英战士英勇杀敌的事迹。

达赖喇嘛非常仔细地听他报告。看来他对洛桑饶登所谈的情况极为重视。洛桑饶登谈完以后，达赖喇嘛叫洛丹讲，同时让桑丹给他俩倒茶，又将桌子上的一盘牛肉朝他俩的面前轻轻推了推：

“你们一路辛苦了，吃点东西吧。”

听到这样亲切的话语，洛丹觉得有一股暖流流遍全身，双手合十，紧紧贴在胸前，眼睛里噙着泪花，他感激都感激不过来，哪里敢伸手去接干牛肉。

达赖喇嘛见他俩不敢吃，就自己拿起刀，割了两块，一人给了一小块：

“这还是你们后藏送来的。听说在江孜的宗山上，有几间房子专门用来凉晒牛肉。”

洛桑饶登小心翼翼地接过干牛肉，说：“羊卓雍措附近的环湖牧场，水清草茂，牛羊肥壮。羊卓干肉，更是闻名全藏。那里的老百姓，每年秋天都要选最好的肉晒干后，献给佛爷。”

洛丹像得到无价之宝似的，将那小块干牛肉，拿在手上，却没有放进嘴里，他若有所思地说：

“现在洋妖异教徒拿着屠刀闯进了我们的家园，这群魔鬼像杀牛宰羊一样，想把我们西藏，把整个大清的江山一块块吃掉。在东边和南边，洋妖从海上打了进来；在东北和西北，侵占了我们大片国土。洋人在我们的土地上开商埠，辟租界，办教堂，灭佛教，兴异教，烧杀抢掠，无恶不作，连著名的皇家林苑也让洋妖一把火烧掉了。”说到这里，他加重语气：“惟有我们西藏，靠着佛祖的恩典，有喜马拉雅山作天然屏障，才挡住了洋妖的入侵。两百多年来，洋妖通过各种办法，想闯进我们的家园，但始终没有得逞。”

洛丹上前一步，激愤地说：

“报告佛爷，我们的家乡就在喜马拉雅山下，如今她已经不能阻止洋妖入侵，他们用洋枪洋炮打开了一条通道。我们若不拿起刀枪，坚决抵抗，圣地拉萨很快就会落入洋人的魔爪，美丽的罗布林卡，就会变成第二个皇家林园。”

达赖喇嘛点了点头，轻轻摇动手里的刀，语气坚定有力：

“佛说，恕一恶则万恶随之而生，容一贼则强盗随之而来。我们再不能退让了，必须用护法神的宝剑，斩断洋妖的魔爪！”

洛丹和洛桑饶登赶紧跪在地上，连连磕头。洛丹激动得声音有些发抖：

“佛爷圣明，这正是我们千百万僧俗百姓所迫切要求的。望佛爷动员全藏军民，拼死抵抗，纵然男尽女绝，也绝不让洋妖侵占我们的一寸土地，不让异教徒糟蹋我们圣洁的佛法。”

达赖喇嘛点了点头，然后让一个喇嘛去请阿旺喜饶。他一进来，达赖就说：

“拉丁代本抗妖有功，忠勇可嘉，立即以我的名义发布文告，盖上司西德吉印玺[①]，赐给拉丁代本亲属一座庄园，其庄园世世代代免交赋税，以示抚慰。”

阿旺喜饶点头应诺。

达赖又对洛桑饶登说：

“你不怕艰难险阻，始终忠于自己的主人，在危难时刻，更表现得忠贞不渝，实在非常难得，赏给你五十两藏银。作为一个军人，不同于普通的教徒，你要永远忠于自己的民族，自己的国家，要不惜流血牺牲，为保卫神圣的佛教和国土而英勇作战。”

---

① 达赖喇嘛有三颗印玺。第一颗名为“司西德吉”，意为政教平安。这是最重要的一颗印玺，在举行大典或颁发重要文告时使用。这里盖上“司西德吉”印玺，表示庄重。第二颗叫“达丹木”，是达赖签发一般公文时使用的。第三颗叫“赛丹木”，专门用于经济事务。

“是，佛爷。我愿为保卫佛爷，保卫佛教和国土而献出自己的生命。”洛桑饶登匍匐在地，情绪激昂慷慨。

达赖又转向洛丹：

“刚才洛桑拉说你儿子作战勇敢，不愧是佛门弟子。我赐给他一条护身结，你给他带去。”

洛丹慌忙下跪，以头触地，连连称谢。

达赖喇嘛又说：

“你两次参加抗英战争，实属不易。等战争结束，给你人身自由，赏给二十头牲畜，作自由民，自己过日子。”

洛丹做梦也没有想到佛爷会给自己这样的恩典，激动得说不出话来，惟有连连磕头。头皮碰在坚硬的阿嘎地上，流出鲜血，他也没有察觉。

达赖喇嘛又吩咐桑丹：

“他们一路辛苦，带他们去用饭吧。”

说完又亲切地点了点头，用慈样的目光送他俩走出殿堂。

阿旺喜饶小心地说：

“佛爷，驻藏大臣又送来一封信件。”说着，把一个中式大信封双手递给达赖，达赖依旧望着洛丹他们出去的方向，漫不经心地问：

“说什么？”

“安班大人说，最近不断有藏民到衙门去闹事，他要噶厦派藏军守卫衙门，保卫安班大人的安全，噶厦不敢做主，请佛爷圣断。”

达赖这才转过脸：

“这信是什么时候寄的？”

“七天以前。”

达赖用责备的口气问：

“为什么今天才送到这里？”

阿旺喜饶见佛爷不高兴，更加小心起来：

“译仓说，安班衙门送到译仓，耽误了一天，译仓送给四位噶伦，用了四天，噶伦们又商量了两天。”

“哼！”达赖从鼻孔里喷出一股气，对噶厦办事如此拖沓，非常不满。

阿旺喜饶赶紧为自己表白：

“这信刚送到，我就来向佛爷禀报，我是一点也没有耽误。”

达赖不想听他的表白，轻轻挥了挥手，阿旺喜饶知道佛爷有些疲倦，需要休息，但这事关系重大，佛爷不说话，不好处理，他谨慎地选择措辞：

“这事……”“事”的尾音拖得很长，但阿旺喜饶依然没有想到适当的词语。

达赖明白他的意思：

“这事不用管了。”

阿旺喜饶睁大眼睛看着佛爷，好像在说：这样恐怕不好吧！

达赖用肯定的语气说：

“驻藏大臣已经有川军① 保卫，不用我们再派兵去。”

阿旺喜饶更加感到惊讶。驻藏大臣有自己的卫队，老百姓只是要求朝廷派兵来援助藏族军民，绝无伤害他的意思。因此阿旺喜饶也认为没有必要派藏军去保护。但阿旺喜饶暗自思忖，昨天下午我刚去过衙门，除去平时的卫队，没有看见什么川军，佛爷说这话，究竟是什么意思？

达赖看出了阿旺喜饶疑惑的神态：

“这事不用你们操心，驻守江孜的川军已经回拉萨了。”

阿旺喜饶还是有些不信，心想，这样重大的事情，万一弄得不准确，以后朝廷怪罪下来，可不是一件小事。他想把昨天在衙门见到的情况告诉佛爷，还没有开口，达赖就看了他一眼，阿旺喜饶感到，在佛爷那聪慧的眼睛里，闪耀着一种神圣的、不同寻常的光彩。他正不知所措，达赖已经站起来，显然是不想再听他说什么。阿旺喜饶只好拿着驻藏大臣的信，怀着忐忑不安，但又相信佛爷智慧无穷、通晓世事的复杂心情，悄悄地退出去。

达赖喇嘛身边的佣人和僧俗官员，除了摄政王之外，是他亲自从各大寺院、各庄园和各地区选来的。他们当中没有一个是同乡或同寺院的人。达赖又选择一些对自己忠诚，聪明练达的人，派到各寺院或各地区去，甚至悄悄派往高级官员们的身边。那些替他养狗、养鸟的人，也都是他的耳目，他们可以不经过任何人，直接向达赖禀报。平时达赖喇嘛不拘礼仪，宽厚待人，更不随意迁怒于下人。因此他周围的人既畏惧他，又崇敬他，爱戴他，愿意忠心耿耿地为他效劳，虽赴汤蹈火，在所不辞。通过他们，达赖能及时地、准确地了解到各地的情况。拉萨城里头天晚上发生的事，第二天一早他就能知道。在召见噶

① 从乾隆年间以来，清朝政府常年派兵三千到西藏，驻防边境，保卫疆土。当时驻藏的清军都是从四川来的，通称川军。

厦政府的高级官员时，突然说出某时，某地，什么人干了什么事。他讲得清清楚楚，有根有据，然后给予称赞，或是严加训斥。而住在拉萨城里的官员们，对发生在自己身边的事却一无所知，弄得瞠目结舌，狼狈不堪，只能表示诚惶诚恐。回去一查问，果然如佛爷说的那样。

有时达赖能准确地说出最边远、最偏僻的地区发生的一些小事情，事后往往能证明达赖说得完全正确。人们不知道这些消息的来源，认为达赖喇嘛真是全知全能、洞察一切的圣人，法力无边的活菩萨，更加崇敬和信仰他。一些心里有鬼的人，也更加畏惧他。那些官员们不但在一般场合下绝对不敢流露一点点对他不满的情绪，就是在自己家里，在最亲近的人面前，也不敢说半句不恭敬的话，甚至连想也不敢想。他们相信，佛爷不但能知道你今生今世的事，也知道你的过去和未来；不但知道你说了什么，做了什么，而且也知道你心里想什么，打算做什么。

达赖喇嘛只懂藏文，但他身边有几个精通汉文、蒙文、俄文、英文、尼泊尔和印地文的人，依靠他们，他能及时了解国内和国际上的重大情况。达赖的求知欲非常强，又有极好的领悟力和记忆力，他也许是西藏历史上第一个订阅汉文和外文报刊的最高统治者。通过这些报刊、杂志，他能知道许多常人无法了解的事情。地处边疆，文化落后，不知道报刊杂志为何物的普通僧俗百姓们，更加相信达赖喇嘛是观世音的化身、全知全能的圣人。

桑丹再次进来时，带进一个小个子喇嘛，只见他面色黝黑，眼窝深陷，像是有几天没睡觉了。

那个喇嘛正要向他磕头，达赖见他疲劳已极，轻轻抬起手，示意他不必磕头，又指了指地毯，让他坐下。然后看了一眼桑丹，他立即明白了达赖的意思，赶紧去倒茶。

那个喇嘛还没有坐下，达赖便问："快说吧，江孜怎么样了？"

这个喇嘛是达赖派到江孜打探情况的，他顾不上喝茶，也不多说，很快地从怀里掏出一个大信封：

"这是哲林代本给您的。他说，他早就有过报告，不知佛爷为什么没有收到。"

"嗯？"达赖心里一动，皱起了眉头。

"哲林代本说，江孜的守兵不多，若不及时增派援兵，恐怕很难守住。"

"嗯，知道了。"达赖喇嘛微微抬起头，关切地说："快去休息吧。"

“是。”

桑丹带着报信的喇嘛退出去之后，达赖迅速地看着哲林代本的报告，然后站起身，走到窗前，遥望奔腾的拉萨河。他的心潮也像大江大河那样翻波涌浪，奔腾不息。反对妥协退让，要求坚决抗战的公禀文书，他已经收到上百份了，尤以三大寺僧众的态度最为坚决和激烈。他们不但反对议和，而且要求把主张议和的几个噶伦撤职查办。藏军在曲米失利之后，反对议和，主张抗战的呼声越来越高，那曲、昌都、塔工、山南等地的百姓们相继来到拉萨，有的已经自动地奔赴前线。尽管噶厦对他封锁消息，但他还是通过各种渠道，对这些情况知道得很清楚。前几天达赖召见几个噶伦，商议军情时，夏扎等人依然认为英吉利是世界上最强大的国家，他们船坚炮利，连朝廷都抵挡不住，英国人两次攻占北京，逼得皇上和皇太后跑到外地去了。仅凭西藏的一点兵力，无论如何是打不过人家的。主张暂避锋芒，以妥协求生存，因此迟迟不肯发征兵动员令，对噶厦政府的这种态度，他越来越不满意，他们竟敢一再扣压哲林代本给自己的报告，这使他感到愤怒。最近以来，他反复思考的一个问题，现在基本上酝酿成熟，可以作出决断了。

达赖知道这一决断肯定会遭到驻藏大臣和噶厦的反对和抵制，但他深信，一定会得到三大寺、藏军和广大僧俗百姓的支持和拥护。洛丹和洛桑饶登所谈的情况以及哲林代本的报告，更坚定了他的这一决心和信心。达赖转过身，急步走到矮脚桌跟前，对身边的一个小喇嘛说：

“快去请大仲译。”

阿旺喜饶慌忙走进来，惶惑不安地说：

“佛爷……”

达赖打断了他的话：

“你赶快去向基巧堪布传达我的决定：撤销夏扎、雪康、强钦和霍康四个噶伦的职务，立即将他们逮捕。并发布文告，通令全藏。”

阿旺喜饶一听，感到非常震惊。他没有想到达赖喇嘛不同任何人商量，就作出如此重大的决定。尽管他对这一决定是非常拥护的。但这件事关系太重大，同时撤销四个噶伦的职务，并将他们逮捕，这在西藏历史上还没有发生过。他怕因此而引起政局动乱，更不利于抗击英军。为了把事情办得更稳妥些，阿旺喜饶小心地说：

“佛爷的决断非常英明。但是不是先同驻藏大臣商量，按照惯例……”

达赖听他说起驻藏大臣，一股厌恶之感涌上心来：

“和他有什么好商量的？听说最近有泰给洋妖头子荣赫鹏写信，公然诬蔑我们藏族军民‘蠢愚顽梗，不听开导’。还说什么‘蛮族狡诈多端’，要洋妖多加提防。身为朝廷的封疆大臣，竟然对敌人说这样的话，不知是何居心！”

这些情况，阿旺喜饶也很清楚，他见达赖的决心已定，便点头承应，准备去执行佛爷的命令。

“把多吉孜本抓起来，关进郎子辖监狱。”达赖用力搓动着佛珠，语气十分严厉。

“是，是！”阿旺喜饶连连点头，转身离去。

达赖又叫住了阿旺喜饶：

“明天在大昭寺举行法会，由我亲自主持，为拉丁代本和所有为抗击洋妖而战死的藏军和僧俗百姓念经祈祷，超度他们的亡魂。”

“是。”阿旺喜饶吐着舌头。

“还有，”达赖喇嘛加重了语气：“后天上午请乃琼大喇嘛到格桑颇章来降神。究竟能不能同英国人开战，请神作决断。”

第十四章

沸腾的拉萨

火烧森林的时候，
一定要靠大风相助。

在格桑颇章的“贡布拉康”神殿里，正准备举行降神仪式。以宇妥为首的四位新任命的代理噶伦，噶厦政府的其他高级官员，各寺院著名的活佛，呼图克图，以及三大寺的代表，一清早就来了。他们在大殿外面的两间房子里等候着。

在这两间小房子里，聚集着西藏政教界所有的头面人物。平常，他们当中的任何一个人外出时，都是前呼后拥，山摇地动，扰得半个拉萨城不得安宁。若偶尔巡游外地，则要弄得那里的僧俗百姓一年半载缓不过气来。今天，他们都噤若寒蝉，连大气也不敢出，一个个呆立着，就像厨柜里的菩萨。俗官们不敢抽香烟，僧官们不敢吸鼻烟，尽管有些人憋得难受。整个大殿里显得异常紧张，沉闷。

前天，达赖喇嘛下令撤销了夏扎等四个噶伦的职务，并将他们关押在罗布林卡。霍康噶伦向来胆小怕事，谨小慎微。过去他认为我们打不过英国人，主张议和，想劝说洋妖自己退兵。曲米大战之后，他如梦初醒，知道要同豺狼成性的洋妖议和求全，无异于在吃人的老虎脖子上挂佛珠。这次达赖喇嘛降罪下来，他感到悔恨、惭愧和恐惧，自知罪行严重，不会得到达赖喇嘛和僧俗百姓

的宽恕，当天夜里，借着解手的机会，翻过院墙，跳进拉萨河了。消息传出，全城震惊。

昨天，达赖喇嘛又亲自到大昭寺，为死难军民念经祈祷，超度亡魂。这在藏族佛教史上是从来没有过的事，这件事影响很大，给与主张抗英的广大军民以极大鼓舞和支持。

以宇妥为首的四位新任命的代理噶伦，更是主战的激进派，他们几个都是三十出头的少壮派，血气方刚，情绪激昂，决心同洋妖决一死战。

但是，达赖喇嘛也清楚地看到，在上层贵族中，不少人担心我们打不过英国人，依然主张议和，妥协退让，或等待朝廷发兵援助。他们认为，藏军在曲米失利，固然是上了洋妖的当，但更重要的，还是双方武器优劣悬殊。只是现时主战的呼声越来越高，他们不敢说不同的意见罢了。

况且，“神”的旨意对人们的影响也很大。去年英军占领岗巴宗不久，或战或和，两种意见相持不下，达赖自己也下不了决心。噶厦政府就在哲蚌寺下面的乃琼寺里，请乃琼大喇嘛降神，打卦问卜。乃琼说：“应该谈判议和，而不要轻动刀枪。”这件事，在人们心理上的影响是很深的，在曲米仙廓我军遭到重大损失后，有人就说：不听护法神的话，吃了大亏吧！还是应该听神的话，不要轻动刀枪，好好同洋人议和。达赖认为，我军在曲米受挫折，恰恰是因为谈判议和，上了洋妖的当。要消除这种影响，坚定僧俗百姓抗英的信心和决心，还要请“神”出来说话。

达赖自己虽然坚决主张抗英，但能不能取胜，结局会怎样，心里没有数。因此，他也很想知道天意如何，很需要得到“神”的护佑。俗话说：没有弓射不了箭，没有神办不成事。所以，达赖喇嘛决定再次举行降神法会。今天上午，是决定西藏民族生死存亡的严重时刻，或战或和，就听护法神的一句话。

不久，在一群僧官和侍从喇嘛的簇拥下，达赖喇嘛从格桑颇章走来了。恭候在外边的僧俗官员们，像被人牵动的木偶一样，“哗”地一声，一下子全都转向佛爷，双手合十，低头弯腰，屏声静气，不敢正眼看一下达赖。

达赖喇嘛迈着稳重的步子走向大殿，那双聪慧的大眼睛直视前方，哪怕从眼角里，也没有扫一下站立两旁的官员们。他仪态威严凝重，令人敬畏，而又丝毫没有那种装腔作势，盛气凌人的感觉。

大殿里香烟缭绕，沁人心脾，更增加了一种庄严肃穆，神秘莫测的气氛。

达赖进了大殿后，径直走向专为他设置的宝座，盘腿而坐。宝座坐北朝

南，正对着大门。他的左手放在膝盖上，右手轻轻转动佛珠。达赖脸色红润，宽大的前额在酥油灯的照耀下，特别突出、显眼，人们说这是聪明和富贵的象征，鼻子两边浅浅的麻点，就不为人注意了。那双眼睛，炯炯有神，一动不动地看着前方，依然没有看一眼那些战战兢兢地走进来，表现得诚惶诚恐的僧俗官员们。

在宝座上的达赖，同平时的达赖迥然不同。他神仪严毅，不怒而威，神威难犯，既令人生畏，又让人崇敬。

等所有的高级官员和活佛都走进大殿后，侍从喇嘛们立即抬来几个獐子毛装芯的厚垫，铺上藏毯，搭了一个比达赖的宝座略低一点的坐垫，宗教上称之为“法床”。

他刚坐定，外面鼓号声大作，同时传来喇嘛诵经的声音。

大殿里，两个喇嘛站在乃琼大喇嘛的两侧，口中念念有词。一个喇嘛端着盛有“净水”的铜碗，用一缕柏树枝蘸着净水，洒在乃琼大喇嘛身上；另一个人拿着粮食——青稞、小麦和豆类等，大把大把往乃琼身上洒。

这些仪式，叫作请神。据说达赖喇嘛的护法神乃琼在天界，而乃琼大喇嘛只是凡人肉体，只有把“神”从天上请到人间，将神灵附在乃琼大喇嘛身上，他才有神的智慧，通晓过去，预知未来，他才能代神传言，对所问的重大问题，作出决断。

在念经请神的同时，有两个强壮的大喇嘛，吃力地抬着一个长方形的大木箱走来。这里装的是“法衣”，据说有八包盐巴[①] 那么重，只有“神灵”附体时才能穿得起来。

几个喇嘛赶紧帮乃琼大喇嘛脱下袈裟，换上法衣。这时，他不住打嗝、吹气，摇头晃脑，显示出一种坐卧不安的样子。据说这时“神”已开始附在他身上了。一个喇嘛赶紧端来一碗“甘露”[②] 请他喝。

另有两个喇嘛走过来，跪在他面前，恭敬地问：

“能戴帽子吗？”

乃琼大喇嘛点点头。两个喇嘛便起身从木箱里取出一顶大铁帽，铁帽上插着很多彩旗和羽毛。据说仅这顶铁帽就有几十斤重，一般人戴上它站都站不稳，连眼珠也会被压得凸出来。能戴上它，说明神灵完全附身了。

① 一包盐约为六十斤，过去藏区以一包盐（六十斤）作为计量单位。

② 所谓“甘露”，实际上是一种兴奋剂，用很浓的青稞酒和藏药制成，起兴奋、补养作用。

戴好帽子后，乃琼大喇嘛微闭双眼，两手合上，默默诵经。突然，只听他怪叫一声，从“法床”上跳下来，手舞足蹈，大蹦大跳。在庄严肃穆的神殿里，在至高无上的达赖喇嘛面前，肆无忌惮地狂奔乱舞，大喊大叫。有时又大口大口地吹气，说一些谁也听不懂的“佛语”，显出一副发怒的样子。站立两旁的高级官员和在大殿外面的僧众，个个低头，吐舌，显出惊惧之色，惴惴惶惶，心颤神摇。乃琼大喇嘛依然大喊大叫，好像在对什么人发火动怒，严加斥责。

这时，一个年纪稍大、精通“佛语”的喇嘛走近法床，给大家“翻译”：

“护法神说，你们为官当政的也好，僧俗百姓也好，都没有听从佛祖的教诲，行十善，守戒律，致使佛业衰败，人心不善，罪孽丛生。我不愿看到你们这些佛门败类，我不愿在人间，要回到天界去。”

听到“神”的训斥，僧俗官员们诚惶诚恐，个个面如土色，纷纷跪在地上，不停地磕头。

端坐在高高的宝座上的达赖喇嘛也感到震惊。按照惯例，噶厦政府每年要在位于拉萨西郊的乃琼寺举行一次降神法会，向乃琼护法神问卜。主要内容是：一问在新的一年中，至高无上的达赖喇嘛贵体是否健康？若有不祥的预兆，就要念经祈祷。这一年里达赖喇嘛也不能离开拉萨。二问西藏的政教事业是否兴旺昌盛？噶厦政府所施行的大政方针，是否能取得成功？三问是否风调雨顺，人畜兴旺，使僧俗百姓安居乐业？最后，还要问一些噶厦政府不能决定的重大问题。

只有特别重大的问题，连达赖喇嘛和藏王也决定不了时，才由达赖喇嘛亲自主持，在布达拉宫或罗布林卡举行降神法会，请护法神来决断。这样的降神会不能轻易举行。

达赖喇嘛对乃琼护法神的占卜是很相信的，也怀有一种特殊的感情。因为他自己就是经过乃琼大喇嘛的占卜之后，才被认选为十二世达赖喇嘛的“转世灵童”，从一个普通农民的孩子，一跃而成为“雪域一神”，才有今天这样的荣华富贵和无上的权威。据说，乃琼护法神曾指出新的达赖灵童诞生在拉萨东南方向，以后又准确地说出了达赖父母的名字和其他一些特征。噶厦政府派人查访的结果和乃琼占的卜完全一样。从此，僧俗百姓也更加信仰和崇敬乃琼护法神。按照黄教的说法，乃琼护法神是达赖本人的护法神。在内心里，达赖喇嘛把乃琼护法神看作是打开自己以及他的家族幸福大门的命运之神。今天乃琼

护法神如此动怒，不愿为他打卦占卜，这究竟是什么原因？这使达赖感到十分困惑和焦虑。

这时，宇妥带着三个代理噶伦、基巧堪布和阿旺喜饶等人磕着长头，走到护法神跟前，虔诚地说：

“神的指教非常及时。过去我们没有能使西藏政教兴旺，众生幸福，有非常大的罪孽。今后要在至高无上的达赖喇嘛亲自指导下，弘扬佛法，劝导百姓，行十善，守戒律。敬请护法神息怒，留在人间。”

其他人也匍匐在地，恳请护法神息怒。乃琼大喇嘛又跳了一阵，然后坐在法床上用不耐烦的口气问：

“你们请我到人间，究竟有什么事？”

阿旺喜饶赶紧把达赖喇嘛亲笔书写的呈文念给护法神听：

“当前，洋妖异教徒侵入我神圣的佛教圣地，杀我百姓，毁我寺院，我们藏族面临着灭族灭教的严重危机。在此危急关头，我们应该暂避锋芒，与洋妖虚与周旋，退让求和？还是要拿起武器，以剑对剑，以火对火，坚决抵抗，保卫我神圣的佛教和可爱的家园？”

当那位喇嘛把达赖喇嘛的呈文“翻译”给护法神之后，大殿里一下子静了下来，连乃琼大喇嘛喘息的声音都听得清清楚楚。包括达赖喇嘛在内，所有的人都怀着极其复杂的心情——说不清是紧张，担心，还是忧虑，害怕——凝视着乃琼大喇嘛。只见他昂着头，长久地看着达赖后面的一尊大佛，嘴唇微微抖动，好像在同菩萨亲切交谈，商量着什么。他看也没有看一眼坐在他对面的达赖喇嘛，而用傲视一切的目光，扫了一眼两旁的僧俗官员，最后把目光落在四位新任命的代理噶伦身上。宇妥等人立即匍匐在地，以为要对他们传达“神”的旨意。

突然，乃琼大喇嘛又蹦下来，在大殿里狂奔乱舞，狂呼乱叫。包括达赖喇嘛在内，神殿里所有的人都吓了一跳，心情更加紧张，甚至有一种恐惧感。“神”迟迟不下旨意，究竟是什么原因？一种不祥之兆笼罩着大殿，加上香火越烧越旺，烟雾弥漫，使得大家透不过气来。

达赖喇嘛也憋着气，脸色由红润变成了灰白色，手心渗出了汗水，脊梁骨感到凉嗖嗖的。虽然坐在松软舒适的宝座上，却如坐针毡。他的心情更为紧张，复杂。他已下令将夏扎等四个噶伦撤职，并将他们关押。出乎他意料的是，霍康噶伦竟然投河自尽。现在西藏上上下下主战的呼声越来越高，他自己

的态度也非常明确。最近，他采取的一系列重大措施，都是支持和鼓励主战派，压制和打击主和派的，因此也得罪了当今的皇上和皇太后，同驻藏大臣有泰已经翻了脸。万一护法神说不应开战而要议和，他将如何收场？西藏的政局将会出现什么样的情况？他自己的地位会不会因此而发生动摇？更让他忧虑的是，万一朝廷怪罪下来，自己有可能被皇上废黜，另选新的、第十四世达赖喇嘛，就像康熙皇帝废黜仓央嘉措那样。如果真的发生那样的事，西藏的政局，西藏民族的利益，佛教的事业，以及自己在西藏历史上的地位，又将如何呢？……他痛苦地感到，自己虽然被人尊为“全知全能”的“神”，却不能掌握自己的命运，他只能等待着命运之神第二次决定自己的命运。达赖不敢继续想下去，紧张地注视着乃琼大喇嘛，观察着他每一个微小的动作和变化。

达赖看到乃琼大喇嘛双手插腰，大口大口喘气，脑袋从左到右转了三圈，又从右到左转了三圈，然后大吼一声，一个跳跃，来到自己面前。“轰”的一声，整个大殿里都响起沉重的同音。达赖吃了一惊，脸色煞白，神情黯然，甚至有些沮丧，他目不转睛地盯着站在自己面前的护法神。双手紧紧抓住佛珠，忘记了自己是坐在大殿里的佛爷，在任何时候，任何情况下，都要转动佛珠念经，保持威严的神态。达赖心里想，神为什么还不说话？难道神不助我？！护法神这一跳跃，震得他的心在颤抖，他仿佛觉得他的宝座在摇晃，在倾斜，有坍塌的危险……

突然，乃琼大喇嘛猛地转过身，背对着达赖，向着大门，高声呐喊，然后又猛一跳跃，跑到一尊神像面前，取过一副弓箭，转身跑到大门口，拉满弓，朝着西方射了一箭。随手又把弓扔掉，神情庄重地说了几句“佛语”。然后就坐在“法床”上，像拉风箱一样，喘着粗气。

那位担任“翻译”的喇嘛，立即走近达赖的宝座，脸上显出兴奋的神情，用激昂的声音说：

“护法神说，当初不应打仗，既已开战，就要坚持到底，纵然男尽女绝，也不能后退半步，一定要把洋妖赶出国土去。”

听到这话，以宇妥噶伦为首的四位代理噶伦和阿旺喜饶立即伏身下跪，向护法神磕头，表示感谢。其他官员们也都跪下去磕头。

达赖喇嘛一颗悬着的心，终于落到了实处，他感到欣慰。心想，达赖喇嘛毕竟还是达赖喇嘛，命运之神再次为我开拓了一条虽然艰险但却光明而又宽广的道路。

达赖觉得自己的决断虽然有些冒险，但最后毕竟得到了神的护佑，也得到广大僧俗百姓的拥护。一年多来，自己经历了前所未有的困难和危险。可话又说回来了，人生没有笔直的路，若不经历困难，不会成为真正的伟人。佛祖在成佛之前，不也经历了许多磨难、痛苦和挫折？达赖喇嘛对自己表现出的勇气和胆略，感到满意。俗话说，怕火花的不是好铁匠。成功和勇敢，如影随形。怯懦的人，没有危险，没有失败的苦恼，但永远也享受不到成功的喜悦。多少有一点困难怕什么？正像俗话所说的那样，翻过险峻的高山，就是平坦的大道。达赖相信，经过这次危难，僧俗百姓会更加崇敬和爱戴自己。

想到这里，达赖紧攥的拳头松开了，他轻轻地舒了口气，眼睛里射出昂奋的光彩。但表面上却尽量抑制着自己，不动声色。左手又在轻轻转动佛珠，右手悠闲地放在膝盖上，显出庄重而又安详的神态。

喇嘛们又念起送神的经，送"神灵"返回天界。几个青年喇嘛把乃琼大喇嘛请到隔壁一间房子里休息。他们给他脱去"法衣"，身上立刻冒出热气，像淋过大雨一样，内衣全被汗水浸透，他周身的骨头就像散了架一样，瘫软地躺在坐垫上。一个喇嘛端了碗"圣水"给他喝，帮助他清心润肺，安神补气。

过了好一会儿，见乃琼大喇嘛缓过气来，那位担任"翻译"的喇嘛看了看左右，小声说："今天您讲得很好，佛爷和噶伦们都很高兴。"他又贴近乃琼大喇嘛的耳朵："说实话，刚才我真为您捏了一把汗，心都快从胸腔里蹦出来了。"

他这种担心，不是没有道理的。前次降神，是夏扎噶伦为首的噶厦政府主持的，当时乃琼大喇嘛说"应该议和"，按照这一"旨意"，噶厦政府决定同洋妖谈判议和，结果上了敌人的圈套。达赖对此非常生气，当众打了他一向十分敬重的乃琼大喇嘛一耳光，骂他"胡说八道"。乃琼大喇嘛被认为是通达天国、回旋于人神之间的使者，在政治上、宗教上都有很高的地位，享受三品官的待遇，极受人们尊重。当众打骂"代神传言"的降神喇嘛，这在以前也是从来没有过的。

听了他的话，乃琼大喇嘛半睁着眼，用一种莫测高深的神态，有气无力地说：

"我，我说什么了？我什么也没说，是神……"

话没说完，乃琼大喇嘛就躺下了，显出疲乏已极的样子，看上去好像生了一场大病，与"降神"前那魁梧结实、容光焕发的大喇嘛判若两人。

达赖喇嘛兴奋异常，他的决心得到了“神”的支持，这就更有说服力，更有号召力，今后的事情也更加好办了。要是打赢了，当然没有什么可说；万一战争不顺利，也是按照“神”的旨意行事，大家一起决定的，而不用由他一个人承担全部责任，朝廷怪罪下来，也好对付。

回到格桑颇章后，达赖喇嘛立即召见四个代理噶伦，基巧堪布、准宁钦莫和阿旺喜饶等人，让他们以噶厦政府的名义，发布征兵动员令，动员全藏军民，奋起抵抗，把洋妖赶出西藏去。又任命哲林代本为前线总指挥，代替拉丁代本统率全部藏军、僧兵和民兵。

降神的结果很快传遍了全拉萨、全西藏。人心鼎沸，群情激昂，坚定的人，因为得到鼓舞和支持，更加斗志昂扬，奋发勇为；动摇的人，因为相信神的旨意，也坚强起来；怀疑观望、消极悲观的人，或者树立了新的信心，加入抗战的行列，或者慑于全民族的抗英热潮，不敢说相反的话，只好暂时销声匿迹。

这几天，各地藏族军民，带着刀、矛、弓箭和火枪，背着自己家里的糌粑，汇集到拉萨。位于拉萨河南岸、西藏惟一的兵工厂，也在日夜不停地赶制武器，支援抗敌民众。

达赖喇嘛受到僧俗百姓抗战热情的鼓舞，更加精神振奋，信心倍增。他决定亲自为抗敌的军民们摸顶，发护身结，鼓舞士气，求菩萨保佑他们多打胜仗。

达赖摸顶的那一天，整个八角街和林廓路人山人海，刀枪林立。和往常佛爷讲经时那种混乱拥挤的情况不同，人们既热情奔放，又秩序井然，拉萨市的居民们大清早就烧香祈祷，整个拉萨市的上空青烟缭绕，如同降了一场大雾。

这天，在大昭寺前面的丁字街，著名的公主柳旁边，搭了一个很高的法台。达赖喇嘛端坐在法台上摸顶。很多军民手拿武器，身背粮食，从这里直接走向前线。

洛丹和洛桑饶登在拜见达赖之后，本想立即返回去找克珠旺秋他们。但听说佛爷要为抗英军民举行摸顶仪式，他们不愿放过这千载难逢的机会，多逗留了两天。

这天，他俩正好同工布地区的民兵们在一起。工布兵里有一个小矮个，特别引人注意。他头戴一顶圆形氆氇帽，藏袍上套着一件兽皮坎肩，个子比一般人矮一头，却拿着一把长长的砍柴刀，腰里还横插着一把钢刀。人们毕恭毕敬地站立着，等候佛爷摸顶。他却用好奇的目光抬头四望，大概是头一次到拉萨吧，他想把圣地的一切看个够。但因为个头太小，视线常被别人挡住，使他不

能如愿，一着急，他就用左手扶着刀把，右手搭在别人肩上跳起来看。年轻人取笑他，戏弄他，洛丹和一些年长的人则用嗔怪的目光看着他，甚至小声劝他老实一点。他们认为，在佛爷面前如此放肆，是不礼貌的。他却满不在乎，用一种讥笑、淘气的目光看着对方，好像在说：这有什么关系，何必大惊小怪？

当他们来到达赖旁边时，洛丹低着头，双手将哈达举过头顶，献给达赖。洛桑饶登紧跟在他后面。一个喇嘛接过哈达，随手往后面扔。法台后面，哈达已堆积如山，少说也有几万条。另一个喇嘛给了他一根红布条。达赖一眼就认出了他俩，对着洛丹慈祥地笑了笑，掩饰不住喜悦的心情，说：

“你们的愿望实现了吧！”

洛丹立即匍匐在地，连连磕头，激动万分：

“托佛爷的恩典，完全实现了。”

那个工布兵感到奇怪，想不到这个衣衫破烂、很不起眼的老头子，竟有这么大的福分，连至高无上的佛爷都认识他，还同他亲热地说话。他用惊奇、羡慕的目光看了看洛丹，又看了看达赖，而没有上去请佛爷摸顶。

这一耽误，后面的人被堵住，他们着急地拥上来，秩序有些混乱。维持秩序的喇嘛立即用低沉而急促的声音说：

“快走！快走！”

工布兵赶紧走上前去。他的身子还没有法台高，左手拿着砍柴刀，只好用右手把哈达甩上去。在旁边的喇嘛们对这种不恭敬的举动感到不满，生怕佛爷动怒，一齐用严厉的目光盯着他。一个喇嘛匆忙接过哈达，催他快走。

工布兵似乎没有发觉自己的举动有什么失礼的地方，他没有去理会那些喇嘛们，却仰起了头，想仔细看看这受人景仰，被人们称为“全知全能”的活菩萨。

达赖喇嘛看着这个矮墩墩、胖乎乎、结结实实的工布兵，觉得很有意思，亲切地问：

“你叫什么名字？”

“阿达巴魁[①] 。”他的话干脆有力，带有几分得意。

“这名字很好。”达赖点头笑着，今天他显得轻松愉快，兴致极好。接着又问：

“你来干什么？”

---

① 意为勇敢的大哥。

“打洋妖呀！”工布兵有点不高兴。心想，人们说您是全知全能的活菩萨，怎么连我来干什么都不知道？！

达赖又问：

“你不怕洋妖吗？他们的个子很高，力气很大啊！”

阿达巴魁一挺胸脯：

“洋妖的力气再大，能大过狗熊？！报告佛爷，”他用双手把砍刀高高举起，“死在我这把砍刀下的大狗熊，可不止三五啊！”说完，又对着达赖得意地笑了笑。

达赖喇嘛也高兴地笑了，笑得那么坦然，那么自在。这笑声中，包含着一种自信和力量，使周围的人都受到感染。

一位喇嘛悄悄地拉了一下工布兵的衣服，很有礼貌地请他快走。其他人，包括洛丹在内，也用一种异样、惊奇和羡慕的目光看着他，好像在说：没想到你还有这么大的福分。

工布兵边走边回头，望着达赖憨厚地笑着。

后面的人拥上来，又把他和洛丹挤在一起了，洛丹一把抓住他的手：

“朋友，和我们一起走吧！”

看着一队队藏军和僧俗百姓举着刀枪，慷慨激昂地走向前线，达赖喇嘛心里非常高兴。他看到凡是从他面前走过的人，脖子上都系上了一条护身结，在春风吹拂下，一条条护身结像一团团火苗，闪动着，跳跃着，给人以信心，给人以鼓舞，给人以力量。那些得到护身结的人们，显得庄重，虔诚，自豪，兴奋，信心倍增。他们相信佛爷给的护身结能够保佑他们刀枪不入，所向无敌。任何敌人都不能伤害他们，只能被他们战胜，被他们降服。

达赖喇嘛轻轻地摇动着手中的缎带，忽然想起了十六年前的往事。十六年前，进行第一次抗英战争时，他也曾在这里为奔赴前线的军民摸顶。不过那时他才十三岁，由摄政王当政，被别人扶上法台，后面的人让他干什么就干什么。当时只觉得热闹，好玩，别的什么也不懂。

他还隐隐约约记得当时的情景：军民们也是像今天这样慷慨激昂，脖子上的护身结也是这样鲜艳，火红。而今天拿的武器也和当时差不多：火枪、长矛、砍刀、弓箭。不少人连这些东西也没有，屁股上挂着个抛石器，就是他们惟一的杀敌武器。同松赞干布时代相比，只不过多了几支火枪，还有最近刚刚制造出来，尚未使用过的几支“哲布抬枪”。

达赖喇嘛猛然想到，单凭这些武器，靠一条护身结，能打败洋妖吗？！听说十几年来，英国人的武器又有很大进步，他们拥有世界上最精良的战船和枪炮，凭着这些武器，他们在全世界耀武扬威，横行霸道。达赖喇嘛感到深深的忧虑，觉得战争的结局很难预料。他默默祈祷：

求佛祖保佑，让我们的军民多打胜仗。

第十五章

神秘的蒙古喇嘛

有人想朝拜佛爷，
有人想得到供品。

一种从未有过的畅快之感，在达赖喇嘛的心中产生了。他感到畅快，是因为他终于能排除种种障碍，完全按照自己的意愿，决定了如此重大的事情。但是，这种畅快的感觉很快就消失了。代之而起的是一种很复杂、很微妙的情感。除了担心和忧虑，佛爷的心中还有一种空荡荡的感觉，这可是过去从来没有过的。

应该做的和能够做的事似乎都做了，可是，结果会怎样呢？年轻的佛爷心里没有底。正因为如此，他才特别需要得到某种安慰，而当前最重要的安慰就是抗英斗争能够获得胜利。他不但希望从前线不断传来捷报，更为重要的是，他需要使这场战争能够获胜的保证。然而，到什么地方去寻求这种保证呢？

现在，达赖喇嘛比以往任何时候更希望得到朝廷的理解、谅解和支持。他希望朝廷能够改弦易辙，重振国威，派兵入藏，抗击洋妖。从去年到今年，他已经写了好几道奏折。有泰一到任，马上就请他代为转奏，恳请朝廷发兵抗英。谁知安班大人不但不肯代为转奏，反而一再阻挠和压制藏族军民的抗英斗争。这使达赖喇嘛感到失望。失望至极，便产生不满和愤怒，以至于与有泰当面发生争执。从那次不愉快的会见之后，他再也不愿意见这个色厉内荏、一味

压藏媚英的安班大人。因此，在他作出一系列重大决策时，也未同有泰商量。

静心思考，达赖也明白，不管有什么分歧、矛盾和争执，西藏毕竟是大清的版图，西藏的僧俗百姓是朝廷的臣民，朝廷不能不管我们。但是，达赖更明白，在目前这关系到西藏民族生死存亡的严重关头，朝廷确确实实不管我们了，也无力管我们。非但不管，反而出卖我们，以便取悦于洋妖，使朝廷能够苟安，满人的利益能够得到维护。

既然朝廷靠不住，那么，应该依靠谁呢？从昨天到今天，达赖连续召见了三大寺的代表，新任命的代理噶伦。还会见了一些大贵族、大牧主和大商人，想通过他们筹办一笔资金，到内地去购买武器。达赖指定基巧堪布亲自负责这件事，刚才又会见了哲林代本派来汇报战况的然巴代本。达赖同他们研究了局势，商讨了对策。可是达赖依然觉得不踏实。不仅不踏实，心情反而更加沉重了。

这时，达赖又想到了德尔智，想到了俄国人。俄国人和我们不同族，不同教，而且同英夷相勾结，打到京城，烧、杀、抢、掠，无恶不作。但是，如今也管不了那么多，先要解救燃眉之急。只要能降伏妖魔，弘扬佛法，罗刹也可以当护法神。我的护法神乃琼曲炯，不就是被格萨尔大王降伏的魔王白帐王的护法神吗？经过莲花生大师的教化，他成了佛教的护法神。

“啪！”达赖喇嘛又急又重地拍了一下巴掌，桑旦和阿旺喜饶几乎同时走了进来。

“啊！你来了？”达赖对阿旺喜饶的突然而至，感到有些诧异。

“报告佛爷，有件重要的事，向您禀报。”阿旺喜饶显得过于庄重，可以看出他在极力克制自己的情感。

“什么事？”

阿旺喜饶用眼角扫了一下桑丹。桑丹是个机灵人，马上明白了大仲译的意思，他懂事地说：“佛爷，我先在外面等一等。”

“德尔智怎么还没有来？”

“德尔智师父来了多时，他在客厅等候佛爷召见。”桑丹回答说。

“啊！”达赖看着阿旺喜饶，说：“那就请他再等一等。”

桑丹出去之后，阿旺喜饶坐在达赖的禅床边上，说：

“班禅佛爷派来一位堪布，说英国人最近多次派人到日喀则，请班禅佛爷到印度去讲经。英国人说，如果班禅佛爷愿意，还可以去缅甸和锡兰等佛教国家讲经。”

“啊！”

“班禅佛爷说，”阿旺喜饶看到达赖有些惊诧，连忙解释：“英国军队不撤离西藏，他哪里也不去。”

达赖放心地点了点头。

“班禅佛爷让那位堪布转告佛爷，现在大敌当前，两位佛爷的团结，噶厦政府和堪布会议厅① 的团结，以及全藏僧俗百姓的团结，是至关重要的。我们大家应该像洁白哈达的经线和纬线那样，紧紧地交织在一起，任凭什么力量，也不能把我们分离。班禅佛爷请您相信，无论在任何时候，任何情况下，他都不会上洋妖的当，做亲者痛仇者快的事。”

“好，好！”达赖脸上掠过一丝宽慰的笑容。

“还有，”阿旺喜饶接着说：“有泰大人也派人到班禅那里去，说朝廷要废黜佛爷，请班禅佛爷到拉萨来主政。”说到这里，阿旺喜饶显得很冲动。

“卑鄙！”英国人企图挑拨达赖和班禅的关系，破坏西藏内部的团结，培植亲英势力，削弱抗英力量，是蓄谋已久的，既不自今日始，也不至今日止。这些，达赖都非常清楚，觉得没有什么可奇怪的。驻藏大臣早想废黜他，另立新的达赖，这，达赖也知道。不过，他没有想到安班大人如此卑鄙无耻，在这大敌当前，洋妖入侵的严重关头，竟然公开离间他同班禅的关系，在内部制造不和，从背后砍他一刀。达赖捋了捋佛珠，使自己激愤的心情平静下来。他又问：

“班禅佛爷有什么表示？”

“那位堪布说，班禅佛爷非常生气，当面斥责了安班衙门的官员。”阿旺喜饶又说：“佛爷让堪布告诉您：他本人，堪布会议厅和后藏的全体僧俗百姓，一定要像维护神圣的佛法那样，维护我们的团结和友谊，在您的领导下，把抗击洋妖的斗争进行到底。”

“班禅佛爷这样以民族大义为重，真是难能可贵，令人敬佩。”达赖那双聪慧睿智的眼睛里，闪射着昂奋的光芒。他认为，班禅佛爷的这种态度，对全民族的抗英斗争，对他本人，都是最有力的支持。他对班禅佛爷由衷地感到敬佩和感谢。达赖心想，我同班禅佛爷的团结，西藏内部的团结，是争取战争胜利的重要保证。当然，还需要别的力量的支持。停了一会儿，他又问：

“没有写信来？”

① 堪布会议厅，是班禅额尔德尼领导下的后藏地区的最高行政机关。

“怕路上不安宁，没有写信。”

达赖吩咐：

“你去好好款待客人，今晚我要召见他。”

达赖喇嘛感到坐得太久，腿脚有些麻木，他站起来，慢慢踱步。由于常年盘腿而坐，他的腿有些弯曲。金丝缎镶边的背心随着走动不时地闪着光，当他走到窗前时，伸了伸双臂，遥望远山，凝神深思。

阿旺喜饶也站了起来。与达赖相比，他的身材要高一些。由于清瘦，就更显得高。大概是肩负重任的缘故吧，他的背有一点驼。

过了许久，当达赖转过身时，发现阿旺喜饶还站在自己身边，关切地注视着自己，目光中透着忧虑。达赖不禁一阵感慨：这真是一位忠心耿耿的大仲译！要是噶厦政府中的官员都能像阿旺喜饶一样替我分忧，我何至于如此放心不下？又何至于如此忧心忡忡？想干点事的官员太少了，既想干又能干的官员就更是寥若晨星。

达赖回到禅床上，又让阿旺喜饶坐下，愤愤地说：

“我个人的进退不足道，可安班大人这样做，怎么对得起在前线浴血奋战的军民？怎么对得起各族同胞兄弟？”

“朝廷对不起各族同胞的事还多着哩！就拿不丹来说吧，不丹历来是西藏的属地，他们用的是藏文，讲的是藏语，向西藏政府纳贡缴税。英国人侵占印度之后，通过东印度公司，想进一步侵占不丹、哲孟雄、尼泊尔等地。在这种情况下，不丹政府一再要求内附，请求大清皇帝给予保护，却遭到朝廷的拒绝。结果，不丹被英国侵占了。唇亡齿寒啊！现在英国人把不丹作为基地，将魔爪又伸到我们西藏。”阿旺喜饶想起朝廷对不丹的错误做法，甚为气愤。

达赖继续说：“平时朝廷动辄训斥我们‘愚顽不训’，对朝廷‘常怀二心’，甚至说我们有反叛之意。可朝廷呢，朝廷势盛时欺凌我们，危难时抛弃我们，还常常派一些无德无才之辈来监视、钳制、管辖我们，结果是越管越乱，越管越糟。”

“朝廷为了一己私利，全不顾国家民族之大义。我听人讲，汉族有个著名将领叫郑成功，顺治年间他带兵东渡大海，赶跑了荷兰人，收复了台湾。可是朝廷为了消除沿海一带的郑家势力，竟然多次邀请荷兰人出兵相助，引狼入室，残杀自家兄弟，并给了荷兰人以通商的权利。”

“唉，如此说来，朝廷是很难靠得住的。可不靠朝廷，又靠谁呢？”达赖

刚才在心中转动的念头又闪了出来。

阿旺喜饶听出了佛爷的弦外之音，便直率陈言：

“我看俄国人也帮不了我们多大的忙。”说这话时，阿旺喜饶的声音很低，但语气却十分肯定。

“为什么？”

“佛爷知道，俄国和英国是当今世界上最强大的两个国家，他们都想称霸世界。在亚洲，从我国东北至西亚的波斯湾畔，在这广大的地区里，英、俄在拼命争夺。焦点集中在三个地区：阿富汗、波斯和我们西藏。”说到这里，阿旺喜饶停了一下，他怕自己的话说多了，引起佛爷反感。他知道佛爷的性子很急，不喜欢听别人不得要领的长篇大论。见佛爷并无厌烦之意，便接着往下说：

“俄国人不仅要和英国人争夺，还要和日本人比高低，他们现在正倾注全力在东边同日本人打仗。日本是东方强国，结局会怎样还很难预料，万一战败，更没有力量管西边的事了。”

达赖微微点头，又轻轻摇了摇头，熟知达赖脾气的阿旺喜饶明白了佛爷的这个肯定与否定。佛爷同意自己的分析，却无力扭转这种局面。达赖直视阿旺喜饶，好像在问：你说要依靠谁？

阿旺喜饶犹豫了一会儿，终于大胆地陈述自己的看法：

“最直接、最有效的办法是依靠我们自己的力量。在佛爷号召下，现在已经上前线的，有一两万人，再加上陆续上前线的人，从数量上看，我们占有绝对优势。只是武器太差太少。如果朝廷不发兵，至少也得想办法从内地运一些武器来。”

达赖点了点头，又摇了摇头。

又是一个肯定，接着一个否定。

就在达赖喇嘛和阿旺喜饶商谈之时，德尔智独自一人在格桑颇章一间简朴的客厅里，紧张地思索着。他左手很自然地放在膝盖上，右手轻轻捋着佛珠，双眼微闭，神情十分安详而虔诚。不了解情况的人，会以为他在静心修行，实际上，这位蒙古喇嘛的心里却掀起了高原的暴风雪，涌动着大海的波涛。

自从昨天下午接到佛爷要召见他的通知后，就感到十分惶恐。他连夜过河，赶到罗布林卡。但到这里后，却受到冷落，佛爷不断地召见别人，把召见他的时间一再往后推。他觉得，达赖身边的人，也和过去不一样，对他有些戒

备，甚至冷眼相待。

德尔智当然知道佛爷为什么要在这个时候召见他。那些该死的英国人打了进来，而他过去吹得神乎其神的俄国人，连个影子也见不到。他过去许下的很多诺言，夸下的许多海口，统统成了大话、空话和谎话。他知道，无论达赖本人也好，噶厦政府也好，西藏的僧俗百姓也好，都希望在这严重时刻，俄国政府能够给西藏人以强有力的支持，把英国人赶出去。德尔智自己何尝又不是这样？此时此刻，德尔智这个蒙古喇嘛，和西藏人一样，关心着战局的发展。这场战争的结局，不仅关系着西藏民族的生死存亡，也关系到俄国人在华的利益，乃至在整个远东的利益。同时，和德尔智本人的前途和命运，也有着极为密切的联系。

德尔智心想，我，这么个普普通通的贫苦喇嘛，能够到今天这个地步，能有这么高的地位，这么大的权力，这么好的享受，真是不容易啊！这里面浸透了我的才智和勤奋，是用心血和汗水换来的。

德尔智微睁双眼，望着对面神龛里的佛像，心里却清晰地展现出一生中经过的艰难历程，一步一个深深的足迹。

公元1853年，德尔智生于南贝加尔湖上乌丁斯克省朱林斯卡耶，是布里亚特蒙古人。幼年时即入故乡的喇嘛庙，学习经典。继而又到外蒙古学习。1873年随朝佛的香客，沿途乞讨，来到拉萨，取了个藏名叫阿旺洛桑。其实德尔智本身也是藏名，是藏语“多吉”的变音，意为金刚。很多蒙古人用的都是藏名。这些情况，德尔智当然清楚，但他仍请一位活佛再给他取了个新的藏名，表示对佛法的虔诚和对藏胞的亲近。

起初，他在哲蚌寺的果芒扎仓学经，十五年后，以优异的成绩，考取了藏传佛教的最高学位——拉让巴格西。当时在拉萨三大寺学习经典的布里亚特蒙古喇嘛有一二百人之多，德尔智是他们当中活动能力最强、成绩最突出的一个。

德尔智在获得拉让巴格西的学位之后，第一次返回故乡。几年后，当他再次到拉萨时，当年行囊空虚、穿着寒酸的蒙古喇嘛，已经是举止阔绰、经常能够慷慨解囊的大“施主”了。过去同众多的朝佛香客同行同止时的穷苦面貌，踪迹皆无。

回藏后，他进入甘丹寺继续学习经典。这其间，他不止一次地向各大寺院布施巨额钱财，结交权贵，博得了噶厦政府的首席噶伦夏扎·边觉多吉等部分

僧侣贵族的好感和信任，并担任夏扎噶伦的私人秘书和外交顾问。

德尔智并不满足于已经取得的成就，经过不断活动，终于在达赖喇嘛学习显教经典（藏语称作参宁）的时候，被选为达赖身旁的三大堪布之一——参宁堪布，即就显教教义与达赖进行辩难的喇嘛，通常称为侍读，陪伴佛爷研习经典。当然，他们学习和探讨的范围，远不止显教教义。

从此，德尔智以翊教护法、恢弘教义来邀取达赖的恩宠，由此声誉日隆，地位日尊，使达赖未成年时的另一个学经监护人曲吉坚赞慢慢失势，在达赖身边逐渐形成了一股既能了解西藏政情、也能影响达赖本人意志的势力。

德尔智作为达赖的侍读——参宁堪布，并没有能在帮助达赖学习佛教经典上下功夫，他有着别人不能替代的特殊作用。

1898年，德尔智第一次赴俄，出乎意料地受到沙皇尼古拉二世的亲自接见。返藏时带来了沙皇尼古拉二世致达赖喇嘛的一封亲笔信，请达赖派遣使者访问俄国。并将一套希腊正教的金色法衣赠给达赖，封达赖为“大主教”。

1900年，德尔智以达赖特使的身份再度赴俄，随同他出访的还有前任大仲译等人。尼古拉二世在雅尔塔接见了德尔智一行。同年7月15日，《圣彼得堡日报》的政府公布栏，特意将尼古拉二世会见“西藏外宾”一事向外披露，在国内外引起轩然大波。清朝廷通过驻藏大臣一再追问此事，达赖声言此行纯系宗教活动，与政治无关。

1901年，德尔智第三次赴俄，同年7月6日，尼古拉二世在彼得堡再次接见德尔智。俄国外交大臣拉姆斯道夫和财政大臣维特也分别与德尔智进行了长时间的密谈。7月25日，在敖德萨还举行了“欢迎西藏达赖特派使节”的大会。当德尔智一行返回西藏时，俄国参谋部还派军官专程护送，并派骆驼队经库伦运送大批货物。但因路途遥远，这支骆驼队到拉萨时，已经所剩不多。

经过几次外事活动以后，德尔智更加得到达赖的信任，西藏上层社会也对他另眼相看了。

德尔智的活动，引起了英国人的严重关切，朝廷对他也非常不满。曾下令逮捕他。由于得到达赖喇嘛的庇护，德尔智到大吉岭住了半年，才算避过了风头。对此，他对佛爷是非常感激的。

德尔智知道，达赖之所以保护他，器重他，是由于佛爷认为他并没有做什么对西藏有害的事情。不仅如此，聪明的德尔智还感觉到，佛爷认为，在一定的时候，他德尔智会成为一个对达赖、对西藏有用的人。正因为这样，德尔智

处处谨慎，表现得谦恭而又忠诚。

德尔智是蒙古人，精通蒙文自不必说，还精通俄文。到西藏后，又学会了藏语文，能说一口流利的拉萨话。他也到过北京，住过一些日子，学会了汉语，亦粗通汉文。他天赋很好，又十分勤奋好学，在当时的拉萨，是个不可多得的人才。达赖喇嘛正是看中了这一点，十分器重他，定期让他给自己阅读、翻译俄文书报，讲解世界各国，尤其是英、俄、日、美等几大强国的情况，以及他们对中国的态度。

尽管有人对德尔智的真正身份提出怀疑，但并没有什么事实来证实这种怀疑。因此，德尔智的特殊经历及身份就被罩上了一层浓重的神秘色彩。

德尔智知道，他在西藏，确实负有特殊使命。俄国人正是通过他来对西藏上层社会及达赖喇嘛本人施加影响，这是俄国控制西藏的重要手段之一，并且已经获得了较大的成功。德尔智业已从一个普通的贫苦喇嘛擢升为参宁堪布。也正是由于他的地位，才使得俄国政府对他刮目相看。

德尔智被俄国政府看中，的确不是始于进藏，而是在他考取了拉让巴格西之后。他当然明白，沙皇看中的，绝不是他这个人，而是他的名，他的地位，他在宗教界的影响。如果没有十五年的苦修苦读，他怎么会有今天。

十八年啊，他从康村[①] 开始考起，继而是扎仓[②] ，第三是寺院，第四，要在传昭大会上辩经，最后是达赖喇嘛的亲自面试。这层层叠叠的考试，如同一道道关卡，哪一次不是手心里捏着一把汗。参加考试的人，不仅要回答主考经师的提问，还要随时准备应付台下成千上万名听众的任意提问，这是出不得错的，稍有疏忽，就会被台下听讲的喇嘛轰下台。有的人，就是因为被赶下台，羞愧得无地自容而自杀。

德尔智一辈子也不会忘记他所经历的层层考试。他要比参加考试的藏族喇嘛付出更高的代价，因为他是蒙古人。记得在经过第三道关——寺院考试时，台下的一个小喇嘛很不在意地问他：

“是不是谁想成佛就能成佛呀？”

这绝不是经书上的问题，也不是熟读经书的人所能提出的问题，不过是小喇嘛想起哄而已。德尔智没有任何准备，只得信口编来：

“君子有造命之学，命由我立，福自己求。福祸无门，惟人自招，善恶之

① 康村，寺院的基层组织。

② 扎仓，相当于佛学院。

报，如影随行。”

小喇嘛根本不懂得德尔智在说什么，这些话对他来讲，似乎比刚开始念的经书还要难懂，越是不懂，越觉得这个喇嘛的学问高深。像是不甘心似的，他又问了一句：

“您说，世上有鬼吗？是鬼怕人，还是人怕鬼？”这倒可能是小喇嘛心中常想的问题。

德尔智几乎是不假思索地说：

“鬼不是没有，但不容易看见。要是人心里有鬼，就是人怕鬼；人心里没有鬼，就是鬼怕人。”

德尔智信口开河的回答，竟赢得了一片欢呼声。特别是提问的那个小喇嘛，对德尔智更是佩服得五体投地。

要参加不同级别、不同规模的考试，不仅需要智慧，而且需要胆略。特别是在罗布林卡佛爷的最后面试，那阵势，有的人一辈子也难得见到一次。两个经师、八个侍读喇嘛，分坐两边，达赖喇嘛和噶丹池巴大法台居于正中，下面两厢站立的全是喇嘛，神态肃穆、庄严。考试就像过大堂一样，令人望而生畏。凡是能参加最后一次考试的喇嘛，无论是不是能考得上拉让巴格西，都是十分光荣的。德尔智，这个蒙古喇嘛，不仅参加了，而且通过了这最后一道考试，成为入选的八个拉让巴格西中的一个。就在他获得藏传佛教的最高学位，荣归故里之时，俄国政府看中了他。从此，他变成了一个双重身份的人，在人们心目中也变得越来越神秘。

对于他的特殊使命，德尔智是忠实的，行动却是十分谨慎的。在佛爷和噶厦的高级官员面前，他总是显得十分谦恭，在不断的察颜观色中，却能很适时、很有分寸地执行他的特殊使命。

在西藏，流传着一个关于香巴拉的传说，据说这个地方气候温和，景物秀丽，未来将出现一位混一宇内的“佛法大王”，消灭异教，重振佛法。德尔智巧妙地、不失时机地利用了这一传说，他以讲故事为名，借机宣扬俄国大皇帝就是“佛法大王”的化身，随着今后皈依佛法的俄人日益增多。俄国大皇帝将建立伟大的佛教帝国——香巴拉。当佛教在佛祖的故乡印度衰败时，在世界的北方——俄国，会日益昌盛。他不仅到处宣讲，还用蒙、藏两种文字将他的故事编写成书，散发于寺院和民间，目的是让更多的人相信俄国，亲近俄国，效忠沙皇。

如今，佛教圣地遭到浩劫，佛教帝国——香巴拉在哪里？俄国大皇帝的神威又在哪里？德尔智担心，甚至有几分害怕，如果佛爷质问起来，我怎么回答？德尔智觉得，这比考拉让巴格西还要困难得多。他深知，万一这道关过不去，他一生的辛苦，都将付诸东流。……

“阿旺洛桑师父，佛爷请您去。”桑丹出来传话。

德尔智的心这才稍微安定了一些。他站起身来，整理了一下自己的袈裟，又按了按太阳穴，刚才这一阵紧张的思索，使得头有些隐隐作痛。他毕竟已经不年轻了。

当德尔智来到经堂，刚要进行那一套繁琐的礼仪时，被佛爷止住了。达赖朝他招了招手，示意他坐下，没等坐稳，就马上发问：

“洛桑拉，您给我带来了什么新消息？”达赖不喜欢毫无内容的客套，他性情急躁而又思维敏捷，谈话时习惯于开门见山，单刀直人，常使一些昏庸无能、反应迟钝的官员措手不及。

又要新的消息，佛爷总是向他要新的消息。可是，目前他确实没有佛爷需要的新消息。德尔智学着拉萨贵族的样子，低头弯腰，双手半握拳，紧贴胸前，毕恭毕敬地说：

“俄国政府再次照会英国，对他们在藏的种种行为表示抗议。”

“光照会有什么用？英国人不是照样打进来了。”阿旺喜饶的口气中流露着不满。

去年英夷开始入侵西藏时，俄国政府即向英国政府发出照会，表示抗议。那口气，比朝廷的态度还要强硬。当时噶厦政府和达赖本人都希望俄国政府能采取实际的行动，来阻止英国人。但半年多的时间过去了，英国人步步进逼，而俄国却毫无动静。

“照会也是一种表示，俄国政府在道义上支持我们，英国人也不得不考虑国际舆论，不能不想想俄国人的态度。”德尔智谨慎地解释着。

对这样的回答，阿旺喜饶当然不满意，因为这样的话他已经听过多次。他直截了当地问：

“您以前讲过多次，一旦西藏遭到外国人的侵扰，俄国会帮助我们。俄国政府也表示过这种意思。现在到了该兑现的时候，您说说看，俄国人究竟能帮我们多大的忙？”

“这个，……”德尔智避开了阿旺喜饶那逼人的目光，把脸转向达赖。见

佛爷也正注视着自己，那目光，分明是在问：俄国人究竟能帮我们多大的忙？

德尔智对达赖喇嘛周围的官员虽然表面上都很恭敬，心里却并不佩服，甚至瞧不起有些低能的官员。惟独对大仲译阿旺喜饶，他不仅敬，而且畏。倒不是因为阿旺喜饶的官阶和地位，而是由于大仲译的才具和能力。他对佛爷的影响不仅是直接的，而且是有力的。看起来，如果不先回答这个问题，其他问题根本就无从谈起。

“我想，俄国政府绝不会袖手旁观的，但关键要看我们的态度，看佛爷的态度。”德尔智很巧妙地转守为攻。

“我们的态度？我们的态度再明确不过了，英国人已经打进西藏，我们要全力以赴抗击英兵。我们藏族有句谚语：看雄鹰，看它怎样飞翔；看朋友，看他怎样行动。仅有照会，英国人是不会退兵的。”阿旺喜饶也明白德尔智的意思，他针锋相对，寸步不让。

“是啊，我们确实很困难，在我们困难的时候能援助我们的人，才是真正的朋友。”达赖喇嘛很欣赏阿旺喜饶的话，他也明白德尔智的意思，但是，他不能给德尔智以明确的表示。虽然在朝廷腐败、缺乏外援的情况下，达赖希望能够得到俄国的援助，但是，这种援助应该是主动的，无条件的。因此，他绝不能开口去求援，过去没有过，以后也不会有。

“如果需要俄国人的援助，佛爷可以派人去求援，必要时，佛爷也可以亲自去。”德尔智似乎看出达赖的顾虑，索性直言相告。

“这不可能。”阿旺喜饶一口回绝。他直视德尔智，说：

“我看俄国人关心的不是我们有多大困难，而是他们自己能得到多少好处。”

德尔智避开阿旺喜饶，把目光转向达赖喇嘛。

见德尔智投过一道询问的目光，达赖也摇了摇头。他当然不能应允。如果他出面请求，又假定俄国真的以武力干涉，将来对各方面都不好讲话。阿旺喜饶说得对，俄国人关心的是他们自己的利益，他们绝不会无条件出兵。然而这条件，就难说了。不能因为赶狼而引虎。可是，朝廷，最可依靠的朝廷，竟是如此无能。

“唉！”达赖长叹一声。

“哲布抬枪造得怎么样了？”阿旺喜饶见佛爷神情黯然，赶紧换个话题。

“进展仍然很慢。请恕我直言相告，即便造好了，单凭这点武器，也是打

不过英国人的。”德尔智像是回答阿旺喜饶，眼睛却一直盯着佛爷。见达赖的眉头微皱，知道这样的话是让他不爱听的。

“抗英大军刚刚开赴前线，不要说这些不吉利的话。你赶快回兵工厂，哲布抬枪造得越多越好。”达赖喇嘛挥了挥手。

佛爷显然是在逐客了，德尔智心中好不懊恼，想说的话尚未出口，看样子今天是说不成了。此事还要相机而行，操之过急就会前功尽弃。德尔智站起身，谦恭地说：

“佛爷也不要过于劳累，造枪之事，我一定尽心尽力。至于俄国人，望佛爷再考虑一下，他们是真心支持西藏的，如果佛爷开口，即使他们不能立即派兵，援助些武器也好。”

达赖喇嘛闭上眼睛，微微点头，表示他听见了德尔智最后的话。阿旺喜饶站起身将德尔智送至门口，刚转回身，佛爷说话了：

“你再去一趟安班衙门，请有泰大人转奏皇上，望朝廷体恤我边民，从速发兵。实在不能派兵，亦请四川总督衙门给我们运送一些枪枝弹药。”

阿旺喜饶本来还想问问佛爷，对德尔智的话，特别是最后一句话是怎么想的，但佛爷对他也挥了挥手：

“去吧，啊，办完事，你也去兵工厂，看看哲布抬枪造得怎么样了？过两天，我也要去的。”

阿旺喜饶见佛爷不想再谈下去，只好走了。

达赖喇嘛的心里乱得很，他需要静下来，好好想一想今后的事究竟应该怎么办。

第十六章

山间小寺

娑罗树[①] 里蕴藏着香脂。

旺秋等人从乃尼寺突围出来后，很快追上了次彭、曲妮和仁赛他们。后边没有追兵，这使他们稍感放心。可是仁赛的伤口一直在流血，脸色也变得蜡黄蜡黄的，他们急急地赶路，希望能碰上个村庄，哪怕有一户人家也好。

掌灯时分，他们总算是来到了一座古老的山间小寺。克珠旺秋这才松了口气，立即上前叩门，不大一会儿，一个小喇嘛出来开门，把他们让了进去。

寺院小，香客自然少。寺里原有十几个喇嘛，因为这里地处偏僻，布施的人向来就少，喇嘛们的生活难以维持。自从去年英国人入侵西藏之后，这个地方也不太安宁，几乎没有什么人来烧香布施。几个青壮年喇嘛自动上了前线，有些胆小一点儿的，怕遭不测，回家去了。现在只剩下一个叫更登的老喇嘛和两个徒弟，刚才开门的是小徒弟朗杰。

克珠旺秋等人把仁赛抬进寺内，幸好这位老喇嘛略懂医道，寺内又有藏药，更登赶紧给仁赛擦洗伤口，敷了草药，又喂了一碗酥油汤熬蜂蜜。仁赛的脸上渐渐有了血色，呼吸也均匀起来。

一阵忙碌之后，更登抬起头："好啦！没伤到致命处，养一些时候会好的，小朗杰，快给客人们弄点吃的。"

① 娑罗树，即檀香树。

小朗杰走了进来，他看着老师父，摊开双手，又看了看客人，犹豫了一会儿，难为情地说：

“我们一点牛、羊肉也没有了，酥油也不多，是不是到庄园上去借一点？”

更登用责备的口吻说：

“净说孩子话。庄园离这里那么远，来回一趟要多少时候！他们打了一天仗，又跑了那么远的路，肚子恐怕早饿得像一面鼓了，还不赶紧弄点吃的？”

小朗杰见师父面有愠色，不觉有点紧张：“给客人做什么饭？”他觉得，那么多打洋妖的兄弟到我们这座小寺，是看得起我们，要是我们连一顿好饭也端不出，太对不起人家。传出去，对我们寺院的名声也不好，人家会说我们太穷，太小气。

更登问：“有糌粑没有？”

“有一点。”

“那就先熬点糌粑汤吧，喝了也暖和。”更登又说：“还有没有羊骨头？羊骨头熬糌粑汤，不是很好吃嘛！”

“这……”克珠旺秋望着这位须发花白的喇嘛，心里很是感激。

“啊！你们不要见笑，这里比不得大寺院，我们寺小，施主也少，所存东西很少。”因为拿不出好东西来招待抗妖的兄弟，更登觉得很不安。

“老师父，您这说的是哪里话，再说，我们吃了以后，你们……”见更登师徒为吃饭的事颇费心思，旺秋很过意不去。

诺布站起来，有点不耐烦：“都什么时候了，你们还没完没了地说客气话，我这个当佣人的，没有别的本事，就会熬糌粑汤。小兄弟，走，我帮你熬。说实话，我的肚子早饿得受不了啦，没工夫客气。”说着，就拉住小朗杰的手往外走。到了门口，他回过头，对老喇嘛笑着说：

“老师父，您放心，我们不会白吃您的。吃饱了打洋妖，给您保家乡，保寺院。”

“真是个淘气鬼！”更登也笑了。

曲妮本想去帮他俩做饭，但一想，这是在寺院里，未经主人允许，一个姑娘是不能随便走动的。况且，仁赛还在昏睡，曲妮不能离开他。别人照顾仁赛，曲妮这个当姐姐的也不放心，便坐在仁赛身边，看着仁赛那嘴角流露出的调皮的神色和呼吸均匀的鼻翼，曲妮的心也慢慢地安静下来。

不一会儿，糌粑汤端来了，热气腾腾，香气扑鼻。小朗杰还特地为仁赛弄了一碗酥油汤煮人参果，给他补身子。

旺秋轻轻地唤了唤仁赛，格来抱起他的头，更登亲自接过人参果要喂小仁赛。

"师父，我来，你们先吃吧。"曲妮桑姆从老喇嘛手里接过碗，一个膝盖着地，半蹲半跪地把碗举到仁赛面前。

仁赛经过更登的调治，又歇了一会儿，已经好多了，闻到一股人参果的香味，立刻引起了他的食欲。他无力地睁开双眼，望着面前的曲妮桑姆，耸耸鼻子，顽皮地一笑，张开了嘴。

曲妮桑姆一勺一勺地喂，不一会儿，一碗人参果下肚，青春的活力又回到了仁赛身上。他感到浑身暖烘烘，热呼呼的，只是乏得厉害。仁赛又闭上眼睛，摇了摇头，表示不想再吃了。

其他人喝完糌粑汤，都去休息了，格来又去给马添了点草料，这才跟着曲妮来到厨房。

"旺秋哥哥吃过了吗？"格来问。

"不知道，他到哪里去了？"曲妮摇了摇头。

"你们吃吧，就剩你们两个没吃了。"门外传来克珠旺秋的声音，把曲妮吓了一跳。

"哥哥，你再吃点吧。"曲妮一边说一边往门口走，但哪还有旺秋的影子！

曲妮转身走到灶前，给格来盛了一碗，格来不再客气，端起就喝。曲妮自己也盛了一碗，一边喝一边看着格来，见格来的碗空了，立刻把自己的半碗稠稠的糌粑糊糊倒在格来的碗里，又拣了一块羊骨头给他。

"曲妮，你……"格来看看自己碗里的糌粑糊糊，又看看曲妮。嗓子好像被什么哽住了，一句话也说不出来，只是怔怔地看着曲妮。

"格来……"曲妮没说下去，垂下了眼帘。

"曲妮，你，你真好，我，我……"格来把那半碗糌粑糊糊往旁边一放，一把抓住曲妮的两只手，轻轻地揉搓着，抚摸着。

曲妮低声说："别，别这样……让人看见了多不好，……"话虽这么说，身子却轻轻倒向格来，格来多想把曲妮紧紧地揽在怀里，亲亲她，抱抱她呀。

曲妮被格来一抓，心猛地一跳，脸顿时热了起来。她和格来离得这样近，脸对着脸，只要格来稍一低头，就能碰到曲妮那发热的脸，发烫的唇，只要格

来再使点劲，曲妮就会离他更近，心贴着心。可是，格来并没有动，只是望着曲妮，抚摸着曲妮。曲妮微微闭上眼睛，她等待着，等待着姑娘们最害怕而又最幸福的时刻。心跳，也骤然加剧。

格来望着曲妮，长时间地望着她，从激动变得冷静了。格来忽然发现曲妮似乎在等待着什么。但是，他意识到，不能这样，曲妮是神圣的，纯洁的。她应该得到幸福。得到真正的、长久的幸福。本来我也许能给她这种幸福。可是，洋妖不让我们过安静日子，我格来能活着把洋妖赶出去，那我就是曲妮的；如果我在抗击洋妖的战斗中死了，那么，曲妮会怎么样呢？格来想着，慢慢地把手从曲妮的肩上拿了下来："曲妮，这几天你也够累的，吃了饭，快去睡吧，啊！"

"格来，格来，你……"曲妮一下扑到了格来的怀里，使劲咬着嘴唇，才没有哭出声来，眼泪却顺着两颊流到了格来的胸前。

"曲妮，曲妮……"格来看着泪痕满面的曲妮，不知道该说什么好。

曲妮依偎着格来，从怀里慢慢掏出那个装针线的羊皮小包，从里面拿出一只银手镯："格来，你看，我一直把它揣在怀里，贴在心口上。看见它，就像看见了你，我用我的心暖着它，可你……。"

"曲妮，好妹妹，我，我也想你呀。"格来抓着曲妮拿手镯的手，触到了带着曲妮体温的手镯："来，哥哥给你戴上吧！"

"不！哥哥，等到打败了洋妖，你再给我戴上。"

一说到打仗，格来又冷静了下来，他慢慢托起曲妮的脸："曲妮，好妹妹，我阿爸就是让洋妖杀死的，如今旧仇未报，又添新恨，豺狼又闯进了我们的家园，洋妖那么残忍，那么凶恶，他们到处杀人、放火、抢劫。谁知道，我哪天就……"

"格来，不许说这些不吉利的话。"曲妮把格来的嘴捂住：

"阿爸和哥哥经常说，你的仇，就是我们的仇。我们要为登巴大叔报仇，为所有死难的同胞兄弟报仇。阿爸说啦，……"

"说什么？"

"傻瓜，你还不知道？"曲妮嗔怪地说："等到把洋妖赶出去，在欢庆胜利的那一天，就给我们办……。"

"阿爸真好！"格来深情地看着曲妮，曲妮的眼睛是那么明亮，那么美丽，对胜利充满了信心，对生活满怀着希望。格来轻轻擦去曲妮脸上的泪，紧

紧地把她抱在怀里。

人们都入睡了，克珠旺秋却怎么也睡不着，他翻来覆去想着白天发生的事情。乃尼寺内三百多人，只冲出来几十个，而且都走散了。又有那么多弟兄被洋妖杀害。旺秋翻了几次身，还是睡不着，索性抱着氆氇袍子，走出房门。来到小院里。

漆黑的夜空，没有月亮，无数颗星星在天空中眨着眼睛，旺秋仰望长空。他又看见了东北方向那颗明亮的星星，那颗拉丁代本死了以后出现的新星。旺秋良久地凝视着它。乡亲们说，它是拉丁代本和死难弟兄们的英灵凝结成的，把这颗新星叫作“拉丁星”。你看，它那么明亮，那么耀眼，分明是拉丁代本和死去的同胞们睁着大眼睛在看着我们，看着故乡的土地。赶不走豺狼，打不尽洋妖，他们是不会闭上眼睛的，他们的英灵是不会得到安宁的。

仰望那熠熠放光的星星，旺秋想起拉丁赛和死难的弟兄们，悲伤、难过、激愤、仇恨，一起袭上心头。旺秋不明白，我们的队伍不算小，我们的同胞不能说不勇敢，可为什么老是打败仗？从边境到岗巴宗，从岗巴宗到米曲仙廓，到乃尼寺，我们死了多少人！我们拼死抵抗，决心保卫佛土圣地，可是我们总也打不过敌人，大片国土被洋妖占领。英国人一步步往前进，我们只能一步步朝后退。退到什么地方，退到哪一天为止呢？难道我们不能前进，去收复失去的土地，把洋妖赶出去？朝廷为什么不派兵来抗击洋妖？噶厦政府为什么不增派援军？汉族兄弟为什么不来帮助我们？……难道这一次抗英斗争的结局，也会像十六年前那样？……

旺秋又想起了阿爸。他和洛桑饶登走了二十多天了。他们到拉萨没有？能见到佛爷和噶厦的官员吗？会有什么结果？俗话说，乞丐手里的宝贝没有光彩，地位低下的人说话没有分量。主意再好，那些当官的能听吗？他甚至为阿爸的安全担心，从沃措部落到拉萨，路途遥远，战事多变，他能平安地回来吗？

想到这些，旺秋的心慢慢地往下沉。他遥望星空，双膝下跪，双手合十，低声而又虔诚地祈祷：

“代本啊，死难的弟兄们！那明亮的星星如果真是你们的英灵凝聚而成，就请你们保佑我们打败洋妖。尊贵的拉丁代本，尊敬的英雄们，请你们显灵吧！”

“年轻人，拉丁代本的英灵时刻在伴随着我们，保佑着我们。”旺秋猛一回头，见更登师父站在他身后，便站起来，向老喇嘛致意。

更登师父拉住旺秋的手：“俗话说：独行的太阳遇天狗，群行的星星不陨

落。听说汉族弟兄也有这样的话：好汉敌不住四手，恶虎架不住群狼。洋妖人多，武器又好，我们人少，武器又差，怎么能打得赢呢？”

旺秋望着满天的星斗，把更登的手握紧了：“老师父，在乃尼寺，我们的人是少一些，可是在边境上，在岗巴宗，在曲米，我们的人并不少。而且，所有的西藏人都反对英国人，投靠洋人的败类只是极少数。”

更登也抬起头，望了一会儿，随后拉着旺秋走到院中的一块大石板上坐下，他拍了拍旺秋的手背，语气显得很深沉：

“这我知道，在我们西藏，百姓们笃信佛法，反对洋妖异教徒的人，如同夜空的群星，数也数不清；卖身投靠洋妖的，像白昼的星星，非常之少。可是，我们的人虽然多，却像一碗干糌粑，缺少酥油茶；像一把散珠子，缺少金丝线。”

更登师父的话，说到旺秋心里去了，特别是老喇嘛的声音，听起来真像阿爸，使旺秋有一种亲切感：“朝廷和噶厦政府平时养了那么多官员，他们吃老百姓，喝老百姓。但在关系到国家民族危亡的严重时刻，有几个人能像拉丁代本那样奋勇当先，保国、保家、保佛土！”

更登双手合十，虔诚地说：“现在就靠佛爷了。自从他亲政之后，坚决主张抗击洋妖，在他亲自指导下，扩大藏军，建立僧兵，还多次请求朝廷派兵援助我们。”

听更登说起朝廷，旺秋又感到愤慨：“朝廷也好，噶厦也好，现在不但不派兵抗击洋妖，连一个能干的官员也不派。多吉孜本那个胆小鬼，像狐狸一样跑了，这么大的仗，没有人领头怎么行？人再多，也捏不成一个拳头。”

更登无限感慨地说：“要是拉丁代本活着，就能像一根丝线，把所有的珍珠都串在一起。”

旺秋又想起了独臂大叔的话，希望哲林代本能像一根金丝线，把大家联在一起。他的拳头握紧了，语气也更加坚定：

“不管朝廷和噶厦政府派兵也好，不派兵也好，我们老百姓都要和洋妖拼到底。”

看着这个结实粗壮而又敦厚的年轻人，老师父满是皱纹的脸舒展了，露出满意的神色。

回到屋里，旺秋躺在铺上，翻来覆去睡不着。到江孜以后，能不能找到哲林代本，他不知道；结局会怎样，更难预料。他望着黑沉沉的四周，听着那如

雷的鼾声，心里一阵烦躁。他忽然想起了他们出家人常爱说的一句话：一切听从命运的安排。是的，现在只能这样，我们决心同洋妖拼到底，绝不后退，绝不投降。结局怎样，就看天意，一切听从命运的安排。

迷迷糊糊的，旺秋仿佛听见有人在讲话，声音很轻，好像来自很远很远的地方，但还是清楚地飘进了他的耳朵：

"师父，我听说他们明天一早就要走，您让我到庄园去弄吃的，能赶得回来吗？"一个童音在低声说。

"那个孩子的伤不轻，其他人也需要休息，明天走不了。"这是更登的声音。

"他们走了怎么办？"那个童音轻轻地，但却固执地说。

"洋妖占了乃尼寺后，很快会向江孜进兵。江孜的情况还不清楚，他们不能冒冒失失往那里闯。"更登耐心地解释着。

"师父，下午我要去庄园，您不让我去，深更半夜的，为什么又偏偏让我去？"听出来了，这童音是朗杰的声音。

"你这孩子，下午是下午，现在是现在，我让你去，你就快去，啰嗦什么！"老师父有点不耐烦了。

旺秋明白了，师徒俩为他们的吃饭问题发生了争执。旺秋的眼睛湿润了。

睡在旺秋旁边的格来，显然也听见了，他用手推了推旺秋："你都听见了？"

"嗯。"

"这位老师父可真是个菩萨心肠。"

"那个小喇嘛白天对我们那么好，又打酥油茶，又熬糌粑汤。可现在为什么不愿到庄园去？"诺布爬起来，凑在他俩身边。

格来说："他还是个孩子，大概是怕走夜路。"

"我跟他去吧。"诺布摸黑赶忙系紧腰带。

旺秋想了想说："路上小心，快去快回。"

第二天，旺秋他们听了老师父的话，决定在小寺里休息一天。一来让小仁赛养养伤，二来也好探听一下消息。

下午，小朗杰和诺布驮着两驮东西回来了。驮回的东西有糌粑、酥油，有风干的牛、羊肉，还有奶酪和其他食品。见了这许多东西，老师父和其他人都很高兴，不仅可以在这里饱餐一顿，连路上吃的也有了。他们真感谢施主和乡

亲们的帮助。

和大家兴高采烈的情绪不一样，带着这许多东西回来的朗杰和诺布，沉着脸，连话也不愿多说。

更登觉得情况不对，他的徒弟平时不是这个样子，就问：

“小朗杰，出了什么事？”

小朗杰低头不语，泪水在眼眶里转动。

更登见朗杰不说话，更着急：“快说呀，究竟出了什么事？”

“洋妖……洋妖放火烧了乃尼寺。”“哇”地一声，朗杰扑在老师父身上失声痛哭。

“什么？你，说什么？”旺秋的眼睛瞪得很大很大，一把抓住朗杰的肩头，使劲摇动。

洋妖攻占乃尼寺之后，这座古老的寺院将遭到一场空前未有的劫难，是预料中的事，但旺秋作为一个喇嘛，听说乃尼寺被洋妖焚烧，仍然感到十分震惊和愤怒。“洋妖放火烧了乃尼寺！”这句话像一把剑，狠狠地、狠狠地刺痛了旺秋的心，两颗豆大的泪珠冲出了他的眼眶，慢慢地流向腮边。他见朗杰哭得说不出话来，就问诺布。

诺布低着头，声音很低：

“听说洋妖一离开，就放火烧了寺院。附近的乡亲们看见后，赶紧去救。这时洋妖的马队又转回来，围着寺院，不让乡亲们去救火，还打死了好些人。直到把寺院全部烧光，马队才离开。”

更登搓动佛珠的手颤抖了：

“作孽呀，这些可恶的异教徒，真是一群魔鬼，恶行生不出善果，他们一定不得好死！”

“死了也得下十八层地狱，永生永世也不得解脱。”格来气得大骂。

更登又问：

“那些战死的弟兄们的尸体呢？有没有人收拾？”

诺布回答说：“听说乡亲们把尸体送去天葬了。可是死人太多，老雕吃不干净，一些尸体又不得不送去水葬。施主告诉我们，他要请喇嘛念经，超度他们的亡魂。”

更登双手合十，真诚地说：

“我也要念三天超度经，祝愿他们的灵魂早日升天。”

小仁赛挣扎着抬起头：

“升天？他们的灵魂是不是都到拉丁代本那里去，变成明亮的星星？”

老喇嘛点了点头，语气十分肯定：

“他们的英灵都会化作明亮的、永不陨落的星星，看着我们把魔鬼全部赶出西藏去。”

仁赛又问：“格来哥哥的阿爸是在保卫隆吐山口时死的，他的灵魂，也能变成星星？”

“能。”更登又点了点头：“不管过去和现在，所有为打洋妖、保佛土而死的同胞们的英灵，都能汇聚到那颗不灭的星星里。”

仁赛恍然大悟，心情激动：“怪不得那颗星星那么明亮。”

在乃尼寺战死的弟兄们的遗体怎么安葬，是旺秋最关心的一件事。按照藏族的习俗，最好是火葬或者天葬，再不然就水葬，千万不能暴尸野外，让尸体生蛆。按照佛教的说法，一条蛆就是一条生命，多长一条蛆，就等于多杀一个生，将加深死者的罪孽。生蛆越多，罪孽也就越大，越无法超脱，永远摆脱不了轮回之苦。他们在这里多住一天，一个原因，就是想等英国人离开乃尼寺后，他带着人返回去安葬弟兄们的遗体。现在听到已由乡亲们办了，感到欣慰，也受到鼓舞。

这么说来，我们的队伍虽然散了，但人心没有散。他模糊地感觉到似有一股无形的丝线把大家连结在一起。

“你们听，这是什么声音？”人们正议论着，小仁赛叫了起来。他耳朵尖，听到远处传来一阵清脆的声音。

“叮铛，叮铛！”一阵清脆的铃声，由远而近，越来越清晰，越来越响亮。

“阿中，是阿中来了。”大家不约而同地说。

阿中，是给噶厦政府和各级官员送信的差役，相当于内地的驿使。过去老百姓一听到阿中的铃铛响，就怕得要命。俗话说，听见铃铛响，心里就发慌。差民们不但要给阿中准备吃的、喝的，为他准备好马，更重要的是，阿中一来，总是官府要粮、要钱、要乌拉差役，弄得老百姓不得安宁，甚至妻离子散，人亡家破。

现在这个时候，官府派阿中来，一定是有什么重要的军情，而不是摊派乌拉差役。就是来派乌拉差役，他们也不用害怕，旺秋等人不是当地的差民。在当时的西藏，寺院有许多特权，更登他们不需要支差纳税。所以大家争着往外

跑，打听有什么消息。

不一会儿，格来和诺布等人带着一个满头大汗，风尘仆仆的中年汉子走了进来。那人一见更登，便施礼致意。

更登双手合十，微微点头，算是还礼。他立刻吩咐人倒茶，端饭。没等阿中喝碗茶，喘口气，便急切地问：

“阿中拉，一路辛苦！这次不辞劳苦，来到寒寺，一定有重要消息相告。”

“老师父真是未卜先知，您说对了。我这次来，给大家带来了最重要的消息。”阿中虽然很疲劳，但精神很好，显得很兴奋。

“什么重要消息？”几个人同时问。

曲妮和朗杰已经给阿中端来了酥油茶、糌粑和牛肉。阿中喝了一口茶，润了润嗓子，然后用爽朗的声音说：

“佛爷发布征兵动员令，实行‘十六—六十’的征兵制……”

“大叔，什么叫‘十六—六十’的征兵制？”小朗杰推开别人，挤到他身边。

“你这小傻瓜，看你长得挺机灵的，怎么连这个也不懂？”阿中喝了一碗茶，顺手又把一块干牛肉扔进嘴里。看来，真是又渴又饿，他边嚼边说：

“就是说，十六岁以上，六十岁以下的男子都要去当兵，和洋妖打仗。”阿中捏了一下小朗杰的鼻子：“不过，你不用害怕，你还是个小孩，一身的奶气，再征也征不到你头上。”

小朗杰把脸一扭，不高兴了：

“谁害怕了？”

旺秋怕打岔，催促着阿中：“拉萨还有什么消息？”

“消息可多啦！”阿中说：“第一件是佛爷下令把夏扎等四个胆小怕事的噶伦撤职了，委任了敢和洋妖打仗的新噶伦。”

“早该这样了。”大家高兴地说。

“这第二件事，是佛爷委任哲林代本为前线总指挥，代替拉丁代本，统率全体抗英军民。”

旺秋的眼里闪射着兴奋的光芒：“这可太好啦，有哲林代本带领，我们一定能打败洋妖。”

格来性子最急：

“我们赶快去吧！”

“对，赶紧走。”诺布等人跟着说。

更登也很高兴，他又问：

“还有什么？”

“这第三件事最重要。你们猜猜看，是什么事？”阿中带着神秘的口吻问。大家看着他，希望他赶紧往下说。大家越着急，阿中越不讲，他喝了一大口茶，又用双手搓脸，把沾在胡须上的酥油往脸上抹，然后双手合十，放在胸前，满怀敬意地说：

“至高无上的佛爷亲自在大昭寺前面，为抗英的僧俗百姓摸顶，赐给护身结。”

“真的？”更登简直有点不相信自己的耳朵。

“当然是真的。老师父，这样的大事，我敢撒谎吗？”阿中怀着崇敬和激动的心情，把达赖喇嘛给几万名僧俗百姓摸顶的盛况，详详细细地讲了一遍。末了，用自豪的口吻说：“那天我也去朝拜佛爷了。佛爷亲自给我摸顶，赐给了一根护身结。”说着便敞开衣领，从满是汗渍的脖子上亮出一根鲜红的护身结。

大家不禁发出一阵阵赞叹和羡慕的声音。

说话间，阿中已经吃了两木碗糌粑。向老师父道谢，抹了抹嘴，站起来就要走。小朗杰刚才听得出神，一时还没有从佛爷在拉萨摸顶的盛况中转过来。当他明白阿中马上要走时，赶紧挽留：“大叔，再喝碗茶，歇一会儿吧！”他多么希望阿中再讲讲那激动人心的新鲜事啊！

阿中指了指腰带，“你们看这个，公事在身，不准耽搁啊！”

阿中的腰带上贴有一种叫“拉甲”的土胶，上面盖有拉萨“雪列空”的铜印。按照噶厦政府的规定，传送重要文书的差役——阿中，一路之上不准解开腰带睡觉，由发文的部门在腰带上贴土胶，盖铜印。等送完文书，由接文部门启封，并开给证明，才允许阿中解衣睡觉，如果违犯规定，会受到严厉惩罚。

旺秋问他：“你要到什么地方去？”

“帕里宗和康马宗。”

更登有些诧异：“那些地方不是让洋妖占了吗？”

“佛爷有令，要把征兵动员令发布到所有庄园牧场，尤其要让边境上和洋妖侵占了的地方的僧俗百姓都知道。噶厦已经向各地派了阿中。”阿中双手插

腰，显得很神气。

更登觉得事关重大，不能再挽留了：

“那你多受累，我们就不耽误你了。”

阿中走了，带走了那“叮铛，叮铛”的铃声，留下了点燃干柴的火种。阿中的到来，犹如冰雪天送来了热奶茶，恰似在干柴堆上扔了一把火，人们的心一下子燃烧了起来。

“这下阿爸也该回来了，说不定阿爸也能得到一条佛爷给的护身结。”曲妮桑姆的眼里噙着泪花，默默地为阿爸祈祷，祝愿他能见到至高无上的佛爷。

仁赛不顾人们的阻拦，一下子跳了起来：

“哼，洋妖在我这里穿一个眼儿，”仁赛一指他的肩胛，“这回呀，我要在他们的脑袋上穿个洞。”

诺布把仁赛轻轻一推：“行了，行了！现在还轮不到你呢，好好养你的伤吧。”

仁赛瞪了诺布一眼：“你倒沉得住气。”

“他当然沉得住气了，我被洋妖头子抓去审问时，他还给洋妖出主意，让他们当着百姓们的面杀我。谁知……”

听格来讲起他闯洋妖兵营刺杀荣赫鹏的事，诺布乐了：

“我不那么说，洋妖当时就会杀掉你。”

格来又想起了当时他骂诺布的情景，憨厚地一笑：“当时我真的一点儿也没有看出来，你装得真像，像个忠实的奴仆。”

“你呀，你真够笨的，我唱歌给你听，你不懂；扔了斧子给你，你也不明白。你要是趁着他们营房爆炸的混乱时候跑出来，该有多好。曲妮他们也不用冒那么大的险。”诺布朝曲妮顽皮地挤了挤眼睛：“我真不明白，曲妮这么个又聪明，又漂亮的姑娘，究竟看上了你什么？”

格来脸一红，没有说话。小仁赛却抢过话来：“格来哥哥的命好呗！”

第二天一早，旺秋等人急着赶路，更登把从庄园里要来的东西全部送给他们，让他们带在路上吃。

“师父，师父，我也……”小朗杰拽着师父的袈裟，低声叫着，像是怕被别人听见。

“你也想去，是不是？”更登笑着说，“大点声嘛，这是好事，怕什么？”

朗杰见自己的心事被师父点破，更加局促不安，低着头，直搓手。

“看看，看看，这副模样还想打洋妖？”向来很严肃的更登，今天也开了个玩笑，故意逗朗杰，弄得朗杰更抬不起头来：“师父，您……”

更登不开玩笑了，他认真地说：“你不说，我也知道。打洋妖，谁不想去？你师父老了，要不，我也想去哩！朗杰，去吧，师父给你准备好了。”说着便走进了里屋。

两天来，小仁赛受到师徒二人的精心照料，内心里十分感激。一贯会饶舌的小猴子此时此刻却找不到适当的词语来表达自己内心的感激。他略一思索，郑重其事地说：

“小兄弟，你不用怕，打起仗来好好跟着我就行。”

“小猴子”那庄重的神气，惹得大家哈哈大笑，笑声未止，诺布也跟着打趣：“小师父，你才几岁呀，见了洋妖，怕可不行。打仗可不比烧香念佛，”他指了指仁赛：“要流血呀！”

朗杰好像不认识诺布似的，侧过身子打量着诺布，见他又瘦又小的身子，比自己高不了半个头。要别人说我小，我倒没有话可说，可偏偏是他嫌我小，跟我去了趟庄园，还这么不讲交情，朗杰不高兴了：“这个兄弟真有意思，看来你不过比我多吃了两碗糌粑，就嫌我小？”

诺布见朗杰一脸的不高兴，知道他把笑话当了真，赶忙解释：

“好兄弟，别生气，我是跟你开玩笑。说实话，昨晚我就看出你是个有心计、有胆量的人。到了战场上，一定能胜过‘小猴子’。”

正说着，老师父从里屋走了出来，手里托着一支火枪，枪身一尘不染，他庄重地对朗杰说：“十六年前，在保卫隆吐的战役中，我用这支火枪亲自打死了两个英国人。昨天夜里，我又擦了几遍，现在，我把它交给你。”

“师父！”朗杰接过火枪，觉得很重。此时，他的心情也像这枪一样沉重：“师父，我这一走，寺里寺外就靠您和师兄两个人了，师兄身体也不太好，您自己要多保重啊！”说着，朗杰跪下了。从九岁进寺起，师父待他像亲儿子。听说别的寺院师父打徒弟，罚徒弟，欺负徒弟，自己的师父却从来没有打过自己，罚过自己。如今一走，师父偌大年纪，真不知还能不能再见面。朗杰的眼泪在眼眶里直打转，一眨眼睛，泪水流了下来。

师父一把将朗杰扶起：“朗杰，放心吧。师父不能去打洋妖，徒弟去，也是一样的。只要你能多杀死几个洋妖，就算孝敬师父了，师父也就没有白疼你

一场。”

旺秋见这师徒俩难舍难分，心里很不好受：“师父，朗杰还小，就让他留在您身边吧。”

“这是什么话！洋妖入侵我佛土圣地，杀我同胞，灭我佛教，其罪孽比恒河之沙还要多。一切有血性的藏族人，都应该到前线去，奋勇杀敌。我怎么能只顾自己？洋妖不除，佛法不能昌盛，百姓也就没有真正的安乐。”老喇嘛又转过头对朗杰说：“孩子，去吧，不用惦记着师父。”

朗杰点点头，跪下给师父磕头。

老师父把朗杰扶起，亲切地抚摸着他的头，又问旺秋：“东西都收拾好了吧？”

一听师父说收拾东西，朗杰的眼睛又湿润了：“师父，我们把吃的全带走，您……您以后怎么办？”

“朗杰，你怎么这样说话？你是成心不想让旺秋他们带点东西在路上吃吧，师父又不是死人，没有吃的我不会想办法？”

站在一旁的曲妮默默地褪下手腕上的镯子，走到师父面前：“师父，这对手镯您留下吧，虽不值钱，倒也能换点糌粑。”

“姑娘，你这是干什么？你别听小朗杰嚼舌头，小寺里还有点吃的呢！”更登轻轻推开了曲妮的手。

“师父，您就收下吧，这是曲妮的一点心意，我们都是穷喇嘛，苦日子大家都过过，您不必客气。”旺秋见师父不收手镯，也走过来劝他。

诺布也跟着说：“师父，收下吧。”

“收下吧！”

“师父，您要是不嫌东西少，就请收下吧。”曲妮又真诚地说。

老师父见曲妮诚恳真挚，就接过手镯：“姑娘，等你们打完仗回来，路过小寺，一定来坐一坐，喝碗茶，我会把手镯保存好的。”

旺秋他们辞别老师父，赶路去了。更登站在寺门口的高台上，望着他们远去的身影，双手合十，为他们祈祷，为他们祝福……

第十七章

圣湖之畔

有了酥油茶，干糌粑就能捏在一起，
有了金丝线，散珠子就能串在一起。

“天上的仙境，人间的羊卓。”喜马拉雅群峰之中，躺着一个美丽的仙女，这就是著名的圣湖羊卓雍措。

初夏时节，仙女开始脱去银装素裹，由恬静安详变得躁动不安。阵阵轻风吹过，湖面微波荡漾，片片涟漪泛起，似仙女在轻抖纱衫。远处的山峰依然是白盔银甲，雪山的倒影和片片白云映在碧波如镜的湖面上，湖光山色，交相辉映。身临其境，如入仙苑。每年都有很多虔诚的佛教徒到这里来朝湖。据说朝拜圣湖之后，就能洗清自己身上的罪孽，净化人的灵魂。

此时，美若仙境的羊卓雍措湖畔，聚集了来自西藏各地的僧俗百姓一万多人，其中有藏族，还有汉族、满族、回族，门巴人和珞巴人。这些人不是来朝拜圣湖，洗清自身的罪孽，寻求来生的安乐和幸福。这些来自各地区、各民族的抗英战士，手举着刀枪，要为驱妖逐魔、收复疆土进行一场殊死的战斗，用血与火，在中华民族抗击外国侵略者的光荣历史上，书写一页新的壮丽篇章。

噶厦政府的征兵动员令犹如酥油茶把干糌粑捏在一起了；达赖喇嘛亲自为抗英兵民摸顶祈祷，恰似五彩丝线把散珠子串在一起了。

噶厦政府新招募的藏军三个代本，三大寺的僧兵，加上来自日喀则、昌

都、工布、那曲和山南等地的僧俗百姓，都汇聚在羊卓雍措湖畔。从江孜撤退下来的藏军和民兵，也到了这里。

被佛爷当面委以重任的抗英总指挥哲林代本也到了圣湖之畔。

哲林代本出生在一个普通的贵族家庭。由于父亲是中年得子，且又是这么一根独苗，所以父母爱哲林若掌上明珠。从小请师学文，拜师习武，在藏军里，可算一个文武全才。哲林的兴趣也很广，特别是对音乐、舞蹈，尤为爱好，弹起六弦琴，特别能传神。不仅如此，哲林也很注意吸收民间艺人的长处，常把一些流浪艺人请到家里来演唱。自从结识了拉丁赛后，便当了藏军。自此，哲林开始了他的军人生涯。

由于哲林从小出入上层社会，又兼当了多年的粮草官，所以，他不仅与贵族有广泛的联系，与各大寺院交往很密切，对各方面的情况也很熟悉。这种特殊的身份和关系，对他联络和组织各寺院、各庄园、各牧场以及各地区的抗英力量，有很大的好处。拉丁赛阵亡，多吉孜本和何知府不知去向以后，哲林成了实际上的总指挥，他召集和组织从曲米撤退下来的藏军和各路民兵，防守江孜。

英军火烧乃尼寺之后，迅速向江孜进兵。到了江孜平原，廓尔喀骑兵充分发挥了他们的优势，在洋枪洋炮的配合下，用突袭的方式向江孜宗发起猛攻。守城军民在哲林代本的率领下，进行了顽强的抵抗，终因寡不敌众，在遭受重大伤亡之后，不得不撤出江孜。

江孜失守，使哲林代本感到内疚，惭愧和惶恐。他原以为佛爷和噶厦政府一定会降罪于他。但出乎意料的是：佛爷非但没有责怪他，反而亲自召见了他，称赞他召集部队、防守江孜有功，将指挥抗英大军的重任交给了他。除此之外，佛爷又赐给哲林三件东西：第一件是一条鲜红的护身结，是乃琼大喇嘛特别诵经祈祷过的，戴着它，可以消灾避难，逢凶化吉。第二件是一匹洁白如雪、名叫“优珠”的玉龙马，这是佛爷从几百匹好马中精选出的良马，相传此马曾在一块岩石上踏出过脚印，是一匹日行千里的追风马。哲林曾隐隐约约地听说佛爷爱马，自己有五百匹良骥，除了自己亲自挑选的外，多半是各寺院和贵族、牧主的贡品。这匹玉龙马则属于前者。“优珠”全身雪白，像是裹着白缎子，浑身上下，找不到一根杂毛，佛爷不仅经常骑它，而且能从上百匹马的嘶鸣中听出它的声音。这第三件东西是一支乌黑的手枪，这正是拉丁代本的遗物，由旺秋交给洛桑饶登，又由洛桑饶登呈给佛爷，佛爷又亲手赐给了哲林代

本。虽然是拉丁代本的遗物，但是经过佛爷之手，应该看作佛爷亲赐。哲林与拉丁赛并非一般关系，论公，他们是上下级：论私，他们亲如兄弟。见物思人，哲林更加思念拉丁赛，渴望为拉丁代本报仇的心愿更加强烈。

哲林带着佛爷的委托，脖子上戴着乃琼大喇嘛祈祷过的护身结，坐下骑着佛爷亲赐的玉龙马，腰里佩带着拉丁代本的手枪，胸中跳动着一颗收复失地、保国保家的心，顾不得回家去看望一下年迈的父母和妻小，从罗布林卡直接返回前线，来到这美丽的羊卓雍措湖畔。

哲林代本的临时指挥所，设在离湖边不远的一座大帐篷里。处理了一天的大小公务，他有些累了，但是他不想躺下休息，也不能躺下休息。他还有很多事情要做。最重要的是，收复江孜的作战方案还没有确定。哲林代本起身走出帐篷，沿着湖边慢慢走着。

这是一个没有月光的夜晚。夜幕，把羊卓雍措染成了黑色，好似仙女罩上了黑色的纱衫。湖边，一堆堆篝火把围着火堆的人照得通红通红。燃烧着的干柴不时发出“噼噼啪啪”的响声；烧牛粪的地方，则有一股刺鼻的味道。这篝火一排接着一排，像一条火龙，足有好几里长，甚为壮观。，

高原的天空，显得特别蓝，空气也特别清新。因为是在世界的最高处吧，大气污染少，能见度高，星星显得特别大，特别亮。繁星和篝火的倒影一起映照在圣湖中，跳动着，闪耀着金光。圣湖显得更加辽阔，更加深邃，更加神秘莫测。哲林代本并不去打搅围着篝火、谈兴正浓的人们。两个侍卫知道代本在想心事，也不靠近他，只是远远地跟着。

哲林代本遥望夜空，那颗明亮的星星在向他眨着眼睛。那颗星星，老百姓都叫它拉丁星。最近以来，关于它的传说越来越多，越来越动人。为什么在这个时候东北方向会出现一颗明亮的星星，他没有认真想过。藏族的读书人都要学“小五明”和“大五明”。所谓小五明，就是天文历算学、诗歌学、辞藻学、音韵学和戏剧学。大五明是工巧明、医方明、声明、因明和内明。天文历算学列在十种学问之首，哲林自然也学过，懂一点这方面的知识。他想，藏族的天文历算，有悠久的历史，达到很高的水平，出现过很多杰出的天文学家，这个问题，还是留着让他们去探索吧。他们一会作出令人信服的解释。然而现在，哲林自己宁愿相信老百姓的传说，相信它是拉丁代本的英灵变成的。

哲林一直给拉丁代本当粮草官，各样事情都办得很妥贴，深得拉丁代本的信任。虽然是下属，但拉丁赛代本却待他如兄弟一般，遇到大事，也愿意和他

商量。

去年，洋妖入侵西藏边境，拉丁代本被派往前线，实际担负着总指挥的责任。经拉丁赛的保荐，哲林被委任为江孜代本。

哲林和拉丁赛不同。拉丁赛嫉恶如仇，性烈如火，而哲林却是外柔内刚，含而不露。他没有拉丁赛那种叱咤风云的气概，却比拉丁赛长于韬略。曲米谈判之前，拉丁赛一再嘱咐他千万不要下山，守住阵地，无奈他没有指挥大权，结果藏军一、二、三代本不听他的劝告，在多吉孜本和何知府的催促下，贸然下山，致使全军覆没，拉丁代本也惨遭杀害。每当想起这件事，哲林代本的心里就像压着一块铁砣，使他感到异常沉重。当前局势严重，他重任在身，一股对拉丁代本的思念之情油然而生。如果拉丁代本在世，事情就会好办得多，他有威望、有影响，所有的人都会听他指挥。而现在呢，佛爷的决心倒是很大，噶厦政府的态度也很坚决。但是，四位新任命的噶伦胆略有余而经验不足。几个新任命的代本里没有一个是打过仗的，更不懂什么作战方略。只因他们是大贵族的子弟，而又积极主张抗英，才得了这样的高位。他真担心，打起仗来，不知道他们会怎样指挥自己的部队。

然而，更令他忧虑的，还是朝廷和驻藏大臣的态度。噶厦政府发布征兵动员令，佛爷在拉萨街头为参战的僧俗百姓摸顶祈祷之后，据说驻藏大臣有泰不但不支持藏族军民的抗英斗争，而且表示非常不满。在拉萨时，他听人讲，驻藏大臣衙门的一位汉官，偷偷告诉佛爷，说有泰曾密奏朝廷，要求废黜十三世达赖喇嘛，重新认选新灵童。几位代本的父亲和亲戚，都是噶厦政府里的高级官员，他们也证实了这一消息。

哲林担心，在这严重关头，主张抗英的佛爷一旦被废掉，选一个什么事也不懂的小孩到布达拉宫里去，西藏的政局将会出现什么样的情况？这不等于打开寨门，让豺狼闯进家园吗？！

哲林转念又宽慰自己，皇上圣明，绝不会作出这样亲痛仇快的决断。但是，他又觉得自己的想法是毫无根据的。皇上离得那么远，我怎么能知道他在想什么，会作出什么样的决断，下什么样的圣旨？

越是想到局势的严重，哲林越是怀念拉丁赛。“代本啊，您死得太早了。”哲林轻轻地叹气，他感到孤独、忧虑、压抑，缺乏力量。

哲林想着心事，沿湖边信步走着。不知什么时候，洛桑饶登已跟在自己身边。

洛桑饶登一直给拉丁赛当秘书，所以跟哲林代本很熟。哲林代本不但喜欢他，也很敬重他，有些事也愿意和他商量。哲林的秘书在江孜战役中已经阵亡，他很想让洛桑饶登当自己的秘书。哲林不但看重他的才干，更重要的是看到他对自己主人的忠诚。

洛桑饶登傍着哲林，似乎有什么事情要说，哲林也觉察到了，转过脸问：

“洛桑，有事吗？”

洛桑饶登不再沉默，但声音很轻，却透着焦虑：

“听说朝廷还打算同洋妖议和？”

哲林点了点头：“据说有泰背着佛爷和噶厦，偷偷和洋妖头子荣赫鹏联系。”

“竟有这样的事？”洛桑饶登感到惊讶，看来事情比他知道的还要严重得多。

“这消息很确实，是衙门里的人传出来的。”哲林又说：

“听说有泰还给荣赫鹏写了一封亲笔信。”

“什么内容？”

“原信还没有见到，听说有泰低声下气地向洋人求和，还说朝廷不愿扩大事态，绝不派一兵一卒到西藏来。”

“这不是把我们给出卖了吗？”洛桑饶登感到愤慨。

“听说有泰的信里还有这样的话，说我们藏族是一极端顽固之民族，骂我们鲁钝不文，顽梗不化，忠告之言，不肯接受。”

洛桑饶登更气愤了：“噶厦政府发了征兵动员令，佛爷为抗英军民摸顶祈祷，僧俗百姓摩拳擦掌，决心收复江孜，把洋妖赶出西藏去，在这个关键时刻，有泰竟然做出这样的事，不是等于公开通敌吗？朝廷难道能允许吗？”

哲林深深地吐了口气：“唉，这还不清楚，先有朝廷以夷制番的主张，然后才有有泰这样畏敌如虎、认敌为友的大臣，才能做出这样亲痛仇快的事来，用他们的话讲叫‘釜底抽薪’。”

“有泰对洋人这样奴颜婢膝，毫无骨气，听说对藏族军民倒十分厉害，动辄训斥，连佛爷也不放在眼里。”

“是呀，拉萨人都说他像羊皮肚子，外面光滑，里面扎人[①]。”哲林从有泰又想到朝廷，心情更加沉重：“当今的朝廷，主张以夷制夷，以夷制番，以

① 这是个藏族谚语，意为对己狠，对敌和。

便钳制边民。以夷制夷，使大好河山成为列强逐鹿的战场，让虎狼在我们的国土上争斗不休；‘以夷制番’呢，使大片国土丧于敌手，边民遭受无穷的灾难。”

哲林代本的话，更加重了洛桑饶登的忧虑，他犹豫片刻，但还是讲了出来：

“代本拉，有句话，不知当问不当问？”

“你我之间，还有什么话不能讲？”哲林的态度坦率而真挚。

“依您看，要是朝廷不派兵，我们能打败洋妖吗？”

“很难。现在藏族军民抗英的决心很大，要招集几万人并不困难。难的是噶厦政府太穷，养不起这么多人。过去我当粮草官，为一两个代本筹措粮款，都非常困难。”

“好在现在的军民都是自愿参战，自己背着糌粑口袋来打仗。”

“但这终究不是长久之计。”哲林又说：“其次是我们的武器太差。你知道，我们藏军，无论官兵，政府不发武器，都要自备，自己有什么，就带什么。”

“拉丁代本的手枪，还是托人从印度买来的。”

“现在稍微好一些。”哲林代本接着说：“噶厦给每一千人发五百支土枪，三百副弓箭，二百把月矛。今年又造了一些哲布抬枪，这次也发给了新编的三个代本，还不知道怎么样哩！可英国人呢，英国人拥有世界上最好的战舰和枪炮，战舰在西藏用不上，但是他们的洋枪洋炮太厉害，我们已经吃了不少亏。”

“在虎门，在天津，在北京，我们都吃了洋枪洋炮的亏。僧格林沁的蒙古骑兵那么厉害，都挡不住只有几千人的洋枪队。”每当想起这些事，洛桑饶登总是无限感慨。

“我们是世界上最早发明火药的国家，可是现在火器不如人家，就只有挨打。”哲林这位粮草官出身的总指挥。对武器的情况较为熟悉，他深深感到我们的武器太低劣了，这是我们常常吃亏的重要原因。

“代本拉，江孜能不能收复？”洛桑饶登把话题转到眼前最紧迫的问题上。

“能，一定能。”哲林回答得很肯定。

“收复之后，能守得住吗？”

“很难。你知道，英国人占领印度之后，在那里经营了一百多年，近几十年内，又侵占了邻近各国，我们西藏，正处在这些国家和地区的包围之中，他们以那些地方为基地，可以源源不断地增派军队，比当年英夷远渡重洋，从海上打广州、天津和北京时，要容易得多。而我们的人力和财力非常有限，如果朝廷真的不派一兵一卒，我们的处境将十分艰难。”

“那这战局……？”

哲林一挥手，似乎要把这些烦人的事都赶走：

“大战将临，现在也管不了那么多。不过我想，既然佛爷把抗击洋妖的重任交给了我，只要我活着，就要率领僧俗百姓同洋妖决一死战，报效国家民族，报答佛爷的恩典，死了，”哲林一指东北方向那颗明亮的星星：“到我的老上司那里去，化作不灭的星光，让我们的子孙后代接着打，一定要把豺狼赶出家园去。”

哲林的一席话，使洛桑饶登感到欣慰，受到鼓舞：

“代本说得对。我们是松赞干布的后代，绝不能给我们的祖先丢脸。活着就要像猛虎一样，扑向豺狼，即使掉进万丈悬崖，粉身碎骨，也在所不辞。死了，也要变作厉鬼，让洋妖不得安宁。”

他俩边走边谈，来到一堆篝火旁，突然停住了脚，这倒不是因为围着这堆篝火的人特别多，而是老阿爸洛丹讲的故事把他俩吸引了。

……

很早很早以前，传说我们西藏这块地方是一片无边无际的大海，海浪翻卷着，浪花拍打着长满松柏、铁杉和棕榈的海岸，发出哗哗的响声。森林里长满了各种各样非常好看的花草，成群的斑鹿和羚羊在奔跑，三五成群的犀牛，悠闲地在海边饮水。杜鹃、画眉和百灵鸟，在林间树梢头跳来跳去，欢乐地唱着动听的歌。兔子也无忧无虑地在嫩绿茂盛的草地上活蹦乱跳。

有一天，海里突然来了一头巨大的五头毒龙，把森林搞得乱七八糟，又搅起了波涛海浪，摧毁了花草树木，生活在这里的鸟啊，兽啊，都感到灾难就要来临，它们开始逃跑。它们往东边逃，东边的森林倒了，草地被淹了；它们又往西边逃，西边也是狂涛恶浪，打得谁也喘不过气来，森林里的朋友们走投无路了。

突然，大海上空飘来五朵彩云，变成五位智慧的空行母。她们来到海边，施展起无边的法力，降伏了五头毒龙。妖魔被降伏了，大海也变得风平浪静

了。生活在这里的鹿、羚羊、猴子、兔子和各种小鸟，感谢仙女的救命之恩，纷纷给她们磕头行礼。空行母想告辞大家，回归天界，可是众生苦苦哀求，恳请她们留在世上。五仙女大发慈悲之心，同意留下来与众生共享太平之乐。五位仙女喝令大海退去，于是，东边变成了茂密的森林，西边变成了肥沃的良田，南边是花草茂盛的花园，北边是无边无际、水草丰美的牧场。那五个仙女呢，就变成了喜马拉雅的五座山峰：翠颜仙女峰，祥寿仙女峰，贞慧仙女峰，寇咏仙女峰，施仁仙女蜂。她们高高地屹立在西南边境，守卫着这大海变成的乐园，为首的翠颜仙女峰就是珠穆朗玛峰，我们的神女峰。

……

“讲得好啊，洛丹。”哲林高兴地说。人们这才发现总指挥来了，赶忙站起身，请哲林代本到里面来烤火。

哲林并不推辞，走进了圈内。一个侍卫赶紧找来一个垫子给他铺上。等代本坐定后，周围的人才陆续坐下。

洛丹和洛桑饶登随着参战的僧俗百姓返回后藏时，得知江孜已经失守。他们刚到朗卡子宗，就遇到从江孜撤退下来的军民。不久，旺秋等人也历尽艰辛，辗转来到这里，他们在这美丽的羊卓雍措湖畔会合了。

父子，父女重逢，自然有许多贴心话要讲，但是什么话也没有当前的抗英大事重要。洛丹首先把佛爷赐给旺秋的护身结庄重地交给了他。小仁赛眼红得不得了，一个劲地埋怨阿爸洛丹没有给他也带回一条来，旺秋只得答应把自己的护身结给他戴七天，才算了结。

仁赛的伤已经好多了，在这准备收复江孜宗的前夕，他心情激动得坐立不安，才缠着阿爸洛丹讲故事，大家也愿意听洛丹那永远也讲不完的故事。

哲林代本的到来，打断了洛丹的话，故事自然是不能再讲了。大家都很关心眼前的战事，关心怎样收复江孜，希望能从哲林代本的口中得到一些确切的消息。

曲妮把一个木碗擦干净，舀了一碗热茶，恭恭敬敬地端到哲林代本面前：“代本拉，请用茶。”

哲林接过木碗，喝了一小口。见大家眼巴巴地望着自己。他当然清楚大家想从他这里知道什么，可是他还没有拿定主意，不能给大家一个满意的回答。他转向洛丹：“怎么不讲了？接着讲嘛！”

洛丹笑了笑：“我的故事都是老喇嘛念的经，大家听腻了。现在大伙都想听代本拉讲一点。”

“刚才你讲的故事就很好嘛！”哲林代本又转向大家：“现在又有一条五头毒龙闯进了我们西藏，搅得这政教兴旺的佛土乐园不得安宁，我们的土地在燃烧，我们的百姓在流血，空前未有的灾难，已经降临。”

“可是，可是神仙在哪里啊？”小仁赛冒冒失失地插了一句嘴。

是啊，现在是多么需要降伏妖魔的神仙啊！可是，神仙在哪里呢？哲林代本怔住了，一时不知道怎么回答才好。

仁赛打断了代本的话，这实在是不礼貌、没有规矩的行为，好在是战争年代，代本并没有责怪他。可洛丹怕代本生气，轻轻地拽了一下仁塞的耳朵：“没有规矩！”又向火堆中加了几根树枝：

“代本拉，至高无上的佛爷，噶厦政府的征兵动员令，不就是降伏妖魔的神仙吗？”

“还有，”一直没有说话的克珠旺秋激动得站起身来，指着一排排没有尽头的、燃烧着的篝火：

“俗话说，熊熊的篝火能把寒冷驱散，众人齐心能把妖魔降服。这成千上万个决心抗击洋妖的僧俗百姓，不都是降伏妖魔的神仙吗？”

哲林代本的眼睛一亮，好像受到启示和激励：“你是这么想的？”

旺秋有力地点了点头。

“旺秋哥哥，我们都是神仙吗？”仁赛觉得旺秋的话挺新鲜。

“俗话说，蚂蚁聚在一起，可以把雄狮咬死。代本拉，只要我们万众一心，就一定能打败最凶恶的敌人。”旺秋望着火龙似的篝火，他的心里也好像燃着熊熊烈火。

哲林连连点头：“有道理，有道理。”

“我要是神仙，曲妮姐姐，你就是仙女了，嗯，仙女比我厉害多了，阿爸洛丹讲了，五头毒龙就是被仙女降伏的。”仁赛凑到曲妮身边轻轻地嘀咕着。

曲妮一点他的鼻子：“猴子还想当神仙！”曲妮笑出了声，见人们的目光向她射来，她连忙把嘴捂住了。

一个矮墩墩的工布人站起来，走到哲林代本面前，直冲冲地问：

“代本拉，我们什么时候去收复江孜？”

这个工布人就是洛丹在拉萨新结识的朋友阿达巴魁。

哲林代本先是一怔，然后仔细打量了他一番，见他的个子那么矮，不禁风

趣地问：

“还没有姑娘的个子高，也想去打洋妖？”

这话把旁边的人都逗笑了，阿达巴魁的脸涨得通红。心想，连佛爷都夸奖我勇敢哩，你却嫌我个子矮，阿达巴魁满肚子不高兴。可他并不说话，一用力，抽出大砍刀，只见寒光一闪，他把砍刀在空中抡了一圈，左手擎刀，刀刃向上，右手从自己的头上揪下几根长发，朝刀刃上一放，轻轻吹了口气，头发顿时断为两截，飘然下落。

“好刀，好刀哇！”格来大声称赞。

阿达巴魁歪着头，问：

“代本拉，您和洋妖交过手，请您说说，洋妖的脑袋经得起这样的大刀砍吗？”

哲林点点头，故意说：“刀是好刀，就是不知道他的主人会不会委屈它。拿着好猎枪的，不一定都是好猎手；好马的主人也不见得都是好骑手啊！”

阿达巴魁像是受了莫大的侮辱，心想，您难道不知道我们工布人个个都会使砍刀，我们的刀法在全藏都是出名的？亏您还是总指挥哩！阿达巴魁觉得自己应该在总指挥和各地来的军民面前露露脸，也好为工布人争口气。他也不答话，从柴堆里抽出一根手腕粗的青桐棒，往火堆走了两步，站在大家都看得见的地方，左手将青桐棒用力朝空中一扔。等青桐棒横落到他面前时，迅速挥动砍刀，使劲一砍，砍断一截，然后用刀背轻轻一挑，将木棒又抛向空中，当木棒落下来时，他一挥刀，又砍断一截。砍刀六起六落，青桐棒被砍为七截。人们都为他那精湛的刀法大声叫好。

阿达巴魁并不理会众人的喝彩，捡起木棍，有意让大家看，这七截木棍竟像是量过的一样，齐刷刷的一般长，人群里又发出一阵阵赞叹声。只见他把木棍整整齐齐放在哲林代本面前，恭敬而又幽默地说：

“代本拉，要是在我们家乡，我可以打一只狗熊，或一只野鹿送给您。在这草原上，实在没有什么好东西奉送，要是打只野兔，礼也太薄了点。今天我们初次见面，这七截棍子，就算我的见面礼吧。”

哲林代本站起身，双手抓着阿达巴魁的肩头，用力摇了摇：

“好，好样的！到时候拿出你们工布人打狗熊的本领，多砍几个洋妖。”

阿达巴魁笑了，兴奋之中透着一股得意之情。

见阿达巴魁如此露脸，仁赛不免有些眼红，他悄悄拉了一下左边的朗杰，

又碰了碰右边的诺布，二人会意，三人一同站起来走到哲林代本面前，仁赛装出一付严肃的神态，说：

“代本拉，请您赶快下令吧，老不去打洋妖，连我们的枪也等得不耐烦了。”

哲林一看这三个小兄弟，不仅个头差不多，就是年龄看上去也差不多。使他惊奇的是，三人当中竟有两个人拿着洋枪，他笑着问：

“你们都还是些孩子嘛，会用洋枪吗？”

这话正合仁赛的心意，就怕代本不问枪法。他一示意，朗杰立即拿着一根又细又长的树枝，在篝火上点燃，然后迅速跑到五十多米以外的地方，高高地举起了树枝。

仁赛从容地端起崭新的来福枪，一扣扳机，树枝上的火被打灭了。

朗杰再次把树枝点着，诺布的枪响了。随着枪声，火头又被打灭。

“好，好，都是好样的。”哲林代本点头。

仁赛还要朗杰去点火，却被旺秋拉住：

“留着子弹打洋妖吧。”

仁赛恳求道：“旺秋哥哥，叫朗杰打两枪吧，请代本看看。”

哲林代本说：

“今天我不看，等收复江孜那天再看。”

他又问小仁赛：“枪法不错嘛，是谁教的？”

“阿爸洛丹教的。为了打洋妖，从去年起，阿爸洛丹就教我们打枪，我们部落的人，不管男女，差不多都会打枪。”仁赛因为能给自己部落争光，而感到得意。“可是，”仁赛指了指自己手中的来福枪：“洋枪太少，我们部落又穷，买不起。”

“那你们的枪是哪里来的？宗本发的？”哲林代本见他们不少人都有洋枪。

不等仁赛答话，格来忍不住了：“宗本不要说给枪，连一个抛石器也没有给过。这些枪全是我们从洋妖手里夺来的。”

“你们看，”仁赛把他的来福枪举了举，显得很神气：“我只得了一支，旺秋哥哥得了三支呢！”

“你们真是这个。”说这话的是个汉兵，大拇指竖得老高：“汉族有句俗话，轻霜冻死单根草，狂风难毁万木林。要是西藏所有的地方都像你们部落那

样，团结一心，洋妖再厉害，也一定能打败。”

哲林这才注意到，人群里还有几个汉兵，他们就是不愿回拉萨保卫安班大人，而宁愿与藏族军民一起保卫江孜的汉兵，说话的是他们的小头目刘长寿。哲林代本前两天专门去看望过他们。他对洛桑饶登他们说：

“他叫刘长寿，是江孜守备的兵。”又对刘长寿说：

“长寿这个名字有点像藏名，和‘次仁’是一个意思吧？”

“是‘次仁’的意思。”刘长寿恭恭敬敬地回答。接着又说：

“这回佛爷下决心抗击洋妖，又委派代本统率大军，不愁收不回江孜了。”

这些汉兵由于驻藏时间久了，大部分能听懂藏话，少数人还能讲一些。刘长寿的藏话就讲得很流利，只是因为受四川口音的影响，个别字咬得不准，还常常闹些笑话。

“江孜当然能收复了。可是，刘长寿，你们将来怎么办？安班大人不会惩罚你们？”一个藏军很为刘长寿他们几位汉族兄弟担忧。

“惩罚？让他惩罚好了。我就不明白，眼看着敌人来了，不往前冲，偏偏要往后撤，这是什么道理？”

“什么道理，安班大人的安全要紧嘛……”

“什么安全，江孜守不住，拉萨就危险。拉萨一旦失陷，不要说他安班大人，整个内地也不会安全。”刘长寿并不等别人把话说完，便愤慨地说。

“唉，你们的安班大人要是有你这么明白就好了。”一个年长的藏军颇为感慨。

刘长寿叹了一口气：“也难怪，这是叫洋人给打怕了。现在连皇上、皇太后都怕洋人，何况安班大人。”刘长寿又激昂地说：

“可话又说回来，怕又顶什么用？常言说得好，打虎的人吃虎肉，怕虎的人葬虎口，你越是怕他，他就越得寸进尺。倒不如舍命拼个你死我活更痛快一些。”刘长寿的拳头握紧了。

“对，对！我就喜欢听这样的话。金子掉在地上，也还是金灿灿的；好汉战死了，也还是一条好汉。”阿达巴魁恨不能马上奔赴江孜砍杀洋妖。

哲林代本被刘长寿他们的赤诚感动了。他说：“洋人有一种说法，说中国将来一定不能自理，他们各国要来把中国瓜分掉！”

“这么说，中国就得完了吗？我们都要做亡国奴了？”刘长寿把握紧的

拳头松开了，捡起一根短木棍，在地上使劲画着“亡”字，然后又拼命地在“亡”字上打着“×”。

哲林代本的语气显得沉重起来：

“是呀，亡国奴的日子是不好过的。俄罗斯灭了波兰，第一条政令是不许波兰人说波兰话，也不许用波兰文字；第二条政令是不准波兰人在路边走路，一律要走马路当中，说波兰人都是贱种，个个都是做贼的，走了路边，恐怕偷了店铺的东西。”

在场的很多人，并不知道波兰是什么样一个国家，有些人连俄罗斯在什么方向也弄不清楚。但是他们听懂了哲林代本的意思，一个民族被别的民族打败以后，日子是很不好过的，就像波兰人那样，讲自己的民族语言，用自己民族文字的权利也没有，甚至连走路也要受限制，就像犯人一样。

“代本说的是俄国人，那英国人就更可恶了，他们和布尔人打仗，打败了布尔人的军队之后，把布尔的老百姓全都赶进围着铁蒺藜的集中营，成千上万的布尔人在疾病和饥饿的折磨下慢慢地死掉了。”洛桑饶登向大家述说着英国人的种种暴行。

说话间，一阵喧闹声由远而近。

“拦住她！”

“快拦住她呀！”

随着喊声，跑过一个黑影，借着熊熊的火光，人们看清楚了，这是一个尼姑。身着绛紫色氆氇袍子，那根本来应该系在腰间的黄带子，此刻被她双手举过头顶，不时地挥舞着，白皙清秀的脸上留下一道道伤痕，两只不大的眼睛死死地盯着举过头顶的黄带子，人们能看见的，是那过多的白眼球和那明显凸出的眼眶。

“怎么回事？怎么回事？”围着火堆的人们互相询问着，站了起来，把尼姑团团围住，可谁也不知道发生了什么事。

尼姑似乎看到了什么，猛地停住了脚，同时把目光从黄带子上收回来，慢慢地，在人们的身上扫来扫去。忽然，她发现穿着白袍子，系着黄腰带的旺秋和另外两个喇嘛，尼姑向前两步，走到旺秋他们面前，“扑通”一声，跪下了，依旧把黄带子高高地举过头顶：

“大慈大悲的菩萨呀，佛法无边的菩萨呀，快救救弟子吧，救救弟子吧，救救……”尼姑大声呼喊。

追赶尼姑的人们也到了，一个年纪不大的女孩子分开众人来到尼姑面前：“姐姐，起来吧。”说着，就去搀她。

被称作姐姐的尼姑不但没有起来，反倒把妹妹给拉住了：

“快，快跪下，菩萨在这里，救我们的菩萨在这里，你还不快跪下。”

旺秋大吃一惊，慌忙往后退了两步，赶紧说：“快起来，快起来！”旺秋是个普通的喇嘛，他认为让别人跪在自己面前是有罪孽的。

哲林代本看了看跪着的尼姑和被她拉着的小姑娘，问：“这是怎么回事？”

和小姑娘同来的一个农民见哲林代本也在这里，忙躬身回答：

“她是江孜尼姑庙的尼姑，被洋妖糟踏以后，就，就疯了。”

“什么？”哲林代本怒不可遏，眉尖竖了起来。在场的人们都听清了，都明白了。人们被洋妖的兽行激怒了。

小姑娘流着眼泪说：

“姐姐说，一大群洋妖闯进了尼姑庙，他们像野兽一样，糟踏了所有的尼姑，又用刺刀挑开她们的肚子，把肠肠肚肚扔得到处都是。有的尼姑被扒光衣服后拉去捆在挂经幡的柱子上，洋妖当靶子打着玩，然后一把火把尼姑庙烧了。……我的姐姐她们几个是翻墙逃出来的。她们要去找佛爷，找哲林代本，为姐妹们报仇。”

“她刚回来时还比较明白，一讲完这些事，就口吐白沫，疯了。”同来的农民向哲林代本述说着，他显然是那个尼姑的邻居。

小姑娘跪着走向哲林，大声说：“代本拉，请您快发兵去打洋妖，为我姐姐报仇，为……”小姑娘哭成了泪人，声音嘶哑，说不下去了。

“这群恶狗！不砍掉他们的脑袋，我誓不为人。”阿达巴魁挥着手里的大砍刀，气得浑身发抖。

“代本拉，您快下命令吧，让我们再多等一天，我也受不了啦！”格来大声喊着。

仁赛、朗杰不住地骂着，曲妮桑姆悄悄地安慰着尼姑。刘长寿并不讲话，只是咬着嘴唇，一个劲地往火堆里添干树枝。

篝火烧得更旺了，克珠旺秋的脸绷得紧紧的：“代本拉，我们就等待您的一句话。”说着，旺秋跪下了。

洛丹也跪下了。

格来，诺布，仁赛，朗杰，连刘长寿也都跪在了哲林代本面前。其他所有的人也都纷纷跪下。

哲林代本连忙站起身，拉着洛丹的手，请他起来，又让旺秋、刘长寿和所有的乡亲们都起来。哲林面对着夜色笼罩下的圣湖。此刻，圣湖之水，波息浪止，静静地躺在群山怀抱之中。哲林代本的心情却很不平静，犹如暴风雪掀起狂涛怒澜，在他的胸中翻腾着，奔涌着。侵略者的兽行，激起了他万丈怒火。各族军民高昂的抗妖热情，使他受到感染，得到鼓舞。他仿佛看见降妖伏魔的仙女，看见了仙女变成的高耸入云的山峰。与此同时，一个收复江孜的作战方案，逐渐在他脑海中形成。

第十八章

古堡下的欢笑

只要拧成一股绳，
羊毛也能捆住狮子。

胜利了，大鼻子、黄头发的洋妖终于被赶出了宗山，整个江孜平原沉浸在欢呼胜利的浪潮之中。

宗政府大开仓门，拿出了储存多年的青稞；白居寺敞开寺门，奉献出味香质纯的酥油；日喀则、白朗、康马、浪卡子的贵族、牧主大施钱财，送来了成百上千的壮牛肥羊。

江孜宗，位于年楚河畔。在江孜平原上，有一座宗山，吐蕃王朝崩溃后，西藏高原曾长期陷入分裂割据的混乱局面。这时，后藏地区出现了一个著名的法王，叫阔赞，他认为宗山与江孜地形殊异，具有吉祥之兆，遂在宗山之上建宫居住。从此，这一地区便逐渐繁荣起来，成为后藏地区的一个重要城镇。这里气候温和，物产丰富，同日喀则宗、白朗宗连成一片，是西藏主要的产粮区之一。

雄伟的宗山，巍然耸立在江孜平原之上，民间传说它是一条巨龙变成的。看上去，真像一条卧龙。传说是龙头的地方，山峰突兀而起，恰似一条巨龙翘首远望。

江孜古堡就修建在龙头上，它被称为“江孜的眼睛”，从这里可以俯视全

宗。龙尾远远地甩在后面，在它的上面修建了一座规模宏大的白居寺。龙身——山的中部是一个平凹的地段，它又像一个小小的宝瓶，所以叫“诺布日”[①]，江孜城的老街就在这里。宗政府在古堡之上，习惯上又称古堡为宗山。

宗山对面，年楚河南岸，临时搭起了上百个锅灶，煮肉的煮肉，熬茶的熬茶，还有很多人在炒青稞、磨糌粑，江孜城里的老百姓，几乎家家都在煮青稞酒。没有青稞的，随时可以到寺院的库房里去领取。牛羊肉堆成了山，青稞酒像水一样在流淌，十里八里之外，都可以闻到酒肉的香味。

草坪上，搭起了一个巨大的凉棚，可以容纳一千多人，噶厦政府的僧俗官员、藏军军官、活佛、大喇嘛、贵族头人，以及其他一些头面人物，坐在里面，观看各地百姓的表演。

盛大的庆祝活动由赛马揭开了序幕。

天刚破晓，五百名骑手及成千的观众已经聚集在宗山西面的起点线上。终点在宗山脚下，全程约20里。骑手们大都是十五岁到二十岁的青少年，他们尽可能地把自己和自己的马用各种彩绸装饰得耀眼醒目，使人们能在成百匹马中认出自己来。但是，这样做的结果，恰恰适得其反。每个人都花花绿绿，每匹马都五颜六色，不要说别人分不清他们谁是谁，就连他们自己寻找伙伴都感到困难。

在这花花绿绿的人群中，在这打扮得五颜六色的马匹中，惟有一人一马最为醒目。马身洁白如雪，浑身上下没有一根杂毛，银鞍银蹬，在晨曦中泛着白光。旁边站着一位英俊少年，年纪不过十五六岁，身穿一件白氆氇袍子，系着黄腰带，神情庄重。人们连声称赞，马好，人也好，装扮得更好。

赛马开始了，一匹匹马像一朵朵彩云纷纷向前飘去，飘得最快的，还是那朵白云。这匹白马载着白袍少年忽起忽落，像是从天上飘下来，又像是要飞回天上去。突然，白袍少年滚鞍落马，白马继续朝前飞驰，人们大吃一惊，都为小骑手担心。忽然，不知从什么地方，又飘出一朵白云，另一个少年骑手，稳稳地落在飞驰如箭的白马上。人群中顿时爆发出一阵热烈的叫好声。当第二个白袍少年滚鞍落马时，离终点只有一小半的距离了。第三个白袍少年飞身上马，将一个白牛毛编织的抛石器，在头上抡了三圈，然后使劲打了个响鞭，白马四蹄腾空，闪电一样飞奔向前，把众多的竞争者远远地抛在了后面。白袍少年趁机在马上做着各种惊险动作，忽而倒立马上；忽而躲到马肚子下面，来个

① “诺布”意为宝贝。诺布日即宝贝山。

蹬里藏身；忽而又腾空跃起，在人们的惊叫声中，又稳稳地落在马背上。任凭少年在自己身上怎样翻腾跳跃，大白马一点也不减低速度。白云终于第一个飘到了终点。

天已经大亮了，一条哈达披在第三个白袍少年的肩头，又一条，又一条……

原来，这白袍少年是小仁赛。前面两个是朗杰和诺布。大白马正是哲林代本的玉龙马“优珠”。哲林宣布自己不参加赛马，却把佛爷赏赐的宝马，破例地借给了进攻古堡时立下战功的三个少年英雄。此刻，“优珠”的背上也搭满了哈达，它昂着头，抖动鬃毛，发出一声声持续不断的高亢的嘶鸣，像是对人们宣告自己的胜利。

比赛结束，已是中午时分。歌舞表演开始了。这简直是集藏族歌舞大成于一地，各地的百姓们都表演了自己最拿手的歌舞，仿佛不这样，就不足以表达他们那胜利的喜悦。昌都地区的“锅庄”热情奔放；阿达巴魁和他的乡亲们表演的工布箭舞，别具一格；日喀则的“谐钦”典雅庄重；浪卡子的牧民们献出了精彩的“卓舞”。就连白居寺的喇嘛们也破例地跳起了“羌舞”——一种只有在过节时才跳的宗教舞；刘长寿等几位汉族兄弟，表演了他们四川老家的狮子舞。

“呜——”，“呜——”不时还传来一阵阵沉闷而粗犷的吹铜号的声音，这是白居寺的喇嘛在念咒经，准备送“鬼”。乍一听，这声音同年楚河畔的欢歌笑语很不协调，但却是整个庆祝活动中不可缺少的有机组成部分。少了它，就少了一项重要的内容。

来自偏僻牧区的曲妮桑姆，第一次见到这么热闹的场面，看到这么好的歌舞，第一次吃到这么多好吃的东西，心里十分高兴。她羡慕仁赛、朗杰和诺布能参加赛马，她也为阿达巴魁和格来在射箭比赛中取得的胜利感到高兴。但是，她不能参加比赛，整个庆祝活动，没有姑娘的比赛项目。姑娘们的活动只是唱歌和跳舞。看到别的地区的人又是歌唱又是跳舞，而且那么受欢迎，曲妮的心里急得冒火，嗓子发痒了。她很想放声地唱，尽情地跳，让大家知道我们沃措部落的人，也是能歌善舞的。可是，阿爸只是笑着看别人表演，哥哥的神情木然，格来板着脸，一见这样子，曲妮的兴头被打掉了一半。又等了一会儿，曲妮实在忍不住，悄悄往仁赛的背上扔了一块小石头，坐在前头的仁赛一回头，见曲妮正向他招手，忙凑过去：

“曲妮姐姐，又给我什么好吃的？”

“你就知道吃，长着嘴就是吃啊？”

“那……？”

“看人家又是唱，又是跳，我们就像傻子一样呆看。”

“那你说怎么办？”机灵鬼一时间也没有了主意。

“快去跟阿爸说。”

“你怎么不说？”

“让你去你就赶快去。”

仁赛挠了挠头，像是明白了什么，便拉着诺布和朗杰一起去找阿爸洛丹。

“阿爸，您看，别人又唱又跳，我们在这里只会吃喝，多丢人啊，人家还会以为我们沃措部落的人都是些哑巴和傻子。”

洛丹歪着头笑了笑，做出一个无可奈何的样子：“那有什么办法？我们既不会唱，又不会跳，在这样的场合，只能当哑巴和傻子。”

曲妮桑姆跟在仁赛后面，听了阿爸的话，很是不服气：“我们沃措部落的人打仗勇敢，这次第一个冲进宗山，砍掉洋妖旗子的是哥哥和格来。刚才赛马、射箭，又取得胜利，大家都伸出拇指夸我们。现在别人高兴得快发了疯，我们为什么要当哑巴、傻子？”

见阿爸无动于衷，曲妮又转向旺秋和格来，他俩都紧锁眉头，不说话，曲妮很不高兴：“打了大胜仗，把洋妖赶出了宗山。大家都高高兴兴，可你们为什么总是阴沉着脸，不唱不跳，连话也懒得说？”

旺秋和格来仍然不说话，洛丹看了他俩一眼：“你们自己去玩吧，就别难为他们了。我们牧民，除了放牧牛羊，还会干什么？”

“放牧牛羊？”仁赛灵机一动，跳了起来：“对，我们就跳个牦牛舞吧！我看这里什么舞都跳了，就是没有人跳牦牛舞。”

曲妮一点仁赛的鼻子：“还是猴子主意多。”见旺秋和格来依然面无表情，就来拉旺秋的手：“走吧，快去跳牦牛舞，和大家一起高兴高兴。”曲妮知道哥哥和格来最会跳牦牛舞，一是想让他俩在各地来的乡亲们面前露露脸，二是也想让他俩开开心。

格来一脸的不高兴，气冲冲地说：“帕拉村还没有攻下来，也没有把洋妖赶出江孜去，有什么可高兴的？”

“话可不能这么说，”诺布不大赞成格来的说法，“我们收复了宗山，消

灭了那么多洋妖，打了一次从来没有过的大胜仗，大家高兴高兴有什么不可以？”

“最可气的是，又让那个洋妖头子跑掉了。”短兵相接的激战中，格来盯住了荣赫鹏——这个被格来刺杀不成的洋妖头目。格来一心要打死他，最好能活捉他。格来朝荣赫鹏连打了几枪，眼看着荣赫鹏从马上摔了下来。恰在这时，枪膛里没有子弹了。正当格来冲上去要活捉荣赫鹏时，廓尔喀骑兵冲过来，把荣赫鹏救走了。一想起这件事，格来就觉得十分丧气。他觉得，只有砍下荣赫鹏的头，来祭奠拉丁代本和死难同胞的英灵，才算取得了真正的胜利。那时举行庆祝活动，才是有意义的。那个时候，他格来才能开怀畅饮，纵情歌舞。

“只要他不滚出西藏去，总有一天我们会打死他。”仁赛认为能收复江孜就是一个了不起的胜利，所以他比过节还要高兴，这几天是他有生以来最痛快的日子。

“你懂什么！”格来没好气地说，

“我……”仁赛刚要回话，见旺秋看了他一眼，又见格来心情不好，也就把到嘴边的话咽了回去。

曲妮桑姆见格来生气，仁赛也被格来堵得没了情绪，就和颜悦色地说：“不管怎么说，我们打了大胜仗，高兴高兴也是应该的。再说你们从曲米打到江孜，也够劳累的，痛痛快快地玩几天，有什么不好？谁像你们那样，打了败仗发愁，打了胜仗还发愁！”

小朗杰并没有参加他们的议论和斗嘴，刚一听仁赛说要跳牦牛舞，就跑去借衣服。此时，他已经从寺院里借了一套跳牦牛舞的衣服，他们不管旺秋和格来愿意不愿意当牦牛，不由分说，硬把牦牛装给旺秋和格来套上了。旺秋在前，格来在后，就像刘长寿他们跳狮子舞一样。曲妮不用打扮，就可以演牧羊姑娘。洛丹换了一件洁白的袍子装猎人。仁赛戴上面具，换了一身衣服，演“小猴子”，骑在牦牛身上。

其他人有的演牧民，有的演猎人，有的趴在地上装牛羊，有的装豺狼，也有装猎狗的。

牦牛舞很适合在广场演出，没有一定之规，人可多可少，时间可长可短。既可以边跳边唱，也可以只跳不唱。牧区人少，观众和演员也常融为一体，跳累了可以走到观众之中休息，吃肉喝茶，观众中谁有了兴趣，可以走进去跳，

也可穿插其他歌舞，形式灵活多样。

老猎人一般由年长的扮演，起了领头和组织作用。主要的角色是牦牛和猴子。演牦牛的人，做各种翻滚跳跃的动作，要想方设法把“猴子”摔下去。而演猴子的人则要牢牢地骑在牦牛身上，不能让摔下来。万一被摔下来，也要很快骑上去，假若长时间骑不上去，就算输，要另换一个“猴子”。换的越多越勤，说明跳牦牛的越有本事。同样，跳牦牛的人也可以换。

小仁赛很机灵，而旺秋和格来情绪不好，跳得不起劲，仁赛稳稳当当地骑在牦牛身上，做着各种顽皮、淘气的动作，引起人们的一阵阵哄笑。

跳了一会儿，旺秋和格来也为大家的情绪所感染，暂时忘掉了那些不愉快的事情，渐渐跳得起劲起来。让仁赛稳稳当当地骑在身上，在别人看来是没有本事的表现，旺秋和格来当然不情愿。突然，他俩猛地一蹲一蹿，再一翻滚，把仁赛摔了下去。仁赛四脚朝天，摔得很狼狈，惹得大家哈哈大笑。仁赛满脸通红，很不好意思，幸好他戴着面具，谁也看不见。仁赛赶紧爬起来，想重新骑在牦牛身上，但旺秋和格来真像一头桀骜不驯的野牛，跳跃翻滚，左突右冲，根本不让仁赛挨近，他几次想骑上去，都没有成功。观众中发出了一阵阵喝彩声，吹口哨，称赞跳牦牛的人有本事。

正当仁赛十分为难之时，一群“豺狼”扑向了“羊群”，“羊群”立刻躲到“牦牛”身旁。“牦牛”要是仅仅把“猴子”摔下去，也并不困难，按照规矩，它还有保护羊群的责任。当“牦牛”冲上去，用犄角去驱赶“豺狼”时，仁赛趁机一跃，重新骑在牦牛身上，还装出各种得意洋洋的姿态。“牦牛”想翻滚，把仁赛摔下来，“豺狼”却趁机把羔羊一只只“叼”走了；“牦牛”去驱赶“豺狼”，“猴子”又摔不下去，弄得旺秋和格来十分紧张。

原来，小仁赛早已同演“豺狼”和“猎狗”的诺布、朗杰等人商量好了，要整一整旺秋和格来，开个小玩笑。他让演“豺狼”的人在他最困难时扑向“羊群”，演“猎狗”的人只是“汪！汪！”空叫，不要认真同“豺狼”相斗。

阿爸洛丹一眼就看出了这是小仁赛他们搞的鬼。他想，这也不是什么正经的比赛，让瘦小的“猴子”取胜，强壮的“牦牛”失败，叫乡亲们高兴高兴，也是件好事。所以，他这个“猎人”也只是站在一旁发笑，偶尔喊几句，并不认真保护“羊群”。

这样一来，“羔羊”一只只被豺狼“叼”走了。

在场的人里面，只有牧羊姑娘曲妮桑姆一个人为哥哥和格来担心，当着这

么多人，两个战场上的英雄，连个小小的“猴子”都摔不下去，该有多丢人啊！她着急地跑来跑去，一会儿挥动抛石器驱赶“豺狼”，一会儿吆喝“羊群”躲远一些，一会儿又高声喊阿爸，让他驱赶“豺狼”。

曲妮不喊还好，这一喊，倒提醒了一些人，他们知道，演牦牛的人，一个是她的哥哥，一个是她的情人，输了她当然会着急。那些人就故意气她，不仅“猎狗”不赶“豺狼”，连一些“羔羊”也自动跑到“豺狼”群里躺下了。

看热闹的军民们却真的着急起来，他们大声喊叫，让“猎人”打“豺狼”，让“猎狗”咬“豺狼”，有的人甚至跑进场来打“豺狼”。这时，场外的人有节奏地呼喊：“打豺狼，保牛羊！”“打洋妖，保家园！”

场内场外，互相影响，群情激昂，气氛十分活跃。没有想到沃措部落的牦牛舞，获得了意外的成功。哲林代本亲自给洛丹赏了一条哈达，寺院的管家给了他们一大盒油炸果子，“小猴子”仁赛非常得意。他取下面具，深深地给管家鞠了一躬，又翻了个跟斗，转了一圈，向观众做个怪相，嘴里还叼着个大麻花，惹得大家笑个不停。

人们发现沃措部落的人不但作战勇敢，而且能歌善舞，就让他们再唱支牧歌，有人还指名要“牧羊姑娘”来唱。

曲妮桑姆并不忸怩，显然是不想当哑巴，领着一群姑娘，手拉着手，放开歌喉，高声唱道：

悬崖下移走了拦路的巨石，
宽广的道路畅通无阻，
旅客哟，该是自由来往的时光。
吃羊的豺狼已被斗垮，
矫健的骏马自由驰骋，
骑士哟，该是跨马打猎的时光。
草坪上聚满了欢快的人群，
满罐的美酒多么清香，
歌手哟，该是对歌赛唱的时光。

这一唱，牵动了小伙子们的心弦，由诺布领头，边跳边唱，唱了一曲收复江孜的颂歌：

黄毛妖怪像群狗哟，
我们手里有打狗的石头；
黄毛妖怪像群狼哟，
我们手中有打狼的火枪。
那天夜晚没有月光，
正好把我们的身子隐藏；
黑夜里寒风凛冽，
没有皮袍也不惧寒霜。
洋妖还在做美梦，
我们已发起进攻；
子弹上膛刀出鞘，
洋妖在刀枪下丧生。
……

表演结束之后，广场上的人又化整为零，分散开去，围成了一圈又一圈，手拉着手，唱啊，跳啊。唱渴了，喝一碗酒；跳累了，坐下来吃一块烤肉。

僧俗官员们吃饱了，喝足了，也玩累了，由随从和佣人们侍候，分别到寺院，宗山或贵族庄园里休息去了。

老百姓们没有去处，仍在不停地唱，不停地跳，没有一丝倦意，极度的兴奋使人们难以驾驭自己的情感。

也有人喝醉了酒，这儿一堆，那儿一堆，横七竖八地躺在草坪上。

小仁赛好像不知道什么叫累，什么叫困，喝足了奶茶，吃饱了羊肉，又缠着阿爸洛丹讲故事。

洛丹也累了，更重要的是，他还想着以后的事，比旺秋和格来他们想得还深、还远。豺狼虽被我们打败，但没有被打死。被打败的豺狼还在不远处吐着血红的舌头，他们随时都有可能猛扑过来。洛丹曾经要求哲林代本派他们去攻打帕拉村，哲林没有答应。哲林倒是诚心诚意地想让老阿爸他们休息休息。不仅没有同意沃措部落下山，其他民兵也被留在了山上。此时此刻，洛丹哪有心思讲故事。但是，他也不想扫仁赛的兴，而且，还有那么多双期待的眼睛在看着自己。洛丹知道，大家都想听他的故事。

洛丹的故事是讲不完、说不尽的，沃措部落的人称他是“智慧宝库”，“故事口袋”。可是，现在，讲点什么好呢？洛丹正想着，只见朗杰飞

奔过来：

“仁赛，快，快去，有位说唱艺人在讲《格萨尔王传》。”

这下可给洛丹解了围：“快去吧，听听人家艺人讲的，比我说的好听多了。”

小仁赛一听，顿时来了兴趣，不等洛丹把话说完，就拉着诺布和曲妮跑了，阿达巴魁也硬拉着洛丹等人一起去听故事。

《格萨尔王传》是深受藏族人民喜爱的一部英雄史诗，在藏族地区流传很广，真可谓家喻户晓，老幼皆知。

人们早就把说唱《格萨尔王传》的艺人围在了中间，仁赛和曲妮他们又不甘心站在圈外，尽管他们很小心地往里挤，还是招来许多不满的目光。说唱就要开始时，仁赛和曲妮他们也挤到了圈子里面。

“曲妮姐姐，你看，看……”仁赛指着说唱艺人，对曲妮叫着。

“独臂大叔！”曲妮已经看见了，她和仁赛一样，真是又惊又喜。自从和独臂大叔分开以后，旺秋他们一直很想念这位身负重任的大叔，特别是仁赛和曲妮，就更是常常念叨这位不是神的“神人”。

独臂大叔也听见了他们二人的喊叫，朝仁赛和曲妮扬了扬手，又眨了一下眼睛。

仁赛刚要说什么，被曲妮拦住了：“大叔现在没时间和我们说话，等会儿我们再去找他。”

只听独臂大叔清了一下嗓子，然后一举手，周围立刻静了下来。

“翁木，愿一切吉祥！①
大奏世界安乐曲，
遍照智慧宝珠光，
降伏妖魔大力士，
雄狮大王② 赐吉祥。”

唱完四句颂词，独臂大叔便开始讲，只见他打着手势，边说边唱，眉飞色舞，今天讲的是《格萨尔王传》中的《降伏妖魔》之部。

这一部讲的是英雄格萨尔大王经过千辛万苦，克服重重困难，终于降伏侵

① 翁木，愿一切吉祥，是开篇祝愿之辞。

② 即格萨尔大王。

占别国领土、抢掠牛羊财宝、残害黎民百姓的北方魔王禄赞的英雄业绩。故事惊险曲折，语言优美生动。

独臂大叔确实很有表演才能，道白时口齿流利，吐字清楚，富于表情；咏唱时，如行云流水，朴素自然，悦耳动听。他的歌声不仅粗犷，高亢，而且清亮、圆润，给人以舒适、畅快的感觉，如同在盛夏的牧场，烈日曝晒之时，喝上了一口清凉的泉水。

独臂大叔的那双眼睛，犹如夜空中闪烁的星星，随着情节的发展变化，表现出各种感情色彩：或惊、或险；或赞、或叹；或喜、或怒；或褒、或贬，把人们带进了那古老而又遥远的年代。

独臂大叔的演唱是哲林安排的。他是藏军即将收复宗山的前夕才回到哲林代本身边的。他要求立即参加战斗，但哲林要他先好好休息，然后在庆祝胜利的时候给大家说唱《格萨尔》。独臂大叔又从洛桑饶登那里听到了攻占宗山以后藏军内部的大致情况，就在歌舞表演得差不多时，突然出现在草坪上。他的演唱是经过精心思考的。连每一个眼神，每一个手势，乃至演唱的语气，都反复想过了，他要拿出他的全部技艺，提醒人们，胜利的时候不要忘了还有魔鬼，还有豺狼。

哲林代本也很喜欢听《格萨尔》故事，过去他当粮草官，到庄园和牧场去征集粮草时，只要遇到著名的说唱艺人，就把他们叫来，让他们说唱，常常是通宵达旦，仍不能尽兴。第二天晚上又让他们接着唱，往往一唱就是好几天。

听着独臂大叔的演唱，站在圈外的哲林又想起了和他初次相遇时的情景：

有一次，哲林奉拉丁代本之命到山南地区去征集粮草，恰好遇见独臂大叔边朝佛、边说唱，来到那里。听说他能讲四部降魔史和十八大宗[①]，一下就把哲林吸引住了，不知不觉中，已经过了半个月，四部降魔史还没有讲完，却耽误了征集粮草的时间。为此，受到拉丁代本的严厉训斥。然而，从那以后，独臂大叔就留在了哲林的身边。他为哲林说唱，为藏军说唱，也为百姓说唱，《格萨尔》的故事像是说不完、唱不尽似的。哲林代本尽管一遍又一遍地听，可每次都觉得不一样，不仅故事不同，内容不同，感受也不同。

唱完一段，独臂大叔又一举手，表示要休息一会儿。仁赛等人早就围了上去，曲妮忙端过一碗茶：

“大叔，您讲得真好。我看那个洋妖头子就像魔王禄赞一样凶恶、残暴。”

① 宗，即城堡，相当于古代藏族社会的土邦。十八大宗，即格萨尔征服十八个土邦的故事。

格来听得入了神，过了老半天好像才从古老的年代回到现实中来。不觉感叹着：

“可惜我没有格萨尔大王那样的本事，要不这次我就可以把洋妖头子剁成肉泥。”

阿达巴魁轻轻抚摸自己心爱的砍刀，认真地说：

“看来格萨尔大王的宝刀，比我这砍刀要厉害多了。”这句话，惹得大家捧腹大笑，他却不嘻不笑，一本正经地说：

“我说的是真话，要是有一口格萨尔大王那样的宝刀，我就像割草一样，把洋妖通通砍光。”

诺布笑着说：“我说老哥，跳蚤怎么能同雄狮比？你的砍刀再厉害，也不能和格萨尔大王的宝刀比呀！”

仁赛问独臂大叔：“今天您讲《降伏妖魔》，是不是要我们像格萨尔大王降伏北方魔王那样，降伏这些从西方来的妖孽？”

独臂大叔点了点头：

“正是这样。我讲英雄格萨尔大王的故事，是为了给抗英的军民们鼓鼓劲。格萨尔大王教导他的百姓，‘不要挥兵去犯人，但若敌人来进犯，奋勇抗击莫后退。’现在不是我们去侵犯别国的土地，是洋妖异教徒闯进了我们的家园，杀百姓，毁寺院，犯下了十恶不赦的罪孽。我们僧俗百姓就要像格萨尔王降伏魔王，保卫家园一样，打败洋妖，保卫疆土。”

“大叔，你说得太好了，不杀尽洋妖异教徒，我们绝不放下手里的砍刀。”阿达巴魁显得很激动，他恨不能立即冲进帕拉村，砍死洋妖头子。

“按照传统的习惯，打了胜仗，在举行庆典时，要说唱《降伏妖魔》之部。今天我讲这一部，”说到这里，独臂大叔停了一下，用他那聪慧的眼睛，环视听众，提高了声调，好像要引起大家注意：“一是庆祝，二是提醒。”

“提醒，提醒什么？”仁赛不解地问。

“对，提醒得好。”洛丹赞许地点点头，“你们知道吗？英雄格萨尔大王在降伏北方魔王之后，因为取得了巨大胜利而骄傲起来，忘记了世间还有许多妖魔，他天天寻欢作乐，在北方魔国一住就是几年。结果残暴的霍尔白帐王① 趁机入侵岭国，抢掠财物，残害百姓，连格萨尔自己的爱妃珠牡也被抢走了。这就引起霍尔国和岭国交战，一打就是好几年，两国的百姓受了很

① 史诗里说霍国的白帐王也是一个魔王。

多很多的苦。”

“老阿爸，您说得对，下一部《霍岭大战》里，我就要讲这段故事。”独臂大叔高兴地说。

仁赛似乎听出了阿爸洛丹的弦外之音：

“阿爸，你们的意思，是说我们现在不应该忘记身边还有豺狼？”

洛丹笑了：“这个小猴子，就是有点鬼聪明。”

“我们牧民有句俗话：狼在睡梦中也想着吃羊。我们可不应该光顾着唱歌跳舞，忘了虎狼窝还没有捣烂。”旺秋觉得打了胜仗庆祝一下也是可以的，但不能总这么热闹下去，就是一时攻不下帕拉村，也应该把它团团包围住，而现在派去的兵力太少了。

独臂大叔的演唱收到了比预想还要好的效果。哲林代本听到众人的议论，感到宽慰，觉得军民之心思战，现在要紧的是说服藏军的指挥官。哲林也知道，藏族军民已经失去了战机，目前，不可能向困守在帕拉村的英军发动进攻。但是，应该加强对帕拉村的包围，切断他们同外界的一切联系。

哲林正想着，“呜——”，“呜——”，白居寺的大铜号吹得更响了，压倒了一切声音，也打断了他们的谈话。

“送鬼啦！”“送鬼啦！”不知道谁喊了一声，一呼百应，广场上喊成一片。唱歌的，跳舞的，讲故事的，谈论战事的，全都停了下来。他们知道，按照习惯，太阳落山时，要举行送“鬼”仪式。

往常寺院里念经送“鬼”，总有一种恐怖和凄凉的气氛，使人感到沉闷、窒息、压抑和愁苦。今天却不同，大家怀着喜悦的心情，像过节那样欢快、热闹。

白居寺的喇嘛，排着长长的队，足有三四里长，从寺院出来，经过宗山，来到年楚河畔。他们当中，有当地的，也有外地来的。有的吹号，有的敲锣打鼓，有的拍巴掌，念咒驱鬼。

而最引人注目的是荣赫鹏的模拟像。按照传统，念经送鬼时，要用青稞秆或麦秸扎个“鬼”，今天扎的是荣赫鹏的模拟像，有三丈多高，由几十个体格健壮的喇嘛抬着，朝广场走来。

“鬼”的头是糌粑做的，头上插着麦秸，大概要表明他是“黄毛”妖魔；带血的舌头，一直伸到胸前；两颗犬齿向上翘着，足有两三尺长。按照佛教的说法，吃人魔王的犬齿是朝上长的。脖子上挂着用一百零八个人的头骨穿成的

念珠，右手拿着一把卷了刃的、带血的木质长剑，左手掐着一个婴儿。前胸和后背，都用藏、汉、英三种文字写着："吃人的魔鬼、佛教的仇敌荣赫鹏！"

聚集在广场上的僧俗百姓，一看见这个模拟像，立即活跃起来，吹着口哨，"咯嘿嘿——"地呐喊着，迎上前去，小仁赛、朗杰和诺布他们几个跑得最快，一直跑到模拟像跟前。拍巴掌，吹口哨，大声呼喊，又跟着模拟像走向广场中央。人们自动地闪开了一条路，站在两边的人，朝荣赫鹏的模拟像吐口水，甩鼻涕，撒灰尘。有的妇女撩起前襟，朝模拟像抖动，咒他倒霉，早点凶死[①] 。

广场中央早已架起大火。喇嘛们围着火堆站了一圈，把模拟像放在火堆旁边。念咒喇嘛念过咒经之后，喇嘛们涌上前去将模拟像推向火里。此时，送"鬼"的活动进入最高潮，大号和腿骨唢呐吹得更响，更尖厉，口哨声、呐喊声震耳欲聋。无数支箭同时朝模拟像射去，无数杆火枪朝着帕拉村射击。哲林代本早有命令，为了节省子弹，送"鬼"时不许打洋枪和抬枪。

篝火越烧越旺，"劈劈啪啪"，荣赫鹏的模拟像在大火中被烧成灰烬。

火光映照在哲林代本脸上，映照在洛丹和旺秋父子的脸上，映照在诺布、仁赛和朗杰这些小抗英战士脸上，映照在所有抗英战士脸上。他们希望，有那么一天，所有的洋妖异教徒通通埋葬在火海之中。

① 凶死，是藏族民间的一种说，说罪孽深重的人，不得好死，将死于刀剑之下。

第十九章

兵困帕拉村

穿上鞋子的人，
才知道鞋子哪里夹脚。

荣赫鹏并没有受伤，是他的那匹马中弹把他摔下来，险些当了格来的俘虏。多亏克拉克大尉和侍卫格林在关键时刻救了他一命，这使荣赫鹏从心里感激他们。可他并没有过多的表示，因为他还没有这个心绪。

荣赫鹏的情绪简直坏得不能再坏了。宗山重新被藏族军民夺去，这是他入藏以来第一次、也是最严重的一次失败。此时，自称为天才的荣赫鹏完全失去了天才的头脑。变得有些神经质了。宗山这一战，他的士兵伤亡惨重，连他自己也差一点成了藏民的俘虏。从宗山逃进这小小的帕拉村，又被藏军包围着。这且不说，单单这环境就使他难以忍受。一片片焦土干裂得张着嘴，像是要吞噬他。断壁残墙歪歪斜斜地站着，随时都有倒下来的危险，荣赫鹏不敢站在靠墙的地方，害怕墙猛然倒下来要了他的命，更怕藏民翻过墙，出其不意地砍他一刀。荣赫鹏突然感到自己是这样的软弱无能，甚至神经衰弱。那种“咯嘿嘿！——呜呼呼！——”的呐喊，时时在耳边回响，使他久久不能平静，甚至堵上耳朵也不能阻止这种声音的传入。是啊，这个刺激太强烈了，也太突然了。像雷击般强烈，像七月天下雪一样突然，使荣赫鹏不敢相信。但是，不管荣赫鹏是否相信，是否承认，事实就是这样严酷，他被赶出宗政府高大舒适的楼房，住进了已经使他有

些不习惯了的军用帐篷。帕拉村里不是没有民房，但他不仅嫌房子破旧，更害怕不知从哪个壁缝里会跳出一个人来，随着一声“咯嘿嘿——”的呐喊，捅他一刀。在帐篷里，他又嫌太暗，也太小；可走出帐篷他又觉得阳光刺眼，天地空旷。他嫌牛肉煮得不烂，可回了锅又觉得没味。甚至躺在那软得不能再软的鸭绒被里，也觉得如卧针毡。荣赫鹏疯狂，暴怒，近乎于歇斯底里。一个侍卫因为打来的洗脚水烫了点，竟被荣赫鹏一枪结果了性命。眼看着这个侍卫在荣赫鹏枪下丧命，其他侍卫也胆颤心惊，不知什么时候会遭到同样的下场。兔死狐悲，几个侍卫抬着同伴的尸体，难免不伤心落泪。可是，有什么办法呢？心里边一百个不情愿，也得装出笑脸来侍候那狂怒的暴君。

这一天，两个平时很要好的侍卫，侍候荣赫鹏洗漱完毕退出来后，高个子侍卫把他的好朋友悄悄拉到一个僻静之处，看看四处无人，这才小心地，近乎耳语般地对他的朋友说：“这里，我们呆不下去了，干脆跑了吧！……”

长着一头褐色鬈发的侍卫被高个子拉着。刚听高个子侍卫说了这一句，褐色鬈发突然抖了一下，仰起脸。张大嘴巴，惊愕地看着这个平日胆小怕事的同伴，怀疑自己的耳朵出了毛病，他怎么也不能相信这话是从高个子嘴里说出的。

高个子侍卫显得很平静，见他的好朋友正用奇异的目光盯着他，不觉稍微提高了一点声调：

“你走不走？……”

褐色鬈发的侍卫急忙上前把他的嘴捂住，惊恐地向周围望了望：

“你不要命了吗？”

“不是我不要命，是当官的不让我们活。要想活命，就得逃。”

褐色鬈发看着这个不知什么时候变得胆大起来的高个子：

“你以为那么容易，我们不是在英国，也不是在印度，山那么高，路那么险，走不出十英里，我们就得迷路，再说……”

“这你不用担心，我有办法……”

高个子的办法还未讲出，只见格林急急忙忙朝这边走来，身后跟着三个人，再后面还尾随着一帮人，指指点点地低声议论着什么。

高个子侍卫不说话了，长着褐色鬈发的侍卫也向格林望去，两个人的心情同样紧张，他们以为格林又要找他们的麻烦。这个可恶的格林，因为救了上校一命，成了有功之臣，尽管荣赫鹏心绪恶劣，却从来没有对他发过火，这使他得意洋洋，常有高出同伴一头的感觉，幻想着有朝一日荣赫鹏因为入侵西藏有

功而晋升为将军，荣任第一任西藏总督，他也会成为将军的侍卫官。侍卫官嘛，至少得给一个上尉军衔，弄得好点，还能当个大尉。由于这个特殊的原因，格林常常要找同伴们的麻烦来讨好荣赫鹏，以求得上司的青睐。也正因为这个原因，才使得同伴们恨他，怕他，讨厌他，背地里叫他“荣赫鹏第二”。

“荣赫鹏第二”并不理睬高个子和褐色鬈发，而是径直朝上校的帐篷走去。高个子松了一口气，褐色鬈发也放下了悬着的心。他一拉高个子：

“又出事了，快去看看。”

两个人跟着格林，一前一后地来到上校的帐篷门口，只听格林大声报告：

“报告上校，抓住了一个逃兵。”格林挺直身子，精神甚佳。

“什么？”荣赫鹏阴沉着脸，高个子侍卫不由得向后退了几步，生怕因极小的不慎触怒上校而招来大祸，心里暗暗地打鼓：抓了一个逃兵？我们，我们要是逃跑了，不是要同样被抓回来，幸好……褐色鬈发的手被高个子紧紧地攥着，越攥越紧。这时，格林已经带着逃兵来见上校了。几个侍卫心怀恐惧，各自在胡乱猜测。

“报告上校，这个廓尔喀兵是八队的，想逃走，被哨兵发现，抓了回来。队长让我请示您怎么处置。”格林的声音又尖又亮。

“噢？想逃走？”荣赫鹏一耸鼻子，蓝眼珠一转，意外地没有马上咆哮起来，倒是满脸堆笑地走向这个廓尔喀兵。

“告诉我，朋友，为什么要逃走？”荣赫鹏拍了拍这个兵的肩头，看上去不像是在审讯逃兵，而是在同一个朋友谈心。

廓尔喀兵缩着脖子，使本来就很矮小的身躯显得更矮了，一身破烂不堪的军衣裹着他那形同干柴的瘦小身子。帐篷里的炉子并没有使他感到暖意，反倒觉得背后直抽冷气，腿肚子在轻轻战栗。他抬起那不很大，却好像非常沉重的脑袋，转了转已经僵直的脖子，目光呆滞地望着荣赫鹏，像是没听见荣赫鹏的话，或者说，他没有听懂上校的意思。也对上校的态度感到不解，不相信上校对一个逃兵会如此温和。

荣赫鹏又问了一遍，廓尔喀兵听懂了，呆滞的眼睛里浑浊起来。是的，上校是在对自己讲话，而且脸上带着笑意，分明是对自己抱有同情。求求他吧，也许上校是仁慈的，也许……廓尔喀兵想着，扑通一下跪在地上：“上校开恩，上校开恩，我不是逃跑，真的不是逃跑，我是去找点吃的，我，我饿呀。”廓尔喀兵磕头如捣蒜。

“看起来，你并不傻呀，你知道逃兵要被处决，所以不敢承认想逃跑，是吗？”荣赫鹏一字一顿地说，有好几天没这么说话了，脸上的笑容，一下子踪迹皆无。随之而来的是声色俱厉的问话：“你回答我，为什么要跑？”

到底是上校啊，比自己聪明多了。一看自己的做法没有能瞒住上校，廓尔喀兵收住了眼泪，眼睛里突然喷出了愤怒的火焰：

“为什么要跑？问得多轻巧！我们生下来，不是为你们卖命的。我的父母因为欠了债，我才被抓来当兵抵债。打藏人，我不情愿。我们为什么要翻山越岭跑这么远来打人家西藏人？我得回去种地，父母年纪大了，需要我去服侍他们！”

想不到这个面目丑陋的廓尔喀兵竟能这么畅快流利地讲话。荣赫鹏突然改变了主意，不想立即处决他，而想和他谈谈：

“你不愿意打藏人？”

“是的，你们是英国人，我们是廓尔喀人，我们都有自己的国土，为什么非要到西藏来呢？实话告诉你吧，想跑的并不是我一个人，跑成了的也不是没有，这，你比我清楚。算我是个倒霉鬼，落到了你的手里，既然被你看破，我也没想活着回去。”廓尔喀兵的神色坦然起来。

“好哇，勇士，如果你一进来就对我说出这番话，而不是像狗那样跪在地上哀求，也许我会饶恕你的一时糊涂，说不定还会赏赐你，给你一点钱去奉养你的父母。可是，现在不行了，我不能宽恕一个跪着求饶的人。况且这个人差一点趴下来舔我的皮鞋。现在，你必须死。”停了一下，荣赫鹏用平静的的口吻说：“不过，对于你，我还是想有所关照，你可以自由地选择一个死的方式，是用枪呢，还是用刀；是火烧呢，还是水淹——啊，对啦，用那些没有开化的野蛮人的话讲，是要火葬，还是要水葬？”荣赫鹏尽情地发泄着。

廓尔喀兵被荣赫鹏的话激怒了，荣赫鹏在嘲笑他，戏弄他，侮辱他的人格。廓尔喀兵的自尊心被深深地刺伤了。他的脸迅速地由红变白，又由白变青。极度的愤怒，使他那张本来就很丑陋的脸，由于五官移动了位置而变得更加难看。廓尔喀兵的眼睛迅速地搜寻着。突然，上校的茶杯握在了他的手中，顾不上思考，他猛地将细瓷茶杯向荣赫鹏的脸上砸去。上校想躲，已经来不及了。杯子连同满满一杯水，一起砸在荣赫鹏那张长着半边胡须的脸上，“水淹，我先让你淹一下……”不等廓尔喀兵做出第二个动作，格林的马刀已经将他劈倒在地上。

看热闹的侍卫们倒吸了一口凉气，有的闭上了眼睛。高个子侍卫只觉得天

在晃，地在摇，浑身瘫软，几乎就要跌倒了。豆大的汗珠顺着额角直往下淌，脸变得蜡黄。长着褐色鬈发的侍卫一见这情形，当然知道是怎么回事，但他不敢声张，也不能声张，只得悄悄地把他扶回帐篷。

格林踢了一脚廓尔喀兵，对其他的侍卫下着命令："快把他抬出去！"自己急忙去看他的上司。

荣赫鹏这回可不再得意了。他紧紧地捂着那张威严而又漂亮的脸："出去！都给我滚出去！"

格林还想献献殷勤，却被荣赫鹏粗暴地轰了出去。

当荣赫鹏确信屋内没有人的时候，把手从脸上拿开了。忽听门一响，荣赫鹏条件反射般又把脸捂上了："不许进来！"他恶狠狠地说。

"上校先生，难道连我也不许进来吗？"从荣赫鹏身后飘来玛丽那甜甜的声音。

荣赫鹏的心情不好，玛丽是知道的，难道玛丽自己的情绪就好吗？不！玛丽不是那种只知吃喝玩乐、穿着打扮的女人。英军的胜败，上校的荣辱与她有着直接的关系，她不能对英军的前途漠不关心，更不能看着荣赫鹏如此沮丧颓废。尽管自己情绪不佳，也还是要强打精神，让上校喜欢，借机劝导，使他振作起来。

看得出来，玛丽今天的这身装束，是经过精心打扮的。黄呢子军裤熨过了，两条裤线笔挺，一件紧身的艳黄色毛衣箍在身上，胸部隆起，像藏着两个宝瓶。女性的线条美，被这件黄毛衣充分地勾画出来。外面，随便地披了件黄呢大衣，褐色的头发披散在肩上，好似倾泻而下的瀑布，本来就很漂亮的玛丽，经这一打扮，更显得妩媚。

"不，不要进来。"荣赫鹏仍旧捂着脸，口气虽然不像刚才那么凶，听起来却仍然十分固执。

"亲爱的，不要这样。要知道，怒气会吹熄智慧之灯啊！来，让我看看，这个该死的逃兵。"玛丽已经来到荣赫鹏身后，两只温柔的手按在荣赫鹏的手上，想把荣赫鹏的手从脸上拿开。

"不要动我，你快回去。"荣赫鹏耸动着肩膀，好像要把玛丽的手从他手上抖掉似的，玛丽那娇柔、甜美的声音，也变得刺耳了。

荣赫鹏那蛮横的口气，把玛丽吓了一跳，不由自主地往后退了几步，瞪着眼睛，张着嘴，惊愕地望着上校。

荣赫鹏第二次把手从脸上拿下来，急速地抓过眼前的一面镜子，刚要举到面前，又突然改变了主意。想了想，用左手把脸的下半部捂住，这才把镜子又重新举起。镜面上映着一双蓝眼睛，只是眼窝有些凹陷，并没有受伤的痕迹。荣赫鹏小心翼翼地把左手往下移，这下子，全看清楚了。真是鼻青脸肿啊，高高的鼻梁隆得更高，这才显得两只眼睛陷进去了很多。左眼下面被茶杯碎片划了个不很深的口子，已经渗出了血，右边的脸肿起了一块，造成了他面部的不对称。

“上帝呀，这是我吗？”荣赫鹏喃喃地说着，镜子慢慢地从手中滑到了地下，碎了。

听到这“啪”的一声，玛丽又吓了一跳：

“亲爱的，别这样，别这样，那个逃兵不是已经受到了应有的惩罚吗？”玛丽急走几步，来到荣赫鹏面前。

荣赫鹏刚要用手捂脸，却被玛丽抓住：“亲爱的，别捂了。”说着，轻轻地吻了一下荣赫鹏。

荣赫鹏的手被玛丽紧紧地抓着，动不了，也不想动，他忽然觉得自己是这样的无力，这样的虚弱。荣赫鹏不说话，只是呆呆地看着玛丽，这目光不再是凶狠的、骄横的，也不是狡诈的，而是黯淡无神，显得那样的失望、茫然和颓丧。

“亲爱的，你怎么了？别，别这样。”玛丽说不清是第几次说“别这样”了。荣赫鹏应该怎么样呢？

人们心目中的荣赫鹏是个典型的事业家。在他斯文、和蔼的面孔下，隐藏着凶恶和残暴。他狡诈、多变，且又狂妄自大，目空一切。他自信，而且有力量。就连荣赫鹏自己也相信他是强有力的，有力量控制别人，也有力量控制自己。记得有一次在牌桌上，由于他的计算失误而输了一百英磅，表面上他装得满不在乎，事过之后，他把自己一个人关在房子里，懊悔得直揪自己的头发。并非为失去一百英磅而痛心，使他不能容忍的是他的失误，一个偶然的失误。如果说那次的失误，失去的仅仅是一百英磅，那么今天，他的失误却失去了宗山，几乎失去了整个江孜。同时也失去了时间，失去了进军拉萨的宝贵时间。

现在在距宗山不到二十里的帕拉村，处于藏族军民的四面包围之中，虽然这种包围是松懈的，但是不能不在心理上对英国远征军构成威胁，不是已经有人在逃跑了吗？如果，如果这种现象继续下去，那么，远征军将不攻自破，不

毁自亡。啊，这多么可怕，多么可怕啊！……

玛丽看着荣赫鹏这副失魂落魄的窘状，如果不是亲眼所见，她简直难以相信这就是她敬佩乃至崇拜的偶像，与曲米之战后的上校相比，完全是两个人。看着神态反常的上校，玛丽不禁有些害怕，更多的则是怜悯。但玛丽很快就镇静下来。她明白，荣赫鹏现在需要的不是同情、怜悯，而是力量、勇气和信心。

“上校先生，您不是一位军事天才吗？您不是想干一番伟大的事业吗？作为一个伟大的人物，最明显的标志，就是要有坚强的意志。您说对吗？亲爱的。”

荣赫鹏把手从玛丽的手中挣脱出来，抱住了玛丽的腰，把头无力地贴在玛丽的胸前：

“我不是天才，我不伟大，我……”

玛丽听不清荣赫鹏在嘟囔什么，她也不想听清他说什么。玛丽只知道，荣赫鹏现在需要她。他现在失去了力量，失去了勇气，他需要安慰，也需要休息，更需要爱抚。玛丽用右手轻轻地抚弄着荣赫鹏那一缕缕鬈发，这时的玛丽不像个情妇，倒像个妈妈。

荣赫鹏的头紧紧地贴在玛丽的胸前，往日的自负、妄狂和骄横，统统跑到喜马拉雅山那边去了。此刻，他听得见玛丽那非常有力、富于节奏的心跳，任凭玛丽的手抚摸他，像个久别母亲的孩子。荣赫鹏累极了，一连串的打击，来得这样突然而又迅速。

“玛丽，我，我们怎么办？”荣赫鹏把头慢慢地从玛丽的怀中抬起。一张又青又紫又肿胀的脸再一次呈现在玛丽的眼前，怜悯之心又油然而生。

“上校，别说了，你累了，我陪你休息一会儿吧。”玛丽捧着荣赫鹏的脸，又亲了一下。

不料，荣赫鹏猛地把玛丽一推：

“啊，玛丽，你，你以为我懦弱是不是，你在怜悯我，对吗？你这是在侮辱我，侮辱我的人格。”

玛丽瞪着大眼睛，惊愕地看着这变化无常的上校。玛丽明白了，他不愿意让人知道他的虚弱，上校希望在人们包括玛丽心目中始终保持高大、威严、有力的形象。对于刚才的失态，他后悔了。

是的，荣赫鹏确实在后悔。在他的一生中，有过多次失误，小到牌桌上输去英磅，大到此次丢失宗山。他也不止一次地懊悔、沮丧，不止一次地陷入

窘境。但是，这些都不能让人知道，只有当他独自一人的时候，才会抑制不住地表现出来。所以，人们看到的，只是荣赫鹏的自信、有力、仪表堂堂、风度翩翩的一面，而几乎没有人看到他虚弱、无力、垂头丧气的一面，即便是他最亲近的人。但是，今天，特殊的环境，特殊的条件下，玛丽看见了，并且理解了。如果只止于此，荣赫鹏会感到高兴，甚至会加倍地喜欢她、亲近她。因为他需要的是支持，而理解正是支持的基础。

然而，玛丽太过分了，她不仅理解他，而且在同情他，甚至怜悯他。荣赫鹏从玛丽的声音中听出了同情，从她的目光中看到了怜悯，这使荣赫鹏忍受不了，使他的自尊心受到极大的损害。他最不能接受的就是同情和怜悯。按照荣赫鹏的说法，与其让人怜悯，不如让人杀死。他厌恶、甚至憎恨别人的怜悯。但是，玛丽怎么可能知道得如此清楚呢？她对荣赫鹏的同情乃至怜悯，本来是出于一片好心，是诚心诚意的，但招来的竟是荣赫鹏如此横蛮的回报，这使玛丽难以忍受：

“上校先生，我走了。”玛丽恢复了平静，她不想再和荣赫鹏说下去，从荣赫鹏的一系列举动中，玛丽对上校的认识又深了一层，她认识了过去没有认识到的东西，那就是上校的虚伪。

“玛丽，你会后悔的。”玛丽的身后传来上校严厉的警告。

“我不，我长到这么大，做了一些事，其中也有不少错事。但是，只要我发现不对的，我就立即纠正它，所以，我根本来不及后悔，也不懂得后悔。”玛丽背对着荣赫鹏，一字一顿地说，像是表白，又似发泄。

“你是说，我在后悔？”

“不，我只说我自己。”玛丽把“自己”二字咬得很重。

荣赫鹏虽然看不见玛丽的脸，却能猜得出她此时的表情一定是冷若冰霜。也许，从此，他就要失去她。然而，这难道是她的不对吗？她又有什么过错呢？就是因为同情自己，怜悯自己吗？

“玛丽，你不要走。”荣赫鹏清醒过来，走到玛丽的背后，双手按住玛丽的肩头。

玛丽并不回头，任凭荣赫鹏的双手在她肩膀上摩挲、搓揉。玛丽心中翻腾着忧怨、不满。她为英国远征军目前的处境担忧，为荣赫鹏的精神状态担忧，她怨恨自己的无能，不能为扭转这种局面多做些事。当然，她对上校也有深深的不满，并不是不满上校对自己的态度粗暴，而是上校对自己的不信任。对她

也像对别人一样存有戒心。这固然是荣赫鹏的狡黠虚伪，可也不能不说是玛丽的失败。因为，她原以为对上校已经很了解了，她和上校之间的关系已不再是情夫、情妇之类的既简单又庸俗的关系，他们在为共同的事业而奋斗。他们是互相理解、互相信任的，是可以推心置腹的知己。中国有位女词人李清照写过这么两句诗：山中石多玉石少，世上人稠知音稀。对中国还只略知一二的玛丽，牢牢地记住了荣赫鹏跟她讲过的这位中国女词人。也同样牢牢地记住了这句诗。玛丽猛地转回身：

“上校先生，如果我有错，请您原谅我，如果没有事，那我就不再打搅您了。”

“玛丽，你不要用这种口气跟我讲话，有错的是我，难道非要我向你道歉你才肯原谅我吗？”荣赫鹏动情地抓住玛丽的两只手。他忽然觉得他不能没有玛丽，他现在失去的已经太多了，他不能再失去玛丽。

“上校……”玛丽一下子扑在荣赫鹏的怀里，低声抽泣。

“玛丽，我亲爱的，原谅我吧，知道吧，我，我爱你，因为我爱，所以，我不愿意让你看到我太多的弱点，我……”

“别，别说了，我爱的，是一个实实在在的人，是一个完整的人，他有喜怒，也有哀乐，世间有五颜六色，人类有七情六欲，我愿上校别把自己裹得太严，这岂不是太苦了自己？”玛丽抬起头，水汪汪的眼睛望着荣赫鹏那张青肿的脸，轻轻地抚摸着脸上的肿块。心疼地说：

“上校，你瘦多了，也老多了，你应该好好休息一下，可现在，现在不行啊。”说到这，玛丽顿了一下，过了好一会，她又开口了：

“啊，亲爱的，要知道，荣誉的桂冠，是用荆棘编织而成的。受到一点挫折怕什么？光荣不在于未曾失败，而在于失败后能够复起。如果我们没有经历危险而得胜，就不是光荣的胜利。我们大英帝国……”

女人，这就是女人吗？有人说。世界上最好的是女人，最坏的也是女人；最软弱的是女人，最坚强的还是女人。难道真是如此吗？荣赫鹏惊异地看着玛丽，听着从玛丽嘴里吐出的富于哲理性的语言，他似乎悟出了什么。但是，一想到目前的处境，他难免不心灰意懒：

“唉，玛丽，别说这些了，大英帝国不只是你我二人的，这次进兵西藏，一开始就有争论，不少人不愿意担这个风险。下院就有很多人反对，老百姓也不支持。况且，大英帝国刚与南非交战，我们和法国也还没有缔约，特别是

在埃及问题上，我们还在和俄国人激烈争夺。在中国，在亚洲，我们受到了美国、法国、德国、日本和俄国的挑战。”荣赫鹏只觉得眼前一片黑暗。

“是呀，我们的敌人太多，我们的战线太长，我们的力量又非常有限。”对这些情况，玛丽并不陌生，她也知道，帝国政府和荣赫鹏本人都非常希望早日结束这场战争，以便摆脱困境。

“因此，政府里有人主张暂时放弃西藏。”一想到这件事，荣赫鹏就显得很激动：“怎么能放弃呢？俄国人早已插手西藏，他们想独霸西藏，好从东北和西藏两个方面控制中国。如果我们在这个时候放弃西藏，失去的就不仅仅是西藏了，我们在埃及、在阿富汗的利益都要受到很大的损失，我们在世界的地位就要发生变化。这，这是我们绝对不能容忍的！”

“现在，向西藏进军的不是俄国而是英国，我们已经先胜一筹，这里面有您一大功劳啊！这一功劳将会载入大英帝国的史册。”玛丽尽可能把话说得轻松些，好让荣赫鹏宽心。

荣赫鹏摇摇头：“这次之所以能够进兵西藏，那是因为日本和俄国正在中国东北交战，他们无暇顾及西藏，我们正是抓住了这千载难逢的极好时机。如果我们不赶快进兵，不能及时占领拉萨，控制西藏，控制达赖，一旦日俄战争结束，他们就会把手伸向西藏。”荣赫鹏顿了一下，然后加重语气：“如果俄国人真的插手西藏，就不好办了。”

玛丽故意把嘴一撇：“亲爱的，不要忘记，我们毕竟是世界上最强大的国家。在大国当中，是惟一不结盟的国家，保持着光荣的孤立，难道还怕俄国人？”

“不是怕，是我们的战线太长，实在没有那么大的力量再和俄国人打仗。”荣赫鹏像是在说服玛丽：

“亲爱的，你知道吗？目前我们的处境很困难，形势对我们不利。当初，我们虽然想到我们来西藏会遇到很多困难和麻烦，但是，实际的困难和麻烦比原来预想的要严重得多。清朝政府也好，噶厦政府也好，我同他们打过多年交道，深知他们的腐朽和无能。但是，西藏的民众太可怕、太可怕了。……”

“那么，我亲爱的上校先生，您打算怎么办？收兵吗？回印度还是回伦敦？”玛丽见荣赫鹏似乎恢复了常态，她也换了一种神态，口气中充满了揶揄。

“不，不。我一定要把宗山从藏蛮子手里夺回来，重新占领江孜。不仅如此，我还要占领拉萨。”荣赫鹏目露凶光，牙齿咬得咯咯响。

“这才是我们的上校应该说的话。不过，您想怎样实现您的目标？亲爱的。”玛丽的声音又是那样温柔而亲昵。

“看起来，我们需要比原来预想的还要强大得多的军事力量，需要更多的大炮、机枪，要大量的弹药，充足的给养，还要最优秀的医生和最好的适合于在高原上服用的药品。一句话，需要政府给予更强有力的支持，才能达到我们预期的目的。”

“难道政府会不支持我们？能看着我们让藏人打败？”

一说到政府，荣赫鹏又增加了几分忧虑：“在政府内，至少有一部分有影响的人不支持我们的行动。他们的利益不在西藏，甚至不在中国，而在埃及，在非洲。江孜失守后，我们一连发了五封电报，请求政府增派援军。可是到现在也没有得到回答。我们被困在这里，政府和总督都不管我们，就充分说明了这一点。”

玛丽也很清楚，如果政府不增派援军，单凭现在这点人马，不要说打到拉萨，就是守住现在这块地盘也很困难。帕拉村，不过是弹丸之地，随时都有被藏军摧毁的危险。“我也正为这事担心，刚才给麦克唐纳将军发了报，问他总督有什么指示……”

荣赫鹏急切地问：“他怎么说？”恶劣的心境，使荣赫鹏忘了让玛丽发报的事。

玛丽摇摇头：“他说没有得到政府和总督的任何训示，让我们坚守阵地，耐心等待。”玛丽看着荣赫鹏憔悴的脸，担心地说：“依我看，可能是在政府内部遇到了麻烦，最好还是您亲自去一趟，说明情况，请求派兵。不过……”

“不过什么？”

“一路之上也很不安全，我怕……”

“怕什么？”

“你想想，我们四面被围，如果你一定要冲出去，也能冲出去的话，路上的麻烦也会很多，你一旦有个闪失，我们的事业，我们帝国的事业，就前功尽弃了。”

“这事你倒不用担心，我可以让廓尔喀骑兵护卫。”荣赫鹏终于下了决心，决定亲自走一趟，让新提升的布兰特上尉代替自己指挥，坚守帕拉村。

荣赫鹏带着威廉、吉布森、克拉克和五十名廓尔喀骑兵，在深夜，用突袭的方式冲进了藏军松懈的包围圈。带走的人，荣赫鹏是想了又想才决定下来

的。带走威廉是为了一旦与藏军有什么接触，翻译是不能少的，另外，遇事也可以跟他商量商量。吉布森呢，荣赫鹏带走他，一是怕留下他给布兰特找麻烦，二是利用他的特殊身份，也能多要些援兵。如果可能，就不准备再带他回来了，以后的战争会更紧张，他一旦出个差错，没法向总督交待。克拉克的任务既简单又明确，扫除路上的障碍，保证上校的安全。至于留下的人，荣赫鹏虽然相信布兰特，但是并不觉得十分保险。但到这个时候，也顾不上那么多了，这次去多带点兵，多要点武器回来，即便出了问题，也不致影响我们的全盘计划。一想到这些，荣赫鹏的心又放下了。

走了两天，荣赫鹏那紧张的心情松弛了，情绪也稳定下来。

这一天，来到康马运输站。这个运输站在沿途运输站中算是比较大的一个，占用了一个不太大的喇嘛寺。当然，寺内的神像佛龛一类的佛门圣物，早已不复存在，取而代之的是英兵的武器弹药和粮食物品。寺院的四周修起了一人多深的堑壕，不用说是用来防备藏人突然袭击的。寺院的围墙上，布满了密密麻麻的枪眼，荣赫鹏绕着运输站走了一圈，又看了看寺内的军需物资，点了点头，表示满意，觉得很安全。

连日来，荣赫鹏太劳累，太紧张了，决定在这里好好休息一下，让那过分紧张的神经松弛一下。吃罢晚饭，就上床了。

不知过了多久，荣赫鹏突然被“咯嘿嘿！——呜呼呼！——”的喊叫声惊醒。这种声音曾经把他从宗山赶到了帕拉村，一想到这种声音，荣赫鹏就觉得后背冒凉气，惊惧异常。这是怎么啦？是耳朵出了毛病，还是神经出了毛病？

“咯嘿嘿！——呜呼呼！——”喊声越来越大，枪声也密集起来。荣赫鹏确信不是自己的耳朵有毛病，也不是自己的神经失常，确确实实是藏人又来袭击了。“咳！”荣赫鹏慌忙坐起来，只觉得周身无力，耳鸣目眩。

“上校，藏军向运输站进攻，已经过了堑壕。”格林慌慌张张跑进来报告，运输站站长跟在他后面。

“打！打呀！”荣赫鹏从牙缝里挤出了这几个字。

“我们正在阻击，可站里的兵力不足，请上校早拿主意。”

荣赫鹏知道站长说的“早拿主意”意味着什么，他阴沉着脸，对格林说：“命令克拉克，赶快率领部队，突围出去！”

荣赫鹏以最快的速度穿好衣服，匆匆忙忙地对站长说：“你一定要顶住，最少……嗯，”荣赫鹏掏出金怀表：“坚持到六点钟。”

站长也看了看自己的表，现在还不到四点。他知道，上校要甩掉藏兵的追击，脱离危险，两个小时的时间是绝对需要的。但是，要坚持两个多小时，又谈何容易！

外面，枪声越来越密，呐喊声越来越大，运输站的守兵全部投入了战斗，寺院围墙上的小洞里不断地向外喷着火舌。可是，藏民借着黑夜的掩护，从四面一齐向寺院进攻。格来带着一些人从北门先攻了进去。

在东面，一个藏军冲上楼顶，一把握住了发烫的枪管，轻轻向里一推，又使劲往外一拉，只听得里边“啊”了一声，来福枪到了这个藏军的手里，藏军马上把枪口对准寺院里头射击，两个英兵倒下了，又得到两支枪。更多的藏民冲上来了，诺布纵身一跃，上了墙头，郎杰紧跟其后。又有两个藏军也蹿上了墙头，“哒！哒！哒！”枪口朝下，一齐向洋妖射击，剩下的英军也无心恋战，抱着枪就往寺里跑。

不到清晨五点钟，枪声止息了。

一高一矮两个人进了寺院大殿，正是格来和仁赛。他们警惕地搜索着大殿四周。一袋袋的大概是粮食，一箱箱的可能是弹药吧。突然，一颗子弹呼啸着从一垛粮食袋子后面飞出来，擦着仁赛的耳朵而过，好险啊！再偏一点儿，仁赛就没命了。

“快，趴下！”格来一拉仁赛，二人刚趴下，又是一颗子弹。

“好家伙，你还敢打黑枪。”仁赛气得要跳起来，格来一把将他拉住，又做了个手势，让仁赛从左，自己从右向袋子后面迂回过去。

藏在粮食后面的不是别人，正是运输站站长。荣赫鹏带着卫队从后门溜走以后，他就一直在指挥运输站里的士兵进行抵抗。但是，藏民的进攻太猛烈了，终于抵挡不住，他的士兵差不多都死光了，他只身一人，躲进了大殿。如果他不开枪，格来他们也许还发现不了。但是，一种本能，侵略者的本能，使他由不得自己，他开了枪。这就暴露了自己。他见对方半天没有动静，以为是打中了，一面慢慢地抬起头，一面紧张地抓着枪，往下一看，咦？刚才的两个藏民踪迹皆无。站长向四周张望着，还是看不见半个人影。

仁赛一个箭步蹿上去，从背后抱住了站长，站长一翻身，刚要站起来，格来猛扑过去，狠狠地掐住他的脖子，仁赛顺势夺下他的枪。

格来再稍一使劲，站长就没有命了，但一想，又放松了，抓着衣领把他提起来，厉声问道：

“荣赫鹏在哪里？”

站长一耸肩膀，晃了晃脑袋，不知道是没有听懂还是不知道。

“去，快去，把那个翻译叫来！”格来吩咐仁赛。

不大一会，翻译到了，一见这人是站长，翻译说他会讲一口流利的藏语，根本用不着翻泽。

一听说站长会讲藏话，格来气得把牙齿咬得咯咯直响：

“问你呢，荣赫鹏哪里去了？”

“他吗？早就跑了。”站长知道不能再装傻，只好如实说出来。

“咳！”格来气得直拍大腿：“又让他跑了，快追！”

仁赛见留着站长也是一个累赘，把刚刚缴获的洋枪对准站长，食指一动，洋妖倒在粮袋上了。

火光，冲天而起，弹药的爆炸声，此起彼落，康马运输站在火光中，在爆炸声中焚毁了，化作一片灰烬。

第二十章

巍巍铜塔

蚂蚁聚在一起，
可以把狮子叮死。

六月中旬，荣赫鹏从春丕、亚东搬来了援兵，计有皇家炮兵部队的山炮队、锡克步兵营和工兵部队，连野战医院也随军到达了江孜。守在帕拉村的布兰特上尉果然没有辜负上校的重托。处在包围中的帕拉村，虽然受到藏军的不断攻击，不但没有闪失，反而加固了保垒，又修了堑壕，布兰特指挥士兵们日夜提防，毫不松懈，把个小小的帕拉村守得如同铁桶一般。布兰特实施了他对上校三个建议中的两个。他还来不及也没有能力实现向外扩展的计划。但是，这已经很不容易了，上校对他的工作表示满意。荣赫鹏一到江孜，马上实现了布兰特的第三个计划——占领江洛林卡，并让山炮队驻扎在那里，后来把指挥所也设在林卡的一所三层楼房里。

搬兵回来的荣赫鹏虽不像曲米之战后那样踌躇满志，但看着那一门门乌黑发亮的大炮，一挺挺崭新的麦克沁机关枪，还有大批野战部队，他又神气起来了。这时荣赫鹏的心情，和头一次占领江孜时不同。那次只是想掠夺，想尽快进军拉萨，这次却怀着一股强烈的复仇欲望。因此，荣赫鹏显得比以往任何时候都更凶恶，更残暴。

占领江洛林卡之后，荣赫鹏立即下令炮击藏军阵地。主要目标有两处：一

处是龙头——宗山古堡；另一处是龙尾——白居寺。炮火异常猛烈，仿佛只有这样，才能雪耻解恨。

白居寺坐落在宗山北面，它依山势而建，殿宇高大，巍然耸立，宏伟壮观，与古堡遥相对峙，形成犄角之势。这两个雄伟的建筑群，各具风格，各有特色，而又互相映衬。如果说古堡以规模宏伟、气势磅礴著称，那么，白居寺则以端庄凝重、富丽精巧而见长。这两个著名的建筑群耸立在年楚河畔，整个看来，布局合理，成为富饶的江孜平原上的两颗明珠。这是江孜人民勤劳和智慧的结晶，也是江孜人民引以为骄傲和自豪的珍宝。

白居寺建于藏历第七个甲子的土狗年①，同日喀则的扎什伦布寺、萨迦宗的萨迦寺齐名，是后藏著名的寺院之一，在整个藏区，也颇负盛名。不仅西藏各地的藏胞经常到这里来朝拜祈祷，甘肃、青海、云南和川康地区的藏胞也常有人到这里来朝拜。

任何一个喇嘛寺，都必须有佛、法、僧“三宝”。三宝越多，越珍贵，这寺院在信徒中的影响也就越大。

白居寺有很多大小不同、神态各异、十分精美的佛像。但最珍贵最著名的，是一尊白度母的塑像，青铜铸成，约有三尺高。传说这尊佛像曾开口讲话。既然铜佛讲了话，自然是吉祥的征兆，说明这座寺院要兴旺发达。这件奇异的事，不翼而飞，传遍了整个藏区，僧俗百姓争相前来朝拜。至于菩萨究竟说过什么，无人知晓。这样反倒更好，每个信徒都可以根据自己的需要和愿望去想象，去猜测。

白居寺还有丰富的藏书，其中有的是珍贵的孤本。该寺有一部黑纸金字的佛教经典《格塘巴》，这部经书有一个雕刻精致的木夹板，约有二百斤重。据说如果有谁能够不靠别人帮助将经书带走，这部经书便可归他所有。相传有一个力大如牛的喇嘛可以搬动四五百斤重的大石块，却搬不动这部经书。人们都说，这是因为它具有菩萨的神力，不动它的时候，它大约重二百斤，如若有人动它，顿时会变作千斤重。谁还能搬得动呢？！因此，这部经书至今仍然供奉在白居寺的大殿里，成为白居寺的镇殿之宝。

白居寺之所以闻名全藏，还有一个重要原因，就是各种教派共存，友好相处。白居寺虽为黄教守院，但由于它是在西藏历史上各种教派林立、相互剧烈竞争的时期建立的，它对各种不同教派，不是采取排斥、反对的态度，而是允

① 明永乐一年，公元1418年。

许他们共存共荣，因此，寺内不仅有黄教的“扎仓”，还有萨迦教和布敦教的“扎仓”，同时允许红教和其他教派来寺院中讲经布道，宣传各自的教义。这在其他寺院是绝对不允许的。

在藏族历史上，长期以来，各地区、各部落之间经常发生武装械斗，各教派、各寺院之间经常产生矛盾和纷争，以至酿成宗教战争，给人民的生命财产造成严重损失。每每遇到这种情况，白居寺总表现出一种宽广的胸怀和容忍的精神，公开主张各教派之间共存共荣、和睦友好，公开地光明正大地进行辩经，阐发教义，弘扬佛法，而不赞成各教派之间互相诋毁，更反对进行宗教战争。因此，白居寺深得广大僧俗百姓的拥护和爱戴，使它的影响和声望，远远超过了一般的寺院。各地区、各教派之间发生争执，也经常请白居寺出面调解。这更使白居寺的广大僧众和江孜各界民众感到光荣。久而久之，人们对白居寺产生了一种特殊的感情。

虽然荣赫鹏把白居寺作为炮击的重点，无奈江洛林卡距白居寺有十几里远，大炮的射程达不到，炮弹只是在附近的村庄和田野里爆炸，对白居寺并没有构成实际的威胁。

大炮打不着白居寺，这使刚刚到来的山炮队长盖斯盖尔大为恼火，荣赫鹏也很伤脑筋。

在山炮队到江孜的第五天夜里，借着树林的掩护，由荣赫鹏亲自部署、盖斯盖尔直接指挥的一小队英军，偷偷地把几门大炮运到了年楚河边的林卡里。第二天清晨，几门大炮从新建的炮兵阵地向白居寺猛烈开火，炸毁了寺内的几幢楼房。这一下，激怒了寺内外的僧俗民众。在他们看来，炮击寺院，乃是对神灵的亵渎，是莫大的罪孽。当天夜里，白居寺的一千多名青壮年喇嘛组成敢死队，左臂上缠着一根半红半绿的布条，去袭击英军的炮兵阵地。正好与年楚河对岸自动组织起来去袭击敌营的农民相遇，两下夹击，打得干脆利落，多半英军被砍死，还缴获了一门十磅山炮。若不是廓尔喀骑兵及时赶来接应，就能全歼这股炮兵，缴获全部大炮。

从那以后，英军再不敢来炮击白居寺。寺内比较安全，寺院到宗山的来往也畅通无阻。

隆隆的炮声响在宗山，却像爆炸在人们心头。几个新任的代本终于明白了哲林的担心绝非多余，藏军失去了最有利的作战时机。英国人运来了机枪大炮，增援部队也浩浩荡荡地开来了。现在，处于危险境地的不是帕拉村的英

军，而是宗山上的藏族军民。然而，白居寺的喇嘛们偷袭英军炮兵阵地所取得的胜利又鼓舞了大家，几个代本也找到哲林，要求他组织兵力，偷袭江洛林卡。

哲林代本也认为不能老是守在宗山上挨打，而要寻找机会，主动出击。为此，他派了一些人下山侦察，小仁赛和朗杰也被派了去。

早在噶厦政府发布征兵动员令之前，白居寺就曾组织僧兵，开赴前线，抗击英军。在收复宗山的战斗中，他们也作出了很大的贡献。这次夜袭成功以后，利用寺内暂时的平静，白居寺的活佛决定在大殿里为所有参战的藏军和僧俗百姓念经祈祷，给他们摸顶，并发给护身结。

按照西藏佛教的规矩，所有的活佛和大喇嘛都可以给信徒摸顶，发护身结。信徒们也要经常请喇嘛活佛摸顶，发护身结。据说请活佛多摸一次顶，就多一份福气。在这同洋妖激战的关键时刻，白居寺的大活佛为广大抗英军民举行隆重的摸顶仪式，对所有参战的僧俗百姓，无疑是巨大的鼓舞。消息传出，大家争先恐后地来到寺内。

白居寺本来有一千五六百名喇嘛。这次开战之后，各地的喇嘛聚集在这里的，又有一两千人，成为一个战斗中心。加上守卫宗山的人，今天前来接受摸顶、领护身结的，有一万多人。大殿里早已挤得满满的，房顶上，跳神的广场上，也都挤满了人，比过年跳神时还要热闹。只见人头攒动，刀枪林立，群情激愤，士气高昂。

沃措部落的人刚要下山，就碰到仁赛和朗杰。听说旺秋他们要下山请佛爷摸顶，仁赛一定要旺秋等等他俩。

仁赛和朗杰向洛桑饶登报告了山下的情况，很快来到后山，和旺秋等人一起去白居寺。阿爸洛丹被哲林代本请去议事，没能跟他们一起去。阿达巴魁和诺布也同他们在一起。阿达巴魁自从认识了洛丹，又见到了旺秋、格来等人，就和他们交上了朋友。他觉得跟洛丹他们在一起，不论是打仗还是干别的，心里都很痛快。

旺秋很想知道英军的情况，就把仁赛叫到自己身边，小声问：

“你俩进了江洛林卡吗？”

“当然进了。”仁赛昂着头，有几分得意。

“怎么进去的？那里不是有洋妖的大炮吗？”阿达巴魁粗声大嗓地问，让所有的人都听见了。

仁赛同朗杰下山去侦察，已经两天多，他看见了许多情况，山下没有地方讲话，也不能讲，憋了两天多，实在感到难受，阿达巴魁这么一问，他就滔滔不绝地讲了起来。本来哲林代本派他们下山，是不让人知道的，回来也不能随便讲。旺秋见都是自己部落的人，也就没有制止。

“大炮多不多？”阿达巴魁最讨厌洋妖的大炮，砍刀砍不着，利箭射不到，只能挨打，不能还手。

“多得很，都是新的。炮弹也多，一箱一箱的，数都数不清。”

“要想办法把那些东西全炸掉。”说这话的是诺布，本来他想下山去侦察，但怕英军认出来，所以没有派他去。

“在曲米庄园，那一次你炸得真痛快。轰、轰、轰，响了老半天，后来连楼房也起了火。”格来平时不爱说话，但一说起诺布炸洋妖的事，总是很动感情。

仁赛眉飞色舞地说：“哲林代本说了，我们要把洋妖的大炮、弹药统统炸掉。我们这次下去……”

“仁赛！”朗杰拉了拉仁赛的袍襟，用责怪的目光瞪了他一眼。

“好啦，好啦！再不说啦，我们快请佛爷摸顶去。”仁赛已经发觉自己说多了，哲林代本和洛桑饶登一再嘱咐他们不要乱讲。其实已经晚了，仁赛把他所知道的事全都说出来了。

等旺秋他们到寺院时，大门口已经被挤得水泄不通。他们在大殿外面铺有青石板的广场上站了一会儿，也不知道里面在干什么。只听到一阵一阵拍巴掌的声音，然后是有节奏地呼喊：“保卫寺院！保卫宗山！保卫江孜！保卫西藏！”“杀退洋妖，保我疆土！”声音浑厚有力，激昂慷慨。有节奏地拍巴掌，是在念咒经，是驱赶妖魔鬼怪的意思。

从殿堂里挤出来的人都得到了佛爷赐给的护身结，有的拿在手里挥动着，有的系在脖子上，一个个神采飞扬，精神振奋。看到这种场面，仁赛的心像猫抓的一样，早已发痒了，他拉着旺秋的袍子：“旺秋哥哥，走，咱们赶快进去。”

“对！去晚了就没有意思了。”曲妮桑姆也希望旺秋和格来用他们那强壮的体魄，为自己挤开一条路。

旺秋站在那里，看着这庄严雄伟的大殿，又想起了自己出家的寺院，想起了乃尼寺，想起了朗杰师徒的山间小寺。自己出家的寺院被洋妖烧了，乃尼寺

被抢劫一空后也焚毁了。这白居寺，洋妖的魔爪不是又伸向白居寺了吗？！难道……

“哎呀，这经轮真大呀！”小朗杰的童音打断了旺秋的思绪。

在通向大殿的长廊里，有一个大经轮，约有一丈多高。上面有无数重复的六字真言和其他佛经。来自山间小寺的朗杰，还是第一次见到这么大的经轮。他走上前去，怀着十分虔诚的态度，用双手使劲推动经轮，经轮上面有一个铜铃，每转动一圈，就响一下。铃声清脆悦耳。

朗杰转过了，旺秋去转，嘴里还喃喃地念着经。仁赛觉得挺有意思，这么大个经轮，轻轻一推，就能转动，还有清脆的声音。他连蹦带跳，跑到旺秋跟前，使劲转动。听到清脆的铃声，高兴地说：

“真好玩！”

“经轮怎么能玩！”朗杰瞪了他一眼，表示很不满意。

仁赛吐了吐舌头，耸了耸鼻子，表示歉意。他又问：

“朗杰，转经轮有什么意思？”

“意思可大啦！转一圈，等于把这上面的经文全部念诵一遍，可以积很多功德。我们寺院也有经轮，不过没有这么大，有的师父一天到晚不停地转。”

“为什么上面还要挂个铜铃？”小仁赛对什么事都要打听。

“响一下，说明转了一圈。师父说，还表示人神之间声息相通。”

仁赛打趣地说：

“朗杰师父懂得还真不少啊！”

“人家就是比你懂得多，你除了淘气，还知道什么？”曲妮指着仁赛的鼻子说。

朗杰觉得旺秋是喇嘛，和自己谈得来，又问他：

“旺秋哥哥，听我师父说，这大殿中还有一尊宗喀巴佛像，治风湿病特别灵验，那佛像在什么地方？”

“能治风湿病？怎么治？”曲妮想起阿爸的腿老是疼，一个老藏医说阿爸是风湿病。

“听说只要把有毛病的地方向佛像的台座上摩擦两下，就能治好。”朗杰一本正经地说。

“真的？那得赶紧让阿爸来。”曲妮对这简单而又灵验的方法很感兴趣。

“别老讲医道，我们快进去看看吧！”阿达巴魁说着就往大殿里挤。

仁赛、诺布、朗杰和曲妮也跟在他后面。他们走上去几步，就被别人挤出来。别人好像是一伙伙、一队队的，有人在前面开路，有人在两边挡道，在这种场合，没有一帮人，是很难挤得进去的。

曲妮挤得额角沁出了汗珠，不由得对旺秋和格来抱怨起来："像拴马桩一样站在那里干什么？"

"你急什么？佛爷说了，他要给所有参战的人摸顶，发护身结，不发完他不离开大殿。"诺布并不急于去领护身结，他东张西望，好像对寺内的一切，都感到新鲜。

小朗杰双手合十，感慨万分！"这可是从来没有过的事啊！"这个小喇嘛，从山间小寺一下子来到这么雄伟的大寺院，心情格外激动。

曲妮瞪了诺布一眼，撅起了嘴巴："不急？这又不是放牛赶羊，干吗要走在后面。"

阿达巴魁笑眯眯地看着曲妮和格来，他也并不急着去见佛爷，他进大殿，主要还是为了看热闹。他的家乡工布地区没有这么大的寺院。在拉萨，他急于上前线，也没有能去朝拜三大寺，要不是乡亲们都要等达赖喇嘛摸顶，他连一天也呆不住。

所以白居寺可能是他朝拜过的第一座大寺院，一进寺门，就被寺院那高大的楼房、雄伟的殿堂吸引住了。他左看看，右瞧瞧，恨不能到每一幢楼房、每一座神殿、每一间房子里去，仔仔细细地看个够，等打完仗回到老家给乡亲们讲故事时，也多一些内容。工布人生性爱唱歌，爱跳舞，爱讲故事。从外地回到老家，不讲几个好听的故事，别人就会把你当成傻瓜，看不起你。他看见大殿左边有一座很高很高的铜塔，就对旺秋提议："喂，这座塔子怪好看的，我们去看一看吧！"

曲妮见阿达巴魁对朝拜佛爷也不热心，更加不满："那不去请佛爷摸顶啦？"

"急什么？佛爷也不会走。"阿达巴魁扯开衣襟，拉着系在脖子上的护身结："要是你得不到护身结，我就把这个给你。"

"真的？"曲妮眼睛里闪动着兴奋的光彩。她心想，阿爸有了，哥哥有了，就是我没有，要是我也能有一条达赖喇嘛亲自给的护身结该有多好！

"当然是真的。我们山里人说话是算数的。"阿达巴魁拍着厚敦敦的胸脯说。

旺秋见妹妹不再反对，就拉着阿达巴魁的手，征求意见似的冲着仁赛他们几个小兄弟说："那，我们去看看？"

仁赛和朗杰互相看了一眼，又捅了捅诺布的后背。诺布点了点头，"看看也好，走！"

"我早就听师父说过，白居寺有一座有名的八角塔，可惜以前没有能来朝拜。"旺秋依旧拉着阿达巴魁那只又粗又短的手，一边走一边向大家介绍。

因为没有能到大殿里去朝拜佛爷，曲妮心里不大高兴，撅着嘴，走在最后面："塔子就是塔子，哪里没有，有什么好看的？"

旺秋回过头，看了妹妹一眼，很认真地说："师父说，西藏的塔子很多，但这座塔子却很特别。"曲妮不说话了，依旧耷拉着脑袋，很不情愿地跟在后面。

说话间，他们已经来到塔子的南门。要在平时，塔门紧锁着，一般人是不让进去的，只能在外面朝拜、磕头，或绕着塔子转圈[①]。今天好，没有人管，任凭他们自由出入。

仁赛生性好动，对什么新鲜事都感兴趣，除了睡觉能安稳点，只要他一睁开眼，就是蹦蹦跳跳、有说有笑的，老也改不掉那个"猴性"。刚才他急着要到大殿里去看热闹，可现在听说佛塔很特别，就又动了好奇之心，想登高一望，拉着小朗杰的手：

"走，到顶上去看看。"

小朗杰一甩手，用责备的口气说：

"佛塔怎么能看？要去朝拜。"虽然年龄差不多，但到了寺院，小朗杰比仁赛要庄重得多，谨慎得多，对仁赛毫无顾忌、乱蹦乱跳的做法很有些不满。

看着小朗杰那种与自己年龄很不相称、一本正经的神态，仁赛觉得很好笑。他做了个怪相："到底是寺院里的人，和我们从大草原上来的人不一样。"他跑上几步，拉着阿达巴魁的胳膊：

"还是跟你在一起好玩。"

"就是嘛，烧香也得看看是什么神啊。"阿达巴魁见仁赛在朗杰那里碰了壁才来找他，不免要逗他两句。

"嘘，你们两个老实一点。"旺秋制止了仁赛和阿达巴魁的嬉笑。

有人说，中国是塔之故乡，这一点也不夸张。中国的塔不仅种类繁多，结

① 按照佛教的说法，经常绕佛塔或寺院转圈，可以消灾除病，为来世积德。

构各异，而且质地也不同。但以阁楼式宝塔的数量为最多。西安的大雁塔，山西应县的木塔，河北定县的料敌塔，湖北当阳玉泉寺的铁塔，福建泉州升元寺的石塔，杭州的六和塔，都是这类阁楼式宝塔。

白居寺的这座塔，也是阁楼式的，与别的塔不同之处在于它的原料既非铁，也非木，而是以花岗岩作塔基的铜塔。

这座塔，塔身结构奇特，式样古朴，五层以下，四面八角，六层以上则呈圆形，就整体来看，是地地道道的藏式建筑，同四周的大殿、佛堂、僧舍等建筑物，在色彩和风格上非常协调、对称。但它的阁楼式结构，尤其是门窗、斗拱、挑檐和栏杆等的构造，又可以明显地看出是吸收了汉族建筑艺术的特色，既结实又美观。

建筑物上的图案，又完全是藏族风格，尤其是它用的颜料，是尼木宗出产的著名石颜，色泽鲜艳，而且不易褪色，经得起风吹日晒，很适合高原的自然环境。

佛像的塑造，则吸收了印度和尼泊尔雕塑艺术的特色，又结合了藏族的传统技艺，真是别具一格。

仁赛完全被这宏伟的八角塔所吸引，他仰头极目，脖子伸得长长的："旺秋哥哥，快给我们讲讲，这，这佛塔……"

曲妮也跟了上来："哥哥，快给我们讲讲。"看到这座不同寻常的佛塔，曲妮的气也消了。

旺秋学着妹妹的腔调，故意逗她："塔子就是塔子，哪里没有？有什么好看的？"

曲妮桑姆在哥哥面前可是一句不让："'说你高，还要抬脚跟；说你美，还要耸鼻子。'哥哥就是这样，你要抬举他，他还偏要拿架子。仁赛，我们不听他的，另请一位老师父讲，肯定比他强十倍。"

曲妮也知道，在这个时候，他们不可能找到一个熟悉情况的老喇嘛，但她还要这样说，要气一气哥哥。

旺秋领着他们，从南门进去，沿着石壁转了一圈：

"你们看见了吧，这八角塔，有四个门，每一个门里面都有一尊大佛。"

人们跟着旺秋又来到二层，旺秋继续讲解："这座塔共有九层，一百零八个门，有十万尊佛像。所以又叫它十万佛塔。"

"啊呀！那么多呀！"曲妮吐了吐舌头，表示惊讶。

阿达巴魁走到曲妮跟前，一本正经地说：

“你要是不信，等一下你在这里慢慢数，我们去打洋妖。”

曲妮白了他一眼：“跟小猴子一样。”

“曲妮姐姐，怎么又说我，我可……”仁赛听曲妮说他，自然不让。

“嘘，别嚷，你们看，这里这么多佛像，一个跟一个都不一样，真不容易呀。”说这话的是格来。他看得很认真，也很虔诚。格来虽然不是喇嘛，但和旺秋一样，是诚心信佛的。他认为在这样的地方应该肃穆、庄重，因此，不愿意跟阿达巴魁和仁赛一起开玩笑。

旺秋领着他们继续往上攀登。每一层的屋檐，都用大块的铜皮包裹，在灿烂的阳光照耀下，放射出一道道金光，耀人眼目。因此，这八角塔也叫铜塔。铜塔内，佛像与佛像之间，香案之上，酥油灯光焰荧荧，香烟缕缕，向塔顶飘去，又被飞檐压下来，回旋于塔内的佛殿神龛和经堂之内，使整个佛塔变得扑朔迷离，给人一种如入佛界仙境的感觉。

当他们爬到最高一层，也就是第九层时，这些健壮的像牦牛一样的年轻人，也累得气喘吁吁，心跳加速。尽管这样，仁赛游兴甚浓，他从一个窗口爬出去，要到最高处去观望。

“真是一个猴子。”曲妮取笑着，自己也跟着往上爬。窗口高，梯子矮，曲妮差一点没有上去。旺秋在下面推，仁赛在上面拉，这才爬了上去。仁赛拉着曲妮，显得很得意：“曲妮姐姐，别看我经常挨骂，惹你讨厌，关键时刻还是离不开我吧！”

曲妮耸了耸鼻子，“嘘”了一声，跨上两步，探着身子往下看。“啊呀！”还没有看清底下的情形，曲妮就感到一阵眩晕，害怕地喊叫起来，退回一步，紧紧抓住了仁赛的肩头。

旺秋和阿达巴魁等人也爬了上来。旺秋怕小猴子开玩笑，会惹出大祸，赶紧嘱咐一声：“别闹，小心摔下去。”

旺秋和朗杰围着塔顶转了一圈。小朗杰双手合十，面朝大殿，默默祈祷。他又想起了慈祥的更登师父，他要能到这里朝拜铜塔，朝拜白居寺，请佛爷摸顶，该有多好！等一下我要为师父要一条护身结，求佛爷保佑师父消灾祛病，健康长寿。

只有登临八角楼的最高层，才能看清白居寺的全貌。从古堡之上，遥望白居寺，你可以领略它的磅礴气势，但看不到它的精美秀丽；在大殿前面，你能

够欣赏它的精巧古朴，可是难以感受到它的宏伟壮观。只有在这个地方，才能二者兼得。旺秋站在佛塔的东南角，遥望宏伟的古堡，又看看寺院最高的建筑物，那是一座有六七层的高楼，完全由方方正正的石头建成，每逢藏历年，都要在这里“亮宝”，展示绣有释迦牟尼的巨幅佛像，供人朝拜。

因战事紧张，他们不可能瞻仰著名的巨幅绣像，感到十分惋惜。

旺秋站在塔顶，那高大的身躯，端庄的神态，也像一尊雕塑，不由得使人想起护法神的形象。

望着宏伟的白居寺，置身于壮丽的佛塔之上，克珠旺秋又想起了乃尼寺。乃尼寺的佛像被砸烂，经书被盗走，法器被抢掠，寺院被焚烧，喇嘛们大部分战死了，多么严重的一场浩劫啊。这群洋妖，这帮强盗，这伙魔鬼，他们是我们国家的敌人，民族的敌人，更是佛法的敌人。白居寺啊，万佛塔，一旦被洋妖异教徒占领，倾刻之间，也将化作尘埃。

“杀退洋妖，保我疆土！”拉丁代本的话又在旺秋的耳边回响，克珠旺秋铁锤般的拳头握紧了：为了保卫这美丽的宝塔，保卫这神圣的寺院，保卫我们可爱的家乡，就是洒尽鲜血，拼出性命，也要坚决把洋妖赶出去！绝不能让这群魔鬼在佛土圣地横行！

直到下午，旺秋等人才进到殿堂，见了活佛。佛爷一一给他们摸顶，又给每人发了一条护身结，捧着这鲜红的护身结，曲妮桑姆的眼睛里充满泪花，小仁赛也变得庄重起来。朗杰更是虔诚膜拜，连连磕头，他不仅自己向大活佛顶礼，还替师父祈祷祝福。

旺秋领着同伴们向活佛磕头致谢，又在佛像面前点了一盏酥油灯，发誓要用自己的生命来保卫宗山，保卫白居寺。

宗山，藏语叫卡罗拉山。古堡雄踞在宗山之上，由上宗和下宗两个部分组成。上宗主要是寺院和经堂，主要殿堂叫孜拉康，创建白居寺的大喇嘛饶登贡桑曾经住在这里。重要的佛事活动，也在这里举行。自居寺建成之后，宗教活动中心才逐渐转移到白居寺。为了纪念饶登贡桑的功绩，在宗山和白居寺都有他的塑像。每逢重大的佛事活动，各地的僧俗百姓，连同白居寺的大喇嘛，都要上山来朝拜。

下宗有一座高大的楼房，江孜宗政府就设在这里。附近还有一些建筑物。由于白居寺所处的特殊地位，这里采用“寺宗合一”的政权结构，由噶厦政府委派一名俗官，白居寺委派一名僧官，任宗本。两个宗本的地位是相同的，但

在通常情况下，僧官要居首位。

环绕着这个建筑群，沿山势修有一人多高的石墙。三面岩石壁立，山势险峻，只有东面有一段缓坡，连接着村庄。城门在宗山南面，只要关闭城门，一般人是攻不进来的。

在城墙上和所有高大的建筑物上，都插着各色旗帜，有龙虎旗，有日月旗。微风吹拂，彩旗飘舞。绣着苍龙的，好似腾空跃起；绣着猛虎的，似欲扑向敌营；绣着朝阳的，灿然放光；绣着明月的，熠熠生辉。

城门上面，插着一面巨大的狮子旗，那狮子好像正抖动着鬃毛，发出怒吼，呼唤着各族同胞奋勇起来，抗击侵略者。

英军的几次进攻遭到挫折后，这几天停止了进攻，但时常炮击宗山，而且炮兵阵地在不断向前推进。

藏族军民最怕敌人的大炮。整个宗山，只有四门内地铸造的土炮，这还是从前川军入藏时留下的①，射程很短，根本打不到敌人的阵地，一不小心，炮弹还会落到宗山脚下的村子里，杀伤自己人。

藏军手里有些来福枪和抬枪，但子弹不多。其余的士兵和老百姓手里，除了刚从敌人手里缴获的少量来福枪外，只有火枪和弓箭，更多的人只有大刀、长矛和抛石器，有的喇嘛甚至把神像前面的刀、矛、弓箭也拿来了。单靠这些武器，根本无法接近敌人。英军若是来进攻还好，无论是马队还是步兵，只要能见到人，藏族兵民就能想办法对付他们，手里的土制武器也多多少少能发挥它们的威力。但是，藏军最怕这种见不着人的战斗，只听得炮弹横飞，炸得墙倒屋塌，我们的人一片片倒下去，就是打不着敌人。

这天中午，在敌人的一阵炮击之后，洛丹带着一群百姓，搬运石头，准备加固南面的城墙。这是哲林代本交给他的任务。宗山之上，有的是石头，加上过去修建碉堡剩下的石料，加固城墙并不困难。大家搬来许多方方正正的条石或大青石板，将城墙不断加高加厚。洛丹这边走走，那边看看，指点大家。正碰着仁赛和朗杰背着一筐石头，汗流满面地走上来。老阿爸心想，别看这些孩子平时淘气，打起仗来却不怕死，干起活来也挺卖力气。他迎上前去，心疼地说："少背一点儿吧，看把你们累成什么样子。"说着就去帮助他们接筐子。

① 乾隆五十六年（1791年），在英帝国主义的挑拨唆使下，廓尔喀大举进犯西藏，占领日喀则、定结、定日、基隆等地，扎什伦布寺也遭到劫掠，七世班禅被迫离开后藏。乾隆皇帝派大将军福康安统领川军入藏，进行征讨。

忽然发现仁赛的筐子里全是滚圆滚圆的石头，老阿爸一看就生气了："歹人不能做朋友，圆石不能砌城墙，这点道理你都不懂吗？"

仁赛用袖子擦了擦汗，乐呵呵地说："阿爸，您先别生气，我这石头用处可大啦！"

"这样的石头，有什么用？"洛丹仍然没有好气。

仁赛像小猴子一样，抓了一下腮帮子，歪着脑袋说："阿爸，我们不能总是等着挨打，哲林代本说，我们要想办法去打洋妖。"仁赛自从被哲林代本派下山去一次以后，像是长大了不少，时时处处都在盘算着如何打洋妖，朗杰也像个影子，老跟着他。

洛丹"啊！"了一声，心中一动，随手从筐里捡起一块石头，掂了掂："好，好，正合适。"他放下石头，顺手抚摸了一下小仁赛乱蓬蓬的头，好像是对刚才错怪他俩表示歉意。

仁赛做了个怪相，高兴地笑了。

"咚！——""咚！——"孜拉康的大鼓敲响了。孜拉康有一面大鼓，鼓一响，整个宗山都听得见。宗山上没有什么通信设施，几千人马，全凭这一面鼓来调动指挥。这"咚！——"的一声，是要大家休息。"咚！咚！"连着敲两下，是告诉大家准备战斗；"咚！咚！咚！"地急促敲打，是命令大家向敌人开火。

听着鼓响，大家互相招呼着："喝茶喽！""喷香的酥油茶等着我们呢！"

休息的地方，在石墙的一个拐弯处。洛丹看到那里堆放着两堆圆石头，差不多都有人头那么大，不用说都是仁赛他们搬来的。心想，这些孩子还真有心计。老阿爸不由得高兴起来：

"这小猴子干得不错，以后得多搬些这样的石头，不大不小正合手。包管一个石头，要一个洋妖的命。"

老阿爸很少当面夸奖人，像"小猴子"这样的调皮鬼，受到阿爸洛丹夸奖的机会就更少。仁赛听到阿爸当着众人夸他，心里别提多高兴。他又想起了阿爸刚才的话："您还夸我哩！刚才看把您气的，连胡子都翘了起来。歹人不能做朋友，圆石不能砌城墙，这点道理你都不懂吗？啊！"仁赛站起来，一边比划着，一边拿腔拿调地学着阿爸洛丹，逗得大家哈哈大笑。

老洛丹也忍不住笑了："格来，你快给我打他的嘴巴，在阿爸面前也这么

没老没少的。”

不等格来动手，阿达巴魁已经揪住了仁赛的耳朵：“快，快求阿爸宽恕。”

仁赛被阿达巴魁揪着，嘴都快咧到耳朵边了：“阿爸，好阿爸，您行行好，饶了我吧，以后不敢了。哎哟，耳朵……”

阿达巴魁和洛丹都笑了。洛丹见仁赛那副模样，早就心疼了：“说得怪可怜的，快放了他吧。”

阿达巴魁早就松了手。仁赛揉着耳朵：“你们怎么老揪我的耳朵？真，真疼啊。”他使劲皱着眉，装出一副十分痛苦的样子。

洛丹一看，以为真的揪重了：“快过来，让阿爸看看，阿爸给你揉揉。”

仁赛刚要过去，格来一把拽住他：“别装了，再喊疼，我真的要动手了。”

仁赛听了，赶忙捂住耳朵：“不，不疼了。”等格来一松手，仁赛一边揉着耳朵一边说：“听人讲，耳朵大有福气。阿达巴魁，你是不是想给我揪出点福来？”

“你想要什么福？”诺布问他。

仁赛把两只手背在后面，认真地说：“这一辈子我可能不会有什么福了，只求菩萨保佑，多杀几个洋妖，多积一点功德。下一辈子嘛，”仁赛咳了一下，故意拉长了腔调，“说不定菩萨睁开慧眼，说我仁赛杀洋妖，保家乡，功劳很大，让我当个宗本，或是代本，叫我管你们大家。”

几个姑娘笑了，曲尼桑姆狠狠地刮了一下仁赛的鼻子：“猴子也想当兽王，想得倒挺美。”

“那当然啰！你们大家都得归我管。”仁赛一指洛丹：“连您阿爸也归我管，见了我，您得低头弯腰，规规矩矩地叫我‘仁赛老爷’。到那时呀，你们谁再敢叫我‘小猴子’，我就割掉他的舌头。”

仁赛那滑稽的动作，故作正经的神态，逗得大家捧腹大笑。

正说着，洛桑饶登来了，身后还跟着哲林代本的两个侍卫。自从给哲林当了秘书，他就成了大忙人，虽与洛丹他们同在宗山上，却很少有时间见面。哲林代本要找洛丹和旺秋去议事，洛桑饶登正好有空，就和侍卫一起来了。

除了办公事，洛桑饶登也挺想和大家在一起说说话，毕竟是共过患难的人。

听说是哲林代本有请，洛丹和旺秋急忙要走，被曲妮拉住了。她替阿爸掸了掸身上的尘土，又为哥哥拽了拽袍襟。姑娘的心啊，总是这么细。这个时候，难道哲林代本还会嫌他们脏，嫌他们衣着不整洁吗？！

第二十一章

火神发威

不管狐狸多狡猾，
它的皮总是经常被出售的。

深夜，荣赫鹏的金壳表的时针和分针并在了正中间，已经是十二点钟了。昨天向今天告别，今天向明天迈进，在此瞬间，完成了这个转变。此时，人们大都睡去了。但是，荣赫鹏却一丝睡意也没有，玛丽送来了总督署名的急电，已经是第四次了，意思都是一个，催问他什么时候能拿下宗山，什么时候进军拉萨。不同的是，电报的措辞一次比一次严厉，口气一次比一次焦急。作为一个职业军人，荣赫鹏深知总督署名的电报的分量。一页页电报纸拿在荣赫鹏手里，犹如一块块铅板，越积越厚，越来越重。

前次江孜失守，荣赫鹏怀着忐忑不安，不安中还带着惭愧的心情前去春丕、亚东求援。然而使他感到欣慰的是，总督并没有因为战事失利而责难他，反倒不顾某些人的反对和刁难，竭尽全力地支持他，满足了他的要求。但是，也给了他一个明确而严格的时间限制：入冬之前，必须结束战事，并签署条约。

荣赫鹏当然明白这个时间界限的含义。西藏的春季是短暂的；而冬天，冬天对于这支以亚热带地区为基地的远征军来说，是可怕的。英国的洋枪洋炮可以击败西藏的火枪土炮，却不能战胜这恶劣的气候。如果入冬前不能结束战事，英国远征军将不战自灭。想到此，荣赫鹏心里一阵燥热，胸部好像被那些

形同铅板的电报压着，使他感到呼吸困难，房子里的氧气似乎也不那么充足了。他索性放下电报，踱出卧室，走到楼顶。

江洛林卡靠近年楚河，是江孜平原上最大最好的林卡之一。荣赫鹏住的这幢楼房是林卡主人用来消夏的别墅，是整个林卡中最高的建筑。江孜地区的雨季尚未到来，但因冰雪消融，河水涨了许多，清澈的河水开始变得浑浊起来，还夹杂着不少冰块。林卡里的柳树，吐露出鹅黄色的嫩叶，西岸的草地也已发绿，这分明告诉人们，西藏高原的夏天已经到来。夏天，是西藏高原最美好的季节。然而，这美好的季节却是短暂的。

“哦，风啊，如果冬天来了，春天还会远吗？”突然，雪莱的《西风颂》在荣赫鹏的脑海里一闪而过，而荣赫鹏却捕捉到了最后一句，像是电影中的定格，这一著名的诗句，一下子定在他的脑子里。荣赫鹏细细地咀嚼着，品味着这诗句：冬天来了，春天还会远吗？冬天来了……那么，夏天来了，冬天还会远吗？冬天，冬天，荣赫鹏一想起冬天，禁不住打了个寒战。

一件大衣，轻轻地披在了荣赫鹏的肩头。

“玛丽，你先去睡吧。”荣赫鹏不用回头，就知道是她来了。

“上校，您也该休息了。”玛丽低低的声音里透着温柔。

“不，我要在这里站一会儿。”荣赫鹏固执地摇摇头。

玛丽不再说话了，也并不离开，此时，她很能理解荣赫鹏的心情，希望在荣赫鹏感到孤独、寂寞的时候，给他一些安慰。

搬兵回到帕拉村，继而占领了江洛林卡，对宗山已经形成了月牙式包围，荣赫鹏满以为依靠他的新式武器和训练有素的部队，会一举攻克宗山，给藏旗军民以致命的打击，扫清通往拉萨的道路。这不仅对他自己是个安慰，也可以给总督一个满意的交待，更可以挽回帝国远征军的面子。然而，他估计错了。宗山，是那样的坚固；藏族军民，是如此的顽强，不仅使他的几次攻击遭到失败，他的军队还常常受到袭击。

这究竟是什么原因？

荣赫鹏反复研读过历史学家约翰·西雷十九年前写的《英国的扩张》这部书。约翰·西雷主张把英国的历史写成一部殖民的历史，一部为建立和扩大帝国的战争史。对这个观点，荣赫鹏是十分赞赏的。因为英国的殖民地和附属国遍布世界各大洲，到目前为止，殖民地面积已达九百三十多万平方公里，比帝国的本土要大几十倍。这些殖民地和附属国是怎样成为大英的附庸的呢？当

然，武装占领是必不可少的。但是，更重要的是在当地建立土著雇佣兵。偌大的印度之所以能够被比它小得多的英国所统治，正是趁大莫卧儿帝国崩溃的混乱局势，利用各封建土邦之间的矛盾，建立了土著雇佣兵，使其成为英国人在印度进行殖民统治的主要工具。

英国要想在世界上继续称雄，就必须不断扩张。然而，其他的列强，同样也需要扩张。因此，英国在世界上称雄的地位，受到了美国、俄国、德国、日本、法国和西班牙等国家日益严重的挑战，英国的殖民地面积开始缩小。在中国，英国是商业利益最大的国家，中英贸易总额占中国对外贸易总额的65%，这是任何一个列强所不能比拟的，也是使所有列强都馋涎欲滴的，列强们当然不甘心，五年前，美国国务卿海约翰就宣布“门户开放”政策，主张各国按“机会均等”的原则重新划分在华的势力范围，实际上是要排挤英国和其他国家的势力，独占中国。

因此，荣赫鹏坚决主张进兵西藏，他和总督都认为，只要占领了西藏，英国的势力就可以向四川、青海推进，然后顺长江而下，控制中国南部。不仅使英国在华的地位得到巩固，而且，将会取得更大的利益。而目前，正值日俄在中国东北交战，还无力顾及中国南部，错过了这个大好时机，等日俄战事结束，一旦俄国人取胜，其势力就会渗透到西藏，并迅速向中国的西南地区和长江流域扩展。如果日本人获胜，现在还以盟国相称的日本，那时就会翻脸，首先在沿海和长江下游地区同英国争夺，那时，英国在整个中国和南亚次大陆的利益都将受到严重威胁。

而且，这次进兵西藏，同荣赫鹏本人的前程也有着密切的关系。曾使荣赫鹏感到惭愧的是：大英帝国在全世界目前占有的九百三十多万平方公里的殖民地当中，没有一平方米土地是他荣赫鹏的贡献，这些显赫的功绩同荣赫鹏本人毫无关系。如果这次能成功地占领西藏，帝国的殖民地将突破一千万平方公里。一千万平方公里啊，多么诱人的数字，多么辉煌的业绩，多么令人向往的前景啊！历史学家们将把这辉煌的胜利，用金色的大字写入史册，而直接完成这一伟大事业的指挥官，亦将得到无尚荣誉。

还在学生时代，荣赫鹏就对那些受人敬仰的历史人物怀着深深的崇敬。青年时代的荣赫鹏曾经幻想，自己也要在历史上建立显赫的功绩，像自己崇拜历史上的英雄豪杰那样，让后人也崇拜自己。如果进军拉萨、占领西藏的目标能够顺利实现，青年时代的幻想，就会变成辉煌的现实。他荣赫鹏不仅将成为政

治家们注目的人物，而且会成为史学家研究的对象，文学家歌颂的英雄，一代又一代的青年人学习的楷模。但是，一旦失败，他惨淡经营半生的事业，将付之东流，他的政治生涯也将结束。

命运啊，难道命运注定要他荣赫鹏失败吗？不！人人都是自己命运的设计师。每个人都在设计自己的命运。荣赫鹏为他自己设计了一个多么灿烂的前程啊。但是，并非每个人都能按照自己设计的蓝图去实施，荣赫鹏常常这样问自己：是我不够虔诚，还是不够勤奋？为什么在诸多殖民地能够实施的计谋和策略，在西藏这块土地上行不通呢？！

如果说江孜失守，是他的偶然失误；武器缺，人马少，都是他不能重占宗山的充足理由。那么，现在呢？他人马齐备，武器精良，弹药充足。然而，宗山依旧不能攻克。总督不原谅他，政府里有人乘机攻击他无能。就是荣赫鹏自己也不能原谅他自己：我难道真的是无能之辈？

“上校，当心着凉，还是回去休息吧。”

玛丽的声音使荣赫鹏想起了她的存在。因为站得时间久了，荣赫鹏的腿有些发麻，但是，他仍然不愿回去：

“玛丽，你还没走？”

“您不走，我怎么能走？”

“那，好吧。”不知是被玛丽的诚心感动了，还是站的时间太久了，荣赫鹏同玛丽一起回到了卧室。

“你去休息吧。”

上校分明是在下逐客令。见荣赫鹏心绪不宁，玛丽一时也找不出能使上校宽心的话来，就怏怏地退出了荣赫鹏的卧室。

月亮悄悄地逝去，悭吝地收起了它的光辉，大地笼罩在一片黑暗之中。现在，正是黎明前的黑暗，万籁俱寂。哨兵钉有铁钉的大皮靴，踏在坚硬结实的阿戈地上。发出很响很响的声音，大概有些哨兵故意加重脚步，以壮胆量吧。

突然，一声沉闷的牛角号声，打破了黑夜的寂静。一阵“咯嘿嘿！——呜呼呼——”的喊叫声淹没了哨兵的皮靴声。随着喊声，又响起了枪声，哨兵被打倒了，没有来得及放出一颗子弹。

酣睡中的英兵从梦中醒来，室外一片嘈杂，室内一团漆黑。慌忙中的英兵乱成一团。

刚刚闭上跟睛，朦胧入睡的荣赫鹏，被这突如其来的号角声、枪声和喊叫

声惊醒了。

“咯嘿嘿！——呜呼呼——”多么可怕的呐喊声，多么令人心惊肉跳的喧嚣声！正是这种声音把荣赫鹏从江孜宗赶到了帕拉村；在康马运输站，这可怕的声音又险些让他丧命。一听到这喊声，荣赫鹏就感到六神无主。

“格林，格林！”荣赫鹏连声叫着。

“报、报告，藏、藏蛮子进了大院。”格林慌慌张张跑了进来，显然也是刚刚起床。

此时，荣赫鹏的方寸已乱，他忙不迭地说：“顶住，顶住。叫克拉克顶住！”

格林对上校的话很不得要领，不知他是叫克拉克在自己的营地顶住呢，还是叫克拉克来这里保卫指挥部。

“你还站着干什么？快！快叫克拉克带队伍来保卫指挥部！”荣赫鹏吼叫着补充他的命令。

“是！”格林转身跑了出去，正与闯进来的玛丽撞了个满怀。黑暗中，玛丽也没有看清是谁，惊叫了一声。格林倒还沉着，认出是玛丽，但也顾不上多和她搭话，只说了句：“不要慌，玛丽小姐。”就急匆匆地跑下楼去。

外边燃起一片大火，大概离指挥部很近，火光把荣赫鹏的卧室照得通亮。玛丽紧紧搂住荣赫鹏的胳膊：“亲爱的，我们……怎，怎么办？”荣赫鹏只觉得她的指尖冰凉。他轻轻推开那冰冷的手；“不要慌。”实际上，他比玛丽更惊慌。作为一个指挥官，他现在对外界的情况毫无所知，同所有的部队都失去了联系。怎么办？跑吗？他不是没有想过，几乎是醒来的同时，就想到了这条路，入藏以来，他也不是第一次逃跑。但是，现在往哪里跑，怎么跑？

外面的呐喊声越来越大，枪声也越来越密集，在火枪和土制来福枪声中，机枪和来福枪的声音也夹杂进来。英兵开始还击了。

但是，战事对他们很不利，英军本来就不适应夜间作战，而且，他们也绝没有想到藏军会在这个时候又来夜袭。刚刚醒来的英兵，只是胡乱放着枪，并不知道藏军在哪里。

不仅普通士兵没有想到藏军会来袭击，荣赫鹏也没有想到，最近他一心盘算的是如何尽快地攻下宗山古堡，如何进军拉萨。怎么想得到处在英军三面包围中的藏军还会来袭击他们呢？毫无准备的荣赫鹏显得更加慌乱，他又记起了宗山的失陷，就是在夜间，就是在这样的呐喊声中，英军被赶出了古堡。这

次，会不会……然而，机枪和来福枪声的响起，在心理上给了荣赫鹏以不小的安慰。只要他的士兵开始还击，凭着他们精良的武器，藏民是无法接近的。

荣赫鹏渐渐地镇定下来，仔细听了一会儿，并没有大炮的轰鸣，怎么？为什么不开炮？荣赫鹏快步走向门口，急促地喊着：

“格林！格林！”他忘了格林已经被他派去传令了。

一个守卫在楼门口的侍卫，闻声跑上楼来。

“命令炮兵立即开炮！”

侍卫转身刚要走，荣赫鹏又发出新的指令：

“命令克拉克大尉立即到指挥部来！”

荣赫鹏像一只被关在铁笼里的老虎，焦急地在屋子里转来转去，紧张地思索着对策。这一次，绝不能再像上次那样，糊里糊涂地退出江洛林卡。他要好好地指挥他的大队人马，绝不能让宗山失陷的悲剧重演。荣赫鹏真想出去看看，但是，他不能出去，也不敢出去，他不知道藏军有多少人，也不知道他们到了什么地方。他怕那不长眼睛的子弹，更怕认识他荣赫鹏上校的刀枪。他不想死，也不能死。

玛丽突然喊了一句：“上校，你看！”

顺着玛丽手指的方向，荣赫鹏看清楚了，西南边的火光越来越大，照亮了江洛林卡。完了，英军辛苦收集来的柴草，完了，倾刻间全部化为灰烬。

忽然，一颗铅弹，穿过玻璃，射进了荣赫鹏的卧室。荣赫鹏虽然没有看见子弹落在什么地方，却着着实实地吓了一大跳，他恐惧地向后退了两步。玛丽不由自主地惊呼一声，紧紧地搂住了荣赫鹏。

紧接着，这座楼房的四周都响起了密集的枪声，子弹像雨点一样从玻璃窗外射了进来。随着枪声，传来一阵阵山呼海啸般的呐喊声，令荣赫鹏心惊肉跳，他敏感地意识到自己被包围了。而且，这座楼房一定是藏军进攻的主要目标。不能呆在这里，必须立即离开这个危险的地方，荣赫鹏用力推开紧搂着他的玛丽，玛丽一愣，她还是第一次被上校这么粗鲁地对待！

“上校，你……”

荣赫鹏也一愣，立即拉住玛丽的手，用力一拽：“快，快下楼！”

到了楼下，侍卫们告诉荣赫鹏，他们已经被包围，冲不出去了。楼里仅有的一挺机枪，已架在大门口，正朝向门内冲锋的藏军猛烈扫射，借着火光，荣赫鹏看见大门前倒着一大片藏民的尸体。机枪仍然不断地喷吐着火舌，冲向大

门口的人，一批又一批倒了下去。但是，还有更多的人呐喊着，挥动着大刀冲了上来。

荣赫鹏注意到，藏人的呐喊声虽然越来越凶猛，而枪声却逐渐稀疏下去。这显然是因为他们使用的是低劣的武器，打了第一枪之后，火枪来不及填火药，装铅弹。荣赫鹏心里一阵冷笑，只要有这一挺机枪，你藏蛮子就休想靠近我。他决心不离开这幢楼房，立即命令英军向正面的藏军猛烈扫射。

机枪的疯狂扫射，把正面进攻压了下去。荣赫鹏见藏军倒下去一片，又冲上来一批，也不知道他们究竟有多少人。荣赫鹏又变得不那么有信心了。他意识到现在要冲出去是绝对不可能的，只能守住大楼，坚持，坚持，坚持到克拉克大尉或者其他部队到来。

这次偷袭江洛林卡，是哲林代本亲自部署的，除了藏军，还有很多僧兵和民兵，以及没编入队伍的喇嘛和农牧民。他们共同组成了一个敢死队，袭击的主要目标是两个——英军指挥部和炮兵阵地。

格来和阿达巴魁带着一些人，借着给英军送柴草的机会，头天晚上就混进了江洛林卡，他们在柴草堆附近和马厩里隐藏下来。深夜，他们打开林卡院墙的北门，把几百名敢死队员悄悄带进林卡。然后放火烧掉柴草，向敌营发起进攻。这一队人的主攻方向是敌军指挥部。这当然是格来的请求。曲米一战拉丁代本死于阵前，还有那么多的同胞兄弟都死在洋妖的枪炮之下。从那以后，格来发誓一定要杀死荣赫鹏，为拉丁代本报仇，为死难的藏胞雪耻，也为他的阿爸讨还血债。为此，格来把给英军当过向导的诺布也拉在身边，诺布当然乐于从命。

可惜，藏军的部署并不周密，多数人又是从外地来的，对林卡里的情况不熟悉。假若一开始他们集中全力，袭击敌军指挥部，就完全可以把它拿下来，荣赫鹏也许早成了他们的刀下鬼。但是，他们却首先烧了敌人的柴草，本来是想让敌人慌乱，然后趁机发起进攻。结果却惊醒了英军！使敌人有了准备。这火光，现在却帮了英军的忙，为他们指明方向，使藏族军民完全暴露在英军机枪的射程之内。

从柴草堆到荣赫鹏的指挥部，有四五百米，发起进攻之前，藏族军民又“咯嘿嘿！——呜呼呼——”呐喊着，一路杀过来，结果贻误了战机，暴露了自己。

格来见正面攻不进去，才想起了去找梯子，从北面的窗口爬进去。他带着

诺布、仁赛等几个人，上了楼，到处搜寻，见里面没有人，又赶紧冲下楼去。到楼梯口，他看见大门里面站着一个军官模样的人，估计就是荣赫鹏，立即举枪射击，这一枪没有打中，但把荣赫鹏吓了一大跳。他急速躲到一根柱子后面，举起手枪还击，同时命令机枪和步枪统统掉过头，向楼上扫射。

两个藏军被机枪射中，从楼梯上摔了下去。格来和诺布等人趴在楼梯口的栏杆后面，根本抬不起头来。

趁着荣赫鹏指挥机枪向楼梯口扫射的瞬间，大门外面的敢死队员们，呐喊着，挥动着大刀，举着火枪，冲了上来。火枪里来不及装药，只能当木棒使，他们高声呼喊："冲上去，活捉洋妖，杀死洋妖！"

一个喇嘛冲上来，猛一下扑到英军机枪手的后面，他那粗大的手，像钳子一样紧紧抓住机枪手的后腰，朝外一拽，然后像抓羊羔那样举起来，狠命往柱子上砸，机枪手惨叫一声，再也没有爬起来。

荣赫鹏躲在屋角里，朝那个喇嘛连打了两枪，喇嘛胸部中弹，他用左手轻轻地抚摸胸口，右手慢慢地向后腰摸，摇晃着身子，就要倒下去了，突然，他又昂起头，上牙紧咬着下唇，从后背拔出腰刀，猛地朝荣赫鹏甩去，偏了点，只扎中荣赫鹏的左臂，荣赫鹏发出一声惨叫。威廉冲上来，又朝那喇嘛开了两枪，几个士兵也同时向他射击，那个喇嘛头一歪，重重地倒了下去。

英国人的机枪一不响，外面的藏族军民迅速地冲上来，同守卫大门的英军扭在一起。格来的来福枪早已没了子弹，他举起枪托，正要冲下楼去，另一个英军又抓起机枪，楼梯口再一次被封锁，英军和藏军都明白，现在的胜负很大程度上取决于这挺机枪，所以，英军拼命地坚持着，尽量不使机枪停止射击。

冲到门口的敢死队员们同洋妖展开了激烈的拼搏。白刃格斗，洋妖根本不是藏民的对手，他们的人数比洋妖多几倍，眼看就要冲进大门。英军受到大门口和楼上藏军的两面夹击，一挺机枪前后扫射，很难招架，大门口的荣赫鹏捂着顾不上包扎的左臂，对退进大门里的士兵大声吼叫"快！快开枪！机枪！"他有些语无伦次，机枪也更加忙乱起来。荣赫鹏觉得完了，一切都完了，自己的前程，这场战争的结局，都同面前的情况一样，一片黑暗。

但是荣赫鹏毕竟是荣赫鹏，他知道自己还没有完全陷入绝境。因为，机枪还在继续喷吐着火舌，他必须充分利用这挺机枪，眼下，这挺机枪就是他的惟一的依靠。目前最要紧的是不能乱，要镇静、镇静，荣赫鹏狠狠地揪了一下自己的头发，命令自己镇静。这时下的命令也变得明确了："机枪，机枪，朝大

门扫射！”

随着荣赫鹏的命令，机枪立即掉转方向，朝大门口扫射，又有一批藏民倒了下去。诺布瞄准机枪手开了一枪，机枪手立即倒在机枪上，机枪又成了哑巴。大门口只剩下几个英军了，格来和仁赛、诺布等人挥动大刀，从楼上冲了下来。阿达巴魁挥舞砍刀，呐喊着，带着一批敢死队员冲了进来。两处一会合，刀砍棍打，把剩下那几个英军剁成了肉泥。

荣赫鹏见机枪手被打死，藏军冲到了大门口，而克拉克仍然没有赶到，荣赫鹏绝望了。他们现在只剩下五个人：他，玛丽，威廉和两个侍卫。本来没有打过仗的玛丽此时便成了累赘。他们五个人的藏身之地不过几个平方米，用不了一分钟就会被冲进楼内的藏军发现。如果威廉和两个侍卫还能抵挡一分钟，那么，他就还有两分钟的时间。两分钟。绝望中的荣赫鹏倒是镇静了。他迅速地打量着四周，忽然从后墙的窗口看见了外面的火光。一队廓尔喀兵正向指挥部奔来。克拉克，一定是克拉克来了，这可真是绝处逢生啊！荣赫鹏当即决定跳窗逃出去。

藏式楼房的一层，一般不住人，而用来圈牲口，或放柴草、堆杂物。荣赫鹏嫌脏，嫌吵，把牲口关在别处，没想到竟给了他一个逃命的机会。威廉带着两个侍卫，用肩头托着荣赫鹏，推上窗口让他跳下去。又把玛丽推了出去。

威廉抓住窗棂，正要往上跳，阿达巴魁赶到了，他一挥砍刀，拦腰把威廉砍为两截，诺布等人冲过去，把来不及逃走的两个侍卫也砍死了。

阿达巴魁一招手：

“格来，快来看看，这个家伙是不是洋妖头子？”

“不是，是翻译官。”格来摇着头说，“他藏到哪里去了？”没有能亲手杀死那个魔鬼，格来感到十分沮丧。

阿达巴魁并不泄气：“走，到楼上去找找，说不定像地老鼠一样藏在什么地方了。”

他们上楼搜索了一通，什么人也没有发现，格来一跺脚：“唉，又让他跑掉了。”

“可能从后窗逃走了。”阿达巴魁这才想起，刚才高个子翻译和几个士兵在窗口下，一定是帮助他们的上司逃命。

“追！”格来提着枪，就要往楼下跑。

诺布一把抓住他：“不要追，要赶紧撤出去。”

“撤？不打死荣赫鹏，怎么能撤？”格来一甩手，狠狠地瞪了诺布一眼。

“走，到后面那幢楼去。”阿达巴魁也认为不能撤。

“不能去！”诺布横身站在他们面前，严厉地说。

按照哲林代本的部署，他们这一队人冲进主楼，打死荣赫鹏后，要立即从林卡的南门撤出去，然巴代本率领的藏军在那里接应。

正在他们争论的时候，林卡里的枪声像炒青稞一样，响个不停，南面的枪声尤以激烈。

“唉！”格来叹了口气，终于下了决心：“撤！”

话音刚落，大楼周围响起了急剧的枪声，克拉克带着援兵赶到了。三挺机枪，一齐朝大门扫射，冲到门口的藏民，又倒下一大片。

诺布带着人，冲在最前面，一枪打来，他的肚子被打穿，肠子流了出来，身子摇晃着，支持不住，倒了下去。格来立即上去扶他。诺布用力一推：“别，别管我。”

格来着急地说：“走，我背你走。”

诺布朝后面一指：“大门出不去，快，从后院走……”

见一批又一批的弟兄倒在洋妖的机枪下，阿达巴魁怒不可遏，急欲复仇的心理，使他无法克制自己的感情，他挥着砍刀，朝大门口冲，想去砍杀敌人的机枪手。

“前面出不去。”格来一把抓住了他，阿达巴魁后面还跟着许多人，若让他们由着性子冲出去，等于白白去送死。

阿达巴魁没有枪，砍刀又用不上，他又气又急，大声叫骂，不肯往后撤。格来和一个喇嘛硬把他拖上了楼。然后又转过身来背诺布。诺布一把将他推开：“不要管我，赶紧冲出去。”又把来福枪递给他：“给阿达巴魁。”格来自己已从被打死的英军手里拎了一支。

这时，外面的枪声越来越急，楼外的很多人也退到大楼里来了。形势骤然变化，原来袭击英军的藏族军民，反倒被赶来援救的英军包围在大楼里，再不允许他们耽误片刻。藏军的首领有些慌了，命令大家快点撤出大楼，格来却不忍心丢下诺布不管，他决心背着诺布一起撤。

“快，快走！”诺布很能理解格来的心情，内心也十分感动。但他清楚地意识到，他们多耽误一分钟，就多一分危险，反正自己已经不行了，让格来背着恐怕连格来也跑不出去。而且不止格来一个人，会有更多的弟兄遭到伤亡。

"诺布，你……"格来鼻子发酸，扶着诺布的手擅抖着。

"快走！"诺布真的生气了，他狠狠地把手一甩，口气更加严厉。

枪声越来越激烈，在门口犹豫不决的藏族军民又有一些人倒了下去，格来一狠心，大声呼喊："弟兄们，赶紧上楼，从后院冲出去。"又回过头看了诺布一眼，内心里十分痛苦。

小仁赛刚上楼梯，见诺布躺在地上，"诺布——"他高声呼喊，回转身要去救诺布。一个喇嘛一把拽住他，往上拖。

"诺布——，诺布——"仁赛挣扎着，回过头，带着童音尖厉地呼喊。这声音，真是撕心裂肺啊！

尽管枪声，呐喊声汇合一起，震耳欲聋，但诺布还是清楚地听到了小仁赛呼喊自己的声音。他深情地看着小仁赛。小仁赛被人拖着上了楼……

大门口和楼下的人，都跟着格来上楼去了，他们边打边撤，不断地从大门、窗口朝外面射击。

诺布挣扎着，慢慢在地上爬，他从一个死去的弟兄身边捡了一支火枪，以尸体作为掩护，把火枪架在一具尸体上，装上铅弹，瞄准正在喷射火舌的机枪打了一枪，那机枪立即哑了。不一会儿，机枪又响了，显然是换了一个射手。

诺布的血流了一地，肠子也流在藏袍里，他再也没有力气填药装弹了，诺布摸了摸火药包，火药还挺多，他立即想起一个主意，咬紧牙关，忍着剧痛，慢慢地又爬到楼梯底下，只有不到二米的距离，诺布歇了两歇，到了草堆跟前，他吃力地打开火药包，把火药撒在干草上，然后把火绳往上一扔，"噼噼啪啪"，草堆很快就燃烧起来，火光映照在诺布脸上，那惨白的脸上闪着红光。看着越烧越旺的火光，诺布的脸上露出了欣慰的笑容。

……

旺秋和刘长寿跟着另一支敢死队冲进敌人炮兵阵地时，除了几个哨兵外，其他人都在睡觉。这阵地，在江洛林卡的西南方向，正对着宗山，他们悄悄从林卡里穿过去，摸到哨兵跟前，哨兵没有来得及喊一声，几把雪亮的钢刀同时砍过去，把洋妖砍成了几截。紧接着，他们如同猛虎下山，扑向敌人的帐篷，见人就砍。

这支炮兵部队正是荣赫鹏新从亚东带来的。刚来时，还比较谨慎，连续几天炮击宗山，使宗山上的藏族军民抬不起头来之后，他们认为皇家新式大炮的神威是不可抵挡的。虽然移至林卡边上的部分炮兵遭到了白居寺的喇嘛们的袭

击，却也没能引起他们足够的警惕。荣赫鹏打算派一个步兵连来担任警卫，但炮兵大尉盖斯盖尔拒绝了："我们炮兵可以保护步兵，为步兵开路，而不需要步兵来保护我们。"

这次突然的袭击，使英军惊慌失措，晕头转向，很多人还没有弄清是怎么回事，脑袋已经滚落在地，少数清醒过来的企图顽抗，被敢死队剁成了肉泥。旺秋连跑带跳，冲进了那座大帐篷，盖斯盖尔从行军珠上跳起来，看样子是要摸枕头底下的手枪，刚一侧过头，旺秋扑过去，一刀把他的脑袋砍成两半。

经过一阵激烈的拼搏，炮兵阵地上的一百多英军，全部被敢死队消灭。这时林卡里面燃起了大火，大家明白，袭击指挥部的藏军也取得了成功。敢死队员们高兴得跳起来，大声欢呼，呐喊，吹口哨。

刘长寿见到这情景，心里很着急，连忙对领头的一个藏军如本说："得赶紧撤退！"

"大炮怎么办？抬回宗山吧！"藏族军民已经吃够了这些大炮的苦头。

几个年轻的藏军纷纷向如本建议，他们想把大炮抬回去，掉过头来打洋妖。

"和大石包一样沉，根本抬不动。"有人推了推大炮，着急中带着惋惜。

旺秋觉得刘长寿说得对，若不赶快结束战斗，等洋妖清醒过来，就要吃大亏。他对如本说："烧，带不走就烧毁它。"

如本一挥手："烧！"

大家七手八脚，一阵忙乱，把掩体里的木料全搬到大炮周围，把帐篷、被褥也都抱来了，还有一些人从林卡里找来许多干柴，他们大多数带着火枪，撒上火药，一点就着，不一会儿，就燃起了冲天大火。

"格来他们怎么还没有出来？"旺秋听到林卡南面的枪声十分激烈，心里非常着急。

"快，接应他们去。"刘长寿估计林卡里的弟兄们遇到了困难，顾不得再向如本建议，招呼一声就往林卡里冲。

已经晚了，英军从慌乱中清醒过来，开始了有组织的反击。敌人用机枪和步枪堵住了他们前进的路。冲在最前面的人，倒下去了，后面的人只好往回撤。

这时，大火烧到弹药箱，炮弹爆炸，发出震天动地的巨响，这一下又炸死炸伤了不少敢死队的人。

英军听见炮弹爆炸，怕伤到自己。也不敢追击。趁着这混乱的当儿，旺秋和刘长寿带着剩下的人以树林作掩护，经过绛噶林卡往回撤。藏军断后，边打

边撤，阻止敌人追击。

宗山上的人，见到林卡内外燃起了大火，非常高兴。他们呐喊，鸣枪，放土炮，以示助威。

哲林代本派阿爸洛丹带领一部分民兵，从宗山下来，到绛噶林卡，接应敢死队。

在南面接应敢死队的藏军，受到英军的阻击，他们攻不进去，里面的人冲不出来，遭到重大伤亡。

正在危急关头，哲林代本亲自带着一个代本的藏军赶来增援。敢死队员们见有人接应，特别是得知哲林代本亲自下山来了，顿时勇气倍增，一阵猛打猛冲，杀出一条血路，与前来接应的藏族军民会合一处，撤回了宗山。

英军也被打懵了，他们看到从宗山顶上到江洛林卡，到处是枪声和呐喊声，怕在黑暗中中了埋伏，不敢追击，只是充分发挥他们的优势，朝着旷野，猛烈扫射。这时，林卡里的大火越烧越大，映红了半个天。……

第二十二章

令人畏惧的地方

不到地狱门口，
不会拜佛忏悔。

遭到夜袭之后，荣赫鹏就搬到过去管家住的一幢楼房里。它远不如原来的那幢楼房宽敞、华丽，但经过侍卫们的精心布置，安排得也蛮不错。但是，不管房子布置得多么舒适、整洁，荣赫鹏的心情却很不愉快，很不舒畅。

那天晚上的袭击，打乱了他的全盘计划，英军死伤了二百多人。尤其使他恼怒的是：新调来的皇家炮兵的一个山炮队，几乎全部被歼，连炮兵大尉也让人砍死。阵地上的炮弹统统被烧毁，还炸毁了几门大炮。为此，他受到总督的严厉训斥。还有，威廉上尉的死也使荣赫鹏很惋惜，很难过。威廉这个人固然有很多毛病，爱逞能，缺乏军人的素养，不能严守纪律，而且，也很贪婪，爱财。但他懂藏语，熟悉藏区的情况，不仅是个好翻译，也是他必不可少的参谋和顾问。有很多事还要向他询问，和他商量。如今，他被砍死了，永远地离去了，荣赫鹏突然觉得自己很需要他。

人啊，就是这么奇怪，当你占有某种东西时，你并不会珍惜它，也不会觉得它有多么贵重。但是，你一旦失去了它，你才会突然感到它的价值，感到它存在的重要性。

荣赫鹏的左臂隐隐作痛，而内心的痛楚，远远超过了臂膀的伤痛。他躺在

床上，翻来覆去，怎么也睡不着。刚一闭上眼，那冲天大火就在他眼前燃烧。不，不只是在眼前，在江洛林卡，他觉得整个西藏的土地都在燃烧，到处都是愤怒的烈火，复仇的烈火。……

荣赫鹏头痛，痛了好几天，痛得很厉害，脑袋就像要炸裂，尽管吃了很多镇痛药，也无济于事。而且，他吃不下饭，睡不好觉，躺下时感到憋气，起来又想呕吐。心跳加速，连说话、走路都感到吃力。到这时，他才开始懂得高山反应是怎么回事。

此刻，荣赫鹏正躺在松软舒适的鸭绒被子里，头部的阵阵剧痛，使他心烦意乱，他叫侍卫们走开，连玛丽也不让进来，他不要听见什么，也不要看见什么。他只想静静地躺着。然而，他的思维并不像他的士兵那样听指挥，思潮仍然在脑海里不断地翻卷着波浪，一浪接着一浪，一波紧似一波。最紧要和最迫切的一波翻过来了：

已经是第五天了，还没有接到春丕方面的电报。荣赫鹏急切地等待着麦克唐纳将军的答复。

麦克唐纳将军保持沉默，总督也再没有发电报来，这意味着什么？荣赫鹏不敢想，又不能不想。

他让玛丽发给麦克唐纳将军的电报是经过仔细推敲的。荣赫鹏尽可能地把藏军攻击英军的力量说得很厉害，让他们觉得仿佛从后方来了大批援兵，把他的损失说得很轻，然而他又不得不明确提出增派炮兵部队并运送大量炮弹的要求。没有炮兵，没有炮弹，不要说攻克宗山，连英军的安全都成了大问题。当然，将军和总督绝非傻瓜，对战事，他们会怎样想？对荣赫鹏自己，他们会怎样看？

荣赫鹏昏昏沉沉，似睡非睡地躺着，想着。

突然，一阵震耳欲聋的巨响，打断了荣赫鹏的思绪，面对着沉沉黑夜，思绪的浪潮马上又涌来了新的一波：

藏军又来偷袭了。他神经质地一跃而起，随即大声喊叫：“快！快来人呀！”

“上校，什么事？”格林的动作倒也挺快，立即到了他跟前。

“快，快命令克拉克来保卫指挥部。”

格林感到莫名其妙，唯唯诺诺地说：“上校，您这是……”

荣赫鹏只觉得这响声越来越大，好像藏军已经接近了指挥部，他歇斯底里

地大声叫着：

“快！快！快去传达命令！”

“亲爱的，您这是怎么啦？”随着一个娇媚的、温柔的声音，玛丽走了进来，她就住在荣赫鹏的隔壁。

荣赫鹏发怒了：

“怎么啦？藏蛮子又来偷袭了。”

玛丽感到奇怪，侧耳细听，林卡里像死一样沉寂。她走近荣赫鹏：“哪里有什么藏蛮子？今晚您是怎么啦？亲爱的！”

“你听，藏蛮子的呐喊声，多么可怕的呐喊，还有……”荣赫鹏惊魂未定，指着窗外，语无伦次。

玛丽“格格”地笑了起来：“亲爱的，这哪里是什么呐喊，这是河水声。”

格林也觉得好笑，要不是他紧紧咬住嘴唇，肯定会笑出声来。

“河水声？”荣赫鹏仔细听了听，周围静悄悄的，确无藏军前来攻击的迹象。那么，是自己过分紧张了？这太有失指挥官的尊严和威信了。血，一下子涌了上来，荣赫鹏只觉得两颊发烫。幸好是夜晚，他的难堪之色才得以遮掩。

玛丽对格林说：“好啦，格林，没有你的事了，去休息吧！”

“是不是点上汽灯？”格林感到荣赫鹏最近害怕黑夜，一到夜晚，他就有点坐卧不安，神经紧张。

“不用啦。”玛丽宁愿在黑暗中同荣赫鹏在一起。

“还是点上吧！”荣赫鹏余悸尚存，他似信非信地说：“河水怎么会有这么大的声音？”

格林点灯去了。玛丽上前一步，伸出她细长的手臂，紧紧搂住荣赫鹏的脖子，亲了一下：

“亲爱的，您难道没有注意到高原气候的变化？雨季虽然尚未到来，但天气已经渐渐变暖。上游的雪山经过一整天烈日的暴晒，冰消雪融，注入河里，每到夜晚，河水就会上涨。有时上游发生雪崩，或冰湖决堤，把大量冰块和泥石冲到河里，水击岩石，石头相撞，或巨大的冰块撞到岩石上，就会发出雷鸣、炮击般的巨响，您听，”玛丽指着窗外：“现在声音就小一些。”

荣赫鹏有些不明白了：“白天为什么没有这么大的声音？莫非西藏的江河也会夜袭，反对我们？！”因为战事紧张，这个“西藏通”竟没有注意到高原

气候的这一特殊现象。

玛丽笑了笑："亲爱的，我看您是让藏蛮子打怕了。这同夜袭有什么关系？高原昼夜的温差大，夜里冰雪不会消融，一到清晨，河水又会落下去，自然也就不会有巨大的轰响。"

"亲爱的，你真是我聪明的小天使。"玛丽轻柔悦耳的声音，使荣赫鹏那紧张的神经松弛了下来，头痛似乎也减轻了许多。他一弯腰，把玛丽抱了起来。荣赫鹏想彻底松弛一下，管他什么将军啊，总督啊，电报啊，都见鬼去吧。

一道刺眼的白光首先射入室内，格林提着一盏汽灯走了进来。荣赫鹏赶紧将玛丽放下。

格林知道，在这种场合，自己总是多余的，放下汽灯，立即走了出去。

玛丽觉得汽灯的光亮太刺眼，又把它灭掉，然后走到床头，扶着荣赫鹏躺下来，自己也躺在他的身边。

经过这一阵惊吓，荣赫鹏睡意全无，他轻轻地抚摸着玛丽的头，好久没有和玛丽这样亲热过了：

"玛丽，亲爱的，过去我认为西藏是一个神秘而又令人向往的地方……"

"现在呢？"

"现在嘛？现在我觉得是一个不可理解的，令人畏惧的地方。"

对于荣赫鹏的这种转变，玛丽并不感到突然，更不感到奇怪，这不正是玛丽自己亲身感受到了的吗？但是，她觉得现在还不宜过多地谈论这种感受：

"人们常说，伟大的人物最明显的标志，就是坚强的意志。亲爱的，您是一个要干一番事业、名垂史册的人物，怎么能因为受到一点挫折而丧失勇气，感到畏惧呢？"

"我没有丧失勇气，更不会畏惧，但是，我也不能不面对现实，一个严酷的现实。"荣赫鹏坐起来，靠在枕头上："入藏之前，我花了近二十年的时间，研究西藏社会，自认为对西藏有比较透彻的了解，我的上司和同事都称我为'西藏通'，我自己也觉得受之无愧，自鸣得意。然而，当我们真的踏上西藏这块土地之后，我才逐渐感觉到，过去我对西藏的了解，只是纸上写的，画上画的，只是西藏的表皮，而西藏真正的、更深一层的东西，特别是对它的百姓，却了解得太少。甚至毫无了解。"

"噢？"

“来藏之前，我们只看到朝廷腐败，官员无能，经济落后，武器低劣，以及作战时机选择得当等因素。但是，对西藏民族，对这里的人民，对他们的文化传统，宗教信仰以及特殊的地理环境，气候条件等方面的因素了解不多，考虑不够。现在我觉得，凭着我们最精良的新式武器，我们能打败他们。但是，我们不可能征服这个民族，更不能永远占领西藏这块土地。”

“这是您的发现？”玛丽也隐隐约约意识到这一点，还曾同威廉交谈，但这样的话从荣赫鹏嘴里说出，却使她感到有些惊讶。

荣赫鹏点了点头，继续说：

“有人说，那些最重要的发现往往是受到失败的启示而得到的，我看这句话不无道理。”

“难道我们失败了？”

“没有。但也没有胜利，也不可能取得真正的胜利。”荣赫鹏说得很肯定。

玛丽亲身体验到入藏以来的种种困难，但还没想到荣赫鹏会做出这样的结论：

“我们不是在世界上占领了很多国家和地区吗？我们光荣的旗帜几乎插遍了全世界，为什么惟独西藏这个地方我们不能占领，不能征服呢？”

“你说得对，亲爱的。我们在全世界占领的殖民地和附属国的面积，比我们的本土还要大几十倍。我们为什么能以那样小的国土，那么少的人，占领和控制那么多的国家呢？”

“您说是什么原因？”玛丽好像对这个问题很感兴趣。

荣赫鹏用一种历史学家的口吻进行分析：

“我仔细研究过这个问题。在这些地区，我们采用的一个最重要的办法，就是组织雇佣的土著军队，利用土著人打土著人，然后建立一个听命于我们的政府，作为代理人去统治那些地方，以维护帝国的利益。”

“在西藏，我们为什么不能用这个办法？”

“问题就在这里。早在一百多年前，我们就派出传教士和探险家到西藏。以后，沿着喜马拉雅山，在边境上经营了几十年，付出了很大代价，不要说建立什么土著军队和听命于我们的政府，连一个可靠的向导和联络人员也找不到。1888年，我们的武装部队进入西藏，和驻藏大臣签了约，可有什么用呢？西藏人并不承认这个条约。但我们一直没有放松在西藏边境的活动，这次，又

使用了武力，从去年到今年，从岗巴宗到江孜，我们又得到了些什么呢？也不只是我们，葡萄牙、西班牙、意大利、俄国和其他一些国家，用各种办法到西藏，想建立教堂，传播新教，也都遭到强烈的反对。两百多年来，这些国家连一所教堂也没有能建立起来，后来连传教士也全都被他们赶走。”

“这是什么原因呢？”玛丽也感到疑惑。照上校的讲法，武装入侵行不通，和平谈判又不起作用，签了约的东西在西藏也形同废纸，那么，究竟应该怎么办呢？西藏真的就是一块插不进针的石头？

荣赫鹏并不急于回答玛丽，他欠起身子，从枕头下抽出一根红布条，对玛丽扬了扬：

“你看，这就是一个重要原因。他们的宗教意识和民族意识太强烈，强烈到不可思议的地步。”

“这是什么？”黑暗中，玛丽并不知道荣赫鹏在手里晃动的是什么东西。

“红布条，啊，藏蛮子叫它护身结，听说还是他们的达赖喇嘛亲自赐给的呢！”

“护身结？你要它干什么？”玛丽把护身结拿在手中，也随手摇了两摇，只觉得它轻轻的，软软的，像是丝绸。她用轻蔑的口吻说：“这有什么用？给我扎头发，我还嫌不好看哩！”

“你最好还是不要用它扎头发。这种事不要说做出来，就是随便说说，藏蛮子也会跟你拼命。”

“可惜的是，护身结并没有护住他们的身子。他们不是成批成批地倒在我们的枪炮下了吗？”玛丽的口气里充满了轻蔑和嘲弄。

“不错，他们的人倒下去了不少，但他们的精神并没有倒下去。我知道，要征服一个民族，首先要摧毁她的精神力量。”荣赫鹏加重语气说：“十三世达赖喇嘛是个极其固执、极难对付的人。现在，他成了这个民族的精神领袖。”

玛丽知道，一说到十三世达赖喇嘛，英印政府就感到头痛。她说：“这个喇嘛，是个极端狂妄而又愚昧无知的人，连我们的总督，他也不放在眼里，连着写了三封亲笔信，他看都不看，就退了回来。”

“他很狂妄，却并不愚昧。清廷腐败，噶厦懦弱，这个喇嘛，现在成了我们征服西藏的主要障碍。”说这话时，荣赫鹏的神情有些沮丧。

玛丽一翻身，坐了起来，把护身结往地上一扔：

“那么，为帝国开疆拓土，突破一千万平方公里的宏伟理想，就不能实现啰？”

荣赫鹏长叹了一声：“障碍重重，举步艰难哪！”

“障碍怕什么？您不是很喜欢这样一句格言吗？天才是难免会遇到障碍的，因为障碍恰恰会造就天才。您不想成为一个天才？”

“我知道，生活中没有困难，未免过于平淡。但是，我们到西藏后，遇到的困难实在太多，太大。”荣赫鹏深深地吐了口气，好像要将满腹的忧虑通通吐出去。

“克服障碍，占领西藏，征服西藏，不正是表现您的伟大和天才的极好时机吗？”

“不，不可能。”荣赫鹏连连摇头：“亲爱的，这是绝对不可能的。”

玛丽扶着荣赫鹏的肩头说：

“啊，这么说来，您这第一任西藏总督也不想当了？”

玛丽的话虽然很轻，却像一根钢针，深深地刺进了荣赫鹏那仍然自尊而又变得不那么自信了的心，荣赫鹏咬了咬牙：

“不当了，等战事一结束，我就要回国去。”

“何必等战事结束？既然不能占领西藏，我们又为什么一定要到拉萨去？”

“不，拉萨还是要去，而且一定要他们的达赖喇嘛亲自和我们签约。即便不能占领西藏，我们也要得到尽可能多的利益。”荣赫鹏阐述着到拉萨的必要性和重要性，末了，他又说：“同达赖缔了约，我们就立即回国。”

“一回国，见了夫人，您也就该把我忘掉了。”一说到回国，玛丽心里总有一种难言的，酸溜溜的味道。连荣赫鹏都心灰意懒，她玛丽的前途岂不是更加渺茫了吗？

“不！不会的，亲爱的，我永远不会忘记我们的关系，我们的情谊。”荣赫鹏把玛丽紧紧地搂在怀里。

第二天早上，太阳已经升得老高，荣赫鹏还没有起来，因为玛丽在里面，格林也不好去叫，好几个人来找上校，都被他挡住了。

又过了好一阵，见玛丽披头散发地从荣赫鹏卧室里出来，格林才端着洗脸水走了进去。等荣赫鹏洗漱完毕，用过早点，格林才用最低的声音向他报告：“上校，来协老爷要求见您。”因为这几天荣赫鹏心情不好，格林特别谨

慎，免得遭到训斥。

荣赫鹏不听这话还好，听说是来协，本来有些平静的心情又烦躁起来。

“他又来干什么？”江孜地区柴草很缺，抢也抢不到，买也买不来，几千人马，没有柴草，士兵吃不上饭，驮马饿倒了不少，战马也跑不动。没有办法，荣赫鹏只好再找来协帮忙，从外地为他们购买，运送柴草。没想到藏军却趁机混进了林卡，搞了个中心开花，差一点要了他的命。一想到这件事，荣赫鹏就感到脑门冒火。他见格林还站着，一挥手：“不见！”

停了一会儿，等荣赫鹏走到窗口，再转回来时，格林才谨慎地说：“他说，他带有驻藏大臣的信，要当面交给您。”

“啊！驻藏大臣的信？快让他进来。”

来协进屋后，首先对荣赫鹏在夜袭中受了惊表示问候。一提到夜袭的事，荣赫鹏就异常恼怒，真想训斥他一顿，甚至扇他几个耳光。要不是他派那些不可靠的人来，怎么能出那样大的危险！但他并不想跟来协多啰嗦，就是说了也没有用，他急于知道，在这个时候，驻藏大臣送信来，究竟是什么意思。他开门见山，让来协把信给他。

来协慌忙从怀里掏出一个中式大信封，恭恭敬敬地递给了荣赫鹏。信是用汉文写的，还附有英文译文。荣赫鹏先没有看信，他问来协：“驻藏大臣的信怎么让你来送？”

来协欠了欠身子，搓着双手：“驻藏大臣派来的人，到江孜后，说明朝廷要与贵国谈判、协商的主张，遭到藏军军官和僧俗百姓的坚决反对，他们也不同意汉官直接同贵军联系，说必须有藏方参加。来人见势不好，几经周折，才找到我，让我把信转给您。”

荣赫鹏赶紧看信，信是这么写的：

尊敬的荣赫鹏上校阁下：

“本驻藏大臣向您致意。查前藏代本，不遵约束，竟在曲米地面，始祸称戈。大国之威，败其徒众，厥咎虽由自取，实以本大臣开导无方，悲惭交集。所幸贵大臣悯其愚顽，宽其既往……仁者用心，恩威并著，造福西藏，有涯量哉。本大臣自愧鲜能，惟有率领番民，瓣香遥谢而已。昨据边务委员何光燮来禀，据称贵大臣已驻江孜，限礼拜之期，约本大臣来江孜会晤，否则直进前藏等情……本大臣拟十五日以内启节赴边，趋谒台从，妥筹一切。……细思通商立约，必须汉番合商，番官中若无有胆有识之人，将来往返函商，文多周折，似不若稍缓数日，或可一举而成。业已向该达赖详细告知，并令其迅速遣派明

干番员，随同前往，一面督促伕马，约计月内必到江孜，断不似前任大臣，出言不信。如贵大臣鉴我心曲，则请暂缓限期，在江孜静候，决不敢饰词粗谈，望乞照复施行，以便遵办。”

荣赫鹏看了一下信的落款，日期是4月16日，不禁冷一笑，这位有泰先生，真是糊涂到了极点。信中所谈我军“已驻江孜，限礼拜之期”约驻藏大臣来江孜会晤等事，是几个星期前，我军第一次占领宗山古堡时的事，那个边务委员还没有到拉萨，藏军就组织反击，收复了宗山，把我们赶了出来。现在，已经是6月22日了。

不过，在目前情况下，收到这样的信，对于荣赫鹏来说，无疑也是一大安慰。这封信的内容，同年初驻藏大臣给他的照会的内容是一致的，就是说：清朝政府的态度始终没有变，一意求和，绝不抵抗。曾使荣赫鹏最担心的是，在全国民众的强大压力和俄国人的挑动下，清朝政府会派兵入藏，抗击英军。现在他完全可以放心了，朝廷不但不会派兵，有泰自己还要赶到江孜同我谈判。但是，有泰信中所说的月内必到江孜的月内，早已成为过去，并未见大臣先生的影子啊。就是再过一个月，有泰也不一定能到。荣赫鹏暗自思忖：有泰先生，就请阁下在拉萨等着吧，我可等不得了。一个月之后，不是你驻藏大臣到江孜来，而是我荣赫鹏到拉萨去同达赖喇嘛谈判。到那个时候，主动权就完全操在我的手里了。

尽管心里高兴，荣赫鹏表面上仍不露声色，他吩咐侍卫带来协下去休息，又用不冷不热的口吻对来协说：“如何回复，我考虑一下再说。”

来协走后，他立即让玛丽将驻藏大臣的信全文向总督报告，又召集军官们来开会。

等格林去传达命令之后，屋子里只剩下荣赫鹏一个人，他整了整衣襟，捋捋头发，在部下面前，他总是非常注意仪表和风度。他又对着镜子照了照，被茶杯击伤的痕迹正渐渐消去，但过去那副威严而又潇洒的面孔已经变得黄里透黑，渐渐失去了昔日的光泽。荣赫鹏暗自感叹：“战争真是催人老啊！”

在藏军夜袭中侥幸活命的一个炮兵军官首先赶到了。荣赫鹏马上对他下达命令：

“最近几天，炮兵要连续不断地炮击宗山。……”

“报告上校，皇家炮队的炮弹全部被敌人烧毁，只，……只剩指挥部的一点炮弹，恐怕不能天天打，万一……”炮兵军官看着荣赫鹏的脸色，喃喃地说。

荣赫鹏看着陆续到齐的军官们，打断了他的话，这些情况，他比炮兵军官知道得清楚：

“每天要打几发，给敌人在心理上造成一种压力。藏蛮子相信护法神，但他们的护法神救不了他们。大炮，则是我们的护法神，能帮助我们打败敌人。”他扫视了所有的军官，提高声音，发布命令：“其余所有的部队，从今天起，都要参加挖战壕。”

“挖战壕？挖什么战壕？”军官们低声议论，带头的照例是吉布森。本来荣赫鹏要把他留在春丕，但是他坚决不肯，一定要与荣赫鹏一起回到江孜，以便建立军功。

“挖一条通往宗山的战壕，那次藏军夜袭，他们撤回去的路线，给了我很大的启示。”荣赫鹏指指窗外的树林，“我们就从这里开始，穿过后边的树林，一直把战壕挖到绛噶林卡。”

“哎哟！那得多大工程呀！”

“工程是不小，而且时间紧迫。”荣赫鹏用手比划着：“这战壕要挖一米五宽，两米深，骑兵也能通过。”

一个军官说：“我们的工程兵不多，是不是让来协给我们派一点民伕？”

“不行，不行，西藏人没有一个靠得住的，要让西藏人为我们办事是不可能的。”荣赫鹏断然否定了这个意见，他又补充了一句：“连来协本人也靠不住，完全要靠我们自己的力量。”

“啊！我明白了，上校是要……”吉布森想表现一下自己，说明他已领会了荣赫鹏的意图。

“好啦，好啦！不要多说，赶快去执行命令！”荣赫鹏打断了他们的话，最后又强调地说：“这件事要绝对保密，不能让一个西藏人知道。”

军官们还没有走，玛丽兴高采烈地跑了进来：

“报告上校，麦克唐纳将军回电了！”

“噢？快念。”

“荣赫鹏上校：

皇家炮兵三队携大批炮弹已经出发，速派人前来接应。

麦克唐纳”

“马上回电，我立即派克拉克大尉率骑兵前去接应。”荣赫鹏喜形于色，“还要写上一句，衷心感谢麦克唐纳将军的有力支持。”

驻藏大臣的信向他表明，藏军是孤军作战，无所依靠；而麦克唐纳的电报则使他相信，帝国远征军有强大的后盾。

第二十三章

冷寂的石狮子衙门

给恶狼脖上挂经幡，
往盗贼手里送供品。

驻藏大臣有泰半躺半卧地斜倚在乌木床上，烧鸦片的灯在一旁闪着黄火。一团团烟雾接连不断地从有泰的嘴里喷出，不大一会儿，就把有泰罩住了。

来藏后，有泰抱烟枪的时间比在京城时多多了。而且，不再是为欣赏他这套精美华贵的烟具，因为，他已经失去了这样的雅兴。他吸烟，更多的是为了消磨这单调、枯燥、难熬的时光。在西藏，没有戏园子，没有饭庄，没有酒楼，没有赌场，没有烟馆，也没有妓院。总之，一个可供三爷消遣的地方也没有。三爷每天能看到的，不是藏人要求朝廷派兵的公禀文书，就是朝廷催问他与英夷会谈的诘责函件。每天听到的，不是那些自动聚集在一起的藏民们愤怒的呼喊声，就是达赖喇嘛和噶厦派来要他尽快派兵的官员们喋喋不休的吵闹声。对这些既简单又复杂的公务，有泰烦透了。烦躁之时，烟枪，就成了他的最佳伙伴。

有泰不再爱惜他的那双原本保养得很好的手，为期不算太长的烧烟经历，使他的那双手竟和他的那张脸的颜色变得十分相似，只是还没有变得那么枯槁。他忽然体会到了抽烟的好处，每当吸到一定的时候，不仅忘掉了一切烦恼，还会产生一种幻觉。他的如花似玉的两个姨太太会笑盈盈地从烟雾中走出

来，给他捶捶背，捏捏浑身发酸的地方，给他……

京城里传着这样一副对子：无法无天无二鬼，有文有艳有三爷。且不说吴二鬼系何许人也，这对子的下联，说的便是有泰，有三爷和他的两个姨太太玉文及玉艳。

人如其名，二姨太玉文是个落魄秀才的妹妹，虽然家道衰败，却也是书香门第，虽没有专门请先生教授，耳濡目染，却也无师自通，在文墨上比一般女子要强得多。人也长得纤细灵巧，袅袅婷婷。虽然体弱，倒也无甚大病，那弱不禁风的姿态，倒在无形中给她增加了几分风韵。更为可贵的是，玉文说起话来，颇能咬文嚼字，有时甚至能把有泰难倒。所以，有泰在读书、作画、赋闲诗时，她便成了有三爷最得力的参谋。玉文不仅能给三爷铺纸研墨，还能替三爷作出一句半句诗文，有时，在三爷作的山石画上再画上一两株花花草草，布局倒也合理，甚至可以起到锦上添花的作用。

三姨太玉艳以她的娇艳而闻名京城。玉艳原本是个戏班子的末流旦角，别人看戏不是来听她唱，而是来看她的脸蛋，戏唱得不好，长着个漂亮脸蛋也能招来些看官。因为这，有三爷替她赎身子时额外多破费了不少银两。玉艳虽不能识文断字，却以她特有的方式博得了有三爷的宠爱。因为她长得美，个子不高不矮，腰身不胖不瘦，皮肤又白又嫩，高鼻梁，大眼睛，柳叶眉，一笑俩酒窝。有泰最怕的就是她的笑，玉艳一笑，有三爷就心里发痒，恨不得马上搂过来才是。总之，玉艳身上的一切器官都长得那么合适。不仅如此，她也很会打扮自己，衣服总是穿得那么合体，能使她的风韵充分地显露出来。不要说男人喜欢她，就是女人，也不能不惊叹她的艳美，自愧相形见绌。然而羡慕者有之，嫉妒者亦有之。有泰的正室夫人就是既羡慕又嫉妒者之一。

正室夫人并非不美，亦粗通文墨，且家道殷实。有泰也确实曾和她恩爱过几年，怎奈时光如流水，春去花落，虽还未到人老珠黄之境地，却也眼角鱼尾纹起，青丝渐添白霜了。风流的有三爷另有新欢，自然不再顾念他的结发妻子。正室夫人虽不甘心失宠，却也无可奈何。已值盛年的女人，哪里经得起寂寞的折磨，可又不能像男人那样随意寻觅新欢，百无聊赖的正室夫人终于给自己找到了一件打发时光的正经事——替有泰管家，成了名副其实的管家奶奶。每天忙忙碌碌，倒也自得其乐。大商人家出身的大奶奶对管家并不陌生，原来只是不愿管。现在管起来，实在也不费什么力气，一切吃穿用度倒也安排得妥妥贴贴，只是对二位姨太太的用度很能计算，但又碍着三爷的面，不能抠得太

紧。所以，两位姨太太心里恨她，表面上又不敢太得罪了她。因此，合府上下，大家倒也能相安无事地过日子。

此次来藏，原本是皇恩浩荡，破例擢升。在皇家本不算件大事，但是在有府，却闹得鸡犬不宁。行期紧迫，忙乱一些是自然的事，然而使有府不宁的事不是有三爷的赴任，而是随行夫人的选择。三个正、偏室夫人争先恐后地要跟有三爷去西藏，各有自己的理由，而且都很充分，几乎是不容置疑的。有泰任她们去吵，他自有主张。这是有三爷的特点，凡事只要他拿定主意，任你吵翻了天，他也不会随意改弦更张。大太太要管家，要照应内外事务，自然不便离开。况且，他也不愿带着个老太婆上任。二姨太生得娇弱纤细，虽然宠爱，也不便随行，因为山高水远，怕这纤弱女子经受不住。只有三姨太玉艳最宜随行，玉艳身体好，又讨人喜欢，有三爷离不开她。可老天偏不作美，临行前几天，一向身体很好的玉艳突然病倒了，上吐下泻，还发高烧，只几天的工夫，把个丰满的玉艳病得憔悴枯槁，不要说走路，连坐起来都还直喘粗气。有三爷心疼，也不能太露。本来要玉艳随行，还有个难言的用意。玉艳恃宠，一向不把大奶奶放在眼里，虽然表面上还没有太让大奶奶过不去的地方，可也不如玉文那样会周旋。因此，有泰要带她去，原也是怕她留在家里受委屈。这下走不成了，有三爷心里焦急，表面上却装得满不在乎。大奶奶心里高兴，也不好喜形于色。暗地里又跟三爷商量，要她自己跟三爷赴藏。有泰心里一百个不愿意，嘴上却说，藏地山穷水恶，乃不毛之乡，大奶奶是受不了这等辛苦的，还是在家好好照料内外的好。大奶奶见随行无望，也不便再说什么，一腔的妒火却燃得更旺，只等有三爷出京后再施展她的手段。

有泰孤孤单单地离开了京城。开始，他还惦记着病在床上的三姨太，思念着弱不禁风的二姨太。但是，师爷不断地给他解心宽，加之一路上，玩玩乐乐，竟把两位姨太太抛到了脑后。

然而到西藏以后，有泰的心情随着边境局势的发展变得越来越坏。到任以来，他在全心全意地施行着“釜底抽薪”的计策，也取得了一定的成效。如派何知府到边境强令拉丁代本与英军会谈，英军到达江孜之前撤回了驻守江孜的川军等等，无一不是为了“使其败”。正因为如此，才惹恼了当今的“雪域一神”，致使佛爷作出更换四个噶伦、发布征兵动员令这样重大的决定，也没有同他商量一下。有泰，像一块破抹布，被藏人抛在一边。渐渐地，没有人再向他禀报什么，也没有人再向他请示什么，甚至那些在门前闹事的老百姓，不知

什么时候也都没了踪影。

石狮子衙门前变得宁静了，宁静得有些冷寂。卫兵们也松心了，他们不再担心会有什么人闯进去，也不必为有三爷的责骂而畏惧，没有人再来安班大人的衙门，甚至连满街乱跑的狗也不到这里了。门口，只剩下那对孤零零的石狮子。

衙门口的喧嚣使有泰烦躁，甚至恼怒，然而毕竟还有人声，使有泰感觉周围有人存在。衙门口的冷寂，却使有泰更感不安，心里像是没了底，相比之下，他觉得还是有人的好，还是生活在人中间的好，也表明驻藏大臣的存在。他知道，达赖喇嘛的征兵动员令，像块磁石一样，把藏人的心都吸在一起了。能上前线的藏人纷纷上前线去了，不能上前线的，也在为前线的人们忙碌着，没有人再到石狮子衙门来，做那些徒劳的请愿。人们似乎忘记了石狮子衙门的存在，忘记了有泰的存在，堂堂皇皇的钦差竟然被人遗忘了。有三爷第一次尝到了被人遗忘的滋味。

有泰，遭到了前所未有的冷落，他愤怒，却无处发泄。现在他希望藏军失败，而且一败涂地才好，只有这样，达赖喇嘛才能承认同英国人开战是失策的愚蠢的举动，是以卵击石，是不明事理，是不识时务。也只有这样，达赖才能相信他有泰的话是对的，只有谈判，才是解决边界纠纷的惟一出路。和洋人打仗，不要说西藏的武器如此原始，如此低劣，即便是装备堪称精良的清兵也还打不过洋人呢，当年英法联军才进京三千多人，就烧了圆明园，连皇上、皇太后也跑到外地去了。可英国远征军，却有上万人马，单这人数，就够吓人的了。何况他们还有更吓人的洋枪、洋炮呢。

可是，达赖喇嘛偏不听从他的劝导，执意要和英国人开战。还有那些三大寺的喇嘛，那些自己背着刀、枪、弓箭的老百姓，那股蛮劲，简直不可理喻，真是一群顽梗不化的刁民。有泰在等待着，与其说是等待，不如说是盼望着，盼望着从前线传来藏军失败的消息。然而，出人意料的是，他等到的是藏军收复宗山的捷报。消息传来，有泰惊讶得半天说不出话来，他怀疑这消息的真实性。但是，藏军毕竟收复了宗山，带着洋枪、洋炮的英国人，居然被火枪、土炮赶出了宗山，这真让人不可理解，不可思议，莫非真是那藏人称作护身结的红布条发生了奇异的作用，真有什么护法神在保佑这些藏人刀枪不入？如果达赖喇嘛的咒术真的如此厉害，那他有泰一定会有大灾大难了。因为，他得罪了佛爷，达赖喇麻会用咒术来诅咒他。也许，佛爷正在诅咒自己哩！要不，怎么老觉得心神不安呢？

心神不安的有泰，在当天的日记上只留下这样两句话：

奇峰出云复入云，

招邀欲逐云中君。

没有人能讲清这没头没脑的两句话的含义，也没人考证这两句是有泰自己的感慨呢，还是借来什么人的手笔，以抒发自己的情怀。连有泰自己也很难确切地形容他此时此刻的心情。

一个多月的时间过去了，战局发生了急剧变化，英夷派来了大批援军，江孜危在旦夕。这时的有泰，又感到恐惧和惊慌，他害怕藏军吃败仗。他希望藏军能顶住，不让英夷再往前进。但是，这可能吗？会出现这样的奇迹吗？

"三爷！"师爷蹑手蹑脚地走了进来，打断了有泰的思绪。

"哦，什么事？"有泰揉了揉眼睛。

"宇妥噶伦和大仲译阿旺喜饶求见！"师爷声音不高，因为有三爷讨厌大吵大嚷。

"什么？噶伦？什么噶伦，他达赖自己委任的噶伦，我还没有同意呢，朝廷更不知道这回事，这是不能算数的。"有泰一骨碌从床上坐起，扔掉了那早已熄了火的烟枪。

"三爷，他们在等着见您。"师爷的声音仍然很低。

"哦，那，他们有什么事？"有泰忽然觉得自己对师爷说那些话是很可笑的。

"好像是什么谈判的事。"这位书启师爷对有三爷的饭食起居颇为关注，而对三爷的公务就显得不那么了解了。

"让他们等着。"

师爷出去了。有泰慢慢地站起身来，非常惬意地伸了个懒腰。他知道达赖和噶厦的日子一定不好过了，这时来拜见，一定是有求于我。日记上似诗非诗的两行字忽然产生了实在的意义，也许这就是"招邀欲逐云中君"吧。有泰心里一阵高兴，他达赖喇嘛毕竟还是找上门来了，一定是要他有泰"复入云"，要他出面来挽救这危急的局面，停止抵抗，和英国人谈判议和。但是，这次一定得摆出个姿态，让他达赖喇嘛也尝尝遭人冷落的滋味。另外，他也想好好和这两个达赖喇嘛的宠臣谈谈，借此机会教训教训他们，也好发泄一下郁积已久的愤懑。

有泰用丝绢轻轻沾了一下嘴唇，又捋了捋胡须，在随身的淡蓝色丝棉袍上

又罩了一件黑色暗花锦缎面的狐皮小袄，这身打扮既随便又显得很庄重。有泰在穿衣镜前照了照，满意地从他的书房兼卧室中走了出去。

大仲译阿旺喜饶端坐在一把中式太师椅上，宇妥噶伦则在地上来回踱着步。因为是在室内，宇妥没有戴帽子，头发从根部拢起，一直到头顶，挽成一髮，中间系着一个纯金的叫"呷乌"的护身符，小巧精致，十分好看，耳朵上挂着一串葱绿色宝石串成的耳坠。这两件饰物表明了他的身份，只有噶伦以上的官员才能佩戴这种装饰品。

在达赖喇嘛新委任的四个噶伦中，宇妥是属于精明强干，却又不够老练的一个。他口齿伶俐，思维敏捷，能够很准确地理解对方谈话的含义，也善于表达自己的思想和感情。有时，一些尚未成熟的想法，他也会急不可待地表达出来，往往在说话的过程中，他的想法会逐渐变得明确和完善。熟悉宇妥的人，常常能根据他说话的速度来判断他的意见是否成熟。凡经过深思熟虑的意见，他说话的速度是又快又急，而且语气十分肯定，不容置疑。凡是他发表还没有想透，却又急不可待地说出的意见时，说话的速度就变得很慢，一边说一边想，语气也不是那么肯定。但是，往往有这样的情况：这些不十分肯定的意见，却能给人以启示，经过集思广益，使之趋于明确和完善。

达赖喇嘛正是看中了他的机敏和才智，且又是积极的主战派，才委任他做了代理噶伦。达赖之所以在噶伦前面加上"代理"两个字，是由于这一任命，尚未得到驻藏大臣的认可，更未得到朝廷的恩准。他认为，有了这两个字，以后进退都主动，可以减少很多麻烦。

宇妥焦急地踱着步子，长长的耳坠也在肩膀上晃来荡去，像是在炫耀自己的华贵。宇妥不时地看看阿旺喜饶，阿旺喜饶静静地坐着，两只手一会儿分开，一会儿又合在一起，不时地搓着，揉着，像是要把什么东西搓细揉碎。只有在这一瞬间，阿旺喜饶的眼睛中才射出一道锐利的光芒。这当然也是一种不耐烦的表现，不过不像宇妥那样外露，显得要沉稳一些。

有泰终于出来了，挺胸抬头，迈着四方步，来到宇妥他们等候的客厅时，并不看宇妥和阿旺喜饶，只是低低地吩咐了一声：

"倒茶。"

"有了。安班大人，我们是奉了佛爷的旨意来的。"宇妥快人快语，急忙地把达赖喇嘛的一封函件呈给有泰：

"这是佛爷给朝廷的奏折，烦请安班大人代为转奏。"

“什么事啊？”有泰一副漫不经心的口吻。

“佛爷派我们到江孜去和英夷谈判，同时请安班大人上奏皇上、太后，恳请朝廷迅即发兵援藏，以解江孜之危。”阿旺喜饶尽量把话说得缓和些，客气些。

“派兵，我已经说过多次，不要说目前朝廷无兵可派，就是有兵，只怕也来不及了，……”有泰拉长了腔调，慢悠悠地说。

宇妥打断了他的话：“要从内地调兵，确有困难，但川兵入藏，完全来得及。况且我们还能够抵挡一阵。”

“安班大人，大敌当前，全藏僧俗百姓都希望您能为我们想想，不打败洋妖，不赶走洋妖，不仅僧俗百姓没法过和平安宁的日子，天朝的疆土也难以保卫，大片国土将沦于洋妖之手。您身为朝廷命臣，负有保卫国土，保护百姓的重任，您就是不替百姓着想，也应该替朝廷着想，朝廷的脸面还是要的吧。”他接着说。阿旺喜饶的脸涨红了，心情有些激动。他确实想以真诚的态度，恳切的言辞，打动一下安班大人那铁石一样冰冷的心，热诚希望他能改变态度，支持藏族军民的抗妖斗争。

“就是不替朝廷着想，也该为您个人想想，想想您到西藏后，究竟为藏族百姓尽了多少心，费了多少力，做了多少事！当您离开这块土地的时候，能给西藏人民留下点什么值得纪念的东西呢？您是蒙古人，两江总督裕谦[①]也是蒙古人，他是钦差大臣，您也是钦差大臣，裕大人能够支持林大人禁绝鸦片，亲率镇海人民保卫国土，抗击洋妖，您为什么不能率领我们西藏人民抗击洋妖呢？！”

有泰的心真的动了一下，不过仅一下而已。在历史上，我们蒙古人当中的英雄豪杰数不胜数，裕谦，裕谦又算得了什么，最后还不是因为打不过英国人，投江自尽了。要我学他，我才不干呢，我没有那么愚蠢！这个念头一出现，有泰不禁有些恼怒，本来是要教训教训他们，反倒被他们教训了一顿，这成何体统？有泰把脸一沉：

“不要说了，你们可以去谈判，至于发兵，这是根本不可能的事。”

宇妥霍地站起来，拉着阿旺喜饶就要往外走。阿旺喜饶的愤怒一点不亚于宇妥，但是，他并没有马上离去，深沉地说：“安班大人，该说的，我们都说了，至于怎么办，请您考虑。不过我想斗胆进言，您身为朝廷重臣，又世受皇

① 裕谦（1793—1841年）博罗忒氏，蒙古镶黄旗人，字鲁山，原名裕泰，嘉庆进士，1840年8月署理两江总督。1841年2月，受命代替伊里布为钦差大臣（伊里布回两江总督本任）。他支持林则徐抗战，反对伊里布、琦善的投降活动。1841年5月，他揭发伊里布及其家人张喜和受英军礼品，清廷将伊里布调京审讯（后将伊里布革职，发往军台效力），命裕谦为两江总督，仍为钦差大臣，督办浙江军务。

恩，所作所为，上应不辜负朝廷的恩典，下应对得起藏族百姓。”

“师爷，送客！”

有泰的耐心似乎也很有限，他不愿意再听到阿旺喜饶那近似于教训他的口气，不愿意再看到宇妥那张本来方正却被愤怒扭歪了的脸。

有泰完全想错了，达赖喇嘛并没有回心转意，停止抵抗，更没有请他有泰来收拾残局，而是请他，与其说是请他，不如说是命令他向朝廷求援，以作后盾。有泰颓然地坐在太师椅上，拿起了达赖喇嘛给朝廷的奏折。这是向朝廷奏明战事，请求援兵的奏折，其中言明江孜的英军又增加兵力，还增加了许多大炮、机枪，江孜军民一直在全力奋战，但终因武器不精，军队有限，亟待救援，现在噶厦已经无兵可派，武器一时也造不出来，请皇上速速派兵进藏，以抗击英军，否则……

有泰并不想继续看下去，只觉得浑身无力，回到卧室，重重地躺在床上，他又一次后悔了，后悔这次的西藏之行。临行前，玉艳病了，自己为什么不病呢，如果自己也病了，岂不就可以抱病出缺了吗？但是，他偏偏没有病，祖宗虽然没有能传给他蒙古人特有的勇敢精神和豪迈气魄，却也把强健的体质传给了他。有泰从不生病，甚至连头疼脑热的小病都少有，这是人所共知的。所以有泰连谎称有病的可能都没有。

有泰猛地抓过烟枪，以最快的速度烧好一个烟泡，贪婪地吮吸着，一切都那么不如意，浑身的骨头也酸疼得要命，要是在家里，三姨太最会给他捏腿捶腰了，可现在……他又想起了三姨太。家里来了几封信，有大奶奶写的，有二姨太玉文写的，惟独玉艳不能书写，见不到她的身影，连她的字也看不到。而最使有泰放心不下的是大奶奶的信中只字未提玉艳，二姨太的信中也只是略略提到玉艳的身子一直不爽，时病时好，倒是写了不少如何思念三爷，切盼速速办完边界事宜，早日回京一类的话。也不知玉艳到底怎么样了？

有泰又猛吸了两口烟，吐出一大口云雾般的烟圈，顿时，他又把自己埋在了烟雾之中。恍惚间，有泰忽然见一女子，向他深施一礼，那粉面桃花的脸，这不是玉艳吗？有泰心中一喜：

“玉艳，你好了，怎么也到这里来了？”

“回三爷，妾非追随三爷，而是向三爷辞行来了。”

“辞行，你要去哪儿？”

“妾要回家侍奉父母双亲。”

“你父母不是早就过世了吗？”

“三爷休要胡说，父母双亲都在老家，早就盼着妾身归去，只是妾恋三爷恩爱，不忍归去，如今三爷远离京城，大奶奶操持内外，并不把妾当人看待，二姨奶奶虽有怜恤之意，却也做不了主，既然有府不容妾身，只好归去，只是念及三爷的恩爱，特来一别。”

“玉艳，你，你不能去，我，我不让你走！”

“妾身主意已定，万难挽回，还望三爷多多保重，早成大业，速返京城才是。”

说罢，深施一礼，转身就走。

“玉艳，玉艳……”有泰大声叫着，上去想抓住玉艳丰腴的臂膀，却不料把师爷的手抓住了。

师爷手里拿着一封家书：“三爷，三爷，三姨奶奶在京城呢。您看，二姨奶奶又来信了。”说罢，递上书信。

有泰揉了揉眼睛，四下里张望着，哪里有什么玉艳，眼前只有师爷。心想，也许是自己想玉艳想得太厉害，竟然在大白天做起梦来了。见师爷正直瞪瞪地看着自己，倒有些不好意思起来。

“不要多嘴，你下去吧。”有泰接过信，斥退了师爷。

有泰并不急着看信，他还在想着刚才那似梦非梦、似真又不真的幻境。

是的，孤独中的有泰想家了，不仅想玉艳，也想玉文，连他不太喜欢的大奶奶这时也感到有几分好处，不觉思念起来。

有泰慢腾腾地拿出信，默默地看着，信写得很长，玉文那娟秀的小字很有点像有泰的字体，只是比有泰的字缺乏力度。看着看着，有泰停住了，他慢慢放下信纸，闭上眼睛。突然，这个从不知眼泪为何物的有三爷的眼睛里，滚出了两颗豆大的泪珠，只有两颗，慢慢地，顺着腮边，流进了嘴角。

原来眼泪是咸的，有泰顾不上用丝绢去揩脸上的泪痕，却细细地品尝起眼泪的味道来了。

眼泪是咸的，还有点涩，还有什么呢？有三爷还想细品，嘴里已经没有了刚才的味道，而眼泪也再没有流出来。

有泰哭了，平生第一次流下了两滴眼泪，与其说是为失去爱妾而悲哀，还不如说是为自己的处境而伤心。

玉艳死了，玉文回娘家去了，只剩下大奶奶一个人，像有泰一样，孤零零

的一个人。而大奶奶毕竟是在京城里，人熟地熟，他有泰呢，身在藏地，且又处于十分难堪的境地。皇上派他到藏地来的主要任务是与英国人谈判议和，解决边界纠纷，而藏人却根本不听他的话，由开始的激烈反对到目前的漠然相待。朝廷不断地催促他早日与英人会谈，藏人则对他不理不睬。使得精明的有泰只剩下摇头叹气的份，对藏事竟是无能为力，一筹莫展。尽管他一再上奏朝廷，申明他的困难处境，无奈朝廷并不理解他的苦衷，只是一味地催他。有泰无法，只有终日里抱着烟枪解闷，连光顾马厩的次数都在减少。特别是刚才宇妥噶伦、阿旺喜饶的到来和二姨太玉文的信，更使有泰心如槁木一般了。有泰恼怒，伤心，更觉心灰意懒，他不想再做什么，就这样，静静地躺着，躺到离任，躺到老，躺到死。

师爷又一次走进有泰的卧室，手里拿着一只西式大信封，心里惴惴不安，也不知道今天怎么这么多的事，这么多的信，比以往十天内的事还要多。

见三爷神情恍惚，脸上隐隐约约地还带着泪痕，这可是稀奇事，一直在有府当差的师爷还从来没见过三爷落泪呢。这一下，倒把师爷难住了，不知二姨太信中说了些什么，府上出了什么祸事，害得三爷如此伤心。不仅伤心，而且神情黯淡，怔怔地不知在想什么。师爷进退两难，想把信递上去吧，怕遭三爷责骂；若不递呢，耽误了事，自己吃罪不起。

师爷正在踌躇，有泰看见了他：

“又来干什么？”

这突然的一声，把师爷吓了一跳，忙将手中书信奉上：

“英国人来信了。”

“你说什么？”有泰一把夺过师爷手中的信，急不可待地拆开了。这是荣赫鹏的复信，语言很华丽，委婉中透着强硬，意思很明确，言明不久他就要到拉萨来，同驻藏大臣，同达赖喇嘛直接会谈，以便彻底解决问题，别的什么也没有讲。

怎么办?

怎么办?

英国人真的要打到拉萨来了!

“？”，“！”不断地在有泰的脑子里变来变去。英国人远在边界的时候，他曾希望英国人能攻进拉萨，教训一下顽梗不化的藏民；当英国人真的要进拉萨时，有泰又感到忧虑和害怕。

并不是有泰想起了藏族同胞的苦难，也不是意识到保卫疆土乃驻藏大臣义不容辞的责任。有泰做事，是无需替别人考虑的。他是在想他自己，想他自己的处境，自己的利益。他深深懂得，英国人打进拉萨，对他有泰并无好处。不仅会引起藏族百姓更强烈的愤怒和反抗，朝廷也会责怪他无能，致使英人长驱直入。边界纠纷延续了多少年，驻藏大臣换了若干任，无论是精明的，还是昏聩的，与洋人打过交道的，还是没有打过交道的，反正洋人一直在边界，并没有一兵一卒进入西藏腹地，更不要说拉萨了。如果在他有泰任期之内，英国人打进来了，打到被藏民称作圣地的拉萨，那，那将被后人耻笑千年。我会成为失地万里，丧权辱国的千古罪人。

有泰这回是真的着急了，他要制止英夷进拉萨，起码，他要努力这样做。可是，怎么办呢？有泰手里无兵无马，就是有兵马，也绝对打不过英国人，这是他一贯的看法。

有泰决定给英军头目荣赫鹏写一封信，给朝廷上一道奏折，与达赖喇嘛的这道奏折一起呈报上去。对，就这么办。主意一定，有泰扔下烟枪，一骨碌爬起来，坐在书案前，挥毫疾书。

给荣赫鹏的信写好了，并没费很大的劲儿。但是，给朝廷的奏折就颇费斟酌了。这是有泰最头疼，最不愿意而又非做不可的事，奏折既要写明藏事，开脱自己，又要指责藏政府和达赖喇嘛不明事理，不顾大局，要写得让朝廷知道他有泰的苦衷，现在边界事态扩大，完全不是我有泰的过错，而是藏人不听他的劝阻，一味蛮干所造成的。如果事情果真如此，有泰会毫不费力地挥笔而就。不过，有泰心中有愧，肚里有鬼，要想把谎话编得圆满，当然不是件容易的事。但是，有泰毕竟是有泰，况且已有前贤比照，略为思索之后，新的奏折也就很快地写成了：

外事部王爷中堂大人钧鉴。敬电计达左右。二十七日，英员荣赫鹏兵抵江孜约俩礼拜之期。着吾前往会议，当即议咨达赖，欲亲往晤商。一面照会英员，请其勿再前进。乃该达赖不独不支夫马，顽梗如故，且语言傲慢，显违朝命，以致行期屡易，会议无时。该闻英员又由江孜进兵，转瞬即临前藏，该达赖尚无悔悟，悖谬多端。幸英员往来照会，笃念邦交，即令前来，不过多费唇舌。而借以收回事权，亦觉有益。泰抚此蠢愚，计穷智尽。惟力筹善后，或保将来。所有英兵临境藏番不遵开导各情形，均先电闻。祈为转奏。有泰叩效印。

写完之后，有泰觉得意犹未尽，觉得应该再奏一道密折，弹劾达赖喇嘛，把战事失利的责任全部推到达赖身上，请皇上降旨，废黜十三世达赖喇嘛，认

选新的灵童。有泰认为，这样一来，能收一箭双雕之效，既可讨好英夷，又可在朝廷面前推卸自己的责任。在过去写的奏折中，已暗含着这种意思，现在就要把它写明确。

但是，有泰觉得，先还是应该把这信和奏折送出去。怎么送呢？

有泰灵机一动，把师爷叫了进来：

“这是给英国荣赫鹏先生的信，眼下，就你还算个明白人，就烦你跑一趟江孜吧。”

“我？”师爷有点害怕，他从来也没跟洋人打过交道。

“对，就是你，让二十名川军护送。你不要害怕，英国人不会加害于你。”

“那，遵爷命。”师爷不敢再说什么。

“还有，这是给朝廷的奏折，也烦请荣赫鹏先生代为转发，他们有电台。”

“这，这合适吗？”师爷有点犹豫，给朝廷的奏折怎么能让英国人发呢？

“不合适又有什么办法？如果像往常那样，经四川电寄朝廷，就会迁延时日，贻误大事。”

“洋夷知道了怎么办？”

“我们用密码。”有泰有点不耐烦，他觉得师爷今天是格外的不听话。

“我们那密码，洋人不会知道吧？”师爷不顾有泰的不耐烦，仍旧表示担心。

“不会，咳，现在也顾不了那么多了，再晚了，英国人就进拉萨了，朝廷会怪我不早奏报。咳，我真没有想到局势会变得如此危急。”有泰连连叹气，心里又恼又恨。

师爷无话可说，唯唯诺诺地退下去，忙着准备上路了。

有泰眼见师爷出门，一屁股坐在乌木椅上，他是一点力气也没有了。

第二十四章

水，同血一样宝贵

成就伟业的基石在民众之中。

1904年7月1日，是藏历木龙年五月二十日。按照藏历，这是个吉日。

达赖喇嘛派来的谈判代表刚好这天上午到达江孜。下午三时，将同荣赫鹏会晤，举行谈判。

整个江孜，依旧弥漫着战火硝烟，丝毫没有谈判的气氛，更无停火的迹象。

中午过后，英军的炮兵又向宗山西南方向的城墙和楼房进行炮击，其猛烈程度超过了往常，仿佛是在向刚刚到达的藏方谈判代表示威。

谈判代表一共来了七位。噶伦宇妥，大仲译阿旺喜饶，一位叫“大喇嘛”的高级僧官，三大寺的三位代表，以及班禅方面的代表索康努。按照惯例，五位喇嘛一到江孜，就到白居寺去了，一是向佛像献哈达，点酥油灯；二是向白居寺的僧众说明佛爷为什么派他们来同英军谈判，因为广大僧众坚决反对同洋妖谈判议和。

在宗山，只剩下宇妥噶伦和大仲译阿旺喜饶，他俩首先向哲林代本转达了佛爷对他及所有抗英军民的问候。

听着那愈渐猛烈的炮声，宇妥气愤地说：

“今天要谈判，怎么还打炮？这些洋人，还有一点谈判的诚意吗？”

哲林苦笑了一下：“这是洋妖打给我们看的，在显示他们的力量。”

“英夷历来实行炮舰政策。先打炮，后谈判，在广州，在天津，在北京，他们都是这样做的。”一提起英国人的强盗行径，阿旺喜饶就十分愤慨。

“自然啰，大炮的声音，要比说话的声音响亮得多，有力得多。”哲林深有感触地说。

宇妥知道，有了曲米谈判的惨痛教训之后，广大军民都不相信洋妖，坚决反对同洋妖谈判，连他自己也是这种心情，便有意识地加以说明：

“这次佛爷派我们来，也是出于迫不得已。敌强我弱，战局对我们不利，加之驻藏大臣又处处掣肘，一再声称，如果我们不同意议和，万一皇上、皇太后怪罪下来，一切后果要由佛爷本人和噶厦负责。”

阿旺喜饶看了看左右，小声地说：

“有泰放出风来，说佛爷要是不听他的话，他要上奏皇上、皇太后，弹劾佛爷，请班禅佛爷到拉萨来主政。”

宇妥接着说：“有泰对达赖喇嘛和噶厦政府抗击洋妖的行动，采取‘任其战，任其败’的方针。然后由他来收拾残局。他还挑拨达赖和班禅两位佛爷之间的关系，企图用班禅来取代达赖。”

“啊！用心太险恶了。班禅佛爷怎么说？”哲林怎么也没想到，他们在前线拼死抵抗，朝廷的官员却在背后干这样的勾当。

宇妥回答说：“班禅佛爷明确表示，在这洋妖入侵的严重时刻，他和达赖喇嘛要像一个母亲生的孩子那样齐心，像一只雄鹰的翅膀那样协力，任何力量也不能把他们分开。”

阿旺喜饶接着说：“班禅佛爷还说，全藏僧俗百姓要紧密团结，同心协力，共斗虎狼。在宗山不就有很多班禅佛爷派来的僧兵和民兵吗？”

哲林深受感动，他怀着对班禅佛爷崇敬的心情说：“班禅佛爷这种顾全民族大义的高尚行为，令人敬佩。俗话说得好：一只山羊被狼吃掉，十只山羊把狼吓跑。只要两位佛爷亲密团结，全藏军民共御外侮，我们即使暂时失利，最终也能把豺狼赶出去，收复失地，保卫国土。”

“是啊，老虎从来不敢吃成群的牦牛，大敌当前，全藏僧俗百姓的团结是至关重要的。”阿旺喜饶说：“这次参加谈判的，就增加了班禅方面的代表，这就有力地表明两位佛爷亲密合作，全藏僧俗百姓团结一致，共同对敌。”

哲林代本当然能理解佛爷决定在江孜谈判的苦心。确确实实是出于迫不得已呀！江孜虽然收复了，要守住它却是很困难的，现在就处在英军的包围之

中。如果现在谈判，代表们说话还有所倚仗，一旦江孜失守，拉萨就危险了。到那时再谈判，就完全丧失主动权，只能在洋枪洋炮的威逼下，签订城下之盟。

"那，谈判的条件？……"哲林对谈判的前景并不乐观。

"佛爷说了，此次谈判与在岗巴、曲米时不同，在边境放牧和通商等问题上，不得不作出较大的让步，主要目的是不让洋妖到拉萨来。"阿旺喜饶尽可能详细地作了说明。

"作些让步，未必能满足这伙强盗的欲望，而使他们就此止步。"哲林站起来，慢慢在房子里踱着步，然后站在阿旺喜饶后面："谁强占的东西越多，谁的胃口就越大。俗话说，脑袋伸进来以后，肩膀跟着就会挤进来。滔滔大海，可以填平，强盗的欲望，无法填满。洋妖占了江孜，就想着拉萨；占了拉萨，就想着西藏；占了西藏，就想吞掉整个中国。"

"吞掉中国，还想独霸全世界。他们不是自称为日不落国吗？"阿旺喜饶补充着。

坐在阿旺喜饶对面的宇妥噶伦也站了起来，踱到窗前，放眼远望，然后又转过来，用低沉的声音说："这些情况，佛爷和噶厦都很清楚。这次派我们来，谈得成当然好，谈不成，也可以争取一点时间。"

阿旺喜饶向哲林解释："目前我们的处境虽然非常困难，但也不是没有希望。佛爷和噶厦正在想各种办法，支援前线，抗击洋妖。"

哲林猛地抓住阿旺喜饶的肩膀："难道朝廷真的不肯派兵来？"

阿旺喜饶轻轻拍了拍抓在他肩头的手："驻藏大臣把口封得很死，说朝廷现在很困难，绝无力量派兵进藏。"

哲林代本的心收紧了，像是有块大石头压在了他的身上。不，是压在他的心上。哲林只觉得憋气，一阵阵的透不过气来。驻藏大臣有泰的话，犹如一瓢冷水，把他仅存的一点点希望的火星熄灭了。

哲林虽然知道朝廷怕洋妖，但总还是希望皇上圣明，能体谅边民的痛苦。不管怎么说，西藏总是朝廷的疆土啊。眼看着自己的疆土被侵占，自己的臣民受熬煎，皇上总不能不管不问啊。可现在呢？完了，就连这一点点希望也完了。

完了，真的完了吗？不！几个月来，从曲米打到江孜，朝廷发过一兵一卒吗？没有。给过一枪一炮吗？也没有。甚至连一句鼓励、抚慰军民的话都没有。但是，我们怎么样了呢？我们不是靠自己的力量收复了江孜吗？况且还是刘长寿那样的汉族兄弟在同我们一起作战，朝廷外媚洋妖，内欺边民的做法是不得人心的，是不会长久的。听他们讲，四川、云南的军民强烈要求来藏抗妖。我们不是孤立无援的，绝对不是。

在这一瞬间，哲林代本的胸中掀起了多少个波澜，只有他自己知道。然而波澜的最高峰是清晰而固定的，那就是：誓死抗击洋妖，纵然粉身碎骨，也绝不退让。

一说起有泰，宇妥噶伦就抑制不住内心的愤懑：

“大清的江山不稳啊。当今朝廷是满人当政，各地的反清势力很活跃，朝廷为了一己私利，竟说什么‘宁赠友邦，不与家奴’，听说皇太后曾说要‘量中华之物力，结与国之欢心’。把我们的大好河山，奇珍异宝，拱手让人，强盗欢心了，百姓可遭殃了。这样的朝廷，怎么可能派兵来帮助我们打洋妖呢？他们不仅不能派兵来帮助我们，反而釜底抽薪，想借洋妖的势力，钳制我们。”

宇妥噶伦说着，大步在房间中来回踱着，最后，仍旧回到窗边，深深地呼了一口气。

阿旺喜饶见宇妥和哲林都站着，自己也站了起来，拉着哲林的手，来到窗边，与宇妥并肩站在窗前，眺望着宗山。阿旺喜饶深知目前局势的严重，但并没有失去信心。他用深沉有力的声音说：

“我们有困难，但英国人的日子也并不那么好过，这是佛爷和噶厦想利用谈判争取时间的一个重要原因。英国人想称霸世界，可是他们的贪心和实际力量很不相称。”

宇妥比划着：“像饿鬼一样，肚子很大，但脖子很细，吞不下去。”

“他们想称霸世界，美国、法国、德国、日本、俄国这些列强也想称霸。在南非，在埃及，在阿富汗和印度等地，英国人和其他国家都在争夺，他们遇到了不少麻烦。”阿旺喜饶接着说。

“他们国内也有很多困难。”宇妥噶伦补充着。

“还有，”阿旺喜饶拉着宇妥和哲林重新坐了下来：“俄国人出于自己利益的考虑，对英人侵占西藏，也不会置之不理，只是因为他们正在东北和日本人打仗，还顾不上这里的事，只要战事一结束，他们会反过来同英国人争夺。对这些，英国人不能不有所顾忌。尽管英国人有很精良的武器，但他们的战线太长，在世界上树敌太多，用英国人自己的话说，他们的手已经伸到了缩不回

去的地步。”

英国人是不可能长期在西藏呆下去的，西藏的僧俗百姓不允许，西藏的山山水水也不允许。这是不容怀疑的。但是，眼下呢，目前的形势是英军包围了宗山，大炮每天都在不断喷吐着火舌，严重地威胁着守城的藏族军民。哲林听着噶伦和大仲译的话，心里思量着目前宗山的形势。

阿旺喜饶见哲林久久没有说话，他很想听听哲林的意见。

“大仲译，我是个军人，您和噶伦也不是外人，在自己人面前是要讲真话的。你们想想，前次曲米谈判，拉丁代本……”哲林顿住了，一说到拉丁代本，他的声音有些硬咽，眼睛也湿润了。他当然希望谈判能成功，英国人就此止步，但是，他不能不把他的担心讲出来：“还是英国人主动要求谈判的，尚且是那样一个结果。这次，是我们去找人家谈，结果会怎么样？你们听，这炮声，从你们上山，就没停过，而且越打越猛。英国人欺负我们没有大炮。正是因为我们没有大炮，他们才敢如此大胆，毫无顾忌。”

人们静静地听着那此起彼伏的炮声，他们的注意力被哲林引到隆隆的炮击声中去。

说来也怪，哲林代本的话音刚落，炮声也停止了。宗山变得异常寂静了。

“大仲译，噶伦，请你们稍坐片刻，我到阵地上看看。”哲林站起身来，准备马上就走。每逢炮击间隙，哲林总是要到阵地上察看一番。

宇妥噶伦和阿旺喜饶几乎是同时站了起来：

“我们一起去吧。”

“你们一路辛苦，还是休息一会儿吧。”

“不用，我们也想看看阵地，看看阵地上的军民们。”

哲林代本陪着宇妥、阿旺喜饶出了指挥所，沿宗山南面的阵地向中间走。

整个宗山上烟雾弥漫，火药味很浓。南面的城墙被炸开了几个长短不一的缺口，长的几丈，短的几尺。军民们正趁停止炮击的间隙，抬石运土，紧张地修复。见了哲林代本一行人，都慌忙放下手中的石头、工具，垂手站立。

哲林代本微微点头，低声和指挥修复城墙的一个如本交待了几句什么，就又陪着宇妥、阿旺喜饶往前走，边走边向他们介绍宗山的情况。

宇妥噶伦指着城墙上的缺口：“是刚才炸塌的？”

哲林代本点点头：“今天的炮火特别猛烈。”

阿旺喜饶遥望江洛林卡的方向：“听说洋妖新近运来了很多大炮？”

“来了几个炮队，弹药也很充足。”哲林说：“洋妖就靠这一点看家本领，经常炮轰，我们只能挨打，无法还手。”

见到不远处的一群藏族民兵手里拿的武器，阿旺喜饶深有感触：“英国和西方国家的工业发展很快，他们的枪炮几年一变，威力越来越大，这次洋妖用的武器，同土鼠年时的就很不一样。而我们呢，我们用的基本上还是松赞干布时代用过的武器。”

“不，有些还要早一点，这抛石器，是格萨尔大王时代就使用过的。”格萨尔大王是什么年代的人物，宇妥噶伦没有研究过。民间传说他是很早很早以前一个半神半人的英雄，在他的一生中降伏过很多很多的妖魔鬼怪，造福百姓，弘扬佛法。据说格萨尔大王使用的武器有三样：一是宝刀、二是弓箭、三是抛石器。而这三样武器，宗山上的军民现在还在使用。

“我们拿着抛石器，洋人以机枪大炮作后盾，说话时的分量自然就不一样。”宇妥真是感慨万千。

“这种情况不改变，我们就老是受欺负，老是要挨打。”从这次战争的进程，哲林深深感到西藏再不能照老样子过日子了。像人家那样，要有自己的铁路、自己的机器，自己制造机枪大炮。哲林忽然停住了，站在两位代表面前：“回去请向佛爷和噶厦禀报，以后我们也要有自己的机枪、大炮。”

宇妥和阿旺喜饶连连点头，他们深深感到，没有大炮，说话腰杆就不硬。阿旺喜饶说：“格萨尔大王就说过，光念咒经，咒不倒妖魔，要降妖伏魔，还得靠手中的宝刀。”

他们边走边谈。“哲林拉，宗山守得住吗？”阿旺喜饶悄悄拽了一下哲林的袖子，声音轻得只有哲林可以勉强听得见。这是到江孜前，达赖喇嘛特别嘱咐他的，要他向哲林问个实实在在的信。

哲林看了看其他人，见人们并未注意阿旺喜饶的话，这才伸出了三个指头：

“要守住江孜，得有三条。粮食、火药我们倒是都不缺，只是这第三个，”哲林把伸出的三个指头扳倒了两个，独独剩下了一个。

“缺什么？”阿旺喜饶关切地问。

“水。”哲林的话一出口，剩下的一个手指被阿旺喜饶抓住了：

“宗山没有水？”

哲林点了点头，心情显得很沉重。

这时，他们已经来到了西南面的暗道旁边。

“宗山不缺粮食，不缺火药，惟独吃水非常困难。”哲林朝前面一指：“上万人的用水，全靠从这暗道里运。”

他们沿着城墙继续朝前察看。

忽然间，一块又高又陡的巨石拦住了他们的去路。红褐色的岩石傲然挺立，望着这块花岗岩，阿旺喜饶站住了：

“你们看这块岩石，像不像个哨兵？”

宇妥和哲林都连连点头：

“像，太像了。”

花岗岩是岩石中最坚硬的。人们常常赋予它顽强、沉稳、坚定、雄伟等多种含义。在它的物质构造中，还含有天然云母的成分，又显出晶莹和润泽。对诚实、勤奋、高明的工匠来讲，它是温顺的、柔和的，任你开凿，任你雕塑，成为有实用价值和欣赏价值的物品。对于糟踏它，毁坏它的人来讲，它刚强不屈，宁可粉碎，绝不屈服。阿旺喜饶心想，花岗岩的性格，不正是我们藏族僧俗百姓的性格，不正是英雄的宗山军民的性格吗！他突然抓住哲林的双手：

“这次谈判，究竟能争取多少时间，关键不在我们谈判代表身上，而在您……”

“在我？”哲林看着大仲译。

“对，在您，在宗山上的军民。”阿旺喜饶加重了语气：“英国人之所以同意在江孜谈判，既不是有泰从中斡旋的结果，更不是荣赫鹏发了善心，而是遭到了你们的英勇抵抗。宗山，像这块巨石，挡住了他们去拉萨的道路。现在，谈判能有什么结果，关键也在你们能守多少日子。”

哲林深感自己所负的责任重大。他明白，他们能多坚持一天，就能给英军多造成一些困难，也给佛爷和噶厦多争取一点时间。哲林想了想，意味深长地问：

“你们到过门域[①] 吗？”见宇妥和阿旺喜饶对他的问话感到迷惑，用诧异的目光盯着自己，哲林解释着，他的语调深沉而坚定：

“那里竹子很多。竹子即使被焚烧，竹节还是直的，我们，”哲林指着宗山上的军民：“决心与宗山共存亡，绝不会动摇变节。”

宇妥和阿旺喜饶受到鼓舞，受到感染。六只眼睛碰到一起，三双大手握在

① 门域在西藏南部地区。

了一起。

宗，在藏语里是城堡的意思，从前藏族地区经常发生械斗，百姓们为了防止别的部落的袭击，就在山上筑碉堡，盖房子，平坝上反倒没有人住。日久天长，宗，就成了县城的同义语，宗本相当于县官。也不知从什么时候开始，人们发现住在城堡里很不方便，又逐渐搬到坝子上去。其中最不方便的，就是吃水困难。

江孜宗也是这样，古堡里已经没有老百姓，人们早已搬到坝子上，在年楚河畔建立了一个新的江孜城。和别的地方不同的是，宗山上的古堡很大，很坚固，又很雄伟，所以宗政府依然在古堡，上宗的孜拉康里，也有很多喇嘛。

宗山上没有水，饮水完全靠从山下往上背。平常，从东、北、西南方面都可以往上运水。自从荣赫鹏搬兵到江孜，把帕拉村和江洛林卡连成一条线，对宗山形成了月牙形的包围后，东面和北面都无法再下山背水，只有从后山可以背水上来，但因坡度很大，上下很困难，而后山脚下又没有水井，离水源很远，一天也背不了几桶。整个宗山的用水，只能靠西南方的一条暗道供应。

宗山的西南脚下，有一口较大的水井。水井上面有一座土屋，从土屋直到山顶，修有暗道。暗道上面又盖有房子，既结实，又隐蔽。暗道在山顶的出门处，盖有一幢三层高的楼房，完全由石头砌成，石墙有一米多厚，非常坚固，从下面把水运到这里，再从这里往各处送。就是上面两层塌陷了，最底层仍然不会受到影响。这暗道是什么年代修的，不得而知。从前各部落和各寺院进行械斗时，只要守住这条暗道，就可以保证宗山的饮水。在使用原始的火枪、弓箭的年代，这古堡，这暗道，真可谓是坚不可摧。

由于英军的包围，断了其他水源，这惟一的一条暗道就显得更为宝贵。过去打冤家并没有千军万马，一条暗道尚可保证供水。但那时人少，一个部落只有几十人，几个部落合在一起，组成部落联盟也顶多只有一二百人，而现在宗山上的军民有上万人，只靠这条暗道供水，就显得异常紧张了。

宗山缺水，已非一天两晌的事，人们对每天两小碗水已经慢慢习惯了。尽管这点水只够他们略略湿润一下嗓子，但是，没有人叫苦，没有人嚷渴，他们靠着这惟一的水源保持着抗击敌人的战斗力。

然而，更为严重的情况终于发生了。刚才一阵连续不断的猛烈攻击，不仅炸毁了城墙，更主要的是炸塌了暗道上面的房子，致使暗道塌陷了好几丈长。这惟一的水源，被堵塞了。

这就是现代化武器的威力，现代化的洋枪洋炮在向古堡挑战，结果是显而易见的。往日坚不可摧的暗道塌陷了，往日岿然不动的城堡也在抖动、在摇晃。

暗道被炸，整个宗山面临着断水的危险。

守卫这段暗道的是藏军的一个如本和洛丹带领的民兵。暗道一塌陷，藏军的如本就要向哲林报告，却被洛丹拦住了：

“哲林代本太累了，也太忙了，能不打扰他就别打扰他了吧。”

“那，这暗道怎么办？”

“我们先修起来吧。”

“修？说得轻巧，就靠我们这些人，怎么修？”如本性子急躁，而又缺少办法。

洛丹想了想，对如本说：

“您先休息吧，这地方小，有我们民兵也就够了。我们先把泥土、石头清理一下，需要什么，再向您报告。”

“好，好，有什么情况，随时告诉我。”如本把修暗道的事交给洛丹了。

这条暗道，有一米来宽，两米来高，一个人背着水桶，正好可以通过。这一塌陷，石头、木料、泥土全塌下来，很难清理，人多了站不下，人少了速度又很慢。一边清理，一边又有泥土和石块塌陷下来，弄得人们满身满脸又是汗，又是土，活干得不多，却把人累得气喘吁吁。

干了一阵，洛丹见大家都很累，就让大家歇一会儿。

仁赛用袖子擦了擦脸上的汗，不擦还好，一擦，袖子上的灰抹到脸上，加上脸上的汗水，立刻成了个花脸，大家看着仁赛，不觉大笑起来：

“仁赛，看你那样子，下次念咒送鬼，白居寺一定会把你叫去。”

“哈哈，小猴子，好，好看，哈哈……”

仁赛看看大家：“你，你们，别光笑我，看看你们自己吧，还不定人家先叫谁去哩！”

人们这才互相看了看，这一看，笑得更厉害了。原来，刚才光顾着看仁赛，只觉得仁赛的花脸好笑，一看他们自己，比仁赛的脸还要花。

仁赛不笑了，他跨过一根大柱子，走近洛丹，神情十分严肃：“阿爸，我们里面是不是出了奸细？”刚才仁赛一面干活，一面想这件事，越想越觉得不对劲儿。

笑声戛然止住，洛丹愣了一下，觉得这问题提得很突然。

阿达巴魁也认真起来："你有什么根据？"

干活的人都围拢过来，想知道仁赛为什么会提出这么个问题。大家知道，仁赛虽然淘气，但从不说假话。今天说这话的口气、神态又是这么认真，更不像是说着玩。人们都想离仁赛和洛丹近一些。暗道里站不下，有的人就坐在大石包上。

洛丹赶紧招呼："快下来，快下来，小心让洋妖看见。"转过头又对坐着的人们说："大家挤一挤，千万不要上去。"

仁赛本来是对阿爸一个人说的，没想到大家都那么认真，他自己反倒有些不自在起来。

小朗杰有些着急："快说呀，谁是奸细？"

仁赛挠了挠头："这个，我也说不清。不过我想，平时洋妖打炮，都是乱打一气，今天为什么集中打这里？是不是有人告诉洋妖，这里有暗道？"

"哲林代本来啦！"坐在高处的格来叫了一声，人们立刻都站了起来。

哲林代本并没有马上朝他们走过来，因为快到两点了，宇妥和阿旺喜饶要回指挥部，准备和英国人举行谈判。哲林最不放心的就是这条暗道，不知刚才的一阵炮击对暗道有什么影响。

"噶伦，大仲译，我不陪你们了，我还要看看这暗道。现在，我们三面被围，吃水就全靠这条暗道来运了。"

"好，好，您忙您的。"阿旺喜饶和宇妥本来也想和哲林一起去看看暗道，但一看时间已经来不及了。

"送噶伦和大仲译回指挥所。"哲林向自己身边的侍卫吩咐着。

送走了噶伦和大仲译，哲林代本带着剩下的两个侍卫朝洛丹他们走去。洛丹他们早就从暗道里走了出来，迎着代本，来到城墙下面一个隐蔽的地方。

"暗道怎么样了？"哲林顾不上说别的，首先问起了暗道。

怎么向代本说呢？说实话吧，怕代本着急；不说实话吧，事关重大，又怕代本责怪。

"后山的沟挖得怎么样了？"洛丹想把话题岔开。

几天前，哲林派出一些民兵，由旺秋负责，从后山挖一条沟，直通年楚河，把宗山和白居寺连在一起，一来可以解决宗山的吃水问题，二来也可以当作战壕，遇到紧急情况，还能同外面取得联系。但是，由于英军不断炮击，白天几乎无法干活，挖沟的进展不快。

“沟挖得很慢，恐怕一时还喝不上年楚河的水。洛丹，暗道怎么样了？”哲林第二次问起了暗道。

“炸塌了一段。”洛丹只得如实报告：“我们正在抢修。”

“如本为什么不向我报告？”哲林的口气十分严厉。

“不，不，不是如本不报告，是我给拦住了。”洛丹连忙解释。

“我去看看。”哲林说着，朝暗道走去，洛丹、格来等人在后面跟着，谁也不说话。

哲林仔细看了塌陷的这段暗道，心里暗自盘算着，宗山上的一万多人，就靠这暗道运水，本来就不够喝，后山的沟一时又挖不通，这暗道一堵塞，上万口人岂不是……

“必须马上把暗道修好！”哲林用不常有的语气下着命令。

“是，是。”洛丹低头应诺。

“我马上派人来。轮流清理，今天一定要修好。”

“代本拉，放心吧，我们就是拼上性命，也要把它修好。”阿达巴魁的大嗓门盖住了所有人的声音，也表达了所有人的心情。

“好，你们干吧，我回去送谈判代表，一会儿再来。”

人们更加努力地干了起来，即便代本不说，他们也知道这暗道的重要性，而代本的命令就更加重了人们的责任感。

“阿爸，喝茶啦！”曲妮和两个姑娘给他们送茶来了。

“这样吧，仁赛、格来，你们先去喝，喝完来换我们，咱们轮着干。”洛丹把清理暗道的人们分成了两拨。

“我不喝，我还不渴呢！”仁赛执拗地不愿先去喝茶。

“你不去，我去，反正人人有份，谁先喝都一样。”阿达巴魁风风火火地第一个冲出了暗道。

格来也没有去喝茶，等阿达巴魁他们回来后，才和阿爸洛丹、仁赛、小朗杰等人走出了暗道。

小朗杰喝了一碗茶，顿时觉得浑身有了力气，又想起刚才仁赛说的奸细的事：

“仁赛，你怎么会想起说我们这里有奸细呢？”

“我刚才不是说了吗？要不是出了奸细，洋妖的炮今天怎么专门朝暗道打？”

格来摇摇头："我看不是，他们也不是专门打这里，像过去一样，今天也是乱打一气，只是因为今天要谈判，炮打得特别多，也特别猛，才炸塌了暗道。"

"是嘛，要是洋妖知道这里有暗道，早就朝这里开炮了。再说洋妖也没有往水井打，那土房一塌，不就把水井全埋住了？"朗杰也觉得仁赛的怀疑没有什么根据。

洛丹觉得格来和朗杰讲得有道理，望着正在清理中的暗道，深有感触地说："也真不容易啊！宗山上有上万个军民，随便来来往往，没有人管，江孜地区有几万人，大家都知道山下有口井，这里有个暗道，可没有一个人愿意当奸细，去告诉洋妖。"

一个青年说："谁要是告诉了这个秘密，洋妖肯定会给他很多赏钱，马上可以成为大贵族。"

"呸！谁要他们的臭钱！"小朗杰吐了一口，但没有唾沫。

仁赛觉得刚才是自已多心了，不应该怀疑自己的同胞："那算我说错了，我们里面没有奸细，都是好样的。"他伸出大拇指，朝大家转了个圈，算是表示歉意。

"小猴子，说渴了吧，喝碗茶。"曲妮把最后一碗茶端到仁赛跟前，有意给他个台阶。

仁赛先不接碗，看了一下，又故意往格来身边挪了挪，做了个鬼脸，说："一个是你的情人，一个是你的老乡，你怎么把这最后一碗茶给了老乡？"

要是平时，曲妮一定会回敬他几句，但在阿爸面前，她不好开玩笑，脸一红："就你话多，少说几句，人家也不会把你当作是畜生转世，有要嘴皮的工夫，不如多念几句嘛尼①，还可以为来世积点德，要不下一世你真的会变猴子，屁股上还长根小尾巴。"

"那我可不客气了，喝光了，格来哥哥没有喝的，你可不要心疼。"仁赛用双手接过碗，装出个一饮而尽的样子，其实只喝了一小口，就把碗递给格来。又对曲妮眨了眨眼："放心吧，我不会让格来哥哥渴着。"

曲妮瞪了他一眼，又悄悄地指了指阿爸。仁赛吐了吐舌头，做了个怪相，不再说话了。

格来也只喝了一小口，润了润快要冒火的嗓子，把碗端到阿爸洛丹手里。

洛丹把碗递给一个年长的牧民，牧民又递给一个喇嘛。

① "嘛尼"即六言真经。

小仁赛舔了舔干裂的嘴唇："看来没有水喝，比没有饭吃还要难受。"

"我宁愿做饿死鬼，不做渴死鬼。"喇嘛端着茶碗，虽说不愿做渴死鬼，却没有喝碗里的茶。

阿达巴魁从暗道里跳了出来："我既不愿做饿死鬼，也不愿做渴死鬼。我们家乡尼洋河的水很甜，年楚河的水那么好喝，我们为什么要做渴死鬼？就是死了，我的头也要跳到年楚河里去，喝个够[①]。要不嘴巴干裂，嗓子冒火，怎么向拉丁代本报告我们收复江孜、砍杀洋妖的事呢？"

"年楚河的水，看得见，喝不着，真叫人着急。不知旺秋哥哥他们的沟挖得怎么样了？"小朗杰毕竟是在寺院里长大的，一说话就像个小大人似的。

"刚才代本说了，沟挖得很慢。"格来心里一阵焦躁："看来我们无论如何要早点把暗道修好。"

7月1日下午，以宇妥噶伦和阿旺喜饶为首的藏方代表去江洛林卡与英军谈判，到了那里，荣赫鹏竟然对藏方代表的资格表示怀疑，要将证明书留下，由他逐一审查后，再决定是否与他们谈判。藏方代表当然不答应，要双方出示证明书，以表明双方的身份，而不能由荣赫鹏单方面审查我们的代表资格。第一次谈判就这样破裂了。

之后，驻藏大臣派来的何知府，以"中间人"的身份，在英、藏双方之间进行调解，斡旋，最后确定7月3日下午三时，在荣赫鹏的指挥部举行谈判。而何知府则以调解事宜已经完成，不宜直接参加谈判为由，留在宗山。

到了英军指挥部，荣赫鹏蛮横地宣布：守卫宗山的藏族军民，必须在7月5日中午十二点以前，全部撤离宗山，让英国远征军安全地、顺利地向拉萨进军，直接同达赖喇嘛和驻藏大臣举行淡判。藏方代表当然不能接受这样无理的要求，谈判再次宣告破裂。

藏方代表立即回到了宗山。

7月5日中午十二点，这就是说，从现在算起，还有不到两天两夜的时间，不到两天两夜啊。哲林还有很多事情要准备，还有很多事情要马上做，马上！

第一件急事，第一件大事，就是要弄到水。

暗道已经塌陷两天了，虽然在拼命抢修，始终没有修好。英军的大炮也在不断地轰击，这段修通了，那段又塌陷了；短的一段修通了，更长的一段又塌

① 藏族民间故事里说，从前有位英雄，在古堡里被围困多日，弹尽粮绝，没有水喝，仍顽强不屈，坚持到底。最后古堡被官军攻破，英雄也被砍死，但他始终不闭眼睛。后来他的头跳到河边，喝够了家乡的水，才安祥地闭上了眼。

陷了。修复暗道的人们没日没夜地干，仍然赶不上炮击的速度，暗道一直处于堵塞中。

通往年楚河的沟也没有挖好，却累倒了十几个人，与其说是累倒了，不如说是渴昏了。

每天夜里，只能从悬崖上吊几桶水，白居寺的喇嘛也从后山送一点来。这一点水，只能给那些最急需、濒临死亡危险的人喝，比菩萨的“甘露”、“圣水”还要宝贵，是救命之水。在第一线战斗的军民，基本上喝不到水。

水，宗山的僧俗官员们要喝水，抗英的军民们要喝水，受伤的军民等着水来救命，老人、孩子也在张着干裂的嘴巴等水喝，为了维持生命，已经有人在喝尿解渴了。

水，就是生命，就是战斗力。在年楚河畔，没想到水竟如此宝贵。

除了水，还有一件更为重要的事，需要哲林代本马上办理。他立即派人去请阿旺喜饶。

阿旺喜饶一进屋，哲林代本就开门见山地说：

“大仲译，您和谈判代表必须马上离开宗山。”

“嗯？”阿旺喜饶似乎没有听清，或者说没有听懂哲林代本的话。

“你们必须马上离开宗山！”哲林重复着，加重了语气。

“为什么？你不愿意让我们留在宗山？”

“不是我不愿意，我太愿意了，你们留在这里，对我，对所有的僧俗百姓，无疑是个鼓舞。但是，你们不能留下，佛爷还不知道谈判的情况，噶厦也不清楚宗山的情况……”

“这，请您放心，我们马上派可靠的人去向佛爷、噶厦政府禀报。”阿旺喜饶打断了他的话。

“不只是这个。”见大仲译仍然不能理解自己的意思，哲林急得抓着阿旺喜饶的手在摇：“我是说，万一……”

“万一什么？”

万一什么呢？哲林犹豫了，作为总指挥，他简直没有勇气把“万一”后面的话从自己的嘴里讲出来。

“你是说宗山守不住？”久在达赖身边的阿旺喜饶最善于察颜观色，一语道出了总指挥不便说的话。

哲林痛心地点了点头。

“能守多少天？”

哲林伸出了三个指头。

“三天？”大仲译明白宗山是守不住的，却没有想到形势竟如此严重。

哲林点了点头，接着说：“昨晚来协偷偷上山来告诉我，说洋妖已经把战壕挖到宗山脚下，准备向我们发起最后的攻击。他说宗山肯定守不住，要我们早作准备。”

“那么，我就更不能走了。”阿旺喜饶像是决定了什么似的：“在这最困难的时候，我要和你们在一起。”

哲林被大仲译的至诚感动了，他情不自禁地抓住了大仲译的手，然后摇摇头，近乎恳求地倾吐着发自他内心的话：

“大仲译，您不能留在这里，您还有更为重要的事情。”

“还有什么事情比保卫宗山更重要？”

“保卫佛爷，保卫佛爷呀！”因为激动，哲林的整个身子都在颤抖。

阿旺喜饶并不说话，而是把另外一只手搭在哲林的手背上，仿佛是一副镇静剂，止住了哲林的激动。

哲林向阿旺喜饶跟前凑了凑，压低了声音：

“一旦江孜失守，拉萨就危险了，佛爷的安危，您能不管？您是佛爷身边最得力的人，您的话佛爷肯听。有句话，不知我该不该讲……”

“还有什么不该讲的？”

哲林想了想，没说话，握着阿旺喜饶的手松开了。

阿旺喜饶用热切期待的目光看着哲林，好像在催促他：快说吧。

哲林终于鼓起了勇气，把最不便讲的话讲了出来：

“如果拉萨一旦……”哲林不愿说出“失陷”这样不吉的话，“一旦拉萨有什么情况，您就保护着佛爷赶快离开拉萨吧！”

“啊？”阿旺喜饶确实没有想到哲林会说出这样一番话来，不禁有些惊愕，一时不知说什么好。

“洋妖头子荣赫鹏不是指名要与佛爷亲自谈判吗？如果他们打到拉萨，佛爷落到那些魔鬼手里，会受到怎样的折磨和侮辱啊！”

“离开拉萨，去哪里？”阿旺喜饶已经恢复了常态，觉得哲林的话不无道理。

“到内地，上京城，去见皇上和皇太后，请皇上发兵。”看来哲林对达赖

离开拉萨这件事情，早已有过周密的考虑，虽然他对朝廷的官员们已经失去了信心，却依然对皇上抱有希望。他加重语气说："西藏毕竟是中国的土地，我们是皇上的臣民，他不能不管我们呀！"

阿旺喜饶点了点头："听说北京、上海、成都等地的汉族同胞，都在举行集会，发表演讲，报上也写了许多文章，谴责英军入侵，要求朝廷派兵援助我们，保卫大清江山。民心如此，要是佛爷再亲自到京城去见皇上、皇太后，说不定事情真的会有转机。"

"就这么定了吧，今晚我就派人送你们下山，尽快回拉萨去。"

"这……"阿旺喜饶虽然被哲林说得动了心，但一想到马上就要离开宗山，而宗山正面临着危险，他就不免有些犹豫了。

哲林果断地说："这时候了，您还犹豫什么？您不走，其他人就更不会走。你们不向佛爷把情况禀报清楚，佛爷也下不了决心。这话只能由您讲，您在佛爷身边。您的话，他还是会考虑的。为了佛爷的尊严，为了西藏民族的尊严，为了僧俗百姓长久的利益，你们必须马上离开宗山。"

阿旺喜饶看着哲林代本，下定了决心，但他仍然觉得有些放心不下："这里的事……"

"一切由我负责。"哲林又想起了被关押的三位噶伦："我看是不是向佛爷禀报，请佛爷开恩，把夏扎等三位噶伦放了。他们怕洋妖，不敢和洋妖打仗，可也没有投靠洋妖、丧失气节的劣迹。大敌当前，长期把他们关押起来，恐怕也于大局不利。"

"对。"阿旺喜饶点了点头，表示赞同。

"请您禀报佛爷，宗山上的军民，宁可流尽最后一滴血，也绝不会给佛爷丢脸，给西藏民族丢脸。我们知道，民族的气节比金子还宝贵。"哲林伸出手，紧紧握住阿旺喜饶的手腕：

"佛爷的安危，就拜托给您了。"

阿旺喜饶伸出左手，反过来握住哲林的手腕："请代本放心，请宗山和白居寺的僧俗百姓放心，我舍出这条命来，一定要保护好佛爷。"

7月1日以后，英军对宗山的炮击日益猛烈。他们把炮兵阵地从江洛林卡往前推进，到了离古堡正面最近的距离，敌人的炮火更猛，更准。而宗山上的几门炮，还是川军留下的，拿来打冤家，吓唬老百姓还有点用，拿来对付洋妖，就不管用了。刘长寿和几个汉兵、藏军守在炮台上，打了几炮，结果炮弹全落

在山脚，非但对英军毫毛未损，反倒伤了自己人，气得刘长寿大骂狗官。

3日下午，英军的又一次猛烈炮击，几乎把所有的暗道全炸毁了，水井上的土房也被炸塌。

自从暗道被炸毁，人们只好用绳子从悬崖下面一桶一桶往上提水。

这天晚上，洛丹又带着一些人去提水。到了悬崖上面，格来说："我下去。"

小朗杰也抢上前来："我去。"

"你们谁也别争，今天该我去。"仁赛拿起牛毛绳子就往自己腰上系。格来、小朗杰和几个青年都争着要下去。仁赛把绳子的一头紧紧抓在手里："格来哥哥和朗杰已经去过多次了，今天该我去，你们下次去吧。"

格来和朗杰等人还要争着去，仁赛抓着绳子不放，谁也不让谁。洛丹怕耽误时间，就劝大家：

"就让仁赛先去吧。"又嘱咐仁赛："小心点，我们一摇铃，就赶紧上来。"

悬崖有几十丈高，非常陡峭，站在石崖上往下看，会令人头晕目眩。好在是晚上，加上急需饮水，人们就顾不上危险了。

格来他们抓着绳子，慢慢地把仁赛往下放，终于，绳子不动了。过了一会儿，绳子又猛地一动，这是表示水已经打满，可以提上去了。

水桶在空中摇晃，撞击着石壁，不时溅出些水来，拉到山上时，只剩半桶了。

这回，是两根绳子吊着两只水桶一齐放下去的，提上来，合在一起才够一桶。

洛丹见这样速度太慢，到天亮也打不了几桶，山上已有不少人因严重缺水而昏死过去，就说："你们再去找几根绳子，多下去几个人打水，可以从几处往上提，这样，就不用等了。"

话音刚落，英军的大炮又响了。过去英军都是白天打炮，今天，却突然在晚上打起来了。洛丹赶紧招呼："快躲进来。"

大家立即隐蔽到石墙后面。只有仁赛来不及上来，人们的心就像吊在半空中的水桶直打晃，特别是洛丹，心情更为紧张。英军朝他们这个方向打了一阵炮后，又往别处打，趁这个空隙，洛丹赶紧带着格来等人来到悬崖边上，摇动了系有铜铃的绳子，接着，又去拉拴着仁赛的绳子。还好，绳子没有断。他们

使劲往上拉，恨不得一下子就把仁赛拉上来。

要是在平时，仁赛会像猴子一样灵巧，只要上面一拉，他就会顺势往上爬，比谁都上得快。可是今天却非常吃力，这绳子显得特别重，费老大的劲，才能往上拉一点。绳子在一节一节往上提，洛丹的心却在一点一点往下沉，一种不祥的预感，袭上心头。

终于，仁赛被拉了上来。人们再一看，顿时被吓住了。只见仁赛浑身是血，脸上、手上全被碰破了。可双手却紧紧地捂着肚子。

洛丹一边吩咐人快去请藏医，一边把仁赛紧紧地抱在怀里。仁赛的胸部，肩膀和大腿都被弹片炸伤了，脸上身上全是血。洛丹见他使劲捂着肚子，以为他的肚子也受了伤。刚要把他的手拿开，仁赛慢慢地睁开了眼睛。

因为流血过多，仁赛的脸色惨白，那充满孩子气的脸，显得异常疲倦劳累。他睁开微肿的眼皮，星光下，隐隐约约看见老阿爸那亲切慈祥的面容，他的脸上也露出了一丝笑容，吃力地说："水！"

洛丹以为他要喝水，立即吩咐旁边的人："快拿水来！"

仁赛轻轻地摇了摇头，抬起手，指了指自己的肚子。

洛丹这才注意到仁赛的怀里有个东西，拿出来一看，是个铜水壶，是经堂里给菩萨倒净水用的。里面还有半壶水。壶嘴上碰破了一个小洞，从那里已经渗入了仁赛的鲜血。

仁赛动了动身子，想要坐起来。洛丹赶紧把手腕抬高一些，让仁赛的头靠在自己肩头，曲妮又忙从后面托住。

"阿爸，这水，是我特意给您拿来的。"仁赛望着洛丹，费力地说着。

洛丹的心头一热，深陷的眼窝里充满泪水，声音也有些发颤："好！好！孩子，你好好休息一会儿，藏医马上就会来的。"

仁赛好像没有听见阿爸的话，他看着壶里带血的水，舔了舔发干的嘴唇，轻轻地说："多有意思啊！各民族的习惯，有好多地方不一样，我们把白色作为吉祥的象征，洁白的哈达，洁白的牛奶，洁白的羊群，还有洁白的雪山，洁白的云彩……可刘大叔说，汉族兄弟喜欢红颜色，红花，红对联，红头绳，结婚要吃红枣，生小孩要吃红蛋……"仁赛喘息着，忽然转过头问洛丹："汉族兄弟不会忘记我们吧？"

曲妮转到仁赛的前面，眼里噙着泪花："哲林代本说，各族兄弟绝不会忘记我们，他们一定会来帮助我们，你就放心吧。快别说了，好好躺着。"

仁赛看着曲妮，笑了："打败了洋妖，你们就要结婚吧？真可惜呀，我喝不着你们的喜酒了，我……我这就要到拉丁代本和诺布兄弟那里去了，曲妮姐姐，到时候，别，别忘了给我敬，敬上三杯红酒……"仁赛说着，又耸了耸鼻子，做了个怪相，头一歪，倒在洛丹的怀里，脸上仍然带着那种淘气的样子。

生命的火花熄灭了。仁赛去了，干裂着嘴唇离去了，没有来得及喝上一口他用鲜血和生命换来的水，就去了。

"仁赛！仁赛！"曲妮大声呼喊着，见仁赛不回答，一下子扑在他身上失声痛哭。

洛丹把自己那饱经战火硝烟熏染、皱纹纵横的脸紧紧贴在小仁赛的脸上，热泪忍不住夺眶而出。

格来双手紧紧抱着那个铜壶，右腿跪在地上，左腿半蹲着。他的眼睛里没有泪水，只有仇恨的怒火，上牙紧紧咬着下嘴唇，默默起誓："小兄弟，你放心去吧，到拉丁代本和诺布兄弟那里去，哥哥一定为你，为你们大家报仇，报仇！"

朗杰猛然扑向仁赛："仁赛哥哥，你别走，别走哇，诺布哥哥已经去了，你也要去了，我，我怎么办啊？"

小朗杰悲痛欲绝，想当初，诺布、仁赛和他，小哥仨站在一起比高低，练枪法，白天同吃同行，晚上同止同息，到如今，哥仨去了两个，叫他怎能不伤心，不悲痛？两位老人把朗杰扶起来，劝慰他。

两个年长的喇嘛跪在岩石上，双手合十，默默地为这个可爱的小孩子祈祷。

朗杰不哭了，也不喊了。他慢慢地跪下去，咬着带血的嘴唇，神情庄重，他指指天，指指地，又指指自己的心。他的嗓子已经哑得说不出话来，但大家懂得了他的意思：

让仁赛的灵魂升天；
让杀害仁赛的洋妖们下地狱；
他的心永远和仁赛在一起！

第二十五章

他，属于这片土地

火把虽然下垂，
火舌却一直向上燃烧。

这是一个没有星光的夜晚。夜色，像被墨汁涂过了一样漆黑。在拉萨城里，八角街头，入夜以后，同白天繁荣热闹的景象不同，完全换了一种样子。从外地来朝佛、磕长头的人，做小买卖，搞农牧交换的人，还有乞丐，白天似乎都在忙着自己的事，一到晚上，便汇聚街头，在这里，吵得彻夜不宁。他们没有住处，只好露宿街头，夜晚的拉萨，是属于他们的。

这种情形，在战事紧急的时候，也没有什么改变。

在罗布林卡，却完全不同。藏军第一代本担负着保卫达赖喇嘛的任务，一到夜晚，他们就更要加强巡逻警戒，没有特别紧急的公务，不允许任何人进入罗布林卡。

宁静的园林内，既没有诵经的喧哗，也没有鸟鸣犬吠，这就使得那不知疲倦的拉萨河奔腾流淌之声显得更响。

往常，每当万籁俱寂，夜深人静的时候，达赖喇嘛总喜欢伫立窗前，独自一人，倾听河水的流淌声。达赖能够从这河水的流淌声中，感觉和想象出各种各样的声音；有时像千万个虔诚的信徒在念经祈祷；有时像僧俗百姓狂热地向他欢呼：有时像成群的牛羊在秋季草场上欢快地追逐、争斗；有时像千军万马

在古战场上浴血鏖战；有时像热情奔放的青年在纵情歌舞；有时又像一对对恋人在林卡里窃窃私语，倾诉衷肠。每当这个时候，这位超凡入圣的“活菩萨”，会自然地想起仓央嘉措的情诗：

在那东山顶上，
升起了皎洁的月亮；
美丽少女的面容，
浮现在我的心上。
默思上师的尊面①，
怎么也没能出现；
没想那情人的脸蛋儿，
却栩栩地在心上浮现。
若能把这片苦心，
全用到佛法方面；
只在今生今世，
便可得道成佛。

每当他想起这些俏丽的诗句，就会发出会心的微笑。这也难怪，他也是人啊，有人的情感。活佛也向往世俗生活啊！

此时此刻，达赖喇嘛听到的是什么声音？他想听到什么声音呢？

今天是五月二十四日②，他派宇妥噶伦和大仲译阿旺喜饶等人到江孜同英军谈判，按照时间计算，他们应该谈了三四天了，不知有什么结果，也不知英军会采取什么态度，他们会提出什么新的条件和要求？从江孜到拉萨，派专使送信，最快也得三天半到四天。最近从江孜不断有人来，说战况对我们很不利，宗山完全被英军包围。英国人又增派了援军，调来了大炮。而我们的援军又在哪里？西藏各地虽然不断有人来参战，一批又一批地奔赴前线，但一来缺乏懂军事、有能力的指挥官，二来没有武器，三来这些百姓缺乏必要的训练，所以整个抗英部队并没有形成一支具有战斗力的队伍，不能有效地阻止英军入侵。

现在怎么办？达赖从卧室到经堂，又从经堂到卧室，来回踱步。只觉得浑

① 默思，佛教术语为观想；上师，指自己所信奉的神，这句话的意思是说心中想象着自己所要修的神的形象。

② 指藏历，公历7月5日。

身发热，一阵阵的燥热。燥与烦像是一对亲兄弟，一阵阵的燥热又引起一阵阵的心烦。

人为什么会烦躁呢？据说是因为不顺心，那么什么时候人最烦躁呢？那就是想做什么而又不能如愿以偿的时候。

达赖喇嘛正是处在这种时刻。年仅二十八岁的土登嘉措，为百姓所敬仰，所崇拜。人们信赖他，相信他是观世音菩萨的化身，相信他能够普度众生出苦海。人们希望世道和平，生活安乐，达赖喇嘛何尝不想如此呢？非但渴望当一个好佛爷，而且渴望能比人们所希望的做得还要多一些，好一些。可是，洋妖入侵，边界纷乱，偏偏不能尽心尽力地为众生做些善事。西藏社会，还有多少事等着他去做呀。他要整肃寺院的纪律；他要在地方上废除截肢等种种残酷刑罚；他要调查官员中的贪污受贿情况；他还要在罗布林卡考核格西；他还要像前几世达赖一样弘扬佛法，著书立说，还要……

达赖喇嘛要做的事情确实很多，他要使他的百姓在他的治理下生活得尽可能好一些。

见佛爷心情不好，没有人敢进来，连往香案上的金灯银盏里添酥油的喇嘛也不敢来。灯油像是快熬干了，火苗在一闪一闪地跳动，烧黑了的灯捻没有人掐，屋里显得比往常还要昏暗。

年轻的佛爷感到心烦，更觉得寂寞。由于寂寞，便产生了思念之情，他思念他想象中的并没有生活过的家，想念那很少见面的父母，而眼下，土登嘉措最想念的却是另外一个人——长年跟随左右的大仲译阿旺喜饶。要是在往常，阿旺喜饶一定来陪伴自己，即便心情不好，但绝不会感到寂寞。

与佛爷年龄相仿的大仲译阿旺喜饶，出身在一个比较富裕的农民家庭。据说当母亲怀他十二个月仍不能出生时，便请求当地一位活佛祈祷，占卜吉凶。活佛说："你家将出贵子，为了消灾避难，你们要多多念经拜佛，还要给即将出生的男孩取个女孩的名字，才可保全母子平安无事。"活佛给未出世的阿旺喜饶赐名：仁增卓玛，意为聪明的度母。几天之后，果然生了一个男孩，全家人欣喜若狂，从此更虔诚地敬信活佛，更勤奋地念经磕头。

在儿童时代，阿旺喜饶一直沿用这个名字。他聪明能干，孝敬父母，特别喜爱饲养家禽家畜，直到十六岁，他没有离开过家门。

噶厦政府有这样一个制度：要专门从山南艾地方和拉萨附近的尼木宗挑选出身富裕、聪敏好学的孩子，到罗布林卡为达赖喇嘛抄写经书，养花种草。从

尼木宗选来的叫“尼珠”；从山南艾地方选来的叫“艾珠”。

阿旺喜饶作为“艾珠”，奉召来到拉萨。由于他是家里惟一的男孩，当他被选作“艾珠”时，父母曾千方百计地恳求免选他。但这是不可能的。噶厦政府只豁免了他家应支付的差役，还是把阿旺喜饶送进了罗布林卡。从此，他便在罗布林卡同其他被选进来的孩子一样，每天学习书写经文，养花种树。

罗布林卡里人不多，达赖又经常爱出来散步，那些小喇嘛，达赖都认识。所不同的是，有的比较熟习，有的不太熟习，有的连名字也叫不出来。阿旺喜饶就属于后一种，来拉萨多年了，并没有引起达赖的注意。但是，后来发生的一件事，给达赖留下了永远难忘的深刻印象。

这是夏日的一天，住在罗布林卡的佛爷要前往大昭寺进行佛事活动。除了众多随行的僧俗官员外，阿旺喜饶和几个“艾珠”、“尼珠”也被批准随行。久在园林中不得自由的“艾珠”“尼珠”们，听到消息，高兴得一夜没有睡好觉。能跟佛爷一起出去，使他们感到非常兴奋。

当一行人走到八角街时，突然从街角拐出一队人马，为首的是一个外国官员，他衣着华丽，趾高气扬地骑在马上，后面跟着二三十个穿红色制服的卫兵。眼见一群耀武扬威的洋人挡住了佛爷的去路，巡逻的藏军和随行的卫队，呆若木鸡，竟无一人走上前去开路。阿旺喜饶见状，十分气愤，一个箭步冲上去，把那个外国官员拉下马，推到路边。佛爷的卫队这才醒悟过来，一起拥上去，把拦路的外国人赶到一边，佛爷的巡礼队才顺利地通过了八角街。

事过之后，阿旺喜饶才知道被他拉下马的是某邻国的特使。不少人都责怪他太鲁莽，太不懂事，得罪了外国的大官，佛爷一定会降罪于他。

事情并没有到此为止。那位特使向噶厦政府提出严重抗议，要求噶伦亲自出面，向特使赔罪，并要求将“罪犯”交给该国驻拉萨领事馆惩处。消息传出，血气方刚的阿旺喜饶感到很不服气。身为罗布林卡里的僧人，维护佛爷的尊严是理所当然的事，有什么“罪”可言？但他也知道，噶厦内部有些官员惧怕洋人，怕他们真的会把自己交给洋人惩处，便决定立刻逃回家去。几个相好的朋友也支持他。当天夜里，乘人不备，他与另一个小喇嘛翻过围墙逃跑了。

第二天，他们到达曲水宗时，被雅鲁藏布江挡住了去路。正当他们找船渡河时，追赶他们的马队来了。阿旺喜饶顿时感到上天无路、入地无门，一咬牙，跳进汹涌奔腾的雅鲁藏布江。小伙伴也跟着扑了下去。

他们被人救起，并带回罗布林卡。

阿旺喜饶感到害怕了。这回可不单单是把洋人拉下马的问题，而是违犯了林园里的规矩。逃跑之罪，有多严重，阿旺喜饶不太清楚。但他明白，一顿皮开肉绽、血肉横飞的鞭打是免不了的，说不定还会送进雪列空那阴森森的牢房里。连惊带吓，加上河水的刺激，阿旺喜饶病倒了。

昏迷中的阿旺喜饶好像回到了那离开不算太久、却又十分遥远的故乡，见到了他日夜思念的阿爸和阿妈。他喃喃地叫着："阿爸，阿妈！"

突然，一股清凉甘甜的水流进了阿旺喜饶发干的喉咙中，他顿时清醒了不少，费力地睁开眼睛。模模糊糊中他仿佛看见达赖喇嘛在自己身边。他使劲闭上眼睛，又猛然睁开，定睛一看，果然是至高无上的佛爷。身旁还站着一个喇嘛。阿旺喜饶认得他是专门给佛爷看病的医生。阿旺喜饶十分惶恐，他挣扎着，想站起来给佛爷磕头请罪，却被佛爷止住了。刚刚亲政不久的佛爷还很年轻，脸上却挂着与他的实际年龄不相称的庄重、慈祥的笑容，佛爷对惊恐万状的阿旺喜饶亲切地说："不要怕，你做得对。好好养病吧。"

"你看，这是佛爷赏赐给你的。"阿旺喜饶的老师一边说一边指给他看：有上品的哈达，护身结，泥质镀金小佛像，油炸盘花点心等。

泪水，顺着阿旺喜饶的眼角流向两鬓。从那天起，阿旺喜饶更加崇拜达赖喇嘛——这位至高无上的佛爷，并认真学习经书。

由于阿旺喜饶学习勤奋，进步很快，达赖喇嘛见他成绩出色，很是喜欢，散步时也常要他来伺候。

直到他成为大仲译，阿旺喜饶一直在达赖身边，对达赖的一言一行，一举一动，甚至一个眼神，阿旺喜饶都能非常准确地理解，并能忠实地、不折不扣地贯彻。不仅如此，有时他还能代表佛爷，对一些事情作出决断。

此刻，达赖喇嘛真希望阿旺喜饶能够坐在自己身边，跟他说会儿话。但阿旺喜饶已经被他派去谈判了。

不知什么时候，司茶喇嘛桑丹走了进来，似乎在门口站了很久，他不敢打扰正在想心事的佛爷，当达赖再次从卧室走出来时，他一步上前：

"佛爷，洛桑拉要求见您。"

"哦？"

"他来了很久，大管家怕打扰佛爷，不让我们报告，请他明天再来，可是洛桑拉不肯回去，一定要求见。"

"这么晚了，有什么事？"达赖沉吟着。

桑丹不明白佛爷的意思，不知该怎么传话，呆呆地看着佛爷。

达赖一扬手："请他进来吧！"

现在这个时候，德尔智这么迫不及待地来见我，究竟有什么重要事情？是不是俄国方面有什么消息？达赖暗自揣测着德尔智的来意。

当他慢步回到卧室，在铺有黄缎的"卡垫"上坐下不久，德尔智走了进来。

德尔智向达赖施过礼，便坐在右下方铺着藏毯的垫子上。桑丹献过茶，便很懂事地退了出去。

达赖喇嘛开门见山地问："洛桑拉，这么晚了，有什么事？"

德尔智眨了眨两只不大却很机警的眼睛，反问达赖：

"佛爷，江孜方面有什么消息？"

"没有。"

"听说英军增加了兵力，加强了攻势，江孜很难守得住。"

达赖看着德尔智，没有说话。这些情况他都知道，不需要德尔智来报告。他也明白，德尔智显然不会是专门来告诉这个消息的。

见达赖喇嘛不说话，德尔智知道这是在等着他往下说。德尔智又眨了一下眼睛。这似乎是他的习惯，每逢讲点有分量的话时，他的那双眼睛就眨动得更厉害："一旦江孜失陷，拉萨也难守得住。"

达赖点了点头，态度仍很平静。

德尔智加重了语气："万一拉萨失陷，佛爷打算怎么办？"

"啊！"达赖眉尖一蹙，这是他最近以来经常考虑、但不愿深谈却又无法回避的一个尖锐问题。这恐怕正是德尔智深夜来访的主要原因。达赖注视着德尔智，仍旧不说话。他不想说，也不能说，更确切地讲是不知道该怎样回答。

"我看佛爷应该早一点离开拉萨。"德尔智的眼睛又在不听使唤地眨动着。

"哦？"达赖有些吃惊。

"而且越快越好！"从达赖惊讶的神态，德尔智却看到了犹豫和动摇。

"到什么地方？"达赖心灵深处紧闭的窗户，终于打开了一条小缝。

"俄国。"德尔智看着达赖怀疑的目光，强调地说："沙皇尼古拉二世已经封您为大主教，他们会把您当作贵宾，隆重接待。"

"我的土地，我的百姓呢？"

"我这正是为佛爷的土地和百姓着想，为我们神圣的佛法着想。"德尔智双手合十，嘴唇翕动着，好像在为佛法兴隆昌盛祈祷祝福。

“不，我属于这片土地，属于这里的僧俗百姓。”达赖有些动感情。“到了异国他乡，远离自己的故乡和百姓，我就不成为达赖喇嘛，也就没有什么用了。”

“不，到了国外，您更有用，我们可以拿您作旗帜，争取列强的援助。”

“列强会帮助我们？”

“至少俄国会帮助我们。大前年佛爷派我出使俄国时，尼古拉二世，还有他们的外交大臣拉姆斯道夫和财政大臣维特在接见我时，都明确表示了这个意思。回来我向佛爷禀报过。”德尔智又眨了眨眼睛，好像在说，佛爷该记得吧！

见达赖轻轻点头，德尔智的态度激昂起来：“我们可以依靠俄国人的力量，与英国人抗衡，收复失地，赶走异教徒。”

“唉！”达赖叹息着：“我担心俄国人是口惠而实不至。再说，俄国离我们有万里之遥，他们就是有这个心，也没有这个力呀！”

德尔智却满有把握地说：“佛爷，我多次向您禀报过，英国虽强，但正在走下坡路，而俄国幅员辽阔，国力强盛，大有兼并欧亚两大洲之势。俄国皇帝又尊敬佛爷，崇尚佛法，这个护法神是完全靠得住的。一旦有事，他们从北边过来，比之英国远隔重洋，不是容易得多吗！”

“现在他们不也是内外交困吗？哪里还有力量管我们的事？”

“佛爷，这一点我可以向您保证，无论在任何时候，俄国绝不会抛弃我们西藏。尽管日俄正在打仗，但俄国政府依然向英国政府发出警告：如果西藏地区发生重大骚乱，俄国政府不能置之不问。这种骚乱可能使俄国有必要保卫它在亚洲的利益。这不是讲得明明白白的吗？”

这些情况达赖当然很清楚。他也明白，俄国人不会无缘无故地关心和帮助西藏人，他们有自己的打算。达赖也曾经考虑过，在万不得已时，采用朝廷“以夷制夷”的谋略，依靠俄国，与英国抗衡。但是，要让他离开自己的故乡，到异国他乡去做个流浪者，哪怕受到多么隆重的礼遇，他也不能不认真地想一想。

德尔智当然知道，要达赖喇嘛下这个决心，绝不是一件寻常的事，这将受到各种社会力量的钳制，何况达赖本人有很强烈的民族意识和自尊心。他端起茶碗喝了一大口，然后从手腕上捋下佛珠，轻轻搓动，默默念诵。他这是给达赖一个思考的时间。

“砰！”的一声，卧室的门被撞开，两个人跌跌撞撞地闯了进来。

凝神沉思的达赖喇嘛和默默诵经的德尔智都吃了一惊。定睛一看，是阿旺喜饶和宇妥噶伦，达赖慌忙站起，紧迎上去，急切地问：

“江孜怎么样了？”

“江孜，江孜……”阿旺喜饶喘着粗气，说不下去。

达赖赶紧把自己的茶碗递给阿旺喜饶：

“失陷了？”达赖的手在微微发抖，酥油茶洒在地毯上，声音也有些颤抖。

“没有。”阿旺喜饶摇摇头，接过达赖的碗，一口气喝了下去。

达赖嘘了一口气，紧张的心稍稍松弛了一些。

“报告佛爷……但也快了，恐怕……就是这一两天的事。”慌忙中，宇妥有些话不成句。

“啊？”达赖的心又悬了起来。

倒是德尔智显得很冷静，好像这一切都在他的预料之中。他请宇妥和阿旺喜饶坐下，又叫司茶喇嘛来上茶，然后平静地说：

“江孜究竟怎么样了，不要着急，请慢慢讲。”

阿旺喜饶和宇妥噶伦向达赖禀报，他们是前天夜里离开宗山的，一路之上，累倒了五匹马，用两天两夜的时间，赶回了拉萨。然后扼要地讲了同荣赫鹏谈判的结果和宗山上的情况。

达赖静静地听着，一言不发。这些都是他估计到的事。但听了他们的禀报，又觉得出乎意料，至少是没有想到事情会发展得这么迅速，这么突然，他忽然觉得头很重，又很空。

达赖微闭眼睛，使劲晃了晃那有些发晕的头，努力使自己镇定下来。片刻之后，他才注意到，阿旺喜饶和宇妥噶伦都穿着便装，他俩的脸晒黑了，憔悴了，仅仅几天工夫，老多了。达赖心疼地看着他俩，想说几句慰勉的话，但又觉得既不是时候，也没有必要，只是连连让茶：

“喝茶，喝茶！”

宇妥和阿旺喜饶好像没有听见，都没有碰茶碗，只是互相看了看，交换了一下眼色。达赖看出他俩似乎还有什么话要说：“还有什么情况？”

德尔智很敏感，他已经察觉他们的神态，好像在有意回避他，便故意说：

“佛爷，你们有事，我就告辞了。”

话虽这么说，却没有要走的意思。

达赖一抬手，示意他不要走，又对他俩说：

“洛桑拉也不是外人，有什么话你们就讲吧！”

宇妥朝阿旺喜饶使了个眼色，要他先讲。阿旺喜饶想，德尔智虽然不是西藏人，但他是佛爷最信任的侍读喇嘛之一，什么事也瞒不过他，索性不再顾忌：

“佛爷，哲林代本希望您早点离开拉萨！”

“噢？”如果说德尔智让他离开拉萨甚至让他到俄国去，达赖并不感到意外的话，那么，哲林代本希望他离开拉萨，就使他感到震惊了。

德尔智机敏的小眼睛又眨动了一下，露出一丝狡黠的笑意。心想，不管哲林代本出于什么用意，他的话，实际上支持了自己的主张，这会使达赖更加相信我是在真正关心他。

“在这种时候，我怎么能离开拉萨，离开西藏，离开这生我养我的土地。”听了阿旺喜饶和宇妥陈述的理由之后，达赖更加忧心忡忡。

宇妥和阿旺喜饶都不说话了。

达赖也沉默不语，他盘腿而坐，双手轻轻搓动佛珠，内心里却在紧张地思索着：

在我主持下降了神，摸了顶，发布了征兵动员令，是我亲自下令撤了四个不愿和洋妖打仗的噶伦的职务。可以说是我发动了这场抗英战争，把成千上万的人送上前线。现在打败了，我怎么能一走了事，置僧俗百姓于不顾呢？这不是逃跑吗？朝廷会怎样对待我？僧俗百姓将会怎样看待我？我们天天讲因果报应，这样做，将会得到什么样的报应？

达赖又想起了自己是怎样执掌西藏政教大权的。那是八年前，英国人第一次武装入侵西藏之后，全藏的僧俗百姓反对洋妖异教徒的情绪非常强烈，大家把抗击洋妖，重振政教宏业的希望寄托在自己身上。三大寺的喇嘛和僧俗贵族迫使摄政王第穆呼图克图辞职，拥戴自己亲政。现在我们打了败仗，我是不是应该引咎辞职，交出政权，专事教务？

最近几天，达赖反复考虑这个问题。不辞职，朝廷也会下旨废黜。与其叫人废黜，不如自己辞职，这样更体面一些。既然辞去了政务，那我只是一个活佛，就更不应该走了。他知道，在西藏历史上，曾发生过藏王、摄政王和噶伦引咎辞职，或被迫辞职的事情，但还没有一个达赖提出过辞职。他不知道自己会不会成为西藏历史上第一个辞去政务的达赖喇嘛。

见达赖难以作出决断，宇妥噶伦和阿旺喜饶也不敢讲话，房子里一下子变

得异常沉寂，只有几盏酥油灯的火苗在燃烧，在跳动。

一阵急骤的脚步声，打破了这沉寂，一位大喇嘛急匆匆走进来，也不施礼，径直走近达赖，附在他耳边："佛爷，噶丹池巴和三大寺的代表来了，他们要求马上见您。"

这个喇嘛的声音虽然很低，但宇妥等人却听见了。他们三人都把目光转向这位管家模样的喇嘛，不知道三大寺又有什么重要举动。

"快请他们进来！"达赖挽起佛珠，马上站了起来。

宇妥觉得应该回避一下："佛爷，那我们就告辞了。刚才说的事，明天再议吧。"

德尔智也站了起来，这回他是真的要走了。因为在噶丹池巴和三大寺代表面前，他是不便多说什么的。

三大寺是西藏宗教和文化的中心，也是一股强大的政治势力。他们掌握着西藏的经济命脉，能够左右西藏的政局。在西藏，若是没有三大寺的支持，什么事也办不成，连达赖喇嘛和噶厦政府也不能违背他们的意愿。

达赖再次举起了左手："你们也听听。"说着便走到了卧室门口。噶丹池巴洛桑坚赞和三位喇嘛也走进了外间的经堂。达赖首先低头躬腰，向噶丹池巴致意。噶丹池巴连忙答礼。达赖又向其他三位喇嘛点头致意，然后拉着洛桑坚赞的手，进了卧室，让他坐在自己身边。卧室很小，三位喇嘛只好席地而坐。

刚刚坐下，洛桑坚赞就单刀直入地说：

"佛爷，今天三大寺的代表在噶丹寺开了一天会，委托我们几个人把大家的意思禀报给佛爷，请佛爷早作决定。"他又侧身对阿旺喜饶和宇妥说："刚好你们两位也在这里，大家一起商量一下。"

噶丹池巴和德尔智也很熟。这个蒙古喇嘛曾在他那里学习《内因明》① 。他曾很认真地教过这个蒙古喇嘛。德尔智以酬谢为名，赠送了许多贵重物品，都被他谢绝。三大寺有很多蒙古喇嘛，噶丹池巴认为他们不辞劳苦，翻山越岭，历尽艰辛前来学习经典，是难能可贵的，有益于弘扬佛法，他一概表示欢迎，并尽量提供方便和帮助。但是，一个来历不明的人，不专心念经拜佛，钻研经典，而过分热心地参与西藏的政教事务，这就不恰当了，对此不能不有所提防。因此，今天他有意冷落德尔智。

德尔智是聪明人，他当然能意识到这一点，所以更加小心谨慎，对噶丹池

① 这是一部讲宗教哲学的著作。

巴表现得毕恭毕敬。

“什么事？”阿旺喜饶合掌低头，对噶丹池巴表示敬重。

“白居寺已经向我们报告了战况，二位刚从江孜来，当然更清楚。据说战事对我们很不利，因此，”洛桑坚赞转向达赖：“佛爷必须立即离开拉萨。”

“您也这么认为？”对于这个问题的第三次提出，达赖虽已不觉得突然，却仍然感到惊异。特别使他感到意外的是，从不同人的嘴里，竟能提出如此相同的主张。

“这是三大寺全体僧众的要求和愿望。”

“也是全藏僧俗百姓的要求和愿望。”一位喇嘛双手合十，欠了欠身。

“我……我走了，这里的事怎么办？”

达赖的心情极为复杂。

洛桑坚赞一指宇妥：“有噶厦在，他们是靠得住的。”

宇妥赶紧说：“我们也商量过，噶丹池巴德高望重，请佛爷下令，由他出任摄政，大仲译护卫佛爷走，日常政务由我们几个处理。“

“哲林代本说，请佛爷开恩，把夏扎他们几个放了。夏扎当了多年噶伦，和洋人打过交道，以后有什么事，还得用得着他。”阿旺喜饶非常适时地提出了哲林代本的另一个建议。

噶丹池巴轻轻地点了点头，表示赞同。

达赖没有想到，他们已经考虑得这么细致，安排得这么周到，内心颇受感动。但是，仍有一件重要的事，使他放心不下：

“洋妖一来，百姓就要遭受祸殃，这佛教圣地，将毁于战火。我怎么对得起佛祖，对得起僧俗百姓？”达赖痛苦地闭上眼睛。曲米的鲜血，乃尼寺的断墙残壁，宗山的硝烟，乃至圆明园的大火，一起在他的眼前交错显现。他甚至觉得美丽的罗布林卡，雄伟的布达拉宫，古老的拉萨城，都在燃烧……

“不，不，我不能，不能离开拉萨！不能离开这片土地！”达赖的口气十分坚决而诚恳。

三大寺的一位喇嘛欠起身子，朝前挪了几步，急切而真诚地说：“佛爷若不离开拉萨，一旦洋妖异教徒到来，他们即便不敢加害与您，也会让您蒙受耻辱，我们僧俗百姓是绝对不能容忍的。”这位喇嘛的眼睛里充满了泪水，只是因为强忍着，才没有流出来。

达赖被感动了，但他仍很担心：“这里的僧俗百姓……”

“正是为了广大僧俗百姓，为了保护佛教圣地，佛爷才必须安全地、尽快地离开拉萨。”噶丹池巴的口气十分肯定。

达赖不解地看着噶丹池巴，分明是在问：“这是什么道理？”

洛桑坚赞解释着：

“据我们看，英国人可以打败我们，攻占拉萨，但他们不可能长期占领拉萨，征服西藏。”

“是的，西藏民族是不会被他们征服的。”宇妥情绪激昂地说。

噶丹池巴接着说：“英印政府内部也有人反对这场战争，认为他们将付出巨大代价。而这样的代价，他们是不可能长期负担的。”

宇妥又说：“从全球范围看，英国人的日子并不好过。最坚硬的岩石也会风化，英国人称霸世界的局面绝不会长久下去。”

“对！对！俄国人也在反对他们，他们不能不有所顾忌。”说这话的自然是德尔智。他从人们的谈话中已经觉察出他们的明显的倾向，所以，他不失时机地发表着自己的看法。

噶丹池巴看了德尔智一眼，并不理会他说的俄国，而是顺着自己的想法往下讲：

“看来英国人这次到拉萨，是想在大炮的威逼下。强迫我们签订一个对他们十分有利、对我们十分不利的条约。如果可能，再根据这一条约，建立一个听命于他们的傀儡政权。”

“这是他们最希望的。但在西藏绝不可能实现。”宇妥的态度很坚定。

“洋妖要是扶夏扎等人上台呢？”这也是达赖最担心的一件事。

“不可能，因为僧俗百姓都反对，夏扎不敢冒这个风险。”阿旺喜饶很有把握地说。

“一旦佛爷出走，只留下我们这些人，不管洋妖强迫我签订什么样的条约，都没有真正的效用。以后局势稳定，佛爷回到西藏，就可以宣布作废。”洛桑坚赞微微一笑：“您还可以对我们严加训斥，并撤销职务。过去佛管不了现世佛，[①] 只要佛爷不和英国人直接签约，洋妖苦心经营的条约，也就成了一张废纸。”

“洋妖直接同驻藏大臣缔约呢？”

① 现世佛——按照佛教的说法，众生的命运分别由三个佛主宰。过去佛是燃灯佛；现世佛是释迦牟尼，未来佛是慈士怙主。

宇妥马上回答："也不会。英国人如果想和朝廷缔约，几年前在北京就可以办到。他们不惜付出重大代价，翻越喜马拉雅山到西藏来，就是想甩开朝廷，直接和我们打交道。其目的显然是要离间大清和西藏地方之间的关系，把西藏分离出去，像他们对邻近各国所做的那样，逐步把我们西藏纳入他们英印政府和东印度公司的势力范围。"

"你们的意思是，……去什么地方？"达赖攥紧双拳，手心都沁出了汗水，鼓起很大的勇气，才说出这句话。

"哲林代本的意思是去北京，拜见皇上和皇太后，恳请朝廷发兵，抗击洋妖，收复失地。"

"从前五世达赖去北京，也拜见了顺治皇帝。"阿旺喜饶补充着宇妥的意思。

"那是什么时候，现在是什么时候？当时清朝刚刚立国，顺治是开国皇帝。现在大清气数已尽，当今皇上懦弱无能，女流之辈当政，自顾不暇，哪里还能管我们的事？"德尔智不放弃任何一个陈述自己意见的机会，以便影响达赖的行动和西藏的政局。

宇妥马上反问一句："你的意思是？"

"去俄国，俄国皇帝会支持我们。"德尔智终于讲出了自己的想法。

"不行。旧鬼总比新神好。朝廷再腐朽无能，总还是自己家里的事。再说，这几年洋妖入侵，内乱不止，经堂里的火没有扑灭，大殿里又冒了烟，弄得朝廷穷于应付，焦头烂额，确实也无力顾及我们。俄国人说要帮助我们，谁知道他们安的什么心，打的什么主意？他们的胃口也大得很，不是连你的老家也强占了去？"噶丹池巴断然否定了德尔智的意见。

阿旺喜饶也反对德尔智的主张："朝廷里也不乏有识之士。比如说，前驻藏大臣色楞额就曾主张四川、云南各总督慎固封疆，严备战守，以为声援之处。如果邻近各省的力量真的得到加强，我们也有了坚强的后援。"

"是啊！等国内局势稍一安定，朝廷缓过气来，事情或许会有转机。"洛桑坚赞表示赞同大仲译的主张，他最担心的是德尔智把佛爷带到俄国去。

这位噶丹池巴是个圆脸盘，平时脸上总是带着笑容，显得宽厚而仁慈。在一般僧俗百姓的心目中，是一位忠厚长者。他今年五十多岁，脸色红润，看起来比宇妥和阿旺喜饶还要精神。此刻，他那睿智而深邃的眼睛里蒙上了一层阴影。达赖知道，他在为国家和民族的前途担忧，也在为自己的安危担忧啊！达

赖看着这位学识渊博、德高望重的大法台，目光中充满着信任、崇敬和感激之情，也包含着询问的意思，好像在问：您的意思呢？

“我们看，还是从黑河，经青海，到蒙古地区去比较好。那里的百姓都信奉佛教，大活佛吉尊丹巴对佛爷也很崇敬，曾多次请佛爷到蒙古地区去讲经。现在正好趁这个机会去一趟，对内对外也好讲话。到了蒙古，要去北京也很方便。”

德尔智不再说话了。一则是不敢得罪这位即将出任摄政王的噶丹寺的大法台；二则他觉得佛爷要去会见吉尊丹巴，他在蒙古首府大库伦，离自己的家乡贝加尔湖不远，从那里去彼得堡，也不困难。他最担心的是达赖到印度或缅甸去，那里也是佛教国家，虽然当地百姓对达赖也是很崇敬的，但到了那里，达赖就会被英国人所控制，他苦心经营多年的事业，就会像水面上的泡沫，瞬即消逝。

达赖喇嘛怀着崇敬和信任的目光看着噶丹池巴，“唉！”达赖喇嘛深深地吐了口气，他好像被说服了。

第二十六章

严峻的时刻

竹子即使被焚毁，
竹节还是直的。

7月5日中午十二点整，英军向宗山发起了总攻击。几十门山炮、野炮和榴弹炮，首先对宗山正面——古堡的西南方向猛烈轰击。

炮弹雨点般向宗山泼去，刹那间，尘土飞扬，碎石乱蹦，南边靠城墙的两座楼房被炸塌，城墙也炸开了几个缺口，来不及隐蔽的守城军民，倒在血泊中。

整个宗山，被笼罩在一片硝烟之中。

几乎是在炮击的同时，集结在绛噶林卡的英军，立即通过壕沟朝宗山方向运动。从江洛林卡到绛噶林卡的秘密壕沟已经挖通。这样，从原来对宗山的月牙式包围缩至三角形包围，包围圈显然缩小了不少，英军的主力通过壕沟，已经集结在绛噶林卡。

一阵猛烈的炮击之后，荣赫鹏命令锡克步兵营向宗山发起冲锋。

炮击后的宗山，静悄悄的，像个睡熟了的婴儿，不声不响，不动不闹。

二百米，一百米，五十米，英军距城墙缺口越来越近。

“咚！咚！咚！——”“咚！咚！咚！——”孜拉康的战鼓打破了这不寻常的寂静。

随着这激昂的战鼓声，从城墙上黑洞洞的枪眼里，喷出了一条条火舌。从

英军手里缴获的来福枪，藏军自己的哲布抬枪、火枪、土炮，一齐向洋妖开了火。枪声炮声混成一片，中间还夹杂着石头和木头滚动的声音，这是那些没有枪的老百姓扔下去的。

振奋人心的鼓声，召唤着、激励着广大军民勇敢地投入战斗。藏族人民特有的勇猛，此刻完完全全地体现出来了。哪里战斗最激烈，炮火最凶猛，他们就“咯嘿嘿——”地呐喊着，冲到哪里去。因为缺水，很多人嘴唇干裂，喉咙发痒，简直就要冒火。有的人已经喊不出声了，为了振奋精神，仍然嘶哑着嗓音呐喊着。

英军被这劈头盖脸的打击吓住了，他们怎么也想不到，遭到猛烈炮击后的宗山，断水多日的军民，仍然具有如此顽强的战斗力。想与廓尔喀骑兵争功的锡克步兵，气势汹汹而来，鬼哭狼嚎而去，只是在宗山脚下留下了一具具尸体。

荣赫鹏精心组织的第一次进攻就这样失败了。

断了几天水的藏族军民，又经过这场激烈的战斗，他们更感到渴，渴得难以忍受。有的人已经晕倒了，有的人还在挣扎着，趴在地上，用手摸索着，似乎要寻找一块湿润的泥土。但是，他们失望了，炮火轰击后的宗山，处处是焦土，连石头也是发烫的。

洛丹的喉头干得发痒，发痛，嘴里发苦，一点唾液也没有，嘴唇干裂得露着血丝，胸膛里像是燃着一盆火，从里到外，烧得难忍难挨。水，他多么想喝水，多么需要水啊！哪怕只有一小口，也能润一润那干得冒火的嗓子。

洛丹慢慢地从怀里拿出了那个铜水壶，这是仁赛用鲜血和生命换来的水。洛丹深情地看着它，小仁赛那又淘气，又可爱的样子，又活灵活现地出现在他的眼前。多好的一个孩子啊！洛丹双手紧紧捧着铜壶，轻轻摇了摇，里面还有一点水，此时此刻，这一点水，显得多么宝贵啊！洛丹想了想，叫过小朗杰：“孩子，去，快把这水送到鼓楼上去，给打鼓的人喝。”

小朗杰接过水壶，犹豫着：“阿爸，那您，……”

洛丹轻轻抚摸着小朗杰的头：“现在哲林代本就靠这面鼓来指挥宗山上的几千人马，这战鼓一时一刻也不能停，孩子，你快去吧。”

小朗杰懂事地点点头，又深情地看了看慈祥的老阿爸，不再说什么，转身走了。

第一次进攻的失利，提醒了荣赫鹏，通过望远镜，他看到了战场上的一切。根据刚才的情况，荣赫鹏立即调整作战部署，命令炮兵部队集中火力向宗

山的中部——诺布日山猛烈轰击。

诺布日山在古堡后面，守卫在这里的有藏军一个代本和几百名喇嘛，由于山势很低，又没有坚固的碉堡和高大的楼房，猛烈的炮火给藏军和喇嘛以很大杀伤。他们还来不及部署，甚至还来不及作出什么反应，剽悍的廓尔喀骑兵在克拉克的指挥下，已经冲上了诺布日山。

守卫在诺布日山上的八九百名藏军和喇嘛，在英军大炮轰击、机枪扫射、来福枪射击、大刀砍杀和战马的践踏下，几乎全部牺牲。

克拉克这个杀人恶魔，犹嫌不足，命令他的骑兵队，在只有两里多宽的诺布日山上，纵马驰骋，挥刀砍杀，将负了伤的藏族军民全部砍死。有的官兵兽性大发，找不到活人，就残忍地将已经死了的人砍成几截，以显示他们的淫威。诺布日山被英军占领，等于在“龙”身上砍了一刀，整个宗山被截为两段，宗山古堡和白居寺的交通被切断，“龙头”和“龙尾”失去了联系。

战鼓敲得更紧了，密集响亮的鼓声震撼着宗山，号召人们奋勇反击。白居寺的喇嘛和宗山古堡上的人们同时向诺布日山冲锋，企图把诺布日山从英军手中重新夺回来。但是，英军的机枪、大炮在不断地吼叫，挡住了冲下山来的藏军、喇嘛和民兵。

宗山上没有任何通信联络设备，哲林代本只能靠鼓楼里的鼓来指挥战斗，要不就派侍卫兵去传达命令。他站在后山的碉堡里，通过一架旧的单筒望远镜，密切注视着诺布日山上的战斗，见几百名兄弟全部壮烈牺牲，哲林代本的心像被刀剜一样疼痛。他马上意识到，这么仓促地进行反击，很难奏效。但宗山上的鼓声又不能停，便让士兵去传达命令：山上的人要坚守古堡，暂时不要下去。他又派人去同白居寺联系。

当哲林代本在宗山古堡上用战鼓指挥军民作战的时候，荣赫鹏却通过最先进的通信设备——目光电报机来指挥他的部队。他得知廓尔喀骑兵在诺布日山站稳脚跟后，迅速调一个锡克步兵营去防守，命令克拉克率领骑兵队立即到绛噶林卡来。同时发布嘉奖令，表彰廓尔喀骑兵的战功，晋升克拉克为少校。

克拉克的骑兵到绛噶林卡后，荣赫鹏再次命令炮兵向宗山东面猛烈射击。炮弹冰雹般地朝城墙倾泻，很快就打开了一个几丈宽的缺口。

炮火刚一停止，荣赫鹏立即命令克拉克率领骑兵队从东面向宗山发起冲锋。东面的坡度较小，平时官员们上宗山，或往山上运送物品，骡马和牦牛都从这里经过。因为在诺布日山取得了全胜，得到荣赫鹏的嘉奖，指挥官克拉克

又晋升为少校，廓尔喀骑兵的气焰非常嚣张，几乎到了发疯的地步。克拉克更是趾高气扬，得意忘形。他挥舞马刀，指挥他的骑兵向宗山古堡冲去。

眼见廓尔喀骑兵已经冲到宗山脚下，炮台上的刘长寿兴奋得直骂：

"他娘的，这几门倒霉的大炮总算派上用场了，好哇，让这些洋鬼子也尝尝我们土炮的厉害，开炮！"

在刘长寿的指挥下，几十名炮手紧张地操纵着宗山上仅有的四门大炮，一发发炮弹准确无误地落在敌人的马群中。与此同时，军民们将早已准备好的滚木石头、盐巴包，从山上一齐砸下去。打得廓尔喀骑兵人仰马翻，哭爹喊娘。那些失去控制的战马，惊叫着、乱窜乱跳，互相冲撞、践踏，调转头往回跑。

眼看胜利就要到手，克拉克将为英军建立显赫战功的时候，廓尔喀骑兵却受到了如此严重的挫折。克拉克急红了眼，仅仅在几十分钟前，他和他的廓尔喀骑兵获得了极大的荣誉，这在整个远征军中都是没有过的。为此，克拉克对上校的知遇之恩真是感激涕零。而现在，却遭到了惨痛的失败。他觉得这次失败，是给廓尔喀骑兵丢了脸，给他自己丢了脸，也给整个远征军丢了脸，给他的上司荣赫鹏丢了脸。他必须挽回这个面子。亡命之徒克拉克，此时像一个输急了的赌徒，急于挽回战局，挽回面子。他向荣赫鹏报告，宗山古堡不同于诺布日山，骑兵无法展开，要求荣赫鹏允许他带领廓尔喀骑兵徒步进攻。荣赫鹏立即批准了他的要求，并调来一个锡克步兵营，交给他指挥。

为了配合克拉克的行动，荣赫鹏命令在诺布日山的榴弹炮队迅速到绛噶林卡来。从诺布日山到绛噶林卡，是开阔的平地，炮兵转移要经过古堡，山上的军民眼睁睁地看着英军调动部队，却毫无办法。

集中到绛噶林卡的榴弹炮和山炮队，又一次向宗山猛烈轰击。古堡上仅有的四门土炮刚才虽然打击了敌人，却也因此暴露了炮台的位置。在英军的这次轰击中，炮台成了他们的主要目标。

一直在炮台上坚持战斗的刘长寿等六名汉族兄弟和几十名藏军，眼看着洋妖的榴弹炮和山炮炮弹劈头盖脑地向炮台倾泻，却打不着敌人。好像忘了这几门土炮的射程，也顾不上在耳旁呼啸的炮声，继续顽强地搬火药，填炮弹，朝敌人开炮。刘长寿的嗓子已经喊不出声了，只见他的大手上下挥动，人们随着他的手起手落，装炮弹，开炮。

又是一阵密集的炮火，炮台坍塌了一个很大的角，一门土炮，连同十几个炮手一起滚下了炮台。

刘长寿指挥大家隐蔽，而他自己却稳稳地站在土炮旁边，又装好了火药。没有人后退，没有人去隐蔽。

刘长寿的手又落了下去，朝敌人射出最后一发炮弹。与此同时，英军集中火力攻击炮台。一阵猛烈的炮击之后，整个炮台被彻底摧毁了。为了保卫祖国神圣的疆土，刘长寿和他的战友们献出了自己的生命，他们的血，同藏族同胞的血流在一起了。

炮台旁边，褐红色的岩石傲然屹立，石缝中，长满了紫穗花。这是经受激烈的炮火轰击之后顽强地活下来的花草，英雄们的鲜血滋养了它们，使它们更加鲜艳美丽，也更加生机勃发，充满活力。

由于遭受一阵猛烈的炮击，刚刚修复的城墙又被炸毁，缺口更大了。荣赫鹏又命令炮火向纵深延伸，在克拉克的指挥下，一支廓尔喀部队和一个锡克步兵营，爬上陡峭的石壁，冲进了缺口，他们高喊着，欢呼着。一名大个子廓尔喀兵，兴高采烈地挥动着米字旗，想插在城墙上。

克拉克以为刚才那一阵异常猛烈的炮击之后，炮台被炸毁，守卫东墙的藏军非死即伤，再不会有力量抵挡他们强大的进攻，又见兵士们冲进了缺口，他立功心切，离开掩体，也冲了上来，想把他的指挥所抢先设在宗政府的楼房里，为攻克宗山抢头功，以洗雪刚才的耻辱，在远征军中，重新树立廓尔喀骑兵所向无敌的形象。

“叭！”一声枪响，手执米字旗的大个子廓尔喀兵摇晃了一下身子，从城墙上倒下去，连同那面米字旗，一起滚到了山脚下。旺秋一举来福枪，大喊一声：“弟兄们，冲啊！”

隐蔽在楼房后面的几百个藏族军民，同时跃出，冲到缺口，在城墙内外同英军展开了白刃格斗。藏军和英军混在一起，英军的机枪大炮暂时失去了威力。

格来和阿达巴魁挥动着大刀，分两路冲杀下去，格来左劈右砍，撂倒了两三个敌人。藏族军民体格健壮，力气大，又是居高临下往下冲，而英军不适应高山气候，一爬陡峭的山坡就喘粗气，心跳加速，两腿打颤，浑身无力，还没有等他们缓过气，就被藏族军民砍倒了一大片。

格来见一个敌人军官正举着手枪朝自己人射击，离他只有十几步远，便毫不犹豫地扑了下去，紧紧抱着那个军官，一直滚到山脚下。那个军官正是克拉克。到了山脚下，格来的两条粗壮有力的腿紧紧夹住克拉克的腿，用那双能够摔倒牦牛的手，死死卡住他的喉头，指头掐进去有半寸多深。克拉克被这突

如其来的袭击吓住了。他来不及反抗，甚至没有来得及喊叫一声，就断了气。格来一脚踩在克拉克身上，用袖子擦了擦满脸的血污，长舒了一口气，深情地说："诺布兄弟，仁赛兄弟，哥哥为你们报仇了。"

格来回头一看，山上还在进行激烈的拼搏，他想迅速返回山上去。可是晚了，他已经被绛噶林卡的英军发现，两挺机枪一齐朝他扫射，这个牧民的儿子，带着满身的枪伤，艰难地转过身，咬紧牙关，使劲地盯着洋妖，眼珠子都快凸出来了，那目光里充满了仇恨，似乎要喷出火来。

又一排子弹射来，格来那健壮的身体沉重地倒了下去。

克拉克一死，英军失去了指挥，更加慌乱，有的已经开始往回跑，藏族军民哪里肯让，越杀越起劲，纷纷追下山去砍杀英军，使英军受到重大创伤，但在英军机枪扫射下，他们也付出了很高的代价。

这次进攻，又受到严重挫折，完全出乎荣赫鹏的意料。他原以为有廓尔喀士兵为他卖命，又有克拉克这员猛将亲自率领，一定能攻克宗山，没料想又遭到藏族军民的顽强抵抗，更使他痛心的是，克拉克死了，又失去了一员猛将。

天，已经暗下来了。不善夜战的英军只好停止进攻，荣赫鹏命令炮兵从各个方向，示威似的朝宗山开炮，以此来结束一天的战斗。

由于诺布日山被英军占领，给宗山和白居寺都造成很大威胁，要想守住宗山，必须将占领"龙身"的英军消灭，夺回诺布日山。当天晚上，哲林代本决定，由然巴代本率领藏军五百余人，和由一千名喇嘛、民兵组成的敢死队，从后山下去，配合白居寺的喇嘛夺回诺布日山。旺秋和阿达巴魁等人报名参加敢死队，但未被批准，哲林代本说保卫宗山也很重要，将防守东面城墙的任务交给了他们。

这一千五百多名藏军、僧兵和民兵，由然巴代本领头，列队来到孜拉康的神殿，向护法神庄严起誓：不夺回诺布日山，绝不生还。孜拉康的大喇嘛给每个敢死队员发了一根半红半绿的布条，系在左臂上，既是敢死队员的标志，又有护身结的作用。

哲林代本站在神殿门口，双手捧着银碗，挨个让敢死队员们喝水。这是整个宗山上仅存的三铜缸[①] 水，哲林代本决定将这些水全部给他们喝。然而巴代本和全体敢死队员们，清楚地知道这些情况，坚决不肯喝，说他们下了山，就有水喝，一定要留给山上的人。哲林代本只好让人把水缸抬到神殿门口，等他

① 过去藏族地区的嘛喇寺院和有钱人家用铜缸盛水，这种铜缸藏语叫"桑"。

们起誓出来时，亲自捧给他们。

敢死队员们恭敬地用双手接过水碗，只是润了润干裂得出了血的嘴唇。一千五百多名敢死队员，一个个从哲林代本面前走过去了，一碗水还没有喝完。哲林代本借着火把一看，银碗里的水已经变红。看着这带血的水，哲林的眼睛湿润了，双手微微抖动。他将碗递给身旁的一个士兵，目送敢死队员们走下山去，默默为他们祈祷：请神灵保佑，他们能顺利夺回诺布日山。

看着敢死队员们消失在夜幕中，哲林代本的心仿佛也跟着他们去了，他为一千多名敢死队员们担忧，为宗山古堡和白居寺的军民担忧，为江孜地区的僧俗百姓担忧，更为西藏民族的前途和命运担忧。

哲林沿着城墙走了几步，回转身俯视宗山。古堡被夜幕笼罩，异常宁静而安谧，仿佛这里什么也没有发生。他仰望长空，群星灿烂。哲林代本的目光习惯地、自然地凝望着东北方，啊！拉丁星那么明亮，那么耀眼，多么像拉丁代本那炯炯有神的眼睛。拉丁代本那英俊的身影又浮现在他眼前，耳畔响起了拉丁代本临终前所说的、震憾人心的话：

“杀退洋妖，保我疆土！”

哲林深深地吐了口气：拉丁拉，我的好代本，您看见了吗？我们打退了洋妖一次又一次的进攻，然巴代本又率领敢死队去收复诺布日山了。宗山，还在我们手里。它像一个威武的护法神，保卫着江孜，挡住了洋妖前进的道路。尽管现在敌我力量悬殊，但只要我们能多守一天，拉萨就多一分安全，佛爷就多一分安全。我们的军民不怕死，代本拉，我的好代本，您听见了吗？哲林在跟您说话，请您放心，我作为一个军人，作为您的老部下，绝不会给您脸上抹黑。活着，要像一个真正的藏族人那样活着；死了，也要像一个真正的藏族人那样死去。也许，我很快就要到您那里去了，我们又要在一起了。

哲林想到了死。死，没有什么可怕，重要的是怎样死得有价值，用我们的热血和生命去维护国家的尊严，民族的气节，保卫神圣的疆土不受侵犯。此时，哲林代本的胸中翻卷着高原的暴风雪，他情不自禁地吟诵了一首“年昂体”① 的古诗，像是激励自己，又像是告慰拉丁代本的英灵：

人有灵兮星有魂，
灵兮魂兮撼乾坤；

① 年昂体是藏族的一种古体诗。

撼乾坤兮保疆土，
保疆土兮慰忠魂。

按照哲林代本的部署，旺秋带着一批人抢修白天被炸开的城墙缺口。因为事先备有很多石料，修起来并不困难。

城墙缺口内外，堆满了尸体，有被打穿胸部的，有被砍断臂膀的，有的脑袋被劈成两半，有的脑袋被整个砍了下来。还有的抱在一起，互相掐着对方的脖子，也许是同时断的气吧。

旺秋让多数人抢修城墙，少数人清理战场。把自己人都抬到一幢房里。他自己带着一个年轻人，悄悄爬下山去，把格来的尸体背了上来。他想，如果来得及，应该将所有阵亡的弟兄们进行火葬，然后请活佛、喇嘛念经祈祷，超度他们的亡灵。他又摇摇头，不无遗憾地说：恐怕现在没有这个时间了。

阿达巴魁带领一伙人，忙着另一件事：他们把敌人的尸体全部抬到墙外面，沿着山势，并列摆整齐，把砍下的头放在大石头上。他指着一排排头颅说：

“让洋妖好好看看，谁敢再上来，这就是他们的下场。”

小朗杰数了数敌人的尸体，兴奋极了：“啊呀，这一下就打死了二百七十三个洋妖，真叫人痛快！”

一个喇嘛说：“格来还打死了一个洋妖的大官哩。”转过头又对旺秋说：“旺秋拉，明天你领着我们好好打，多杀洋妖，为格来和死去的弟兄们报仇。”

一说起格来，旺秋就感到十分悲痛。他和格来，从小在一起长大，像亲兄弟一样亲。格来和妹妹原来打算今年旺果节时结婚，现在……我该怎么对妹妹说？……

见旺秋神情忧郁，那个喇嘛有些不安地问：“旺秋拉，你……”

“没有什么，我们修完了赶快进去，小心洋妖打炮。”语音刚落，孜拉康的战鼓敲响了：

“咚！咚！咚！——”“咚！咚！咚！——”

在寂静的夜晚，这鼓声如同炸雷，传得很远很远。

“咯嘿嘿！——”“呜呼呼——”一阵阵呐喊声也从宗山上传了下来，同时响起了激烈的枪声。

旺秋一阵兴奋："进攻开始了！"

阿达巴魁拿着砍刀，跳上一块大石包，朝宗山顶上瞭望。宗山顶上，黑黝黝的一片，什么也看不见。他们在宗山东面，怎么能看见后山的情况呢？但是，他听出来了，这呐喊声并不是从后山传来的，而是宗山上的人们在呐喊，他们在为进攻诺布日山的敢死队员们助威。

"咯嘿嘿——""呜呼呼——"阿达巴魁用嘶哑的嗓子使劲呐喊，其他人也跟着喊起来。顿时，山上山下，喊声四起。

不久，从山头传来振奋人心的消息：

"诺布日被我们收复了！"

"我们胜利啦！"

"拉吉啰！"①

整个宗山，沉浸在欢呼胜利的热烈气氛之中。

① 拉吉啰，欢呼胜利的祝祷词。

第二十七章

不灭的星光

闪电的光亮虽强，只是瞬间存在；
星星的光亮虽弱，却是彻夜长明。

在宗政府楼下一间宽大的房子里，挤满了人。曲妮桑姆跪在格来的遗体旁。格来的眼睛瞪得大大的，却不像是在看曲妮。格来的嘴张着，牙关紧咬，两只拳头也握得紧紧的。曲妮把格来的眼皮抹了一下，格来的眼睛闭上了。曲妮又仔仔细细地给格来擦着脸，随后，又给格来整理袍子。当曲妮的一双手触到格来腿上的那光滑的靴带时，她的手颤抖了。曲妮的脸抽搐着，看得出，她是在强忍内心的悲痛，撕心裂肺的悲痛。

“妹妹，不要难过，哥哥为你报仇，哥哥为格来报仇。”克珠旺秋不断地重复着这样两句话。

曲妮根本没听见哥哥的话，她也不想听到什么，她眼前只有格来，心里也只有格来，她在和格来哥哥说话：

“格来哥哥，你走了？你怎么走得这样快？我还没有来得及给你买一双新靴带，给你买一双新靴子，你就走了。”

曲妮桑姆的嘴唇微微地动着，手慢慢地伸向怀里，一个小包被打开了，闪闪发光的银手镯躺在曲妮手中。这是格来哥哥给她的。曲妮捧着它，轻轻地吻着，吻着，接着，又把它戴在了手上，她还在和格来哥哥说话：

“格来哥哥，你的手镯我戴上了，你等着我，我要戴着它，去杀洋妖，杀洋妖。”

曲妮的牙齿紧紧地咬住了下嘴唇，慢慢地，一滴鲜血滴落在格来的袍襟上，变成了一朵紫色的小花。

洛丹那深邃的眼睛，已被泪水模糊了。他用那被战火熏黑了的大手，轻轻抚摸着女儿的头，声音嘶哑地说：“曲妮，要哭，你就哭吧，痛痛快快地哭一场。”

不知是阿爸的抚摸触动了曲妮的心弦，还是阿爸的声音唤醒了曲妮那有些麻木了的思绪，曲妮桑姆呆呆地凝望着阿爸，良久，她扑在阿爸身上，失声痛哭起来。声音是沙哑的，一会儿就哭不出来了，只剩下剧烈的抽搐。这个管着宗山上最后几缸水的牧区姑娘，自己却已经是三天滴水未进了。

不止是曲妮，宗山上的军民都有两天多没有喝到一口水了。没有水，干糌粑根本吞不进去，有的人实在饿得不行，舔了几口干糌粑，被呛得直流泪，还不停地咳嗽。一个小喇嘛因为干糌粑进了气管，竟被呛死了。

这时，哲林代本走了进来，后面还有洛桑饶登等几个人。大家赶紧给他们让出一块地方，坐着的，躺着的人也都站起来，表示致意。

哲林代本连忙招手，示意大家快坐下。他自己也坐在一个厚垫上，对洛丹和旺秋说：“正好，大家都在这里，有一件事跟你们商量商量。”

“什么事，请代本吩咐。”洛丹的上身前倾，恭敬地说。

“我们已经重新占领了诺布日山，打了个大胜仗。可是洋妖绝不会罢休，今天一定会有一场恶战。我想趁天亮之前，让山上的老人、妇女和伤病员全都撤走。”

“这太好了，现在正是时候，晚了，怕来不及哩！”洛丹看着哲林代本，心里暗自赞叹，好代本啊，我们没有想到的事，他都想到了；我们刚刚想到的事，他已经在做了。

哲林代本在作出这项决定时，心情是沉重的。英国人经过周密的准备后，昨天的攻击异常猛烈。看来他们是想一口气拿下宗山。虽然进攻又被打退，可仅仅一天，就死了二三千人。死了的，无法安葬，伤了的，无法治疗。这么下去，宗山的失陷，只是时间问题。宗山上，现在大概还有四、五千人，其中不能参加战斗的老人、妇女和伤病员，至少有一二千人。当务之急，是要把这些人撤走。绝不能让洋妖伤害他们。只有这样，年轻力壮的人才能更好地奋勇杀敌。

见洛丹和自己说到了一块，哲林马上作出决定："那好，你和旺秋现在就带着这里的人走吧。上宗的人，由一个如本带领。"

"不，我要跟您在一起，保卫宗山。"不等阿爸说话，旺秋急忙表明决心，在这个时候，旺秋哪能离开宗山。

洛丹看了旺秋一眼，赞许地点了点头，又望着哲林，恳切地请求着："代本拉，您就让我们俩都留在这里吧。"说着，他一指洛桑饶登："我看最好是让洛桑拉走。"

"不，我不能离开代本，离开你们。"洛桑饶登的口气也十分坚决。

"还是您去的好，您能说会写，知道的事多。撤出去后，先去拉萨，向佛爷禀报这里的情况。如果有可能，您就去内地，请皇上派兵来打洋妖。"洛丹劝着洛桑饶登。

"皇上被洋妖吓破了胆，他不会派兵来的。"阿达巴魁对朝廷和驻藏大臣都不抱希望了。

洛丹继续对洛桑饶登说："您不是说汉族兄弟在广州、天津、北京都狠狠地教训了洋妖吗？要是皇上不派兵。您就请各族兄弟到西藏来，和我们一起打豺狼，保国土。"

洛桑饶登还想争辩，哲林一挥手，制止了他："这样也好，时间紧迫，洛桑拉，你赶紧带着人下山去。"哲林又关切地对曲妮说："姑娘，你也赶紧走吧！"

喝了几口水，曲妮的嗓子好受了一些。但是，她忘不了格来，她要为格来报仇："不，我要和洋妖拼到底，死也要死在宗山。"

"都死了怎么行？你们下去的人都是火种。火种不灭，总有一天会重新燃起大火。"哲林代本问曲妮："姑娘，你听说过神羊填海的故事吗？"

曲妮摇了摇头。

"传说圣地拉萨过去是一个大海，后来神羊背土填海，把海填平了，人们在上面建了一座美丽的城市。"哲林话锋一转，语气更加坚定：

"就是宗山失守了，拉萨被占领了，也不怕。对洋妖来说，拉萨就是一片火海，整个西藏也是一片火海。这片火是扑不灭的，这个海是填不平的。只要洋妖异教徒敢于侵犯我们的国土，我们就要世世代代打下去，直到把他们全部赶走。"

洛丹轻轻抚摸着女儿的头：

“代本说得对！孩子，我过去不是给你讲过吗，格来的阿爸临终时对我讲，你们要杀退洋妖。你们要是打不赢，就让格来、旺秋他们接着打。现在，格来也跟他阿爸去了。你，”洛丹指着旺秋、朗杰、阿达巴魁等年轻人，激昂地说：“还有，你们大家，要接着打下去，为格来，为诺布，为仁赛，为所有死难的弟兄们报仇。”

旺秋和阿达巴魁等人也劝曲妮，说明不是要她一个人离开宗山，她还有照顾伤病员的任务，还有那么多的老人，孩子，也需要人照顾。曲妮这才勉强答应。

经过反复思考，洛桑饶登觉得代本和阿爸洛丹的话也很有道理，这是大伙对自己的信任。他问哲林：“代本拉，我们下山后，往哪里走？”

“到浪卡子，那里的军民已经筑起了一道防线，准备抗击英军。羊卓雍措湖附近有很多很好的牧场，可以让伤病员住在那里。”哲林希望，江孜失守之后，藏族军民能够在浪卡子宗和曲水宗一线坚持战斗，阻击洋妖。这样，不仅可以更多地消耗洋妖的兵力和给养，佛爷离开拉萨时，也会更从容一些，更安全一些。当然，这第二个原因暂时还不能告诉任何人。

旺秋催促着：“时间不早了，你们赶快走吧。”他又对阿达巴魁说：“我们一部分人在这里守卫，一部分人送他们下山。”

“你们在这里守好城墙，下山的人有藏军护送。”哲林站起来要走。

洛桑饶登催促下山的人赶快走。曲妮一直呆呆地站着不动。洛桑拉了她一下：“曲妮，快走吧！”

曲妮突然清醒过来，似乎觉得一个严重的、生离死别的时刻到了，一下子扑到阿爸怀里，像儿时那样，紧紧地搂着阿爸的脖子。洛丹的嘴唇微微颤抖，却找不到适当的话来宽慰女儿。他真不愿意让曲妮离开自己。从小失去阿妈，洛丹自己又当阿爸，又当阿妈，眼看着女儿一天天长高了，长大了，出落得越来越漂亮。眼看就要和格来结婚，女儿一结婚，当阿爸的就算了了一桩心事。可是，万恶的洋妖不让我们有好日子过，格来刚刚死在洋妖的机枪下，曲妮又要离开自己。这一离开，恐怕是再也不能相见，除非是在另一个世界。离开了阿爸，离开了哥哥，没有了格来，曲妮会怎么样呢？洛丹感到揪心似的疼痛。但是，他不能有难过的表示。

洛丹轻轻扳过女儿那泪痕满面的脸，他要好好看看曲妮，最后看一眼他心爱的女儿。

小朗杰悄悄走过来，轻轻拉着曲妮的手，带着哭声说：“曲妮姐姐，你别

难过。快下山去吧！”

曲妮拉着朗杰的手，泪水，悄无声息地流了下来。

朗杰把一串佛珠和一条护身结郑重地交给曲妮：

“曲妮姐姐，我求你一件事。以后有时间，请你去看看更登师父，把这佛珠和护身结交给他，这佛珠是我阿爸留下的，这护身结是我特意为师父要的。他一定在惦记着我。请你告诉师父，他的徒弟没有给他丢脸。我做了我应该做的事，我将到我应该去的地方。”小朗杰说这话时，完全像个大人，感情是那样真挚，态度是那么从容，语气是那样平静。

曲妮抽泣着，一把抱住朗杰的肩膀：“姐姐一定去，一定把你的话告诉更登师父。”

7月6日，这一天是藏历五月二十五日。天一亮，英军哨兵发现了城墙上整齐地排列着许多英军尸体，立即向荣赫鹏报告。荣赫鹏从望远镜里一看，气得直发抖。当即命令炮兵向宗山开炮，并命令布兰特提前发起进攻。这次，荣赫鹏直接把主攻方向放在东面。

英军几乎集中了所有的炮兵，向东面昨天炸毁的城墙进行猛烈的炮击，不但把昨天夜里修好的城墙炸毁了，而且又炸开了几段新的缺口。炮击之后，在布兰特的指挥下，由廓尔喀兵打头阵，发起了冲锋。

“咚！咚！咚！——”“咚！咚！咚！——”“咚！咚！咚！——”孜拉康的战鼓又敲响了。一听到这鼓声，宗山上的几千军民，立刻精神振奋，勇气倍增。他们拿起武器，投入了战斗。哲林代本把藏军两个代本约一千人，也调到东面，加强东面的防务。英军冲上来时，抬枪、火枪和石头，一齐朝敌人打去，打得英军抬不起头来。英军像虎狼一样冲上来，又像狐狸一样跑下去。但是，在荣赫鹏的亲自督促下，以猛烈的炮火作掩护，布兰特率领冲锋队，一次又一次地发起攻击。

藏族军民英勇还击，见一群洋妖已经冲到了城墙缺口处，几百个人立即挥动大刀迎上去，同敌人展开了顽强的拼搏。有的人还跳到城墙外面去，冲进敌阵，在半山腰截杀敌人。小朗杰个头矮，力气小，不能同洋妖拼，就躲在城墙后面，捡了好几支火枪，装好铅弹，架在石头上，一枪撂倒一个。

没有枪的，就用抛石器打。他们打得又准又狠，几乎每个石头，都打在洋妖的大鼻子上，打得英军鼻青脸肿。

从曲米仙廓到江孜，从江孜到拉萨，在整个抗英斗争中，抛石器这种最原

始的武器，大显威风，打得英军心惊肉跳。当时江孜地区流传着这样一首民歌：

羊毛做成的抛石器，
是九股毛线编织。
从曲米谷[①] 前扔去，
正中英国兵的鼻子。

此时，敌人的大炮已经失去了威力。白刃拼搏，英军伤亡很大。荣赫鹏经过一夜精心策划的进攻，又被藏族军民击退了。半山坡上留下了比昨天更多的尸体。炮火猛烈，加上用机枪和步枪在近距离扫射，藏族军民的伤亡也非常严重。

经过几天连续不断的炮击，又切断了水源，宗山上的军民仍如此顽强，这使荣赫鹏震惊，也大伤脑筋。他已经付出了比原来预想要大得多的代价。这样打下去，即使能够勉强攻下宗山，刚刚从亚东、春丕调来的部队也会损伤大半，弹药会消耗殆尽。那么，他又依靠什么力量进兵拉萨？难道还要亲自出马，第二次去请求增派援军？不要说政府和总督不答应，就是旅途的艰难也使荣赫鹏十分畏惧。一想起康马运输站遭受袭击的情景，他就感到不寒而栗。荣赫鹏决定立即改变部署，命令主力部队停止进攻，让炮兵再次向宗山进行猛烈炮击。

在炮击宗山古堡的同时，荣赫鹏通过日光电报机，命令集结在后山的部队向诺布日山进攻。

诺布日山的藏军、喇嘛和农牧民有两三千人，人数虽然不少，但他们的弹药差不多在头天夜里消耗光了。天一亮，洋妖封锁了通往宗山的路，弹药无法得到补充。当英军向他们进攻时，他们只能用大刀、弓箭和石头来还击，只有少数人的火枪里还有一点火药和铅弹。

尽管藏族军民进行了顽强的抵抗，但因挡不住英军的猛烈进攻，宗山和白居寺的军民又无法援救，诺布日山很快就又失守了。两三千藏族军民几乎全部壮烈牺牲。诺布日山变成了一片火海。藏族军民的鲜血染红了片片土地，块块石头。

英军重新占领诺布日山，地形对他们非常有利。荣赫鹏命令他们乘胜进攻白居寺。一阵猛烈的炮击之后，轰开了寺院高大的围墙。白居寺的喇嘛有一半

① 指曲米仙廓。

都在诺布日山，守寺的喇嘛又被炮弹炸死炸伤了不少。英军居高临下，一阵冲锋，就攻进了寺院。守寺的喇嘛继续坚守僧舍和经堂，同英军展开了激烈的巷战。英军占领大殿后，立即放火烧了两边的僧舍，烈焰腾空而起，从宗山上看得清清楚楚。

坚守在僧舍里的喇嘛，毫无惧色。英军没有敢攻到里面去，只是远远地站在一旁观看。喇嘛们手里古老的武器发挥不了作用。东边僧舍里的喇嘛干脆扔掉手中的武器，大声说："洋妖孝敬我们，为我们举行火葬，我们可以升天了。"然后从容不迫地盘腿坐在禅床上，双手合十，高声诵经。西边僧舍里的喇嘛见了，也学他们的样子，盘腿而坐，念经祈祷。火越烧越大，僧舍开始倒塌。可是里面的喇嘛没有一个人往外跑，相反，诵经的声音越来越大，越来越响亮。

看到这种情形，站在大殿前的英军，一个个吓得目瞪口呆，感到十分惊讶。他们不明白这些喇嘛为什么能够如此勇敢，坦然，视死如归。

荣赫鹏得知进攻白居寺成功，迅即命令进攻白居寺的部队，从北面进攻宗山。

宗山古堡，处于四面包围之中。英军从几个方面朝宗山开炮。城墙一段段地倒塌了。一些楼房也被炸塌。

突然，几发炮弹落在宗政府大楼旁边的火药库里，立即响起了巨大的爆炸声，整个宗山都被震动了。熊熊大火冲天而起，楼房很快就被震塌，大火已危及附近的房子，烧死烧伤了很多人。哲林代本在上宗的指挥部，同他的部下失去了联系。有的人想去救火，有的人说防守要紧，整个宗山陷入一片混乱。

混乱，给敌人以可乘之机。英军趁势冲上山来，藏军再也守不住了，且战且退，敌军终于攻进了城墙，占领了宗政府大楼。

宗山上的火与白居寺的火，好像在互相竞赛，越烧越猛。浓烟烈火，直冲云霄，整个江孜古城，陷在火海之中。

"咚！咚！咚！——"

"咚！咚！咚！——"

孜拉康里又响起一阵急骤的战鼓声。撤到宗政府附近的藏军和喇嘛，在洛丹、旺秋和阿达巴魁的带领下，又从楼房里冲了出来，一齐扑向在宗政府里的敌军。上宗的军民，在哲林代本的亲自率领下也冲了下来，在大楼里面和大楼前面铺有青石板的广场上，和洋妖展开了一场短兵相接的搏斗。藏军和喇嘛以

及少数农牧民，以多胜少，手里的大刀上下翻飞，第一批冲进宗政府的洋妖几乎全部被砍死。

正当他们准备往城墙上冲，把敌人赶下去时，英军把两挺马克沁机关枪架在城墙上，向他们猛烈扫射。立刻，倒下了一大片，广场的大青石板被鲜血染红了。

藏族军民的脖子上都系着鲜红的护身结。护身结在微风中飘动着、跳跃着，像一朵朵鲜艳的山花，又像一缕缕燃烧的火焰。

哲林代本见下宗已经守不住了，只好带着剩下的人往上宗撤。

在布兰特的指挥下，英军占领了宗政府，整个下宗，终于失守了。

山上的人，没有一个投降，他们边战边退，仍然准备守卫上宗。孜拉康的战鼓依旧不断地发出振奋人心的声音，鼓舞全体军民英勇奋战。

宗政府的楼顶，有一个四方形的台子，中间立有一根高大的柱子，上面挂有五颜六色的经幡。英军攻进宗政府大楼后，布兰特立即命令士兵砍断经幡，升起了一面米字旗。又在大楼里设立了临时指挥所。

宗山上建筑物很多，地势复杂，尽管敌军占领了整个下宗，但从楼房上，窗户里，暗道中，甚至死人堆里，依旧不断射出一颗颗仇恨的子弹，飞出一把把锋利的钢刀，打来一个个坚硬的石头，使英兵防不胜防，胆战心惊。

英军攻占宗政府之后，怕伤着自己人，荣赫鹏便命令炮兵停止射击。到了下午，上宗的战斗还在激烈地进行，英军和藏军一条巷子一条巷子，一座楼一座楼，甚至一层楼一层楼，一个佛堂一个佛堂地进行争夺。

“咚！咚！咚！——”

“咚！咚！咚！——”

炮声停息之后，孜拉康的战鼓声显得更加响亮，令藏族军民振奋，让黄毛洋妖们胆颤。英军多次进攻孜拉康，都被藏族军民击退。

下午，在大批士兵的护卫下，荣赫鹏爬上了宗山，他在宗政府的指挥所里，指挥英军对上宗发动最后的进攻。他本来计划在中午之前占领整个宗山，在香楼顶上升起英国国旗，然后向总督和英国政府发报告捷。但是，处在弹尽粮绝的困境中的藏族军民，却表现出异乎寻常的战斗力，进行了顽强的抵抗。若不是火药库起火，恐怕英军还攻不上来。这使荣赫鹏非常着急。他命令在绛噶林卡和诺布日山的英军迅速增援宗山，并下令在太阳落山之前务必攻克上宗。他知道，天黑之后，他们将付出更大的代价。

但是，荣赫鹏仍然非常高兴。他站在宗政府的房顶上，看着他的部队向上宗进攻。又回转身来，看看自己刚才经过的路。城墙内外，楼房下面，青石板上，到处都是藏民的尸体，他们的脖子上都系着护身结，有的胸前还戴有铜的、银的或金子做的护身符，左臂上缠着半红半绿的布条。荣赫鹏从鼻孔里发出一声轻蔑的冷笑：

"一个野蛮的、愚昧的民族，终究抵挡不住现代文明的进攻。"

看着大柱子上迎风飘扬的米字旗，荣赫鹏得意地对玛丽说：

"玛丽，立即向总督报告，我们已经重新占领宗政府，大英帝国的旗帜，已经骄傲地飘扬在宗政府的楼上。"

"这已经是第二次了。"玛丽一面记录电文，一面说，她也显得很兴奋。

"还有，"荣赫鹏一字一顿地说："帝国英勇的士兵，正在向上宗发起最后的攻势，我们庄严的国旗，很快就要插到宗山顶上。"

"上校，到房间里去休息一下吧，您太累了。"格林怕在房顶上站久了，不知道什么时候就会飞来一颗子弹，要了他上司的命，也会因此而断送他自己的前程。

荣赫鹏等人下去不久，小朗杰从经堂穿过来，悄悄爬上了宗政府的楼顶，顺着半人多高的房檐，走到大柱子跟前。见周围没有什么动静，他猛然站起身，爬到柱子上，拔出雪亮的钢刀，一刀将绳子砍断，米字旗"哗啦"一声掉了下来。他使劲把那面旗子撕碎，扔在楼顶上，又用力一踩，吐了口唾沫。就是这一脚，发出了声响，被英军哨兵发现。哨兵惊慌地喊叫着，几个人同时举枪射击。小朗杰身中数枪，仍挺立着，他咬紧牙关，使出全身的力气，"呸"地一声，狠狠地将踩在脚下的米字旗踢下楼去，眼前一黑，自己也从旗台上掉下去，摔在大门口的青石板上。

听见有人朝指挥所打枪，院子里的英军又呜哩哇啦地乱叫起来。荣赫鹏不知道出了什么事，快步走到窗前，朝外一看，只见大英帝国的旗子被撕成碎片，飘落在血污之中。门口又多了一具小喇嘛的尸体，这是刚才所没有的。他立即明白了是怎么回事，摇了摇头，沮丧地叹了口气。

争夺孜拉康的战斗，仍在激烈地进行。哲林代本领着二三百人，坚守在这里。这房子非常坚固，房间和窗户很多，互相之间又是相通的，既便于隐蔽，也便于射击，在这里，敌人的机枪也难以发挥作用。

太阳已经落山，天色逐渐昏暗，英军仍然没有能够占领整个宗山。

突然，鼓楼里的战鼓不响了。“怎么回事？”洛丹心头一紧，立即对哲林说：“我去看看。”

旺秋拉住洛丹：“阿爸，我去。”

“你不要离开代本。”洛丹迅速朝鼓楼跑去。

旺秋犹豫了一下，又看看代本，然后顺从地点了点头。他的心里觉得沉甸甸的，不放心地看着阿爸消失的方向。当阿爸转过经堂后，旺秋这才拿着来福枪，斜靠在一个窗口后面。他的身旁还放着三四支来福枪，七八支火枪，火枪里都装好了弹药。

洛丹走进鼓楼一看，一位喇嘛倒在大鼓下面，脑袋旁边有一滩殷红的血，小仁赛的铜壶也扔在地上。喇嘛的手里还紧紧地握着大鼓槌。啊！洛丹明白了，这战鼓从昨天中午一直敲到现在，这位喇嘛是太累了，但他仍然奋不顾身地敲着，直到口吐鲜血，倒在战鼓旁边。

洛丹怀着感激和崇敬的心情，把喇嘛的遗体平放在地上，为这位英雄的喇嘛祈祷片刻，然后赶紧拿起鼓槌，使出全身的力气，“咚！咚！咚！——”“咚！咚！咚！——”地敲了起来。

鼓声，使英雄们斗志更旺，精神振奋。

鼓声，使敌人心惊肉跳，畏缩不前。

听到鼓声，旺秋仿佛听到阿爸那亲切有力的声音，激励自己奋勇杀敌。他大声呼喊，鼓励在经堂里的弟兄们坚持战斗。

荣赫鹏见宗山久攻不下，十分着急。他发现孜拉康成了上宗的中心，而那面战鼓，仿佛是宗山的心脏。只要心脏在跳动，战士就不会躺倒；只要战鼓还在响，战斗是不会停止的。要想征服整个宗山，首先要征服孜拉康，征服那面可怕的战鼓。荣赫鹏命令布兰特，不惜一切代价，迅速拿下孜拉康。

子弹像蝗虫一样朝鼓楼飞来，洛丹——这位老抗英战士毫无惧色，把战鼓擂得更响、更急。

突然，十几个英兵冲进了鼓楼，进去一看，偌大的鼓楼里，只有一个满头白发的老头子，竟使他们那样害怕，给了他们那么大的威胁，这使他们惊讶，也使他们恼怒。十几支枪口同时对准了洛丹，嘴里还叽哩咕噜地乱叫。

面对着十几个凶神恶煞似的魔鬼，对着十几支黑洞洞的枪口，洛丹似乎什么也没有看见，什么也没有听见，他昂着头，旁若无人地继续挥动着臂膀，一下重似一下，一下狠似一下地把大木槌朝战鼓砸去。

“咚！咚！咚！——”

英兵开枪了，洛丹摇晃了一下身子，倒在鼓上，鼓槌儿也掉在地上。他用双手扶着鼓，吃力地抬起头，紧咬牙关，拼出全身力气，上前半步，用头使劲一撞，“咚！——”的一下，这生命的最强音响得那样强烈，那样持久，随着那长长的尾音，老英雄也倒在血泊之中。

英兵冲上来，有的用枪尖去捅洛丹和喇嘛，有的用枪托去砸大鼓，以发泄他们的仇恨。

听不见鼓声，旺秋知道事情不好，喊了一声“阿爸！”带着人冲下楼去。

离孜拉康不远处，有一座监狱，监狱修在地下，阴暗而潮湿。监狱的屋顶和楼前的平台一样高，一般人看不出来。刚才英兵冲上来时，有几十个民兵和喇嘛，在阿达巴魁的带领下，躲进了监狱，他们见后面的敌人被孜拉康里的弟兄们挡住，立即冲出来，想撤到孜拉康去。刚跑到鼓楼门口，正碰上英兵从里面冲出来，阿达巴魁大吼一声，挥动砍刀，扑了上去。旺秋带着的人赶到了，两下夹击，把这伙英军全部砍死了。

就在这时，大批英军像潮水一般涌来。孜拉康附近的几个楼房也被敌人攻占。哲林带着旺秋和阿达巴魁等人，退到了楼上。英军很快冲进了孜拉康。哲林他们看到守不住，便从二楼跳下去，向香楼——宗山上最高的建筑物撤退。香楼和香楼的周围已经聚集了好几百人。英军占领孜拉康以后，立即向香楼进攻。

哲林他们处在敌人的三面包围之中。子弹已经打光，大刀已经卷刃。而英军的子弹却更密集了。转眼间，香楼上的几百人已经只剩下不多几个。

香楼的顶盖被掀开，藏军和喇嘛们每人手里抱着一块大青石板，准备着。

“投降吧，蛮子们！”英兵的翻译大声呼喊。

回答翻译的是几块大青石板。

“冲，抓住他们，藏蛮子没有子弹了，抓住有赏！”布兰特在大声喊叫。

英兵发了疯一样地往上冲。

哲林深情地望了望旺秋、阿达巴魁和几个藏军，他们都明白了，他们无路可退，更不能投降。但是，绝不能这么白白地死去。

英军爬上了香楼，离哲林他们越来越近，看来英军并不想开枪，只是一步步地朝他们逼近。

二十步，十步，当英兵距自己只有四五步远的时候，哲林一挥手，旺秋

和阿达巴魁等人几乎是同时扑上去，各自抱住一个英军，“咯嘿嘿——”大叫着，跳下了悬崖。

“咯嘿嘿——”这令英军胆寒的呐喊声，长久地在宗山顶上回响。剩下的英军见状，不觉倒吸一口凉气，呆住了。

月亮，隐去了。夜幕，掩住了宗山的面孔。大地，死一样的寂静。只有年楚河在悄悄地抽泣着，呜咽着，流向远方。

星星在湛蓝的天幕上眨着眼睛，东北方向的拉丁星，显得更加耀眼，更加明亮。

图书在版编目（CIP）数据

十三世达赖喇嘛——1904年江孜保卫战 / 降边嘉措 吴伟著. --北京：五洲传播出版社，2008（2023.6重印）
ISBN 978-7-5085-1289-1

Ⅰ.①十… Ⅱ.①降… ②吴… Ⅲ.十三世达赖喇嘛—生平事迹 Ⅳ.B949.92

中国版本图书馆CIP数据核字（2008）第058094号

十三世达赖喇嘛——1904年江孜保卫战

作　　者　降边嘉措 吴伟
策划出版　荆孝敏
责任编辑　黄金敏
责任校对　许英姬
装帧设计　刘　鹏　王　刚
出版发行　五洲传播出版社
（北京市海淀区北小马厂6号华天大厦24层 100038）
http://www.cicc.org.cn/books
发行电话：010-58891280 / 58880274
印　　刷　北京画中画印刷有限公司
版　　次　2008年8月第1版
印　　次　2023年6月第2次印刷
规　　格　185mm×245mm 1/16 印张 24
印　　数　6000册
书　　号　ISBN 978-7-5085-1289-1
定　　价　88.00元